Max
Scheler

现代西方	The Classic Works	北京师范大学价值与文化研究中心　组编
价值哲学经典	of Modern Western	冯　平　总主编
	Value Philosophy	

舍 勒 卷

倪梁康　张任之　主编

北京师范大学出版集团
北京师范大学出版社

致　谢

2018年北京师范大学价值与文化中心正式立项组织《现代西方价值哲学经典》(第一辑)的编辑和出版。《现代西方价值哲学经典》(第一辑)共八本。《尼采卷》由孙周兴主编,《布伦塔诺与迈农卷》由郝亿春主编,《舍勒卷》由倪梁康和张任之主编,《哈特曼卷》由邓安庆、杨俊英主编,《闵斯特伯格卷》由刘冰主编,《杜威卷》由冯平主编,《史蒂文森卷》由姚新中、张燕主编,《刘易斯卷》由江传月主编。

在本套丛书出版之际,特别感谢北京师范大学杨耕教授,感谢北京师范大学价值与文化中心,感谢中心主任吴向东教授,感谢中心的工作人员陈乐、张永芝,感谢北京师范大学出版社饶涛副总编辑和本套丛书的策划编辑祁传华编审,感谢孙周兴、倪梁康、张任之、邓安庆、姚新中、郝亿春、刘冰、江传月、杨俊英和张燕的鼎力相助。

诞生于19世纪中叶的现代西方价值哲学,是西方现代化运动之子。它直面现代人的困境,直面生活的巨大不确定性和信念的极度虚无主义,为我们提供了宝贵的思想资源。相信本套丛书一定能为中国的价值哲学研究做出贡献。

《现代西方价值哲学经典》(第一辑)总主编　冯平
2022年11月6日于复旦大学 杜威研究中心

目录

导 言 \ 1

现象学哲学

先天与形式一般 \ 19
现象学的或纯粹的事实
与非现象学的事实 \ 49
本质直观的功能化 \ 66
论哲学的本质及
哲学认识的道德条件 \ 81

价值论

善业、价值、善与恶 \ 119
价值先天与价值样式之间的先天等级关系 \ 139

价值、价值感受与感受状态 \ 161
价值存在与价值知识 \ 172
关于价值之"相对性"命题的意义 \ 195

伦理学

关于价值概念之起源与伦常事实之本质的不充足理论 \ 203
价值、应然与观念的应然 \ 241
人格、榜样与效法 \ 268
爱的秩序 \ 289
伦理学的价值评价及其维度的历史相对性 \ 320

编后记 \ 341

导　言

　　舍勒在现代欧陆哲学发展史，特别是现象学运动中占有着特殊的地位。阿维-拉勒芒曾说，在他去世之前的 10 年，他甚至是整个"现象学运动"中最有影响力的人物，就像之前的胡塞尔和之后的海德格尔一样。[①] 如果说，现象学在胡塞尔那里首先展现为意识现象学，在海德格尔那里展现为基础存在论或"此在"（Dasein）现象学的话，那么现象学在舍勒这里首要地就是和价值与人格紧紧联系在一起的，并体现为一种现象学伦理学。换言之，一方面，舍勒的价值现象学与人格现象学与胡塞尔的意识现象学和海德格尔的此在现象学共同划定了现象学研究的基本论题域（意识论、存在论和伦理学）；另一方面，舍勒的现象学伦理学还构成了胡塞尔的意识现象学与海德格尔的此在现象学之间的中间环节。因此，系统研究舍勒的现象学伦理学，不仅对于理解舍勒本人的现象学的思考，而且对于更好地把握早期现象学运动发展，乃至对了解现代

---

① Eberhard Avé-Lallemant, "Die Phänomenologische Reduktion in der Philosophie Max Schelers," in P. Good (Hrsg.), *Max Scheler im Gegenwartsgeschehen der Philosophie*, Bern/ München, Francke Verlag, 1975, S. 162.

欧陆哲学发展史都有着至关重要的意义。

曾有研究者指出，舍勒的现象学伦理学是继亚里士多德德性伦理学、康德义务伦理学以来伦理学发展的"第三阶段"。泛泛地说，在舍勒伦理学中最为人所知的无疑还是他对康德伦理学中形式主义的批判，不同于康德，伦理学在舍勒这里必定是"质料的"。因此，舍勒是通过"质料"概念将自身区别于康德的"形式"伦理学的。舍勒的质料价值伦理学又不同于古希腊以来的一般的质料伦理学。根本上，舍勒是通过（质料的）"价值"概念而与亚里士多德传统的（质料的）"善业"伦理学保持距离的。因此从一开始，舍勒就要在两个方向上进行斗争：一方面是与形式主义伦理学（康德传统）的斗争，另一方面则是与一般的质料伦理学（亚里士多德传统）的斗争。就此而言，深入研究舍勒的现象学伦理学对于更完整全面地把握伦理思想发展史具有十分重要的理论价值。

伽达默尔曾说："德国哲学的民族传统促使我们首先要探讨所谓价值哲学。"①在这个德国哲学的民族传统中，他提到了很多名字，比如，康德，新康德主义者文德尔班和李凯尔特，当然还有更重要的、作为价值哲学创始人的洛采②，自然也有布伦塔诺、胡塞尔、舍勒和尼古拉·哈特曼等。无疑，舍勒的价值现象学是归属整个德国哲学的价值哲学传统的，但是同样明显的是，舍勒的价值现象学也必须和这一价值哲学传统中的其他价值哲学区别开来。

由此，需要进一步展开讨论的问题是：(1) 舍勒对于现象学的基

---

① Hans-Georg Gadamer, "Das ontologische Problem des Wertes", in: ders., *Gesammelte Werke*, Bd. 4, *Neuere Philosophie II. Problem. Gestalten*, Tübingen 1987, S. 189；中译参见伽达默尔：《价值的本体论问题》，邓安庆译，见严平编选：《伽达默尔集》，上海，上海远东出版社，280页，2003。

② 对洛采的相关评价可以参见 Herbert Schnädelbach, *Philosophie in Deutschland* 1831—1933, Frankfurt am Main 1983, S. 206. 在该书的第六章，作者还较为清楚地展示了自19世纪30年代到20世纪30年代这一百年间德国价值哲学的传统，他区分了价值哲学的三种基本形态：(1)对观念论的价值理论的新阐释(洛采)，(2)先验的价值哲学(文德尔班、李凯尔特)，(3)现象学的价值哲学(舍勒、N. 哈特曼)，参阅该书 S. 197—231. 也有学者依据于这一区分，进一步地在价值伦理学领域进行划分：洛采不仅是价值哲学而且也是价值伦理学的创始者和奠基者，文德尔班和李凯尔特则代表了"形式的"价值伦理学的传统，而舍勒和 N. 哈特曼则是"质料的"价值伦理学的倡导者，对此可参阅 Eike Bohlken, "Wertethik", in: M. Düwell, Chr. Hübenthal & M. H. Werner(Hrsg.), *Handbuch Ethik*, Stuttgart/ Weimar 2002, S. 108ff. 更为详细而系统地对价值伦理学的研究可以参看 Michael Wittmann, *Die moderne Wertethik. Historisch untersucht und kritisch geprüft: Ein Beitrag zur Geschichte und zur Würdigung der deutschen Philosophie seit Kant*, Münster 1940.

本理解是什么？（2）舍勒价值现象学对于价值的基本规定是什么？（3）舍勒的价值现象学与其现象学伦理学的关系如何？三个部分的选文也是对应这三个问题选编的。

1. 舍勒现象学的"原则"和"最高原理"

德国著名舍勒研究专家亨克曼曾经对舍勒的现象学研究领域和现象学哲学的基本概念做过一个精当的概括①：

A. 把握行为与对象的相关性法则，并据此法则来建立行为现象学、实事现象学和相关性现象学；②

B. 确定各个具有意向能力的行为种类之间的差异，并非完全赞同布伦塔诺和胡塞尔，在舍勒这里，这些行为种类包括爱、恨、对本质性的直观、思维、意愿、感受、信仰等；

C. 探讨在意向行为中被意指的对象的内在性法则，同时也不排斥对对象的超越性的研究；

D. 将意向对象规定为本质性，这种本质性相对于此在的领域而具有"先天"的地位，由此一切认识都是以对此先天的本质性之"本质直观"为依托的，相对于经验性的方法，它的有效性完全不依赖于归纳和观察；

E. 探讨那些合法则性的关系，这些关系将各类本质性和行为种类与"奠基和被给予性秩序"置入一个系统的本质关联之中；

F. 确立"自身被给予性"为最高的现象学的认识标准，这个标准意味着，若某物是作为先天的本质性被认识的，那么，它只能通过无前设的、实事—直接的、"去象征化"的现象学认识被"指明"；

G. 把握现象学分析的方法，并用它来明见地"本质直观"意向对象。

可以说，亨克曼的这个概括几乎囊括了舍勒现象学的大部分要点，但仍有遗珠之憾，第一个缺漏在于亨克曼没有强调在舍勒现象学中极为重要的"本质明察功能化"的法则，另一个他几乎没有注意到的问题是舍勒"具体本质性现象学和抽象本质性现象学"的区分。

---

① 参阅 W. Henckmann, "Das Intentionalitätsproblem bei Scheler", in: *Brentano-Studien* 3(1990/91), S. 206；对此概括的总结，参见倪梁康：《现象学及其效应》，332—333 页，北京，商务印书馆，2014。

② 令人诧异的是，亨克曼在对这一点的注释中提到，胡塞尔"仅仅"区分了行为现象学和对象现象学，而因此没有能够将"相关性"论题化（参阅 W. Henckmann, "Das Intentionalitätsproblem bei Scheler", a. a. O., S. 226, Anm. 15），实际上，胡塞尔曾说自1898年以后，他毕生的事业都受到系统阐明这种"相关性先天"的任务的支配。参见后文的论述。

结合亨克曼的这个总体概括，本文想着重突出三点，这三点对于理解舍勒的现象学是至关重要的。①

第一点是所谓的"**最高的现象学的认识标准**"，即"自身被给予性"（Ⅹ，398，406，413，458f.）。舍勒所谓的这一现象学的最高认识标准或者直观、认识行为中的"认识值"（Erkenntniswert）（Ⅲ，217）问题和他对于"自身欺罔"的批判紧紧联系在一起。这个"自身被给予性"也被舍勒等同于"绝对明见性"（Ⅱ，87）。②而对"欺罔"（自身欺罔和价值欺罔）的现象学反省在舍勒整个现象学时期占据着极为重要的位置，它不仅与他对认识论的思考相关，也不仅与他的"同情感"理论或者说他的交互主体性现象学相关，而且也与其现象学的人格主义伦理学相关，同时还与他对现代道德的批判以及提出的所谓"时代医生"的理念相关。在某种意义上甚至可以认为，舍勒在现象学时期所做的大量工作的最终目的就在于，在各个问题领域内的"去—欺罔"（Ent-täuschung）（Ⅹ，220）。只有理解了舍勒对"自身欺罔"和"价值欺罔"的批评，人们才有可能完整地理解他的现象学的价值人格主义和他对现代资本主义道德的现象学的批判分析。

第二点是所谓的"**现象学的最高原理**"，即"相关性原理"（Ⅱ，270）。"相关性原理"的重要性再怎么强调都不为过，在某种意义上甚至可以说，现象学的突破性功绩恰恰就在于此。如果我们接受海德格尔对胡塞尔现象学之三大发现的概括，即"意向性""范畴直观"和"先天的本真意义"，那么如我们所说"意向性"这个概念更多承自"现象学的祖父"布伦塔诺，而"先天的本真意义"这一方面则更多关联于"现象学的外祖父"波尔扎诺，那么"现象学之父"胡塞尔的最根本的功绩就在于以"范畴直观"改造了"意向性"和"先天"，并终将这三个概念"相关性"地串联在一起，在此意义上甚至可以说，现象学只有坚持"相关性先天"才成其为现象学。对于舍勒而言，"相关性原理"的重要意义同样如是。没有"相关性先天"，他的质料先天主义在根本上就无法与康德以及康德的对立面彻底决裂，恰恰是"相关性先天"保证他既拒绝了康德的"哥白尼式的革命"，又没有陷于"托勒密式的反革命"。现象学的革命性意义盖源于此。

---

① 对于舍勒的现象学思想的基本概括，参见张任之：《情感的语法——舍勒思想引论》，77—95页，北京，中国社会科学出版社，2019。
② 有关舍勒"自身被给予性"问题的专题研究，还可参见 M. Gabel, "Hingegebener Blick und Selbstgegebenheit", in: M. Gabel & Hans Joas（Hrsg.）, *Von der Ursprünglichkeit der Gabe. Jean-Luc Marions Phänomenologie in der Diskussion*, Freiburg/ München 2007, S. 192-209.

第三点是**所有本质认识的重要属性**："本质明察的功能化"(Funktionalisierung der Wesenseinsicht)。在舍勒看来，这种本质认识的重要属性同时也是一直以来最少被关注的那些属性之一。所谓"本质明察的功能化"或者"本质直观的功能化"就是指："本质认识将自身功能化为一种法则，即一种指向偶然事实之知性的单纯'运用'的法则，这知性'根据'诸本质联系'确定地'统摄、拆分、直观、判断偶然的实事世界"（Ⅴ，198）。因此，一切主观的先天，比如康德先验哲学意义上的形式先天在根本上就不是原初之物，而是功能化之物，或被生成的东西（Ⅴ，208；Ⅸ，204）。

这一理论在根本上强调两点：首先，本质直观的功能化理论清楚地阐释了质料先天与形式先天之间的关系。所有在本质直观中作为"质料先天"自身被给予之物都可以被"化"为一种"功能"，一种"形式先天"。舍勒自己后来也将这种"功能化"称作"范畴化"(kategorialisiert)（Ⅸ，107）。它所说的无非是，本质认识具有将在自身中作为"质料"被把握到的那些本质性东西转变成一种"功能""法则""图式"或"范畴"，进而成为其他的认识的"形式"这样一种本性。舍勒从来没有像康德将形式先天固定化那样，也相对地将"质料先天"固定化甚或"存在论化""形而上学化"。其次，通过这种本质明察的功能化，舍勒还强调了"理性自身的**生成**和**增殖**"。这意味着理性自身的那些"固有财产"，即先天的选择法则和功能法则随着本质明察的功能化不断被固定化，因此对于舍勒来说，根本上就不会像康德假定的那样，存在着"绝对原本的、绝对不变的、既不增多也不减少的功能法则"，而毋宁说，理性自身的"固有资产"不断地在生成和增殖（Ⅴ，198）。舍勒明确地拒绝了康德这种"人类理性的同一性的、持恒的(Konstanz)的学说"（Ⅴ，200；Ⅱ，20）。相反，不仅个体人格的理性和精神处在不断的生成和增殖之中，整个人类的理性也在不断生成，因此，强调那种固定的、独一的人类理性精神或文明根本上就是谬误的。所有不同的人类组群（民族、文化圈等）所享有的本质直观就不会完全相同，尽管这丝毫无损这些本质直观的自身的明见性和先天的本质性，而且这些本质直观在根本上也是无法相互替代或替换的。在此意义上，人类理性精神的总体增殖就要借助所有不同组群的人类理性的"本质直观的功能化"（Ⅴ，201f.），这一点恰恰为舍勒后期的"均衡时代"的主张提供了现象学上的论证（Ⅸ，145-170）。

因此在根本上，借助于这种本质直观功能化理论，舍勒还从两方面应和了他早期就已经提出的"理性的、客观性的相对主义"（XIV，151f.）。一方面，人类理性或者精神并不是"绝对"的一成不变的，而是"相对"地生成着的，但这样一种相对性，是理性自身内含的相对性，是一种完全客观的相对性，一种先天的相对性；另一方面，"思维功能及其法则先行于真理，而非真理先行于思维功能"，任何真理或对真理的把握都是"相对于"思维功能的，尽管这种思维功能自身也是"相对"地增殖着的，而且自身也是在本质直观中被给予的。

在此意义上可以说，"本质直观的功能化"理论构成了舍勒对于现象学本质直观理论的一个重要发展，也构成理解他本人现象学根本立场的一个基础，通过它，现象学的"形式先天"与"质料先天"之间的内在本质关系得到确定；同时，这一理论实际上也可以在舍勒静态的本质直观的现象学与动态的人格现象学之间架起一座桥梁，同时还构成了舍勒后期诸多理论或观点的现象学的基础。

2. 舍勒的价值现象学－存在论

舍勒曾将其现象学的伦理学标识为"质料的价值伦理学"，那么，在舍勒这里，价值究竟是什么呢？实际上，早在1897年的博士论文中，舍勒就基本上放弃了如此追问的方式，他说："至于'价值是什么？'的问题，只要'是'意指着某种实存的表达（而非作为单纯的系词），我们便回答：价值根本不'是'。价值的不可定义性正如存在概念的不可定义性一样"（Ⅰ，98）。那么我们又该如何来谈论价值呢？

本文将试图从两个最基本的方面来凸显价值的现象学－存在论本性：一方面是作为质料先天或者说作为先天感受之相关项的"价值先天（Wertapriori）"，另一方面则是与此在（Dasein）和如在（Sosein）一样、作为存在的最终基本样式的"价值存在（Wertsein）"。

（1）作为原现象的价值先天

对于作为对象性的价值的地位问题，胡塞尔曾明确宣称："就其本质而言，价值是被奠基的对象，[……]价值是**次生的**（sekundär）**对象**。"[1]这意味着，对于胡塞尔来说，价值作为"价值化行为的完全的意向相关物"始终只是在一个"综合的感受统一中"被给予的，价值化行为或价值感受始终要奠基于客体化行为之中。胡塞尔对于价值地位的这样一种确定，在舍勒这里遭到坚决的抵制。对于舍勒来说，价值根本不是"被奠基的"或者"次生的"对象，而根本上就是"原现

---

[1] Husserl, *Vorlesungen über Ethik und Wertlehre* (1908—1914), Hua XXVIII, hrsg. von Ullrich Melle, Den Haag, Dordrecht/ Boston/ London 1988, S. 310.

象"(Urphänomen)，根本上属于"不可还原的感受直观的基本现象"（Ⅱ，259，270）。

根据舍勒，价值必须始终是"自身**直观**地**被给予的**，或者必须回溯到这样一种被给予性上"（Ⅱ，37）。因此，价值作为一种质料的先天是在现象学的经验或本质直观中自身被给予的，或者也可以说，价值本身是一种先天的价值感受行为的先天的质料。正是在此意义上，我们可以将这种自身被给予的"原现象"称作"价值先天"。这种作为质料先天的价值先天展示出一个"特有的**对象**区域"（Ebd.）。由此，这种对象性的价值先天也被舍勒称作"质性"（Qualitäten）或"价值质性"。

作为"质性"的价值是一种不可还原的感受直观的基本现象，它是作为我们情感（Emotion）的意向相关项而被给予我们的。这样一种被给予方式全然不同于智性的意识感知的方式。智性对于价值就像耳朵之于颜色一样是盲目的。就此而言，一门价值现象学必然关联着一门感受（行为）现象学，一种价值先天和感受先天，必定还要求在价值和把握它的感受行为之间的"相关性先天"。简言之，一切价值都是作为价值感受之相关项的"质料的质性"（materiale Qualitäten）。

就像一切质料先天作为本质性和"何物性"（Washeit）都是"观念的"一样，舍勒也将这种作为价值先天的价值质性标识为"观念客体"（Ⅱ，43）。因此，这种价值质性作为一种"观念的对象"必须和"善业"（Güter）区别开来，后者就其本质而言仅仅是一种"价值事物"（Wertdinge）（Ⅱ，32）。价值质性在根本上是独立于事物，当然也独立于善业的。比如美的价值可以存在于一幅画、一首交响乐或某个风景中，美的价值并不会因为音乐结束就不存在了。但同时，一幅画既可以有美的价值，也可以有某种象征价值，比如耶稣的画像等，因此价值与作为其载体的"价值事物"或"善业"是相互独立的。①

因为"'善业'与价值质性的关系就像事物与充实着它的'特性'（Eigenschaft）的那些质性的关系"（Ⅱ，42）。价值就其本质而言，根本上就不是一种事物的"特性"，同时它也不是价值事物的"特性"，但是它却充实着价值事物的"特性"，正如颜色质性或声音质性充实

---

① 这里说的独立性，当然不能被理解为价值质性本身是完全独立于它的载体的形而上学意义上的实在，或者说在此在上独立于善业，实际上这种独立性仅仅体现在如在或价值存在层面。

着事物的"特性"一样。这里清晰地展现出两个层次，首先是价值作为质性与其他质性（如颜色质性或声音质性等）之间的区别，它们并非是等同的，而是在不同行为中自身被给予的"质料的质性"，但是它们在存在样式的本质上都是一样的，即作为一种"观念客体"而存在。其次，价值作为质性又根本上不同于价值事物或善业的"特性"，相反，这种"特性"是由价值质性来充实的（Ⅱ，35）。因此，我们要在"价值质性""善业特性"和"善业"本身之间作出区分，举例而言，一幅"美"的图画作为价值事物，它含有"美"这种"价值特性"或更确切地说是"善业特性"，它之所以能够具有这种特性，恰恰是因为"美"这一"价值质性"本身充实了它，但是毫无疑问，这个作为价值质性的"美"本身并非附着在这幅"美"的图画之上，而是具有其独立的存在性，但是特性则不一样，没有了事物本身，也就没有了特性。因此，价值质性本身始终不能被视为一种价值事物的"特性"，遑论事物的特性，当然也不同于事物性的质性，而毋宁说，价值"从一开始就属于存在的范畴"（Ⅰ，98）。

正是基于价值质性与其他事物质性之间的本质分异，作为价值事物的善业，在舍勒看来也不能被混同于"事物"（Ding）。舍勒强调，"对于善业来说，根本性的东西恰恰就在于，价值在这里看起来不只是建立在事物上，而且善业可以说完全为价值**所贯穿**，而且一个**价值**的统一已经**指引着**所有其他处在善业中的质性之总和性——既包括其他价值质性，也包括那些不展示这些质性的质性，例如颜色、形式这类事关物质善业的质性"（Ⅱ，44）。就此而言，善业或事物在被给予性上是同样原初的，世界原初就是一个善业，而善业世界的发展最终"受到某个**价值级序**的**指引**"（Ebd.）。

所谓"价值级序"（Rangordnung der Werte），展现的是各类价值质性之间的更高的或更低的等级秩序。对于舍勒而言，价值级序与诸价值质性一样都是真正的和真实的，并且都是质料的，因为它们都可以在现象学经验中自身被给予。这种价值质性之间的质料的价值级序"完全独立于一个它在其中显现出来的善业世界的此在，并且完全独立于在历史中这个善业世界的运动与变化，而且对它们的经验来说是'先天的'"（Ⅱ，37f.）。因此，这种先天的价值级序尽管不会明确地去规定相关的善业世界如何如何，但是"它为这个世界划定了一个**可能的游戏空间**，善业的构成不可能发生在这个空间以外"（Ⅱ，44）。所以，质料的价值先天在舍勒这里，就不仅仅意味着价值质性的对象性先天，同时也意味着价值级序的先天，这种价值级序的先天也是在现象学的伦常明察中自身被给予的。

在根本上我们可以说，价值是"原现象"，是"最终被给予性(Letztgegebenheit)"或者"原被给予性(Urgegebenheit)"(Ⅱ，208)。舍勒对价值原初地位的这一强调并不意味着，在价值与事物之间的可能的关联必须排除，而是意味着，价值与事物之间的这种可能的关联在根本上与价值以及价值认识的本质无关。因此，对于舍勒来说，像胡塞尔那样将价值视为"次生的"和"被奠基的"对象而将之与事物紧紧关联在一起，这根本上就还是对纯粹现象学一贯性进程的打断，因而是要被拒绝的。价值，在舍勒这里就始终意味着一种"不可还原的感受直观的基本现象"，对任何一个对象来说都很清楚的是，"对象的价值走在对象前面；价值是对象自己的特殊本性的第一'信使(Bote)'。当对象本身还含糊不清时，对象的价值就已经可以是清楚明白的了"(Ⅱ，40)。

作为原现象的价值先天不仅不依赖于胡塞尔意义上的客体化行为，而且根本上还不依赖于一切"对价值进行体验的主体的心理物理的机体组织"①。相反，价值先天是"观念客体"，只有在善业中，价值才既是"客观的"，同时也成为"现实的"(Ⅱ，43)。在舍勒看来，作为质料先天的观念对象既不是实在的此在，也不是柏拉图意义上的"理念天空"的组成块片，因此，作为"观念客体"的价值先天必须完全与"理念天空"相区别，那么，究竟这样一种作为"观念客体"，但是不能作为"观念存在"的价值意味着什么呢？我们怎样在现象学的价值存在论上来规定它呢？

(2)作为"行为相对性存在"的价值存在

A. 桑德曾清楚地指出："舍勒不是一个经典意义上的价值伦理学家，与那些[经典价值伦理学家]惯常的看法不一样，舍勒并不宣称一种价值的'观念存在'或者价值的'有效性'(Gelten)。"②的确，针对洛采及其追随者的"有效性理论"，舍勒强调说："必须反驳那种认为价值根本不'存在'，而只是'有效'的主张(Ⅱ，195)。"③对于舍勒来说，价值是现象学的事实，它从属于一个特定的经验类型。因此

---

① W. Henckmann, *Max Scheler*, München: C. H. Beck Verlag 1998, S. 103.
② Angelika Sander, *Max Scheler zur Einführung*, Hamburg 2001, S. 43.
③ W. Henckmann, "Person und Wert. Zur Genesis einer Problemstellung", in: Christian Bermes, Wolfhart Henckmann, Heinz Leonardy (hrsg.), *Person und Wert. Schelers „Formalismus" - Perspektiven und Wirkungen*, Freiburg/ München 2000, S. 20.

价值当然"**存在**",价值的存在是一个**独立性的存在**。那么,人们自然可以像海德格尔那样来追问:"在存在论意义上,何谓价值?"①或者,还是回到我们上节结束时提到的那个问题:一种作为"观念客体"但同时不是"观念存在"的价值究竟是什么?

舍勒曾对此明确表示:"我坚决否认存在着具有独立存在领域的'观念存在(ideales Sein)'"(Ⅺ,241)。相对于"有效性理论",舍勒宣称,价值是"独立性存在",而他同时又明确否认了作为一种"独立存在"领域的"观念存在",那么,这里的"存在"究竟指的是什么?舍勒接着说:"必须弄清楚,并没有作为一种特殊**存在种类**的(或者说特殊此在种类)的观念存在,而是只有'观念的'如此—存在(Sosein)、本质,也就是说知识和认识的对象(因此是行为相对性的'存在'[aktrelatives Sein])"(Ebd.)。这意味着,价值这种观念客体的种类对于舍勒来说,既不同于单纯的"有效性",而是有着独立性的存在,也不同于"观念的实在存在"或观念的此在②,而是一种观念的如在。

舍勒继续强调,这种观念的如在"在存在论上始终属于实在存在,事实上在存在论上根本不能分离于它——毋宁说,只是在关涉心智和意愿时,因而关涉精神的不可对象化的**行为—中心**时,分离才发生"(Ebd.)。舍勒清楚地区分了存在的三种基本样式,即此在(Dasein)、如在(Sosein)和价值存在(Wertsein)(Ⅺ,235)。如"图1"所示,对于舍勒而言,"价值存在作为存在的最终基本样式,与此在和如在一样原本"(Ⅺ,60):

```
        存在
       ↙ ↓ ↘
    此在  如在  价值存在
```

图 1

有关图1,需要强调三个要点。第一,对于舍勒来说,此在、如在和

---

① 海德格尔:《存在与时间》(修订译本),陈嘉映、王庆节译,熊伟校,陈嘉映修订,北京,生活·读书·新知三联书店,2006,80页。实际上,海德格尔自己已经给出了一个舍勒肯定无法接受的回答:"价值是物的现成的规定性。价值的存在论起源最终只在于把物的现实性先行设定为基础层次"(同上书,116页)。根据海德格尔,在存在论上,价值"附着"(Haften)在物之上。

② 对于舍勒来说,此在(Dasein)和实在存在(Realsein)在存在论上是同义的,参见Ⅺ,62等。

价值存在的区分仅仅是在精神中和通过精神才显现出来的,而并非它们自在的或在存在论上本身即可见的(Ⅺ,242)。第二,每一个价值在"本体上"(ontisch)都从属于此在,尽管我们并不知道属于哪一个此在或者哪一个在如上被规定的此在。舍勒坚持认为,"并非价值—存在在本体上奠定了此在的基础,而是此在在本体上奠定了价值—存在的基础"(Ⅺ,58f.)。在此意义上,弗林斯发展出一种"价值的功能性实存"(The functional Existence of Values)理论[1]。第三,在存在论内部,这种"**本体上的存在先天性**"(ontische Seinspriorität)不能与"**被给予性上的先天性**"(Gegebenheitspriorität)相混淆。按照舍勒的看法,尽管价值存在在本体上要归属于此在,但是它在被给予性的秩序上却要先于此在和如在(Ⅺ,62)。

与此相应,在被给予性上,此在、如在和价值存在具有不同的被给予性样式。我们可以在**抗阻**(Widerstand)[2]中**把握**(erfassen)此在,我们也可以去**认识**(erkennen)如在,我们同样可以**爱或恨、偏好或偏恶以及感受**价值存在。换言之,在舍勒看来,此在、如在和价值存在在被给予方式上既是有别的又是相互独立的,尽管例如我们也可以认识或者思考一个价值存在,但是这并非价值存在原本的被给予方式,如舍勒所抱怨的那样,"价值在被感受之后**也**能被思考——就像在对价值的概念化或有关价值的判断中一样——这个事实误导人们假定,它们可以被思考,而无须首先感受它们"(Ⅺ,61)。对于舍勒来说,价值存在在被给予性上的先天性,一方面不能被混淆于我们已经提到过的"本体上的存在先天性",另一方面也要和"时间次序上的在先性"区别开来。

所谓价值存在在被给予性上的先天性,或者说价值在其被给予性上先于存在的其他两种基本方式(此在和如在)这个原则,在舍勒这里实际上又可以转化为"爱和认识"的关系问题,它所指的无非是:爱比知先行一步,认识之对象在被智性认识、分析和判断之前,首先必须被爱或恨。在1917年发表的"论哲学的本质及哲学认识的道德条件"一文中舍勒强调,哲学认识的对象只能是整个对象世界,而

---

[1] 参见弗林斯:《舍勒的心灵》,张志平、张任之译,上海,上海三联书店,2006年,第15页以下;Manfred S. Frings, *Lifetime. Max Scheler's Philosophy of Time. A First Inquiry and presentation*, *Phaenomenologica* 169, Dordrecht/ Boston/ London 2003, pp. 72ff. 要特别注意的是,弗林斯提出这种"功能性实存"与舍勒自己的"本质直观功能化"理论之间既有联系,也有根本的区别。

[2] 有关"抗阻"与实在存在或此在的关系问题,可参见张任之:《情感的语法——舍勒思想引论》,46—49页,北京,中国社会科学出版社,2019年。

对整个对象世界的一切直观以及在此基础上的一切认知都必须依靠一种精神的基本立场(Grundhaltung)。这种精神立场被舍勒定义为："人的有限人格核心参与到一切可能事物之本质中去的爱的确定行为"(Ⅴ，68)。说爱先于认识，并不是在时间次序上说，似乎要首先是爱，然后是认识，实际上舍勒甚至说，二者在客观时间上是同时的，舍勒强调的是被给予性上的时间秩序(Zeitordnung)，而非客观时间意义上的时间次序(Zeitfolge)，这与他有关奠基的思想是紧紧关联在一起的。舍勒最终以这样一个看似悖谬的句子来规定价值被给予性的优先性："爱和恨**先于同时的**知识(认识)和意愿的优先性"(Ⅺ，63f.；Ⅵ，77—98)。

从根本上，价值存在被舍勒厘定为"行为相对性存在"(Ⅺ，241)。据此，舍勒明确地拒绝了一种"绝对的本体主义"，即那种认为"有可能存在按其本质不可被任何意识把握的对象的学说"(Ⅱ，270)。与此相对，舍勒的根本立场在于："任何一个对某个对象种类之实存的主张都根据**这个本质联系**也都要求给出一个这个对象种类在其中被给予的经验种类。据此我们说：就其本质而言，价值必须是可以在一个感受着的意识中显现出来的"(Ebd. 强调为笔者所加)。而"这个本质联系"，舍勒将之称为"现象学的最高原理"，即"在对象的本质和意向体验的本质之间存在着一个联系"(Ebd.)。通过这样的最高原理，舍勒清楚地表明了"行为相对性存在"的内涵，也正是通过这个原理，不同于一般意义上的认识论的或人类学的相对主义，舍勒张扬了"理性的、客观的相对主义"。

这样一种作为"相关性先天"(Korrelationsapriori)的"现象学的最高原理"当然不仅仅存在于舍勒这里，胡塞尔也曾在其《欧洲科学的危机与超越论的现象学》中明确地予以强调："当第一次想到经验对象与被给予方式的这种普遍的**相关性先天**时(大约是1898年我写作《逻辑研究》时)，我被深深地震撼了。以至于从那以后，我毕生的事业都受到系统阐明这种**相关性先天**的任务的支配"。[①] 在此意义上，黑尔德(Klaus Held)完全有理由要求，一门现象学的伦理学，只要它还可以冠以"现象学"这个名字，那它就要从相关性先天，或者从"显现者与显现的相互关系原则"出发来建造，现象学的伦理学最终

[①] 胡塞尔：《欧洲科学的危机与超越论的现象学》，王炳文译，北京，商务印书馆，2001年，边码第169页，(黑体部分为笔者所加)。

就该以一种"意向性伦理学"而闻名于世。①

然而，尼古拉·哈特曼在他的伦理学中就没有很好地坚持和维护这种"相关性先天"原理。② 伽达默尔已经指出了这一点："尼古拉·哈特曼违抗胡塞尔的相关性研究的口号，并恰恰是以此发现了行为—现象学和对象—现象学的区分，并为后者进行了辩护"。③ 亨克曼也曾正确地强调："哈特曼把价值内涵的先天性回溯到它的观念存在，以此他被打上了柏拉图主义者的印记"。④ 但是我们也不能同意亨克曼进一步对舍勒的评论，他说，"舍勒也一样，尽管他拒绝了价值的观念存在，并是在一个未展开的意义上谈论了一个**非依赖性地持存着**的'价值—存在'，这个价值—存在在范畴上完全区分于存在的其他样式"。⑤ 如前所述，价值存在在舍勒这里始终意味着"行为相对性存在"，它在本体上属于一个此在，因此价值存在很难说是"非依赖性地持存着"的，就此而言，与尼古拉·哈特曼不一样，舍勒与柏拉图主义完全地划清了界限。

舍勒曾经尖锐地批评尼古拉·哈特曼，认为后者"回溯到一个过于轻巧的实在本体主义和价值本质客观主义之上"，对于舍勒来说，人们根本不能去接受一种柏拉图式的价值天空，一种"据说是完全由'独立于'活生生的精神**行为**的本质和可能**进行**——不仅'独立于'人和人的意识，而且'独立于'**整个活生生的精神的本质和进行**——而存在的观念天空或价值天空"（Ⅱ，21）。

概言之，在其现象学的质料价值伦理学中，舍勒对价值本身的

---

① 参阅黑尔德（Klaus Held）："意向性与充实"，倪梁康译，见黑尔德：《世界现象学》，孙周兴编，74页，北京，生活·读书·新知三联书店，2003。但是我们无法接受黑尔德的这一判断：舍勒的伦理学是一种价值论，而非意向性伦理学，因而是"没有根基的空中楼阁"。本文的阐述恰恰表明，舍勒的现象学伦理学始终以"相关性先天"为其最高原理，价值论或价值现象学始终是与情感生活现象学紧密相关的，因此舍勒的现象学的质料价值伦理学所坚持的"质料先天主义"始终包含着三个方面：实事先天、行为先天与相关性先天。
② 也正是在此意义上，他能否被归入"现象学运动"，这一点始终是可疑的，尽管他深受现象学家的影响。
③ 伽达默尔：《价值伦理学与实践哲学》，邓安庆译，见严平编选：《伽达默尔集》，266页，上海，上海远东出版社，2003。
④ W. Henckmann, "Materiale Wertethik", in: A. Piper (Hrsg.), *Geschichte der neuen Ethik. Bd. II*, Tübingen 1992, S. 89.
⑤ Ebd. 强调为笔者所加。亨克曼这里所使用的这个说法（unabhängig bestehen）本身很可能就是来自尼古拉·哈特曼："价值不依赖于意识而持存着"（Werte bestehen unabhängig vom Bewußtsein），参阅 Nicolai Hartmann, *Ethik*, Berlin 1926,⁴1962, S. 149.

基本思考体现在两个方面。一方面,不同于胡塞尔将价值视为"被奠基的""次生的"对象,舍勒将这种作为质料先天的价值先天视为"原现象"或者"不可还原的感受直观的基本现象";另一方面,又不同于哈特曼的柏拉图式的价值本质客观主义,舍勒坚持了现象学的最高原理(即相关性原理),而最终将不同于此在和如在、同时在存在样式上同样根本的价值存在视为"行为相对性存在"。正是通过这种"行为相对性存在",一种与此价值存在"相对"或者"相关"的"行为先天",以及在价值先天与行为先天之间的本质的、现象学的"相关性先天"得以强调。

3. 舍勒的质料价值伦理学

按照舍勒为自己设定的理论任务,我们可以把舍勒的质料价值伦理学分为两大部分,即"现象学的元伦理学"和"现象学的规范伦理学"。这两大部分既同通常意义上的"元伦理学"和"规范伦理学"有着相似的理论追求,同时也有着很大的不同。这些不同主要还是基于舍勒对现象学方法和观点的依赖。"现象学的元伦理学"主要相关于舍勒对"价值"的现象学讨论,"现象学的规范伦理学"则更多与"人格现象学"相关联。

通过对"价值先天"与"价值存在"这两个方面的强调,舍勒厘定了价值一般的现象学—存在论的"**独立的**"和"**原本的**"地位。最终,舍勒现象学的质料价值伦理学就既非单单建基在实事现象学意义上的价值先天上,也非单单建基在行为现象学意义上的情感先天上,而是建基于一种"质料先天主义",这种"质料先天主义"包含了三类先天,即价值先天、情感先天以及实事与行为之间的相关性先天。

尽管舍勒对康德展开了激烈的批评,但是他还是对康德表示了最大的敬重,因为正是康德,所有**一般质料**伦理学(比如亚里士多德的"善业伦理学"和"客观目的伦理学")的根基才被彻底摧毁,而舍勒自己的**质料的价值**伦理学无疑是以康德对一般质料伦理学形式的摧毁为前提的,所以根本上他并不希望成为"反康德的"或回归到康德之前,而是希望超越康德。或者说,舍勒最终的意图是找寻一种既不同于"一般质料"伦理学,也不同于康德伟大而深刻的"形式"伦理学的"第三条道路",这个"第三条道路"就是现象学的质料的价值伦理学。恰恰是这样一种"价值的现象学—存在论"以及"质料先天主义"才使得一门既不是一般善业的(目的论的),也不是形式的,而是"先天"的、现象学的质料价值伦理学得以存在。

如果说,舍勒对于"价值现象学"或"现象学的元伦理学"的探究是基础，那么对"规范伦理学"或者对"人格伦理学"的讨论最终就要回溯到"价值的质料先天主义"上去，而"规范伦理学"则是最终的归宿。在归宿的意义上，在舍勒回答"人应该如何生活？"（苏格拉底问题）这样一个最核心问题上，舍勒的伦理学既非康德式的"义务伦理学"，也非亚里士多德式的"德性伦理学"，而是一种在他自己看来更为根本的"第三条道路"，即"人格伦理学"。

那么，舍勒的价值现象学和人格现象学，或者说价值伦理学和人格主义伦理学之间的关系是怎样的呢？或者说，舍勒的"质料价值伦理学"是否具有其内在统一性？

休里曼（K. Hürlimann）在半个世纪前的专题讨论中所作出的评论用在我们这里仍然有效：舍勒现象学伦理学的基础看起来有双重面貌，一方面是"质料的价值伦理学"，另一方面是"人格主义"，然而这一点至今没有得到阐释者和批评者的重视，或者至少是仍未受到足够的重视。①

总的来说，这两个部分当然只是从属于舍勒现象学的质料价值伦理学的两个不同的层次，它们有着不尽相同的问题意识，但最终都统一于现象学的质料价值伦理学本身，最终还是为了回答"苏格拉底问题"，这个问题在舍勒这里就是"'我''应当'如何存在和生活？"的问题。价值现象学这一部分提供了对在苏格拉底问题中隐含着的"什么是好（或善）"这一问题的回答，也提供了何谓"应当"的回答；而人格现象学或现象学的人格主义这一部分首先提供的则是对"什么是'我'？"的理解，以及"如何存在和生活"的回答。因此，舍勒伦理学的这两个部分绝不是割裂的，而是有机统一在一起的。我们可以从以下三点简单地概述一下这一有机的"统一性"。

（1）**作为价值载体的"人格"**：舍勒明确地将伦常价值"善"或"恶"，就载体那方面而言归为人格价值，也就是说，善和恶的观念在舍勒这里原初地附着在人格上面，而非一个合法则的或者违法则的行动上面，因此他的伦理学最终所关注什么是一个善的人格，如何拥有一个善的人格这样的问题。善和恶这样的伦常价值本身根本无法清晰地去定义，它究竟是什么，也不能将之归结于某些具体的条目，根本而言，善与恶就是附着在人格之上的"二阶性"的价值。这一点可以看作价值方面对人格方面的依赖。

---

① 参见 Kaspar Hürlimann, "Person und Wert. Eine Untersuchung über den Sinn von Max Schelers Doppeldevise: Materiale Wertethik und Ethischer Personalismus", in: *Divus Thomas. Jahrbuch für Philosophie und spekulative Theologie* 30(1952), S. 273.

（2）**作为"价值人格主义"的伦理学人格主义**：所谓的伦理学人格主义的根本命题可以归结为两条：第一，"人格价值要高于一切实事—组织—共同体价值"，人格之所以可以具有这样超出其他一切的最高的本己地位，根本上源于它是价值的载体，而且正是依据价值的形式的先天法则，人格价值本身才能高于一切实事价值和事物价值；第二，人格生成就是朝向观念的爱的秩序、人格的观念的价值本质去—存在。这是伦理学人格主义的最终旨趣所在，它在根本上无疑仍然是依托了人格的价值本质，而且恰恰是观念的价值本质之"存在应然"，才使得伦理学人格主义之"应当"成其为"应当"。从这两个基本命题，我们可以看出人格这方面对价值方面的依赖。

（3）**在"爱"之中的"价值"与"人格"**：无论是价值，还是人格，最终都统一在"爱"之中。就价值这方面而言，爱承担了"发现"的作用，正是在此运动中，各个新的、更高的价值向我们昭示出来，爱虽然没有"获得对自在存在的价值一般而言的'**创造性的**'成就，但却获得了对各个可为一个生物所感受和所偏好的价值而言的'**创造性的**'成就"(Ⅱ，267)，因此，爱是提升价值的运动；就人格这方面而言，正是在爱之中，或者是"自身之爱"或者是"陌己之爱"中，人格的对于本己人格的观念的价值本质或者观念的爱的秩序得以完整地理解，人格才得以朝向观念的爱的秩序去生成，因此，我们也可以说，爱是人格生成的运动。价值或人格最终都统一在爱之中，而且最终是一种动态的统一。

我们可以用舍勒本人的话来总结这里的相互关系：

"我尤其相信可以表明：1. 一个客体的所有此在都是以它的价值存在为奠基的。2. 对一个客体的所有认识以及对一个设想的所有愿望都共同地是以对这个客体**和**这个设想的共同质料的爱为基础的。3. 各种世界观(所意指)的世界所具有的随历史和随[民族]国家的不同而变更着的结构跟随着流行的'道德'的结构，而被给予性的选择形式则跟随着各个爱的方向的所谓范畴。4. 所有可能的世界之爱都是以神之爱为基础的，而世界之爱的所有变更着的方向都是以独立变更的神之爱的方向为基础的"(Ⅱ，538)。

张任之
2023 年 10 月

现象学哲学

先天与形式一般[①]

如果我们没有从原则上理解，一个"先天的"存在要素和认识要素与"形式"(Form)和"形式的"(Formal)概念究竟处在何种关系之中，我们就不可能对伦理学提出这一问题。

我们先看一下"先天"可以意味着什么以及应当意味着什么。

1. 我们将所有那些观念的含义统一和定律称为"先天的"，这些含义统一和定律是在不顾及任何一种对其思维的主体及其实在自然属性之设定的情况下，以及在不顾及任何一种对一个可为它们所运用对象之设定的情况下，通过直接直观的内涵而成为自身被给予性。也就是说，这里不考虑任何设定。既不考虑对"现实的"和"非现实的"、"假象"和"现实"等的设定，也不考虑这样一种情况：例如，只要我们欺罔地(täuschen)认为，某物是活的，那么在这个欺罔的内涵中，"生活"的直观本质必定已直观地被给予我们。如果我们将这样一个"直观"的内涵称为一个"现象"(Phänomen)，那么"现象"就与(一个实在之物的)"显现"(Erscheinung)或与

[①] 本文选自《舍勒全集》第 2 卷，第 67—99 页，伯尔尼与慕尼黑 1980 年版。——中译注

"假象"(Schein)无丝毫关系。但这样一种直观是"本质直观",并且也是——我们也想说——"现象学直观"或"现象学经验"。它所给予的那个"何物"不可能更多地被给予,也不可能更少地被给予——不像我们在"观察"一个对象时可以较为仔细或不仔细,或者可以忽而观察它的这个特征,忽而观察它的那个特征一样——它或是"被直观"并因此而"自身"被给予(毫无遗漏地、不打折扣地、既不通过一个"图像",也不通过一个"象征"被给予),或者它没有"被直观"并因此也就没有被给予。

在这里,本质性(Wesenheit)和何物性(Washeit)本身既不是一个一般之物,也不是一个个体之物。例如红这个本质既在一般概念中是红,也在这个颜色的每一个可直观的细微差异中一同被给予。只有本质性在其显现时与对象发生的关系,才会使这个本质性的一般含义和个体含义之间的区别产生出来。因此,如果一个本质性同一地在许多不同的对象那里显现出来,并且是以所有"具有"或"载有"此本质的东西的形式显现,那么这个本质性便是一般的。但它也可以构成一个个体的本质,同时却不必因此而不再是一个本质性。

在我们拥有这些本质性和它们(它们可以是各种各样类型的,例如对立的、单面的本质性,争执、较高的和较低的秩序,与价值的情况相同)之间的联系的地方,也就是定律的真理所在,这些定律在本质性中得到充实,这种充实完全不依赖于那些可以被观察、被描述之物的领域,那些可以被归纳经验所确定,并且——不言而喻——首先可以进入可能的因果解释中去的东西的领域,这些定律既不能通过这类"经验"被证实,也不能被这类"经验"所反驳。也可以说,本质性和它们的联系是"先于"所有(这类)经验或先天"被给予的",但那些在它们之中得到充实的定律则是先天为"真"①的。因而先天并不是束缚在定律(甚至束缚在与它们相符的判断行为)上,例如作为这些定律和行为的形式(即判断行为的诸形式,康德就是从这些形式中发展出他的作为"作用规律"的"范畴");相反,先天完全属于"被给予之物",属于事实领域;一个定律只有当它在这样一些"事实"中得到充实时才先天为真(或为假)。必须严格区分事物和直观事物性的概念、相同性和直观相同性或相同存在(区别于相似存在)的概念等②。

---

① 真理在这里也仍然是"与事实的一致";只是与本身是"先天的"那些事实的一致罢了。而定律之所以先天为"真",是因为它们在其中得到充实的那些事实是"先天"被给予的。

② 是 E. 胡塞尔首先区分了作为概念的范畴和作为"范畴直观"内涵的范畴(《逻辑研究》,第二卷,第 6 页)。

因而，作为本质性或它的联系而被直观的东西永远无法被观察和归纳所取消、修正或完善。但它必然始终是在现象学以外的经验——自然世界观和科学——的整个领域中被充实并且在其中被关注——只要它的内涵得到正确的分析。并且它不可能被行为载体的"组织"所取消或修正。

这恰恰应当被视为对一个已有内涵之本质自然的批判标准之一，即对此内涵进行"观察"的尝试表明，我们始终必须首先直观到它，然后才能给观察以所希望的和所预设的方向；但对这个内涵的"本质联系"的批判标准之一则在于，在通过其他可想象的、可能的（在想象中可表象的）、对实在关系的观察结果来取消这些本质联系的尝试中，我们无法从实事的本性出发做到这一点；或者，我们在试图通过观察的积累来发现这些本质联系时，始终已经预设了它们——在排列观察顺序的方式中预设了它们。在这些尝试中，本质直观内涵相对于所有可能观察和归纳内涵的独立性已经明确地被给予我们。但对于先天的概念来说，由于它们是在本质直观中得到充实，因而对它们的批判标准在于，我们在对它们进行定义的尝试中，不可避免地要陷入定义循环之中；而对定律的批判标准则在于，我们在试图论证它们时，不可避免地要陷入论证循环之中①。

因此，先天内涵只能（借助于一个运用此批判标准的操作过程）被指明（aufweisen）。因为，即使是这个操作过程，就像"划界"的操作过程一样——在这个过程中表明所有那些还不是本质性的东西——也永远无法进行"证明"（beweisen）或以某种形式进行"演绎"，它只是一个使人看到或向人"演示"这些区别于所有其他东西的先天内涵本身的手段。

在这个意义上的现象学经验还可以通过两个特征来严格地区别于所有其他类型的经验，例如自然世界观的经验和科学的经验。唯有现象学经验才给予事实"本身"并因此是直接的，即不具有任何类型的象征、符号、指示的中介。所以，例如一个确定的红可以以最不同的方式得到规定；例如被规定为"红"这个词所标识的那个颜色；被规定为这个事物或这个特定的表面所具有的颜色；被规定为在一个特定序列中的颜色，例如这个彩色锥体的颜色；被规定为"我刚看

---

① 因而可以指明，例如所有力学原理已经包含在一个质量点的运动的现象之中——如果这个现象被严格地孤立起来——并且因此而成为所有可能的、可观察的运动的基础；也就是说，它们始终包含在运动的所有可能的、可观察的变化之中。

见的"颜色；被规定为这个频率和形式的颜色等。它在这里仿佛处处都显现为一个方程式的 X 或充实着条件关系的 X。但现象学经验是这样一种经验，在现象学经验中，所有这些符号、指示、规定类型都可以找到最终的充实。唯有它才给予红"本身"。它使这个 X 成为直观的事实组成。它可以说是对所有那些由其他"经验"所开出的汇票的兑现。因此我们可以说：一切非现象学的经验原则上都是通过或借助于某种象征的经验，因而也是永远无法给予实事"本身"的间接经验。只有现象学经验才原则上是非象征的，并正因为如此才有能力去充实一切可能的象征。

同时，唯有现象学经验才是纯粹"内在的"经验；也就是说，它所包含的仅仅是在各种经验行为本身中可直观的东西——即使它们本身又是某种在一个内容中超越出自身的东西——它永远不包含通过一个内容而被意指为外在于它或分离于它的东西。所有非现象学的经验，例如对一个实在事物的自然经验，原则上都"超越于"它们的直观内涵。在它之中"被意指的"东西并没有在它之中"被给予"。但现象学经验则是这样一种经验，在它之中不再隐含"被意指之物"和"被给予之物"的分离，以至于我们——可以说是从非现象学经验出发来此——也可以说：在现象学经验中，不被给予的东西就不被意指，而除了被意指之物之外没有什么被给予。在"被意指之物"和"被给予之物"的这种相合（Deckung）中，唯有现象学经验的内涵才被传诉给我们。在这种相合中，在被意指之物和被给予之物充实的相聚点上，"现象"得以显现。只要被给予之物超出了被意指之物，或者只要被意指之物不是"本身"——因而不是完整地——被给予，纯粹现象学经验就不存在①。

2. 根据以上所说可以看出，始终先天被给予的东西也与所有那些通过在观察和归纳意义上的经验而被给予我们的东西一样建立在"经验"一般的基础上。因此，任何被给予之物都建立在"经验"的基础上。谁愿意将此称为"经验主义"，谁就这样去称呼好了。这门建立在现象学上的哲学就是在这个意义上的"经验主义"。它的基础是事实并且仅只是事实，而不是一个随意的"知性"的构想。所有判断都必须依据事实——而只要"方法"能导致与事实相符的定律和理论，

---

① "现象学经验"显然与"内感知"的经验无关。什么是"内感知"和"外感知"，这个问题也需要得到现象学的澄清。唯有"自身被给予性"才与现象学经验相一致；但那种认为必须先在内感知中被给予，然后才能自身被给予的看法，仅只是一种心理主义的偏见。

它们就是合乎目的的。但事实——至少是"纯粹的"或现象学的事实——并不是根据一个"命题"或与它相符的"判断"才获得其"规定",更不是从被给予之物的所谓"混乱"中被切割出来的。先天被给予之物也是一个直观的内涵,而不是一个通过思维而"在先筹划"事实或"构造"事实的东西。而在"直观"的"纯粹"(或"绝对")事实与那些必须通过一系列(原则上无法穷尽的)观察才被认识的事实之间有着严格的区别。它们——只要它们是自身被给予的——连同其关系都是"明晰的"或"明见的"。因此,先天和后天之对立的问题不在于经验和非经验或所谓"一切可能经验的预设"(它们本身在任何方面都是不可经验的),而在于经验的两种类型:纯粹的和直接的经验,以及依赖于对实在行为载体的自然组织之设定的并因此而是间接的经验。诚然,在所有非现象学经验中,直观的纯粹事实都是——我们可以说——作为经验的"结构"和"形式规律"在起作用,并且是在这样一个意义上起作用,即:这些事实永远不会在这些经验中"被给予",可是现象学经验却根据(nach)这些事实或依据(gemäß)这些事实进行。但恰恰是所有这些在自然的和科学的经验中作为"形式",更作为经验"方法"而起作用的东西,必须在现象学经验的范围内成为直观的"质料"和"对象"。

因而我们明确地拒绝任何一个不能通过直观的事实而得到无余之充实的在先被给予的先天"概念"或"命题"。因为要么这指的是一个"按其本质无法被认识的对象"的无稽之谈,要么这指的是一个单纯的符号,或者说,一个对随意被联结的符号之协定。在这两种情况中,我们所涉及的都不是明察(Einsicht),而是盲目的设定,这种设定的目的在于,可以从它之中"导出"或者以"最简单的"方式"导出"科学经验的内涵。同样不可能将先天试图理解为一个根据观察——无论是内在的还是外在的观察——而推断出的"功能"或"力量",这种功能或力量只是在经验内涵中起作用。导致这样一种奇特想法的只能是一种神话学的设想,即认为被给予之物是一个"感觉的混乱",它只有借助"综合功能"和"力量"才能"被构形"(geformt)。即使在那些没有这种将先天说成是一种"构形的活动"或"综合的力量"的神话学解释的地方,人们满足于通过还原的操作方法来发现那些落实在定律之中的自然科学的纯粹客观逻辑"预设",并且将这些"预设"称为先天,即使在这些地方,先天也是被推断出来的,而不是明晰地奠基于一个直观内涵之上。但一个定律的先天自然与它的可证明性或不可证明性无丝毫关系。算术定律是作为公理，还是作为公理的可证明的结论起作用，这对于它们的先天本性来说是完全无所谓的①。因为它们的先天性是植根于充实着这类定律的直观内涵之中，而不是植根于理论和体系之组成部分的原理关系和推理关系的地位价值之中②。

　　3. 从以上所述已经可以完全清晰地看出，"先天明见之物"的领域与"形式之物"毫无关系，并且，"先天—后天"的对立也与"形式—质料"的对立毫无关系。第一个区别是绝对的区别，并且它建立在充实着概念和定律的内涵差异性基础上，而第二个区别是完全相对的并且同时与概念和命题的普遍性有关。所以，例如纯粹逻辑学的定律和算术定律是在同样的程度上先天的（公理和公理的结论都是先天的）。但这并不妨碍纯粹逻辑学的定律在与算术定律的关系中是"形式的"，而算术定律在与纯粹逻辑学定律的关系中是质料的。因为对于算术定律来说，需要有直观质料的加入（Plus）才能充实它们。另一方面，A 是 B 和 A 不是 B，这两个命题中有一个为假；这样一个定律只有根据现象学的实事明察才为真，即（直观中）某物的存在与不存在是不相容的。在这个意义上，这个定律也以直观的质料为基础，这些质料并不因为附属于任何对象就更少。那个定律仅仅在决然不同的意义上是"形式的"，即 A 与 B 可以为完全随意的对象所取代；它就这些随意对象中的两个特定对象而言是形式的。同样，对于酸梅和梨子来说，2×2＝4 也是"形式的"。

　　因此，在先天明晰之物的整个领域内存在着"形式之物"和"质料之物"的最广泛差异。我们马上也会在价值论中发现在（相对的）形式先天之物和质料先天之物之间的非常重要的差异。但在一个先天领域中的最无形式的定律，即那些仿佛是仅仅通过最大限度的质料直观内涵而得到充实的定律，也并不因此就不是严格先天明晰的。所有那些在与其他先天定律，例如在与纯粹逻辑学定律的关系中对一个较特殊的对象领域具有有效性的定律，都是先天"质料的"。但也可以想象在本质性之间的先天联系，这些先天联系只出现在一个个体对象上，而在所有其他对象上都不出现。

　　另外，在任何一个仅被视作后天的定律中，即在任何一个只能通过观察的事实而被充实的定律中，都可以区分它的"逻辑形式"和

---

① 众所周知，我们可以在文献中找到所有这些对先天的错误解释。
② 在这个意义上，任何一个几何学定律都是先天的，无论它是公理还是定理。

它的"质料内涵",例如,它自身具有一个定律的构造,具有一个主语、谓语、表语,并且具有在这些"形式"中被构形的东西。但这意味着:"形式—质料"的对立与"先天—后天"的对立相切,因而在任何意义都不与它相合。

将"先天之物"等同于"形式之物"的做法是康德学说的基本谬误。这个错误同时也是伦理学"形式主义"的基础,甚至是整个"形式的观念论"(formaler Idealismus)——康德本人便是这样称呼他的学说——的基础。

4. 与此基本谬误密切相关的是另一个谬误。我指的是将"质料之物"(既在认识论中,也在伦理学中)等同于"感性"内涵,但将"先天之物"等同于"思想之物"或通过"理性"而以某种方式附加给这些"感性内涵"的东西。在伦理学的范围内,"感觉的被给予之物"是通过"事物对感受性的作用"而产生的,与这种感觉相符的是特殊的感觉状况:快乐和不快,"事物"用这些感觉状况"来侵袭主体"。

但这种等同的做法,即认为感性内涵是"被给予"思想的做法,即使在理论领域中也是完全错误的。它之所以错误是因为"感性内涵"或"感觉"的概念根本不是指在一个内涵中对这个内涵的规定,而仅仅规定着一个内涵(如一个声音、一个颜色连同它们的现象学特征)如何传送的方式。在颜色、声音中并不存在任何"感性的"的东西。恰恰是这些概念最需要得到现象学的澄清;也就是说,需要探寻"感性内涵"这个概念在其中得到充实的那个事实状况。

我觉得这种等同之做法的根本错误($πρ\tilde{ω}τον\ ψε\tilde{υ}δος$)就在于,人们不去素朴地提问:什么是被给予的?却提问:"什么能是被给予的?"然后人们认为,感性功能——遑论感官和刺激——无法涉及的东西是不"能"被给予我们的。一旦人们陷入这种根本错误的提问之中,他们就必然会得出结论,所有那些被给予的经验内涵,即那些突出于可作为"感性内涵"而被确定的因素,并且无法通过这些因素而被取代的经验内涵,是以某种方式被我们"附加的东西",是我们"行为活动"的结果,是一种"构形"(Formen)、一种"加工"以及诸如此类的工作的结果。于是,构形、形式、形态、价值、时间、空间、运动、对象性、存在和非存在、事物性、一、多、真理、作用、物理、心理等都必然一同地和分别地被回归为或是一种"构形"或是一种"同感",或是另一种主观的"行为活动"。因为它们并不隐藏在那些只"能",并且因此——如人们所说——"是"被给予我们的"感性内涵"中。

这个错误在于：人们不是素朴地提问，在意指的意向中什么是自身被给予的，而是立即将外在于意向的客观的、甚至是因果的观点和理论(即使是自然的日常理论)混杂到问题之中。然而，在"什么是(在行为中)被给予的"这样一个素朴问题中，人们仅仅观看这个什么；行为发生所需要的所有那些可以想象的客观的、外在于意向的条件，例如是一个"自我"或"主体"在进行这个行为，它具有"感性功能""感官"，具有一个身体以及如此等——所有这些条件都属于这样一个问题：在对一个声音、一个颜色的拥有中，什么是"被给予"的，并且这种被给予性看起来是怎样的。在这个问题中并不包含这样的确定：一个看见此颜色的人具有一个肺和两条腿。我们仅仅在摆脱了人格、自我和世界联系的行为意向方向上观看，什么在此显现以及它如何显现。我们完全不受这样的问题的迷惑：它能如何显现，它如何根据某些现存的事物、刺激、人等的实在预设而传送给我们。

倘若我提出这样的问题：在我感知一个物质的立方体时，什么是被给予的，那么，如果回答：被给予的是"角度性的面的外观"，甚至是对此面的外观的"感觉"，这个回答就会是根本谬误的。在这里"被给予的"是作为一个具有确定的空间形式统一的完整——根据某些"面"，甚至根据某些"外观"而被划分的——物质的立方体。事实上，这立方体只是视觉地被给予，而且视觉因素在感知内涵中仅仅与视觉事物的这样一些点相符合，这些点属于该事物的角度性的面的外观；但这些情况都丝毫不是"被给予的"——正如这个立方体内部的化学组成也不是"被给予的"一样。毋宁说需要一系列极丰富和极复杂的新的行为(同一种行为，即"自然感知"的行为)以及对这些行为的联结才能使"这个立方体的角度性的面的外观"被经验到。这里所列举的仅只是它们的最粗糙的层次结构。

在这里首先必须有一个自我把握(Icherfassung)的行为补加进来，即一个作为行为进行者的自我的行为，并且有一个观视(Hinblick)补加进来，即对从这个立方体中有哪些东西被给予它的观视。然后，这个立方体还是与先前一样被给予；它只是带有了一种个体的特色，这种特色贯穿所有被给予之物中。在第二个行为中便可以把握到，这个感知行为是通过一个视觉行为而进行的，在这个视觉行为中并非所有那些原先在此的东西都显现出来，例如"物质性"没有显现出来，"它具有一个内部"也未显现出来。毋宁说，现在"被给予的"是一个具有特定形态、特定色彩，带有光和影的整体的外壳，也就是说，始终还是那个事物性的(只是非物质性的)视觉对象。

但就是现在，"这个立方体的角度性的面的外观"也还远远未被给予，更不用说那个所谓"感觉内容"了。"被给予的"是这个立方体的视觉事物，即某种尽管不再含有"物体性"，但却完全还含有作为形式、颜色、光和影之支撑点的事物性的东西，并且它始终是具有空间形式的整体，颜色、光线与黑暗作为独立的、奠基于空间形式中的现象进入到这个空间形式之中，而且，随着它的(即"空间形式"的)变化，这些局部显现也发生变化。例如只有当我将灰色调的特定的质理解为一个视觉事物的特性时，我才能在这些灰色调的质中看到"影"，而当被看见的形式的空间因素的距离和状态通过一种形式统一的变化——例如立方体改变为它的平面投影——而发生变化，那么颜色因素便会根据其显现内容而在极为细微的限制中发生变异。随一个颜色的深度定位变化，亮度也会发生变化。我们还可以进一步确定一个"看"的事实，同时却无须通过感知或感官感觉去知道感性器官。而"看"并不等同于一个有色物体的单纯所属性，例如属于一个感知的自我，就好像"看"与"具有颜色"、"听"与"具有声音"是同义的一样。"看"也不同于对一个颜色的单纯注意。它是一种可以被直观到的功能，即一种带有固定质性的、带有特殊的和完全独立于边缘(peripher)感官组织的活动规律的功能。例如在对一个平面的看中，直观事实始终是一同被给予(mitgegeben)的：直观平面有另一个面，即使我们没有"感觉到"它。所以立方体的"视觉事物"也不同于它的空间立方体形式的角度性的面的外观，在这个视觉事物中，还有在这个"面的外观"的限制中"被感觉到"的线条在这些方向上继续前展，这些方向是由立方体的形式规定给这些线条的，这个形式作为整体"被给予"，它根本不是由一种对"面的外观之综合"所构成，甚至根本不"处在这种综合中"。被感觉到的空间因素在状态、距离、线条因素的方向、深度定位的方面从属于这个被看到的形式，并且随此形式的变化而变化。只要这些线条是一个具有"球体"形式的视觉事物的各个部分，它们的同一种状态、距离、方向就是有差异的。视觉事物的空间在这里明确地区别于几何学空间，后者是一个被人为歪曲了的空间。

但现在需要一个新的经验行为才能从至此被给予的视觉事物中切割出"角度性的面的外观"的材料。只有当进行着这个看的行为的身体有机体（它被视为属于感知"自我"的）以及它的与视觉功能活动相联结的各个部分的此在和场所规定性成为一个特殊感知行为的对象时，这种切割才是可能的。例如我通过我眼睛的某种活动，而非通过我耳朵的某种活动来看，其原因既不在于视觉功能，也不在于视觉事物。首先从"实验"中可以得出结论，当然是从（我们所有人很早就进行过的）自然实验中得出结论：如果我闭上眼睛，那么我对一个事物的看便会中止；随眼睛的运动（以及随与此相连的器官和肌肉感觉的运动）或随承载此眼睛的躯体的远去，视觉事物的特性会发生繁杂的变化。但在前面所规定的意义上的视觉事物始终必然已经"被给予"，并且是在特定的量的质性中被给予的，如果在这个事物上的质性可能变更方向，例如根据更大和更小而进行变更的方向——只要在它们之中进行的变更是受自然角度、距离、状态和器官的距离，或者说，它的感觉层次的距离这样一些单纯的事实的制约——应当得到突出的话。（量的质性当然不是可度量的量，它完全依赖于这样一个尺度，有关视觉事物正是在这个尺度中参与整个视觉空间的空间充实，亦即始终是相对于其他处在此视觉空间中的视觉事物之参与而言的。）要想突出视觉事物的变更方向只有通过一种关系感知，即对在被划分的经验行为中被给予的视觉事物和我的身体和眼睛之事实、加上那些"实验"的事实，所进行的关系感知。只有当这些变更方向被给予，当我知道什么是一个物体的角度的面的外观时，那个被感觉主义认识论者天真地当作出发点的东西、即"这个立方体的角度的面的外观"，才可能在一个特殊的行为中被给予。但从这里出发要达到"感觉内容"也还有一大段距离。

在现象学意义上的"感觉内容"——即那些作为一个"感觉"的内容而直接被给予的东西，而不是作为这样一种内容通过与真正的和直接被给予的"感觉内容"的类比"被推导出来"的东西，更不是通过因果的刺激概念和随它一同变化的因果组织之反应方式所推导出来的东西——严格地看只是这样一种内容，它们的出现和消失设定了我们被体验到的身体状况的某种变更：首先完全不是声音、颜色、气味质性和口味质性，而是饥、渴、疼痛、快感、疲劳以及所有那些模糊地定位于特定器官的所谓"器官感觉"。这是"感觉"的范例，可以说是人们所"感觉到"的"感觉"。当然，属于这种感觉的还有所有那些随感官活动而发生并随感官活动变化而变化的感觉。

为了语言上的便利，人们现在也可以将整个外部直观世界的所有因素，即那些（在出现和消失中）可以参与身体状况变化的因素，也称为"感觉"。并非因为它们是感觉，而是因为它们的实现对于一个心理物理的个体来说有规律地伴随着真正的感觉（在耳中、眼中等）；并且因为直观的最简单内容的任何变化，例如一个颜色和面积在声音、饱、亮度、形态方面的任何变化都单义地从属于在身体，包括器官的根据状况中的变化。

但是，在这个扩展了的意义上的"感觉"既不是一个特定的对象，也不是像"红""绿""硬"那样的一个直观内容，更不是一个像马赛克一样拼凑起来的事实的小"因素"。相反，我们所指的是外在的（和内在的）现象世界的变更方向，每当这个世界作为独立于一个个体的当下身体之物而被体验到时，它都具有这种变更方向。这就是"感觉"的本质；具体地说，所有那些能够在这个方向上变更的东西都是"感觉"。

在最后这个意义上，"感觉内容"永远不会在任何一种词义上"被给予"。它始终只能通过一种比较的行为，即对众多被给予的现象和众多身体状况的比较行为，而被规定为这样一种东西：它在身体状况变化的情况下也能够在现象中一同发生变化。在严格的意义上，这种宽泛意义上的"感觉"只是一个"变更关系"的名称，这个关系是存在于一个身体状况与外部世界（或内部世界）的显现（Erscheinung）之间的关系；它的内容只是这个已被定义的、处于现象之中的、在身体与现象之间关系的终极点。一个显现所具有的这些因素会"被感觉到"，即当身体状况，或者说当在感官中的器官感觉处在一个特定的变化之中时，这些因素的变化会导致整个显现的变化。

因此，一个"纯粹的"感觉是永远不会被给予的。它永远只是一个需要受到规定的 X，或者说，一个我们用来描述那些依赖性的象征。在质性、亮度方面（例如在颜色几何学上）受到规定的对一个红的纯粹感觉永远不会"被给予"，因为"被给予"的始终只能是一个对象的被所谓感官记忆一同规定的颜色，而这个颜色已经受到以前的、随这个客体一起进行的视觉交往的规定。

因此，哲学的任务从来就不是像人们所误认的那样，从"感觉"中构造出直观的内容，恰恰相反，它的任务在于，尽可能地将这些内容从那些始终伴随着这些内容的感官感觉中清除出去，唯有这些感官感觉才是"真正的"感觉。哲学的任务还在于，去除这样一些直观内容的规定性，这些规定性根本不是"纯粹"直观的内容，相反，只有当它们接受了与器官感觉的确定联系并通过这种联系而同时获得了一个意义,即作为一个可以期待身体状况之变化的"象征",只有这时,它们才能获得这些纯粹直观的内容。

但在理论领域中有效的东西,在进一步的类比中也对价值和意愿有效。

对我们来说"被给予的"——在自然观点中——在理论领域是事物,在价值和意愿领域是善。其次才是我们在这些善中所感受到的价值,以及"对这些价值的感受"本身;再次,并且完全与此相独立的是快乐与不快的感受状态,我们将它回归为善对我们的作用(无论这作用是作为被体验到的刺激,还是指因果关系);但最后则是交织在这些感受状态之中的特殊感性感受(或者如施通普夫确切所称:"感受感觉"[Gefühlsempfindung])的状况。只有当我们观看(在内感知中的)具有广延和四肢的身体的各个部分,并且将这些如此被给予的较次要的感性感觉状况与适意的质性置于一种被想象的联结中时,这种特殊的感性感受状态才能被分别把握到。因为适意的价值还不同于伴随着它们的那些感性感觉状况(例如糖的适意不同于舌头上的感性舒适感受)。因此,那些在感受的"质料"中与作为这种关系对象的感性感受状态相符合——因为这些状况的变化还依赖于它们——的东西,也就是说,那些在这个意义上是(或可以非本真地叫作是)价值质料的"感性内涵"的东西,它们永远不会在这个质料中直接地被给予,遑论原本地被给予——以至于善只能作为这些状况的"原因"摆在我们面前。感性感受状态是在价值和善的世界之中和之旁融入我们生活中,在这个王国中作为我们身上的次生的伴随显现(Begleiterscheinung)而融入我们的作用和行为中——而且甚至是在感性的享受中,更多的是在关涉高于适意的价值领域,关涉精神价值或生命价值的地方。下面这种情况不仅十分罕见,而且同时已是一种导致病态的行为,即一种特殊的意向朝向这些状况,并且它仿佛是从对象朝向的情感运动中分裂出来的。①

这些情况同样也适用于追求和意愿。康德声称,每一个——不是通过"理性规律"——而是通过一个质料而被规定的意愿都因此而不是先天被规定的,因为这个意愿在这种情况中是通过那个在意愿中成为实在的内容对我们感性感觉状况的反作用而受到规定的。康

---

① 此处参阅笔者在"论自身欺罔"一文中的论述,载《病理心理学杂志》,第一辑第 1 期,1911 年。

德的这一主张缺乏任何事实根据。

一个意愿越是强烈和有力,那个在它之中被给予的——作为应被实现的而被给予的——价值和图像内容之中所发生的自身丧失(Sichverlieren)也就越多,以至于恰恰在最强烈的意愿那里,这些内容为我们所意愿的状态却最少地被给予我们。正是在微弱的意愿那里,对内容的意愿本身才会更清晰地带着"努力"表现出来。在意愿的设想及其实现过程中的完全"丧失"是冷静的行为人(Tatmenschen),例如从事伟大事业的人的特别姿态;英雄性格的最高形式①。但这个在这里仿佛是宏观地出现在我们面前的现象是在每一个有力的愿望行为中微观地展现出来的。这个愿望行为的特征始终在于,我们在它之中被拽出来,并超越出对反作用的想象,这个反作用是指对我们状况的反作用,尤其是对我们感性状况的反作用。因而我们在一项危险的工作中不会注意到,我们已经受害,或者不会注意到,疲劳感甚至疼痛正在对这项工作提出抗议。一切激情的意愿——更不用说更高形式的意愿了——就已经将同时的或将要到来的感性感受状态完全排斥出被给予性之外。通过这些事实可以使人明白,在历史上最强力的意志人格那里,或者在特别有力的群体那里,以"自我"为出发点的意愿意识——遑论意愿对自我之反作用的意识——实际上发展得最少。他们或者将他们的意志作用体验为"仁慈"(例如行动有力的英国清教徒克伦威尔及其同党),或者觉得自己完全是上帝的工具(例如,加尔文认为自己是上帝的"工具"),

---

① 很容易与无力的"梦幻者"的符号相混淆,然而实际上却恰恰与之相对立的是这样一种趋向,即把想象中的、白日梦中的——有时甚至是在臆想和幻觉的异常延展中的——单纯愿望内容当作在意识中实在被给予的来拥有,也就是预期在其此在中仅被愿望之或实际被追求之物,以及事先地品尝和享用它们的实在。如果我们生活在一个计划的目的内容之现实中,对这个计划我们已经完成了一些步骤,但要完成它还需付出许多工作,而我们又感到无力或无法进行这些工作,那么情况便是如此。反过来,将这些只是被希望的或尚未完全达到的东西预期为"现实的"并且事先根据感受来品尝它们,这种倾向也可能会破坏将它们加以实现的力量。在"设想制作者"那里可以在较小的程度上发现这种情况。由弗洛伊德及其学派首先为梦的内容所提出的"希望之实现",即希望对回忆内容的反作用以及对期待内容的前作用均属于这种情况。

相反,意志强的人"生活"在他的作为"设想"中,作为"须待实现"内容的设想之中,但这些事实并没有获得那种实在的外表,并且他同时冷静地关注那些在严格划分的意向中、在他的因果联系中被给予他的现实之物。在前一种情况中,"作为实在"而被预期的设想已经被享受和品尝,而在这里,这样一种动力作用得到了展开,它可以将那些处在可能的可统治性范围内的大量手段像抖开一块(要通过思考来加以分析的)布一样一下子展现在人们眼前。对现实之物与非现实之物与在设想中的完整生活之严格划分是强烈的意志本性的突出特征。

或者将他们的生命阶段视为"命运"(例如行动有力的阿拉伯人和土耳其人、华伦斯坦和拿破仑);或者他们认为,他们只是对"发展趋势"有所促进或有所引发(如俾斯麦)。"大人物"理论从来就不是从大人物那里,而始终是从观察他们的人那里产生出来的。①

各种首先被给予的质料并不是被意愿之物对感性的(甚至生命的或精神的)感受状态的可能反作用。因此,在同样的程度上,对有关内容的意愿与其说是一种期待或想象,不如说是一种妨碍或限制,有可能还是一种"搁置",以至于这种内容或是成为单纯的愿望内容,或是根本不被追求。也就是说,感受状态对意愿质料的作用是一种本质上否定性的和选择性的作用。通过它而首先得到规定的不是我们所意愿的那些东西,而是在起初被意愿的内涵方面我们"不再"意愿的那些东西。②

因此,这恰恰是康德在通过快乐和不快的经验来规定意愿的所有质料时所预设的对真实事实状况之颠倒。甚至在"规律"观念规定着意愿时,这个"规律"也仍然是意愿的质料(至少是纯粹意愿的质料)——但不是作为纯粹意愿的规律来规定,即不是作为规定着意愿之进行的规律。这里所意愿的恰恰是"规律"的实现——作为意愿的可能质料之一。正因为如此,一切意愿都奠基于质料之中,然而它们仍然可以是先天的,只要它们存在于价值质性之中,意愿的图像内容要根据质料的价值质性才能得到规定。意愿因此而绝不受"感性感受状态"所规定。

但第二种将"先天之物"等同于"合理的东西"(或"被思考的东西")的做法同样是谬误的,这种等同的做法与将"质料"和"感性"(以及后天)加以等同的做法相符。我们已经看到,首先,一个对于直观而言的"被给予之物"是先天的,而那些在判断中"被思想的"命题只有在通过现象学的经验而得到充实的情况下才能被称为先天的。所以,即使在理论认识中,先天也绝不是一个单纯被思想之物或最先被思想之物。甚至可以说,对认识论阻碍时间最长的就是这样一门学说,这门学说以此预设为出发点,即认识的要素必定或是在于一个"感觉内涵",或是在于一个"被思想之物"。在这样的预设下,人

---

① 倘若仅仅因为最强的(可以说是心醉神迷的)愿欲之显现与单纯的"奋起追求"、本能追求之事实并不被体验为是由自我出发的,就把这两者等同起来,那么这就是一个最大的谬误了。毋宁说,它们是追求之事实中的最极端对立。前一个事实完全是一个最中心的愿欲,甚至是"人格"本身最本真的愿欲,它作为所有行为的出发点完全有别于内感知的对象和"自我"。对此参见这部著述的第二部分、第六篇、A。

② 对此参见这部著述随后的第三篇。

们如何能够使事物、现实、力量、相同性、相似性、作用(在因果概念中)、运动，甚至空间、时间、量、数这些概念，以及如何能够使那些价值概念——它们在这里与我们尤为有关——得到充实？如果它们不是被臆想出来的，即如果它们不是通过"思维"而从无中被设定——连同它们之间的本质联系，例如力学原理——那么对它们来说必定有一个直观的材料被给予，它是直观材料同时又不是"感性的"内涵。那个预设本身就已经蕴含着一个对认识论问题的始终不充分的解答——无论这个解答的结果如何(或是感觉主义的结果，或是理性主义的结果)，它都至少对认识做了宣判：只要认识具有内容，这就是说，只要认识含有"感觉"材料或依据"感觉"材料，它就是"主观的"和"相对于"人的特殊组织而言的；只要认识不含有任何内容——最后只是关系，只是虚无(Nichts)的关系而已——它就被回归为纯粹的逻辑要素。

但像康德那样，将"先天之物"等同于"被思想之物"，将"先天论"等同于"唯理论"的做法——这对伦理学尤为有害——还会使我们陷入另一个同样根深蒂固的迷误之中。

我们的全部精神生活——不只是在存在认识意义上的对象性认识和思维——都具有"纯粹的"——根据其本质和内涵而独立于人的组织之事实的——行为和行为规律。即使是精神的情感方面，感受、偏好、爱、恨以及意愿都具有一个原初先天的内涵，一个不是从"思维"那里借来的内涵，一个需要由伦理学在完全独立于逻辑学的情况下加以指明的内涵。布莱斯·帕斯卡尔说得极为确切，存在着一个先天的"心的秩序"(ordre du coeur)或"心的逻辑"(logique du coeur)[1]。但"理性"("Vernunft"或"Ratio")一词——尤其是当它与所谓"感性"相对立时——自这些术语被希腊人确定以来便始终标识着精神的逻辑方面，而非精神的非逻辑—先天方面。所以，例如康德便将"纯粹意愿"回归为"实践理性"或回归为"那种"作用于实践的理性，他因此而误识了意志行为的原初性。意愿在他那里显现为一个单纯的逻辑应用领域，而不是像思维那样带有同样的原初性规律性的东西。当然，例如同一个最终的现象内涵既可以为矛盾律，也可以为这样一个定律提供充实，即不可能对同一个东西"既意愿又不意愿"，或者说，不可能对同一个东西既欲求又厌恶。因此，后一个定律就绝不会是"矛盾律"在欲求、厌恶这些概念上的单纯"运用"。

---

[1] 这里无法对此伟大思想的意义进行全面分析。参阅这部著述的第二部分第五篇第2章："感受(活动)与感受(内容)"。

矛盾律是一个与此完全独立的基本原理，它与后一个定律只是具有一个（部分）同一的现象学基础。然而，价值公理因此也完全独立于逻辑公理，它们绝不意味着仅仅是逻辑公理在价值上的"运用"。纯粹逻辑学与一门纯粹价值论是并列的。康德在这些问题上越是动摇不定，他也就越是坚定地最终将所有感受活动，甚至爱与恨——因为他无法将它们归诸"理性"——纳入"感性"领域并因此而将它们排斥出伦理学之外。①

但这种对"先天"的完全未经论证的窄化和限制的根源之一同样在于他将"先天之物"等同于"形式之物"。

唯有彻底地扬弃这一旧的成见，即"理性"与"感性"的对立便可以穷尽人的精神，或者说，对所有的一切都可以做非此即彼的划分，才有可能建造起一门先天—质料的伦理学。这种根本错误的二元论恰恰使得人们忽略了或误释了整个行为领域的本己特征，它从任何一方面看都必须被哲学拒之门外。价值现象学和情感生活现象学必须被看作完全独立的、不依赖逻辑学的对象领域和研究领域。②

因此，是一种毫无根据的观点才导致康德得出下列结论，即所有将"感受活动""爱""恨"等视为伦常的（sittlich）基本行为的做法，或者是因为伦理学在"经验主义"之中或在"感性"领域之中的迷失所致，或者是因为用"人的本性"来为对善与恶的认识进行虚假的奠基所致。因为只要对人身上的感受活动、爱、恨及其规律性进行研究，就可以发现，它们相互之间以及在其质料方面都不是"特殊人类的"，正如思维行为不是特殊人类的一样。现象学分析的本质在于，撇开行为载体的特殊组织以及对象的现实设定不论，而去把握建立在这些行为种类及其质料之本质中的东西；而对感受活动、爱、恨的现象学分析区别于所有心理学和人类学，就像现象学的思维分析不同于人类思维心理学一样。对于现象学分析来说也存在着一个精神层次，这个层次与整个感性领域，甚至与那个明确不同于此领域的生命或身体的行为领域毫不相干，而这个精神层次的内在规律完全独立于这些行为领域及其规律性，就像思维规律独立于感觉驱动一样。

所以，我们——与康德相反——在这里坚定地主张一门情感先

---

① 正是这一成见才使康德闻所未闻地将爱与恨看作"感性感受状况"。
② 爱与恨的先天论甚至最终是——这里无法对此进行证明——所有其他先天论的最后基础，并因此而是先天存在认识和先天内容意愿的共同基础。在它之中，而不是在一个"特权"之中——无论是"理论理性的特权"，还是"实践理性的特权"——理论和实践才能找到它们的最终联结和统一。弗兰茨·布伦塔诺已经暗示了类似的思想。但这里不是继续探讨这一思想的地方。

天论，并且要求划分在先天论和唯理论之间至今存在着的虚假统一性。与"理性伦理学"不同的"情感伦理学"完全不必是一门在这种意义上的"经验论"，即它试图从观察和归纳中获得伦常价值。精神的感受活动，它的偏好与偏恶，它的爱与恨具有它自己的先天内涵，这些内涵与纯粹思维规律一样独立于归纳经验。在精神的感受活动这里和在纯粹思维那里一样，都存在着(es gibt)对行为及其质料的本质直观，存在着对它们的奠基和联系的本质直观。在这里和在那里一样存在着现象学确定的"明见性"和最严格的精确性。

5. 我们也要——在关涉"先天"一般概念时——将先天的事实，即本质性及其独立于归纳的联系的事实严格地区别于所有那些企图进一步从知性上阐明"先天"，甚至说明"先天"的做法。① 在康德那里，所有哲学领域中的先天学说都紧密地与这位哲学家的两个基本定理以及与它们相应的对世界的基本观点和基本态度联系在一起，我们认为它们是未经证明的，因而要加以拒绝。

首先是康德关于思维"自发性"的学说，根据这种学说，所有在现象中的"联结"都必然是知性的(更确切地说，是实践理性的)产物。因此，在他那里，对象和事态之间的联系的先天也被回归为一种对"被给予之物的混乱"进行"自发的联结活动"或进行"纯粹综合"的"产物"。先天被虚假地限制在"形式"上，这种形式是或应当是一种"构形活动"、一种"构形行为"和"联结行为"的结果。在他那里，这种学说甚至紧密地与先天论交织在一起，以至于它们两者对于许多不是用独立的目光来考察康德学说的人来说已成为一个不可分割的整体。然而，这种制作性的知性活动的神话与先天论没有丝毫关系。它并非建立在直观之上，而是一种对在经验对象中的先天内涵的纯粹臆造性解释，这种解释只是在此预设下才能成立："被给予的"只是一个"无序的混乱"(在这里是所谓"感觉"的混乱，在那里是"本能"或"禀好"的混乱)。但这个预设是感觉主义和康德所共有的基本谬误，休谟对此感觉主义做了最极端的发展，而康德在这里完全盲目地将它从英国人那里接受下来。② 如果"被给予之物"的确处处都是印象的(或本能冲动的)"混乱"，然而在经验内涵中却可以找到联系、秩

---

① 舍勒在这里所使用的"从知性上阐明"(*verständlich* machen)和"说明"(erklären)两个词都有特殊的含义。前者本来就是指一般意义上的"阐明"或"使人理解"，但由于舍勒在"*verständlich*"上加了重点号，格外强调了"从理智出发去解释"的意思，故译作"从知性上阐明"。后者，即"erklären"则主要被舍勒用来定义自然科学的基本方法：因果说明的方法。——中译注

② H. 柏格森在他的著作《物质与记忆》中也确切地指出了这一点。

序、形式、某些特定的层次和结构，而这些东西不可能——如康德所正确地看到的那样——产生于对印象及其内部相关物的联想联结之中，那么至少会引起对这种"综合作用"、这种"联结力量"（它们的规律性也就是事实上与此完全独立的"先天"）的假设。如果这个世界首先化为一堆感觉混合物的粉末，人被粉碎成为诸多本能冲动的混乱（这些本能冲动——这是另一个不可理喻之处——据说是服务于人的直接生存之维持），那么当然就需要一个行动组织的原则，这个原则又重被回归为自然经验的内涵。简言之：休谟的本性需要有康德的知性才能生存，而霍布斯的人则需要康德的实践理性才能生存，只要这两者与自然经验的事实相符。但是，如果没有对休谟的本性和霍布斯的人的这一根本谬误的预设，那么也就不需要那样一个假设了；从而也就不需要将先天之物解释为这种组织活动的"作用规律"。这样，先天就是在博大的经验领域本身之中的实事对象结构，只有特定的对象以及它们之间的作用关系才与这个结构"相符"——先天并不是以某种方式通过行为而被"纳入"这个结构之中或通过行为而"附加给"这个结构。

但是，较之于理论哲学，伦理学受这个预设之害恰恰更深。由此发源而产生出康德的所有那些几乎还未提及的预设，它们也（例如在人类学中）常常以霍布斯的术语被表述出来：撇开"实践理性"不论，人是单纯的"自然生物"（对他来说＝一束机械的本能）；所有他爱（Fremdliebe）都回归为自爱（Selbstliebe），并且整个爱则回归为利己主义①，而利己主义则又回归为对感性快乐的追求。但如果没有这个预设，那么也就没有必要去设定一个对此混乱进行构形的"实践理性"了②。

我们在这里已经达到了这样一个点，先天论正是在这个点上与在康德对世界整个态度中的那个最根本的东西、那个几乎无法陈述的东西发生如此紧密的联结，以至于哲学学说在这里极其危险地与

---

① 自爱与利己主义对于康德来说是同义词。
② 这里的历史根据始终在于以下两种态度：从清教—新教立场出发，原则上对特有的、不是贯穿在系统—理性的（rationell）自身控制之中的"本性"以及任何一个它的冲动（这些本能也反映在他关于"极端的恶"的学说中）持不信任的态度，同时还有人与人之间——只要他们的关系还未接受一种合乎契约的（vertragsmäßig）、规律性的形式（同样是带有清教色彩的新教传统）——原则上的不信任态度。这些"态度"也对英国道德哲学理论的很大一部分进行了构形。对此参见笔者《论怨恨与道德的价值判断》的文章（同上书）以及马克斯·韦伯在其有关资本主义和加尔文主义伦理学的文章中的出色阐述。

康德的极为个体的偏好结合在一起。我只能用这样的语词来称呼这种"态度"：它是对所有"被给予之物"本身的完全原初的"敌意"或"不信任"，是对所有作为"混乱"的"被给予之物"——"在外的世界与在内的本性"——的恐惧与畏惧，用语词来表达：这是康德对世界的敌对态度，而"本性"则是需要进行构形、进行组织、进行"统治"的东西，它是"敌对之物"，是"混乱"等。因此是对世界之爱、对世界之信任、对世界的直观的和爱的献身的对立面，也就是说，它根本上只是如此强烈地贯穿在现代世界的思维方式之中的对世界之恨，对世界的敌意，对世界的原则上的不信任，而它们的结果就是这样一个无限制的行动需要："组织"世界、"统治"世界——这在一个天才的哲学头脑中达到了顶峰——这就是导致将先天论与关于"构形的""立法的"知性的学说，或者说，与关于使本能成为有"序"的"理性意志"的学说联结在一起的心理学原因。

现在，先天论必须处处摆脱与这种在历史起源和历史价值方面很成问题的情绪以及与由它所引起的假设的联结。与本质性一样，本质性之间的关系也是"被给予的"，而不是由"知性"所引出或"生产"的。它们被直观到，而非"被制作出来"。它们是原初的实事联系，它们并不因为它们是把握对象的行为之规律从而就是对象的规律。它们是"先天的"，因为它们建立在本质性中——而非建立在事物和善业中——而不是因为它们是被"知性"或"理性""所制作出来"的。只有通过它们才能理解，那个贯穿万物之中的逻各斯（λόγος）究竟是什么。

但对于伦理学来说，我们对先天论的理解具有重要意义，因为它主张明确地区分被康德混为一谈的伦常认识、伦常行为和哲学伦理学。

一切价值先天（也包括伦常先天）的真正所在地是那种在感受活动、偏好，最终是在爱与恨之中建构起来的价值认识或价值直观（Wert-Erschauung），以及对价值关系、它们的"较高""较低"的关系的认识或直观，或者说，"伦常认识"。这种认识因而是在特殊的作用和行为中进行的，这些行为和作用决然不同于所有的感知和思维并且构成唯一可能的通向价值世界的通道。价值和它们的秩序不是在"内感知"或观察（在这里只有心理之物被给予）中，而是在与世界（无论它是心理的世界，还是物理的世界或其他世界）的感受着的、活的交往中，在偏好和偏恶中，在爱与恨本身中，即在那些意向作用和行为的进行线索中闪现出来（aufblitzen）！而在如此被给予的东西之中也包含着先天的内涵。① 一个局限于感知和思维的精神同时也绝对是价值盲目的，无论它如何有能力进行"内感知"，亦即对心理之物的感知。

可是，伦常意愿，甚至整个伦常行为都奠基在这个价值认识（或在特别情况中伦常价值认识）连同其本己的先天内涵和其本己的明见性之上，以至于任何意愿（甚至任何追求）都原本地朝向一个在这些行为中被给予的价值之实现。只有当这个价值在伦常认识领域也事实地被给予时，这个意愿才是一个在伦常上明晰的、不同于"盲目"意愿，或者更确切地说，不同于盲目冲动②的意愿。在这里，一个价值（或它的等级）可以在感受活动和偏好中以最不同的相即性程度被给予，直至"自身被给予性"（它就等同于"绝对明见性"）。但如果它自身被给予，那么在存在中的意愿（或在偏好情况中的选择）便是本质必然的。在这个意义上——但也仅在此意义上——苏格拉底的命题得到恢复③：一切"好的意愿"都奠基于"对好的认识"之中；或者，一切坏的意愿都建立在伦常欺罔的基础上④。但伦常认识的整个领域都完全独立于判断领域和定律领域（也独立于这样一个领域，即我们于其中以"评判"或价值认定来把握价值状态的那个领域）。评判和价值认定是在感受中被给予的价值中得到充实的，并且仅在这种情况下才是明见的。因此，苏格拉底的命题并不适用于一切有关价值或伦常价值的单纯概念性的和判断性的知识，这是完全显而易见的。

但如果所有伦常行为都建立在伦常明察的基础上，那么，所有伦理学就必须回归为处在伦常认识中的事实及其先天关系。我说的是"回归"！因为并非伦常认识和明察本身是"伦理学"。伦理学毋宁

---

① 对于心理之物和本己心理之物来说当然也是如此。但在这种情况下，我们的行为便是对我们自身的感受（以内直观的形式），爱、恨等，但不是感知和观察。

② 尽管在盲目的冲动中也有一个价值在追求中被意指，但它并非是首先可被感受到，然后才被意指。

③ 相反，每一个对"什么是善的"的单纯判断性"知识"都不带有在被感受到的价值本身中的充实，因此这些对伦常规范的单纯认知对于意愿来说也不是决定性的。甚至于对"什么是善的"的感受，也只有当价值在它之中是相即地和明见地，即自身被给予时，才规定着意愿。苏格拉底表述中的错误之处在于他的理性主义，依照这种理性主义，仅仅什么是"善"这个概念就已经应当具有决定意愿的力量了。对此已经有过诸多对他这个伟大命题的著名反驳。

④ 不是建立在"谬误"(Irrtum)的基础上，而是建立在感受活动本身中的或偏好中的欺罔(Täuschung)的基础上。只有当一个对价值认定的评判发生时，才建立在"失误"(Verirrung)的基础上，它不同于理论的"谬误"，也不是它的一个变种。

说是对那些在伦常认识领域中被给予的东西的判断表述。并且，如果它局限于在伦常认识中明见地被给予之物的先天内涵上，那么它就是哲学伦理学。伦常的意愿尽可不必以伦理学作为它的原则通道——很明显，没有人通过伦理学而成为"善的"——但却必须以伦常认识和明察作为它的原则通道。

然而，在康德那里，这样一些基本关系却完全受到了误识。因为很明显，只有当对善的意愿作为对"什么"是善的评判朝向那些处在伦常认识的在价值内涵中的先天事实状态时，或通过这个先天事实状态而得到充实时，（唯有这时方可推导出）它才能被称为先天的。相反，康德——由于他把所有先天都回归为一种"构形"和"活动"——时而将意愿本身当作某种具有"先天规律性"的东西，以至于只是意愿活动的产物才导向评判并且导向认识，时而他又用对"规律"的表象，或用"评判"来规定，这样一个意愿是"正确的"。但在这两种情况中他都完全忽视了伦常认识的整个领域并因此而忽视了伦理先天的真正位置。正如他在理论哲学中错误地想从判断作用中，而不是从作为所有判断之基础的直观之内涵中推导出先天一样，在这里他也想从意志作用中，而不是从那些本质必然地在感受活动、偏好、爱与恨中进行的伦常认识之内涵中推导出先天。因此，他对"伦常明察"的事实也是一无所知的。在康德那里，取代伦常认识的是"义务意识"（Pflichtbewußtsein）。我们将会看到，这种意识与伦常明察本身绝然不同——尽管它有可能成为对这种可能明察之内容的自动主观实现的一种可能形式——甚至它只有在缺乏完整意义上的伦常认识的情况下才会出现。①

可是在康德看来，我们既不可能在我们自己这里，也不可能在其他人那里知道，我们的行为是善的还是恶的。根据康德所说，在经验中被给予我们的东西，始终是质料的、经验的、受感性制约的"意图"，它们本身在伦常方面并无差异，但对它们之设定的意志形式却各不相同。这是显而易见的，因为先天之物不是被移置到可感受的意愿质料中，而是被移置到意志作用中②。因此，对于康德来说始终只有对伦常善的消极批判标准，即一个善的意愿是与所有相关的"禀好"相悖的，但永远没有一个积极的明察来指明，这个意愿

---

① 对此参见这部著述的第二部分第六篇第 1 章、（边码）第 207 页。
② 与此完全相似，康德也不能指明，应当如何认识和发现知性先天——假如它真像康德所声称的那样存在的话；即应当是以先天的方式，还是以经验—归纳的方式去认识和发现知性先天本身。

是善的。但始终——如他自己所说——始终会有一个"禀好"在悄悄地发挥作用，所以这里根本不存在明见性。人们不能指责康德的学说①把"与禀好相悖"变成对善的意愿的构造；但却可以指责他把这种"与禀好相悖"变成对这样一种认识的构造，即意愿是否是善的，而且仅仅是一种近似的或然性认识。历史地看，康德在这方面也继承了清教传统的衣钵，这种传统认为，对于是"选定"还是"摒弃"的问题不存在标准，就像在康德那里，对于是"善"还是"恶"的问题不存在标准一样。由此，个体的伦常思考精神获得了一个可以说是无限的任务。

但伦理学由于不具有独立的认识来源，因而在这里最终也获得了一个不可能的地位。康德没有指明，如果确实存在着意志作用的、"纯粹意愿"的这样一个规律，那么这种规律应当如何被认识以及应当如何在伦理学中被表述。他时而依据对共同的伦常评判的分析——这是哲学伦理学所不容的，唯有当它（根据它本己的认识）来进行启发时方可如此行事——时而又解释说，人们不能以此为依据！但意愿之先天的认识源泉在他看来究竟还会在哪里呢？或者伦理学本身就是一种伦常行为？在康德做了这些预设的情况下，我们无法弄清这些问题。

6. 我们拒绝康德从精神的"综合活动"出发对先天的解释。而与这种解释密切相关的一方面还有对先天的"先验"（transzendental）理解，另一方面还有与此有别的"主观主义"理解。②

根据先验的解释，这样一个规律是普遍有效的，即"经验和认识（以及意愿）对象的规律依据于对对象的经验、认识（意愿）的规律"。

至此，现象学在它进行研究的所有领域中都必须划分三种本质联系：（1）在行为中被给予的质性和其他实事状态的本质性（及其联系）（实事现象学）；（2）行为本身的本质性以及在它们之间存在的联系和奠基（行为现象学或起源现象学）；（3）行为本质性和实事本质性

---

① 但可以指责他的想法，这种想法完全是在席勒箴言意义上的"严峻主义"（rigoristisch）。
② 康德从未想过要对先天做"心理主义的"解释，即将先天理解为"内感知的事实"，这些事实必然被"移置到"或"同感到"（eingefühlt）外经验的领域之中，因为只有"内感知"是直接的和明见的，而外感知是间接的和不明见的；同样，他也从未想过要将"理性行为"等同于心理体验——尽管它们也是一种所谓"种属意识"的体验！康德的一个世界历史功绩正是在于，他驳斥了这些心理主义的谬误——这些谬误如今重新在当代哲学中获得了基地，并且部分是通过费希特的方式，部分是通过休谟的方式而得到传播。康德至少没有想在伦理学中对先天做人类学的解释，但想在理论哲学中做这种解释。

之间的本质联系(例如价值只能在感受活动中被给予，颜色只能在看的行为中被给予，声音只能在听的行为中被给予①，以及如此等等)。行为本身在这里永远不会在任何意义上成为对象，因为它的存在仅仅建基于进行(Vollzug)之中；但行为的不同本质性却可以在各种行为的进行中被反思地直观到②。然而我们没有丝毫理由从这三种本质联系中仅仅划分出第三层次，而且此外仅仅将这个层次总体地——与康德一样——视为这样一种单方面的本质联系，即对象的先天规律必须"依据"(richten)行为的规律。毋宁说，(除了其他两种本质联系之外)在特殊的行为种类和实事种类之间原则上存在着相互的本质联系(例如在"内感知"和"心理之物"，但也在"心理之物"与"内感知"之间，在"外感知"与"物理之物"以及"物理之物"与"外感知"之间)。(所有类型的)认识之"起源"的重大问题只是在先天本质关系的整个领域中的一个部分，即(作为行为本质的)行为之间的先天奠基关系的一部分。但这个问题绝非先天论的"那个"问题，即所有其他的重大中心问题都依据于它的解决。根本不存在一种"为自然规定规律的知性"(一种不在自然本身之中的规律)或一种必须为本能定"形"的"实践理性"③！我们仅只能够"规定"(究竟是"总体的"规定，还是"个体的"规定，这在这里与事无关)我们用来标识某些实事的符号和符号联系(协定)④。一门在康德意义上的先天论必定会导致对先天命题和概念与它们的单纯符号的混淆。那些命题是根本无法再通过任何直观内容而得到充实的！它们不是单纯的协定，即那

---

① 显而易见，如果"听"和"看"本身不是在反思中可把握到的(统一的)感觉作用，如果这些词(撇开眼和耳在看与听的过程中共同起作用的意识不论)仅仅意味着"关于听或看的意识"，那么这就不是"本质联系"了。例如纳托尔普在他的《心理学引论》中便认为如此，但情况完全不是这样的。毋宁说需要指明，它们——撇开在反思中的作用被给予性不论——也具有一种独立于其内容(颜色、声音)以及相互独立的、在变更中的规律，例如范围的变更(所谓"感性注意力"的变更)、(在看的过程中)角度的变更、完全独立于所谓听、看之清晰度的内容"可概观性"的变更，以及特殊的干扰可能性之变更，如此等等，所有这些变更都不依赖于内容和感觉，同样也不依赖于看和听的感官以及一般的注意力变更(它均匀地涉及意识的所有内容)；它们甚至也不依赖声音和颜色是现实地"被听"和"被看"，还是仅仅想象地或回忆地"被听"和"被看"。
② 相对于行为的特殊本质性来说，"反思"是可能的；但它显然与内感知毫无关系，也与观察毫无关系，更无论与内观察无关。每一个"观察"都在扬弃行为。
③ 显而易见，认识"起源"的问题也完全独立于那些通过在客观时间中的实在主体而对特定的事物现实之认识的所有发生。"奠基"仅只存在于行为构造的秩序(Ordnung)之中，而不存在于行为的时间实在顺序(Abfolge)中。
④ 因此，"知性对自然所做的规定"只能是——用情感色彩较少一些的表述来说——学者的协定。

些也许可以从中尽可能简单地推导出"科学结论"的协定,又会是什么呢?唯有当先天本质内涵首先在实事中被发现,并且所有知性的命题和概念在这些内涵中得到充实时,我们才能摆脱那种使哲学成为"语词智慧"的结论。

因此,先天本质内涵并不会使我们看不见对象及其存在(根据康德的命题,那种不以知性的先天作用规律为依据的关于对象的理念也必须被弃置,这也就是指"物自体"的理念,但是康德的这个命题必须限制在"可能经验的对象"上,或者限制在所谓"现象世界"上),毋宁说,在对象及其存在中展示出世界的绝对存在内涵和价值内涵,而"物自体"和"现象"的区别则被取消①。因为这个区别只是一个在对先天解释中的先验主义(Transzendentalismus)的结果,而这种先验主义已经在这里受到了反驳。

但这种"依据"(Sichrichten)的合规律性具有完全不同的、根本偏离于康德先天论的意义,即这样一种意义:在所有"观察"和"归纳"意义上的"经验"中,以及在所有"自然直观的经验"和所有"科学经验"中,这些本质联系始终是得到充实的;也就是说,以经验先天内涵"为依据"的(在前面所论述的意义上),是那些现实事物、善业、行为及其实在联系。然而,这个基本原理与康德的错误的"哥白尼式转向"没有丝毫关系!

7. 康德对先天所做的深刻的(但也是虚假的)先验解释与他的与先天有关的主观主义解释含义不同。当然,在这位含糊的著述者那里,这种解释时而出现较多,时而出现较少。这里只需要划分出在真正的"先天论"(Apriorismus)和所有"主观主义"之间的界限。

但首先要考虑的是康德的这样一个企图,即要么是把先天明晰的东西回归为所谓判断的(或在价值领域中"评判"的)"必然性"和"普遍有效性",或者说,意愿的(在伦理学中)"必然性"和"普遍有效性";要么是至少将它们视为先天明察之存在的一个批判标准。

无论人们如何"客观地"看待"必然性"概念并且——与康德一起——将它区别于所有"主观的思维压迫""习惯"等,对于所有"必然性"来说有两点是根本性的。首先是这样一个事实,即这个词所指的

---

① 自然世界观的"存在"之相对性、(在另一种意义上的)科学的"存在"之相对性以及它的"现象自然"在这里始终是毫无疑义的,但它们的意义并不是在一种被误认的"认识相对性"中,而是在那两种认识所具有的,并且作为选择要素而作用于被给予之物的特殊的目的和目标中。

东西原初仅仅存在于两个命题之间（例如在根据与结论的关系中），因而不存在于直观的事实之间（或者说，只能从那些充实着这种命题的事实中推导出来）。其次，必然性是一个消极的概念，因为"必然之物的对立面是那些不可能的东西"。但现在，先天明察首先是事实明察，并且我已经指出，它永远不会在判断中被给予，而只能在直观中被给予。最后，它是在一个本质联系之存在中的纯粹积极的明察。这两点使先天明察与所有"必然性"有天壤之别。只要我们谈到"必然性"，我们就必须将那样一些命题预设为真，根据这些命题，命题的联结是必然的。例如这样一个命题：在两个带有 A 是 B 和 A 不是 B 的形式的命题中，有一个命题为假；或者还有那些关于根据与结论的著名命题，这些命题必须为真；如果我们说，这些命题曾定义了"真理"，以至于"真实的"命题就是那些从它们之中推导出的命题，那么这种说法是谬误的。但很明显，这些命题以及它们的真理不能再被回归为某个不同于单纯"思维压迫"的"必然性"。它们之所以为真，是因为它们是先天明晰的。由于某物的存在和不存在在直观中相互争执，因此前面所说的那个命题为真。而如果"A 不是 B"为真，那么"A 是 B"就为假；并且是必然为假，因为前面所说的那个命题为真，也就是说，它是先天明晰的。将明察本身回归为一种"必然性"，这是毫无意义的。

　　如果任务就在于去把握，一个命题的对立面是不可能的，那么我们应当如何把握，它的对立面是不可能的呢？如果我们在这里不去依据那些与命题之联结有关的命题，那么途径只有一条：如果它为真，那么它的对立面便是不可能的。这种指明对于所有那些本身以本质联系为目的的命题来说，亦即对所有逻辑命题来说，是唯一的途径！这些命题是"明见地为真"；但"必然的"则是这样一些命题，它们的对立面与明见为真的命题相矛盾（根据矛盾律，它本身不是必然的，而是"明见为真的"）。

　　因此，无论是将"真理"的本质，还是将"对象"的本质回归为判断行为或命题的"必然性"，或者说，回归为"表象联结的必然性"的企图，都必须被视为完全错误的。如果人们说，我们指的并不是"主观的思维必然性"，而是"客观必然性"，那么人们恰恰在"客观"这个定语中始终已经预设了对象或对象真理。唯当一个命题建立在对先天事实状态的对象性明察的基础上时，这个命题的必然性才是"客观的"，借助于这种对象明察，这个命题对所有那些自身具有这种事实状态的"情况"都"必然"有效。

但这也适用于在价值领域中和在伦理学中的先天。所有"应然的必然性"(Sollensnotwendigkeit)都回溯到对价值之间的先天联系的明察之上，但这些明察却永远不会回溯到应当必然性上！因此，唯有那些是善的东西，才成为"义务"，或者，因为它是善的（在观念的意义上），它才"应当"是必然的。即使在这里，导致在"应当"和评判领域中应当和评判之"必然性"的东西，也还是对价值王国所具有的独立于所有关于善业和目的设定之经验的先天结构的明察。相反，将那种应当必然性（甚至将"义务"）置于对什么是善的明察之前的做法在这里（在价值王国中）是错误的，正如在那里（在理论领域中）认为可以将对象（以及在另一种意义上可以将"真理"的观念）回溯到"表象联结的必然性"（或思维必然性）上去的看法是错误的一样。

"客观必然性"自身也隐含着"主观"因素，以至于这种必然性只有通过对一个奠基于本质联系之上的定律进行否定的企图才能构造自身。它只是在这种企图中才产生出来。撇开这个"企图"不论，它所包含的也恰恰只是我们所说的那些东西：本质关系必然始终保存在所有非现象学的经验中，建立在这些经验之上的命题因此是无法被归纳经验所证明和摧毁的！这些命题对这个本质的所有对象都有效，因为它们对这些对象的本质有效。

几乎无须再说，"普遍有效性"与先天性无关。单就"普遍性"在任何意义上都不属于本质性而言，它就与先天性无关。在个体之间也存在着个体的本质和本质性。我在其他地方已经强调过，在对某个"知性"的所有主体而言，甚至仅仅对人类而言的有效性之意义上的普遍有效性与"先天性"根本无关。完全有可能存在着一种只被甚至只能被一个人明察到的先天！只是对于那些能够具有相同明察的主体来说（所有普遍性本质上都是这样一种"对于"某人"而言"的普遍性，而先天性则根本不具有这种"对于—而言"的关系），一个建立在先天内涵上的内涵才是"普遍有效的"！

但是，如果先天不仅被解释为行为的（唯一的）原本"规律"，而且还被解释为一个"自我"或一个"主体"的行为规律，例如被解释为一个"先验自我"的活动形式，或一个所谓"意识一般"的，甚至一个"种类意识"的活动形式，那么主观主义也会和先天论谬误地联结在一起！因为"自我"——也包括处在所有个体自我中的自我性——在任何意义上都只意味着一个对于行为一般而言的，并且尤其是对于那些具有"内感知"之本质的行为而言的"对象"。只有在内感知中，而不是在例如"外感知"的行为中，我们才能接触到自我。它也作为"自我性"(Ichheit)而处在与"内感知"的特殊行为形式的本质联系之中。即使我们观看自我性本身——撇开所有个体自我及其"意识内容"不论——它也还是直观的一个积极内涵，而绝不仅仅是一个带有作为其谓语的经验体验的"逻辑主体"的"相关物"。自我本身是本质联系中的一个可能成分，例如：在每一个"自我存在"中都包含着一个"自然存在"，在所有"内感知"中都包含着"外感知"的行为，如此等等。但它不是把握的出发点甚或本质性的产物。① 它也不是一个——单方面——为所有其他本质性"奠基"的，或者仅仅为所有行为本质性"奠基"的本质性。在外感知的生动进行中，自然"自身地"和直接地——但不是作为一个自我的"表象"或"感觉"——被给予我们；在"反思"中被给予的是外感知的行为朝向(Aktrichtung)，但绝不是一个自我，一个从它出发体验到直观外感知的自我。② 只有当我们在一个曾显现出我们的自我的内感知的行为中，并且在一个外感知的行为中——在这个行为中自然如此直接地被给予，就像"自我"在内感知中一样——作为同一个进行这种行为的人格被我们自己意识到时，我们才能说："我感知这棵树(例如)"，同时"我"既不意味着"这个""我"，也不意味着说话者的(与自然相对)个体"自我"，而仅仅意味着与"你"相对的"我"，即与另一个人格相对的说话者的个体人格。不是"一个自我在感知这棵树"，而是一个人，他具有一个自我，并且他自己在进行他的外感知和内感知的过程中意识到这个人格。③

对于伦理学先天来说同样极为重要的是，这个先天绝不是指一个"自我"、一个"意识一般"等的活动方式。在这里，自我(在任何意义上)也只是价值的载体，但不是价值的一个预设，或者说，不是一个"评价着的"主体，通过它才产生出价值或可把握到价值。非常奇怪的是，在这里被驳斥的先天论中的"主观主义"——后面将会表明——对个体自我的伦常价值的破坏最大，甚至干脆使它成为一个

---

① "质料性"对我们来说也是在任何外感知的行为中被给予的，并且它本身既不是"被推断出来"，也不是"被思考进去"，也不是单纯"被相信"——无论对质料的假设如何变幻不定。
② 所谓外部对象相对于自我的"独立性"的原因在于：物理对象是"自身"被给予我们的，但这些对象的本质却并不在于一种首先被给予的"相对于自我的独立性"。
③ 这"同一个"就是根本区别于"自我"的"人格"，这样一个观念绝不是建立在"自我"之上，相反，它展示了唯有行为才能具有的具体存在形式。

语词矛盾（contradictio in adjecto）①。因为恰恰根据这种解释我们必定会觉得，似乎不可能从一开始就存在着个体自我的本质价值，似乎也不可能从一开始就存在着"个体的良心"，存在着对一个个体并且仅仅是对一个个体而言的善！甚至个体自我必然从一开始——如果先天是"一个意识一般"或一个"先验自我"的"活动形式"——就仅仅被看作一种对那个先验自我的经验损坏，一种奠基于经验（在观察或感性经验意义上的经验）之中的存在。② 而它的伦常价值则被形式先天以及被它的载体、即先验自我所吞噬。③

8. 还有最后一个对先天概念的误解必须受到抵制，这种误解涉及先天与"天生之物"（Angeborenen）和"习得之物"（Erworbenen）的关系。由于已经——几乎是过多地——强调，先天和后天之区别与"天生"和"习得"无丝毫关系，因此也就没有必要在这里重复了。"天生的"和"习得的"这两个概念是因果发生的概念，因而在事关明察之种类的地方没有它们的位置。

因此，将先天本身回归为从我们种系发生的"祖先"所获得的经验那里（例如参阅斯宾塞）"遗传得来的素质"，或者甚至回归为表象联结方式的传统压迫，这种联结方式是在历史发展的过程中逐渐确定下来，并且出于在"有益的"方向上对行为进行规定这一目的而得以保存（如所谓"实用主义"所想象的那样）——任何一种这样的企图都必定会失败。对于任何一个已经理解先天与归纳性的经验被给予性之区别的人来说，这是不言自明的。

但是，正因为"天生之物"与"习得之物"的问题根本没有与那个问题发生接触，但对于认识（无论它是先天的还是后天的）在某个自

---

① 因为，由于"个体自我"在这里被等同于经验体验的整体（据说是它们才使一个自我与其他的自我区别开来），但自我的伦常价值却在于，它受一个先验自我的规定，因此个体自我必定已经作为个体而始终原则性地处在伦常歧途上。也就是说，就像在阿威罗伊与斯宾诺莎那里一样："自我"必然有罪，因为它是自我。但实际上，一个自我的所谓经验体验仍然是抽象地和不相应地被给予的，只要人们没有看到，这些体验究竟是哪个个体自我的体验。同样，"这个"自我也就不会是个体自我的某个身体的运动者。

② 此处参阅在笔者"论自身欺罔"（同上书）一文末尾的论述。

③ 必须将那种对先天的主观主义谬误表述完全区别于两种——对于伦理学而言同样——根本性的本质联系，唯有它们才应当享有先验统觉在康德那里所具有的地位。第一个本质联系在于行为本质和对象本质之间的联系！它也是一种对立的本质联系！它排除了这样一种可能性：就其本质而言可以存在着"不可知的"对象，"不可感受的价值"等。第二个本质联系是行为和"人格"与对象和"世界"的本质联系。但在这里无法进行更详细的论述。

然组织的一个实在个体方面的任何实现而言，这个问题又实实在在地继续存在着，所以，也完全不排除这样一种可能，即先天明察事实上是通过所有这些途径（遗传、传统、习得）而由人来实现的。我们说，先天与所有"天生之物"有天壤之别；如果人们因此而认为，"先天"只是一种"习得的"，甚或是"自身习得的"明察，那么这是对最终在哲学中确定下来的明察的一个糟糕的表述。因为一个先天明察的实现完全可能也建立在天生的素质上——正如颜色感官展示出一种"素质"（带有极大的摇摆幅度），但颜色几何学的先天性却并不与此有丝毫关系一样。因此，在这个意义上不排除这样的可能，即先天明察的能力也是天生的，即遗传而来的。① 这种能力原则上也可能极有限地被遗传下来，例如仅仅在某个"种族"的范围内被遗传下来——以至于其他种族不能具有相关的"先天明察"。因为，先天的本性并不在于，有一种获得先天明察的"总体—人类素质"存在。同样它的本性也根本不在于，对事实地获得先天做出确定的规定。一种所谓"一般—人类的理性素质"，即代表着"构形"或"理念"（启蒙哲学的偶像）的固定存在的理性素质与先天毫不相干，同样，一种在本质种类意义上的明察也与这种明察能力在自然系统种类范围内的事实性传播毫无关系。正是如此，一个先天明察才不会因为它穿越"传统"而丧失它的先天特征。当然，某种东西并不会由于它穿越传统或穿越遗传便成为先天明察。但它同样也不会因此而丧失这个特征。先天明晰的东西也完全可以通过这种传递而到达个别人那里。因此，先天明察根本不意味着"自身习得"或"自身发现"。

　　康德常常也将"先天认识"也等同于"自身习得"，他这种做法的原因在于，对他来说，对象中的先天产生于精神的活动方式之中，并且它原本意味着"综合"的规律。如果先天原初不是直观的一个内涵（并且，进一步说：通过这种内涵而得到充实的一个命题），而是一个活动形式（例如判断形式），那么必然的结论就是：只有每一个人自己才能进行这种"活动"，也就是说，先天因此必然是一个"自身习得的东西"。所以我们排除这个结论！

　　因而对我们来说，在这里产生出一系列全新的问题，我们可以将这些问题概括为对那些将导致"先天明察"的活动进行事实性的经济化和最合目的性的经济化的问题。但在这些问题之中，只有"自身习得"才构成唯一的一种这样的活动。这里有一个广大的、极为重要的问题

---

① 眼下还谈不上在唯理论者意义上的"天赋"（eingeboren），这些唯理论者将先天明察的能力回归为上帝赋给灵魂的嫁妆。

范围：例如，遗传、传统、权威、本己生活经验和由此导致的良心构成，它们所发挥的事实性共同作用为什么会导致对这些明察的习得；为了使人们能够事实性获得那些在伦常上"先天明晰的东西"，在经济—技术意义上最合目的的东西是什么；这个问题范围与什么是明晰的问题并无关系，但正因为如此，它才不应通过那种虚假的认同而受到抛弃，并且对这些问题的回答也不应仅单方面有利于"自身习得"。

　　上述情况对伦理学有着极为特殊的意义。一些赞同康德哲学的伦理学家在这里预设了一个不言自明的东西，即真正的伦常明察也必须是自身习得的明察；就好像任何人都同样地"有能力"明察到伦常"明晰之物"。只要那些研究者拒绝用或是"神的意志"或是"一个种属"或是"一个种族的遗传本能"或是伦常"传统"，或是一个"权威"的命令来取代对什么是善的明察，他们当然就完全是有道理的。但是，唯有对善的明察才能原初地规定：什么是善（并由此才导出所有意愿和行为的规范），这个定律也与这样一个问题无关，即通过哪些活动要素的共同作用才能最合目的地获得明晰的善；而传统、遗传、权威、教育、自身习得的经验对此又有何贡献①。只有当人们已经预设了前面所反驳的对先天论之解释，即形式主义、主观主义、先验主义、自发主义的解释，先天才会获得与此相反的外表。

　　当然，对于这里所述也存在一个预设，即存在着——如我们前面所说——一个根本不同于伦常意愿并为善的意愿奠基的伦常认识，伦理先天的位置是在伦常认识领域之中，而不在意愿本身之中。如果伦常的善是一个"概念"（不是一个质料的价值），这个概念只有通过对一个意志行为或对这个行为的特定形式的反思才能获得其存在，那么伦理认识当然就根本不可能独立于伦常意愿。并且，由于每个人都只能"意愿"他本己的意志（但只能——即使没有暗示[Suggestion]——"听从"他人的意志），因此伦常认识在这种情况下或者必须是一个自身习得的（即由自己的意愿所获得的）明察，或者必定发生了对命令的无明察的服从，人们不知道这些命令本身（作为意志行为）是否建立在伦常明察之上。但这样一种非此即彼的选择是以上述谬误的预设为基础的。②

---

① 对此参阅这部著述的第六篇B、第3章中关于他律与自律的论述，在那里我阐述了传统和权威对伦常明察之获得所具有的意义。
② 伦常认识的自律与伦常意愿和行为的自律因而是两个根本不同的东西。所以，服从行为是一个自律的意志行为（不同于被一个暗示、传染或仿效趋势所征服），但它同时是异己明察的结果，但它也是一个明察行为，只要我们明察到，发布命令者所具有的伦常明察之标准要高于我们的伦常明察。

现象学的或纯粹的事实与非现象学的事实[①]

［现象学的或"纯粹的"事实是一种通过直接直观的内涵而成为被给予性的事实。我们将这种直观的内涵称作"现象",它与(一个实在之物的)"显现"或与"假象"没有丝毫关系。这样一种直观是现象学的直观、"现象学的经验"或本质直观(Wesensschau)。这个经验所给予的"什么"(Was)(本质性、本质联系)是"自身被给予的"。被直观的本质性和本质联系是在所有归纳性的经验之前就"被给予的"(先天的)。

因而这个意义上的现象学经验所给予的——不同于所有非现象学经验,即自然的世界观和科学经验——乃是自身而直接的事实,即是说,不带有象征、符号。它是非象征的经验。现象学的事实首先是非象征的事实。

现象学经验同时是内在经验,即是说,只有在各个行为本身中的直观性的东西才属于它——相对于所有"超越的"、非现象学的经验,在这里会有某个不在它之中直观地被给予的东西"被意指"(vermeint)。现象学的事实其次是内在的事

[①] 本文选自《舍勒全集》第 10 卷,第 433—450 页,波恩 1986 年版。——中译注

实,即是说,它是一个在其中"被意指之物"与被给予之物完全相等的经验的内涵。在被意指之物与被给予之物的这种完全相等中,"现象"得以显现出来,现象学经验的内涵得以充实自身。

因此,事实——而非一种"知性"的构建(康德)——乃是现象学哲学的质料基础。将质料(="被给予")等同于单纯的"感性内涵"(将先天等同于形式和"所思"或通过理性而"被补加"在感性内涵上的),这是康德学说从英国感觉主义那里接受下来的一个根本错误。"感性内涵"并不标示对内涵的一个规定,例如对颜色、声音的规定,而仅仅标示一个内涵的呈现方式。这个错误在于,不是素朴地探问:在意指的意向中被给予的是什么,而是将外意向的(außerintentionale)、客观的甚至因果的理论掺和到这个问题中去。

例如,如果有人问,在感知一个物质的骰子时"被给予的"是什么,那么感觉主义会回答:被给予的是骰子的"视角侧视面",甚至是"感性的感觉内容",而这个回答是根本错误的。被给予的乃是作为一个特定空间形式单位的整体物质事物的骰子。需要有一个系列的(一个阶梯的)自然感知的行为才能到达感觉主义的认识论者如此天真地当作出发点的地方。恰恰是"感性内涵""感觉"这些概念是最需要得到现象学澄清的。严格现象学意义上的"感觉内容"仅仅是这样一些内容,它们的出现或消失是由我们的被体验的身体状况的某些变化所设定的,例如饥、渴、疲惫等,而且它们是落脚在特定感官中的"感官感觉"(Organempfindungen)。这是在严格意义上的本真"感觉"。在扩展了的(类比的)意义上也可以将外部直观世界的要素称作"感觉内容",如颜色、声音等,但在这个扩展了的意义上的"感觉内容"是永远不会在某个词义上"被给予的",感觉只是用于标示在一个身体状况与外部世界(或内心世界)的现象之间存在的一种变化关系的名称。哲学的任务就在于,将直观的内容从那些伴随着它们的感官感觉中纯化出来。]

将(外部世界和内心世界的)全部直观性的世界内容都归因于身体状态的要素并用它们来重新组建这个世界内容,这样一种企图所表明的是一种错觉。在关于作为"被给予之物"的感觉的学说中,将世界内容——仅仅在理论上可能的——投射到有机生物的单纯身体状态及其变化上的东西,被称作"本质"和世界内容的唯一组成部分。由于所有那些属于感觉领域的东西都肯定只是相对于身体及其特殊生物组织方式而言,因而整个世界内容也就是相对于身体而言——可是身体本身只是世界内容的一个微不足道的组成部分。同时,一个纯粹的象征、一门专业科学、感官心理学和感官生理学——它们在得到有效处理后应当仅仅表明一门关于有机体感觉一般的学科单位——的一个假设性的工具概念——被用来定义那些必定是最远离所有单纯象征性的和工具性的东西，亦即变成了"直接被给予之物"。

一旦世界内容全部被设定为是相对于身体而言的，那么剩余下来的当然就只有四种重新获得特别的对象世界和实在世界的可能性。

第一条道路是完全放弃这个世界并说明宇宙是一个巨大的感觉复合体——对象、实在、事物等只是对于这个复合体及其部分而言的象征（马赫）。

第二条道路是让这个被相对化的世界内容在一个完全超越的领域中与"实在事物"相符合，对于它们，人们始终只能说，在它们之间也可以发现秩序、差异，简言之，世界内容的各个部分之间的所有关系，但通常只能将它们称作 X、Y、Z。当然，由于已经用一个象征即感觉取代了世界内容，并着手用"种种象征"来组建它，而今实在就必定会反过来变得如此空乏，以至于它本身会消融为单纯的"象征"。人们以为还可以在相对化的世界内容后面抓取到什么东西，于是去抓取——那么看吧！在这里能得到什么呢？完全无内容的和无含义的符号世界 X、Y、Z，原则上它永远不会在一个可指明直观的内涵中得到满足。向着超越世界的启程终结了——随着一次对我们自己制造的符号的顶礼膜拜！

第三条道路是康德学派的道路。由于所有世界内容都被相对化了，而所有科学的本质都在于获取一个在意义与效用方面不依赖于我们生物组织的"客体"王国，因而人们在这里就会去抓取对综合的、创建所有种类统一的"思维作用""纯粹思维、意欲的行为"等的假设，据说"经验"王国就是通过它们而构建起自身的，尽管这个王国的内容仍然是相对的和主观的，但它的形式——虽然是通过那些思维作用才被制作出来的——却据说是对这个世界的客观特征的恢复。

最后，实用主义被看作处在第四条道路上，它将实践需求和与之相应的行动当作经验王国的建筑师，用它们来取代先验"知性"的思维作用。

但所有这些学说体系的出发点都是我们在这里要驳回的关于被给予之物的错误学说。

我们还是回到实事上来。如果我们探问，自然世界观（而且是外部的自然世界观）的"被给予之物"或"事实"与"感性的被给予之物"的关系如何，那么我们现在就绝不会怀疑下列说法是荒谬的，即这些事实是作为"感性内容"或作为这些内容的复合体被给予我们的。但具有好的意义的是这样一个问题：那些还能够被分析证明为单纯的、真正的或类比的"感性内容"的事实，在多大程度上是隐藏在自然世界观的"事实"的内涵之中的，是隐藏在它的事物、事件和作用联系之中的？

这个问题现在需要这样来回答：在自然世界观中被给予我们的永远不会是实事"本身"——因为这只有在现象学的世界观中才是可能的——但也永远不会仅仅是那些属于它们的感性内容。毋宁说，这个领域的事实之特征恰恰就在于，它们所包含的东西可以说既远离事物本身，同样也远离那些客观地从属于对它们的自然经验的感性内涵。在自然世界观的对象中被给予的并不是一种观念上完善的现象学直观有可能获得的一个物体事物的直观内容，而只是这些内容的这个部分，它可以具有一种符号功能，即与对它的经验相连接的身体状态而言的符号功能，而这些身体状态又成为一个朝向对象的行动的出发点。但其次，这些内容是如此建造在彼此之上，"奠基于"彼此之上，以至于在它们走向我们的顺序中，优先于其他内容的乃是那些指向对于我们的行动而言最重要的、伴随着对事物之经验的身体状态的内容。

如果反之将自然世界观的事实的内容与那些在对其经验过程中可以被一种分析所发现的感性事实进行比较，那么人们会以为，首先，只有那些感性内容，那些在类比的"感觉"意义上直接获得的，在严格意义上是通过同感获得的感性内容，进入一个自然感知的被意指内涵中，它们反过来可以作为符号而对具有这些和那些属性的事物有效。其次，这些感性内容是如此相互奠基的，以至于"最初"是这样一些感性内容能够成为对于事物的极其重要特性而言的符号，同时这些特性却不必因此而必定是自身被给予的。

自然世界观的"事实"因而可以说是一个在事物本身与在对其经验过程中我们的状况之间的一个中间王国（Zwischenreich）。它可以说就是世界对我们的身体状况及其统一、我们的欲求对宇宙所提问题的回答。相对于双重意义上的"纯粹事实"，它是一个对于事物本身而言的"象征"，也是对于我们的状况而言的"象征"。

最后这个说明具有最为重要的意义。它表明，那个自笛卡尔以来在几乎所有物理学家那里都流行的观点，即（最宽泛意义上的）物理学的任务就在于做出关于实在之物的假设，这些假设可以将那些仅仅被给予我们的"感觉"解释为这些实在之物对我们的作用，或者可以将感觉及其联系理解为实在之物及其联系而言的"符号"——这是一种完全错误的、既迷惑物理学也迷惑生理学的观点。不仅认识论的事实状况因此受到篡改,而且生物学和生理学也获得了一种完全错误的对待物理学的态度。人们没有明察到,感官生理学的"事实"与那些成为物理学思维的材料的现象一样原初是从自然的世界观的事实世界中推导出来的,而是以为物理学的实在性必定是已经被构造的,例如颜色和声音是物理学上被还原的,这样才能提出相关的生理学问题。情况完全不是这样,就像海林①首先就颜色已经指出的那样。毋宁说,被给予的是外部自然的世界观的事实情况,它只能通过一种双重的和同样原初的解释,即一个物理学的和一个生理学的(在最宽泛意义上的生物学的)解释才能得到科学一般在这里所能"解释"的解释。这个事实情况在任何情况下都始终同时是一个物理学的和一个生理学的进程的符号,它作为那些"真正"器官感觉状况的相关项已被编入到每个自然感知行为的内涵之中。因此,在我拿起的一个重物之重量的物理现象中,既应当寻找对于"牵引感"及其生理学相关项之查明而言的出发点,也可以寻找对于客观的(物理学上得到定义的)重物的查明而言的出发点。但人们完全不可以将"牵引感"视作被给予之物,尤其不应该根据它的材料(Datum)来达到客观的重物。实际上牵引感本身是依赖于自然的重量现象而变更的,而这个重量现象就它这方面而言则取决于在对物体的自然感知的对象中所包含的大小、外观、形式。

而更为重要的是关于所有感性和感官功能(Sinnesfunktion)一般之本质理解所说的东西。为我们提供认识的材料的东西永远不会包含在它们之中,而是包含在通过它们的中介来进行的统一直观行为之中。它们不"制作"任何东西,不生产任何东西,而仅仅从实际存在的现实中将各个方面和各个部分内容挑选出来,它们可以作为符号来服务于身体保存的生命功能,或服务于有待实施的反应。在身体方面受限的并非是"红"和"蓝"的内容,而是它成为这个事物的"符号"这一点。它们具有一种独一无二的分析方面的意义。②

唯有将感官生理学彻底地区分于所有认识论与心理学问题,并且将它归并到生理学问题的具体联系之中,这样一个原则性的谬误

---

① 让·海林是早期现象学代表人物,胡塞尔哥廷根时期的学生,后来在斯特拉斯堡大学任教。——中译注
② 参见巴甫洛夫:《自然科学与大脑》;柏格森:《物质与记忆》;于克斯屈尔:《动物的周围世界与内在世界》。

才能得到摧毁，即感官功能可以具有一种认识的意义，所有认识的材料都是通过它才被给予我们的。实际上感官功能所具有的是一种完全不同的意义，即通过符号来向感官组织标明在场与不在场、近与远、在它周围的客体（事物与事件）的益处与害处，并且因此而开启各种进程，例如腺体的分泌或特定反应的冲动。必须完全摧毁那种对感官组织与感官功能的离奇的神秘化。根据这种神秘化，感官组织与感官功能应当是一种不同于周围世界刺激的接受器和分析器的东西，它们只是在程度上以及通过器官组织维持生命的特殊成就才与其他器官组织如肝和脾区别开来，而且从整个有机躯体的普遍感受性脱出而构成自身——即某种像"认识"那样对于生命如此无关紧要的机器——而且根据这种神秘化，感官功能没有被置于与器官组织的总体功能的联系之中，而应当是"认识功能"。在应用器官组织的周围世界的那些符号语言时——它无非是刺激和反应之游戏的一种特别复杂的形态，或如巴甫洛夫所说，是"递增的条件反射"，以及相对于逃离和抓取的运动所指向的直接机械的客体接触而言，有待进行的运动的一种递增的独立性——于世界的认识方面所形成的东西，并不是通过感官功能，而是通过纯粹直观而被给予的，这种纯粹直观行为的进行只有在这个场合才会被释放，并且被用来为生活目的服务。

因而对世界的直观永远不是感官功能的组合效应——而直观的内容也永远不是感觉的总和。感官功能只是将直观排入有机功能与反应的游戏之中。它们可以说是将它们的统一射线折射到由个别射线组成的一个杂多性（Mannigfaltigkeit）中，这些功能的内容只是那个事物之总体的符号，这个总体即使没有这种生物学目的的折射也会提供直观。直观（以及它的特殊质性如感知、表象、回忆）提供认识的正面材料。感官功能在这里永远不会具有一种正面的、创造的意义，而只具有一种负面的、选择的、抑制的、分析的价值。

这种观点也获得了在总体上的和比较感官生理学的特殊领域之内的对感官作用的发展史理解的同样重要的意义。完全无法理解的是，生活在其历史中应当如何构造出器官组织和功能，它们——不像生活的所有其他感官和功能那样服务于那些用于其成长和保存的进程与反应的引导与流程——应当服务于在生活方面完全无关紧要的目标，即为认识与真理提供保证。如果感觉功能与感觉器官被理解为"思辨工具"（柏格森），那么它们原则上就摆脱了那些可以在所有器官组织那里提供一个进化史的理解的解释原则——无论它们至此是否已经提供了这种理解。因为在我看来没有什么要比以下两个命题更清晰了：

1. 唯当那个在因果上使得一种认识得以可能，即为个体引来一个认识的实在进程（刺激、神经过程、大脑激发）恰好也引发了一个进程或导致对一个益处的获得或对一个害处的防止的反应时，对周围世界的认识才能获得对于一个生物而言的生物学意义。

2. 但如果这个实在进程能够开启这样的进程和反应，那么在这里发生的对此进程的认识或更确切地说对它的出发点的认识就是一个对于生命保存而言完全"无关紧要的"附加物。因而一个"认识功能"和一个"认识器官"在进化史上就是一种无稽之谈；这将会是一个与生物学的所有其他要素都有天壤之别的（toto coelo verscheidenes）、孤岛般的事实，一个好像是从另一个世界来到这个世界的事实。

但如果那些可以导致一个认识的本质行为是已被给予的，那么我们反而会非常理解，在其特别可能内容之间对于生物——就生物是这些行为的载体而言——所做的选择是贯穿在特殊的生命功能之始终以及贯穿在为它们设立的特殊感官之始终的，即贯穿在感觉功能和感觉器官之始终的。而后它们获得了对于全部生命而言的价值，即按其生命重要性（以及这个生命重要性的程度）、根据构造出一个种和属等的特殊行动系统、用可能的认识来保卫这个有机生物王国。但生物的这个"行动系统"而后也是感官功能之构成的主导者，相反，感觉器官则只是在感官功能以及它们自己的合规律性的活动空间内，根据实在世界及其对生物的作用的特殊性来构造自己。

而后"行动系统"既规定了生物体的组织结构，也规定了它的"环境（Milieu）"，它们两者都不是彼此的结果——尽管它们是严格地相互适应的。之所以"适应"，只是因为它们两者都追溯到一个规定着它们的第三原因，我们将它视作生活形式和生活运动意向的总和，它们的建造构成一个生物体的本质。我在这里不将"环境"称作一个生物体的"主观图像""感知"或"感觉"，也不将它称作它的纯粹客观地围绕着它、作用于它的周围世界。我宁可将它称作那个客观地围绕着它的部分、诸方面，它们的变更在其生命过程中（无论这是内部的有机过程还是反应）设定了一个变化。只有这些进程才应当叫作"刺激"。因而并非所有涉及它的实在作用都是"刺激"。所有涉及它的机械的、化学的、电力的作用都不是"刺激"。反过来，一个进程可以成为一个环境部分和一个刺激，这个刺激一旦造成了这些变化，它就不是通过对生物体躯体的机械作用的连续链在起作用（例如一道闪光、一块红色的布、对一间房屋中的图像和椅子的变动，如此等等）(巴甫洛夫的实验室）。可以说，"环境"都只是世界事物的侧视，而不能被混同于世界事物的部分。自然的世界观实在可以被称作"人的环境"，即是说，这个种属的环境。环境是可以受到严格客观的研究的。因此不需要一门动物"心理学"。(于克斯屈尔）

但一个生物体的环境已经在规定着世界的活动空间，生物体的感官功能可以在这个活动空间中提供内容——我指的是感官功能还独立于感觉器官的特殊器官组织，而它们的建立以及从属的主体感官状态（真正意义上的感觉）的建立本身又是在感觉功能的活动空间中被规定的。我们只能看到、听到、嗅到、尝到那些从属于我们环境的东西。或者更明确地说：只有世界的这些质性才会成为感觉质性，它们可以成为这些已经独立于特定环境事物和环境进程的符号。我们现在知道，尤其是根据巴甫洛夫的研究和无数实验而知道，每个与一个释放出生理学功能（例如唾腺分泌或胃腺分泌）的感觉内容结合在一起的感觉内容（例如与吃饭时在口腔中和舌头上的味道内容、压迫内容、温度内容结合在一起的感觉内容），例如一个柠檬的可见部分，甚至一个常常与此视觉内容结合在一起的声音，都能够引发相关的进程。所有这些内容在这里都只是柠檬的特性 e、f、g 的符号 a、b、c，因为它们的缘故而产生了这个进程，例如特定类型的分泌，同时这些充当符号的内容并不一定与事物的客观特性相同——或并不一定是充实它们的，对于它们恰恰是这个而非那个唾液形成是合目的的。即使这个被给予的内容，柠檬的视觉现象，属于那个相关的事物（并不像那个同时响起的声音），它也只是作为那些本身并未被给予的属性的符号而在此。以自然方式（无人为工具）产生的感觉内容只有在能够接受这些符号功能的情况下才会这样做。

因此，这是一种完全荒谬的想法，即以为感觉功能是自己构成的并且完全自为地和为了知识的目的发挥功能——完全独立于总体组织器官的生活进程。更为清楚的是，情况并不像人们至此为止看似已认定的那样：一个生物首先具有一个特定范围的感觉质性，而且现在恰恰在感知这样一些事物，它们的特性就是由这些质性所充实的。相反，由于一个特定范围的事物和进程对于它的反应具有重要意义，因而它在感性方面仅仅把握那些有可能是这些事物之符号的质性范围(Qualitätenkreise)。

因此，对于动物与人的感觉功能的比较考察来说有效的是，感觉功能所支配的质性范围的构成完全与环境的扩展和收缩结合在一起。例如，蜥蜴对簌簌作响的声音的反应是立即掉头逃跑。相反，当一支枪在它上方发射时，它却没有任何反应。因而它的听觉只是被构造为用来抓取那些有可能出现在簌簌作响的现象中的声音质性。因此，如果说它虽然听到枪声，但却没有反应活动与其相联结，因为在它这里缺少感觉终端与运动中心的联结，那么这种说法就太随意了。毋宁说，感性印象的可用性、它对就动物及其生活方式而言重要的现象的从属性也在领导着它所支配的质性范围的知觉器官的构成。如果人们在完全不考虑"环境"的情况下来检验感受性，检验它的界限以及对于某些质性而言的区别域，那么这就是一个非生物学的和非生理学的实事考察。并不是动物首先具有感觉功能和感觉器官，它们赋予它以在某些界限中的孤立质性，而后去感知包含这些作为特性的质性的所有可能事物，而是因为它感知某些事物，所以也就有适宜于被这些感觉功能和感觉器官把握的质性范围被给予它。

与"自身被给予"和"间接被给予"一样，"感性内涵"和"非感性内涵"也不能被等同于作为当下的被给予之物与作为过去的或将来的"被给予之物"的区别。人们常常会做这样的描绘，就好像例如只有当下的声音才可能是"自身被给予的"，相反，在所谓直接回忆中这个声音的延持（Nachdauern）或仅仅在回忆中被给予的过去的声音则不可能是自身被给予的；就好像这个是当下意识瞬间之部分的东西在明见的自身被给予性方面要优于那个不是这个部分、而是一个过去意识之部分的东西。这个观点例如在利普斯①所说中得到表达："所有确然性一般的关节点都处在与我的现在—这里的联结中。"

很容易看出，这里没有进行完整的现象学还原。如果我们在将意向行为从个体那里分离出来之后，并且在不考虑内容究竟被设定为现实的还是不现实的情况下，仅仅去观看那些在行为方向上显现的东西，那么我们根本就不能谈论一个"当下的行为"。为了从一个行为出发来决定它是当下的还是过去的，我们恰恰不能进行这种还原。"当下的行为"这个概念就只能以这种方式来充实，即我们设想一个处在客观时间中的个体在进行这个行为——而只是因为这个个体是"当下的"，它进行的这个行为也才是"当下的"。因而所有"当下

---

① 特奥多尔·利普斯是德国哲学家和心理学家，慕尼黑大学哲学教授，也是舍勒的任教资格指导老师。——中译注

存在""过去存在""将来存在"都已经处在纯粹行为的内涵中，处在它的显现内容中。如果我们区分与对当下、过去、未来的直观处在本质联系中的感知、回忆、期待，那么这些就已经是行为质性了，它们相对于我们感知、期待、回忆的内容当然还是变更的功能，但如果我们在一个非质性化的直观中去观看它们，那么它们同时也属于"显现内容"。因而我们必须严格区分：作为过去的、将来的、当下的而在行为之中自身被给予的东西，以及客观"当下的""过去的""将来的"东西。可以肯定，这是完全不同的事物。对客观过去的实在体验，或更确切地说，这些体验的一个因素，例如它们所唤起的悲哀的感受，有可能是"作为当下的"而被给予的，有一些体验始终是这样的情况，它们已经被驱散和被遗忘，但仍然为作为当下被给予之物而被感受的内容附上特殊的色彩并因此而自身是"作为当下的"被给予的。而后通过批判的追思（Nachdenken），我们时而会发现，是什么使得我们如此悲哀或抑郁，而它与我们当下的生活根本没有关系。一个男子生活在他的"作为当下的"青年时代，他的兴趣、感受、观念是与他18岁的境况相符合的。我们在这里具有回忆，而没有"回忆"行为的意识。因而一个客观地处在将来的被期待的体验也可以是"作为"当下的而被给予的，同时这个期待并未作为现时性而显露出来；例如当我们开心的时候，因为三天后有令人愉快的事情发生，但我们现在并未"想象"它。在所有预期的行为那里也是这种情况，例如当我们在敌人拔出的军刀面前感受到疼痛，甚至看到流血的时候。

但客观的概念始终应当被看作从现象学的概念中推导出来的。实际的情况并非如下：存在着一个"当下意识"，它在其实在组成部分中具有所有的行为和内容，也包括我们回忆和期待的内容；而由于这些行为和内容本身不可能是在场的，因而为此必须有它们的"代表""象征"是现存的，即所谓"回忆图像""期待图像"，即是说，实际上是现时的图像内容的实项（reell）部分，它们仅仅通过某些"象征功能"而指向过去与未来。相反，实际情况是这样的：在每个意识单元中从一开始就有行为在此，在它们之中有一些内容是"作为过去的"而被给予的，另一些内容是"作为当下的"而被给予的，还有一些内容是"作为将来的"而被给予的。而心理学家所说的"当下的意识"，只是作为实在进程而被设想到那个"作为当下的"而被给予的仅有部分中去的东西，而且是在现象中被看作这些进程之符号的东西。

每个"当下的自我"都从一开始就是在一个背景中被给予的——

而且与此极为相同的是，每个当下的物理现象也都从一开始就是在一个背景中被给予的——这个背景消失在时间的两个方向上，就像消失在雾中。自我并不会通过对许多瞬间自我的综合而产生，而是瞬间自我是一个每次被给予的意识内容的部分，而且是那个与身体（内身体或外身体）具有某种显著的变更相关性。没有对身体一般的设定，时间方向的质性当下、过去和将来就没有任何意义。这些时间质性是相对于身体而言的。

只要我们将事实区分为现象学的或纯粹的事实以及非现象学的事实（自然的和科学的事实），我们就可以补加第三个区分：现象学的事实是一种纯粹的事实，即是说，这样一种事实，从它之中已经排除了所有可能的感觉因素。现象学的直观是"直觉"或纯粹直观，在这种直观中，感觉概念不再起（意向）作用。也可以说："现象学的事实"是这样的事实，它们的统一与它们的内涵完全独立于那些感觉功能，通过这些感觉功能的共同作用或在它们共同作用的过程中，这些事实才被给予。

因而对于现象学事实之确定所提出的第一个要求是彻底排除所有那些不是纯粹建基于实事本身之中，而仅仅是因为通过一个感觉功能的单元而可被把握才属于实事的单元构成。只要我们在进行看、听、嗅，这两种单元形式就不会彼此脱离，而在此期间我们的感知就是一种感性的感知。而如果我们在一个直观行为中将这些看、听、嗅当作内容一并接受到直观的内涵中，那么情况就会完全不同。这个直观的行为现在就不是一个感性的感知，而是一种纯粹的感知。

但即使这个事实已经清楚地表明，有一种纯粹的感知一般，这个直观的行为也还完全不是现象学的事实一般。也许它提供这样一种事实，即感觉功能本身；但它并不提供现象学直观的事实情况，它在感性感知中是一个感性感知的对象。它也许还提供这样的可能性，即将颜色、声音等单元和行为与个体之间的单元区分于那些它们通过这个事实才获得的单元，即它们是看的现象和听的现象，伴随着这些和那些感觉，这些和那些放大和缩小、定位等的规律，它们建基于看和听的功能之中。但这个考察并未说明，在现象本身上的纯粹现象学内涵是什么。它在最极端的情况下也只会导致这样的主张：它是在去除了包含在此功能中单元构成和选择成就还保留在现象内涵中的剩余物。但这只是一个负面的规定。它并未直接而正面地说明：在去除了感觉功能之后，作为感觉功能之对象的事实还会是什么。这里所成就的仅仅是将现象还原（Reduktion）为它们的感性内涵，而不是将现象内收（Adduktion）为那个恰恰独立于感觉功能及其单元构成的内涵。

这样一种内收究竟是如何可能的？如果人们试图在不依赖于我们的感性构造的情况下来直观这些事实，那么这难道不会是一种令人联想到所有类型的神秘假设与活动的操作方式？人们说，倘若我们不具有这种感性构造，那么我们是无法从我们的躯壳中脱出来并看到实事情况究竟如何的。然而这个指责完全忽略了这里的要害所在。现象学家当然也不会罔顾这个事实，即他有眼睛和耳朵以及看和听的功能。不存在对我们感知之感性的实在的和实验的排除。但同样也不存在一种对血液循环、心脏活动、在感知中的消化的排除。没有这些事物，现象学家就像没有眼睛和耳朵一样，是无法从事现象学的。但是，与现象学家作为认识的生物是被束缚在眼睛、耳朵、看、听的实在组成上的一样，他是否同样必然地是被束缚在他的认识方式上的，以及在通过他进行的事实直观的意向中同样必然地是被束缚在这些事物的单纯意向组成上的，这就是完全另外一个问题了。

这个问题根本还没有触及"无法脱出我们的躯壳"的事情。毋宁说有两件事是十分清楚的：即使有一种对事实的纯粹直观、一种对事实的纯然非感性的直觉——它像远离间接思维与推理一样远离感性感知——只要是有一个生物来进行这种直观，并且是它的载体，这种直观也只能实在地通过和借助一个感性的器官组织来进行。即是说，只能以此方式来进行，即它通过这个构造来服务于这个生物的欲求、本能、反应。但正因为此，直观在一个感性构造上的实在受限性永远不会是这样一个对事实的纯粹直观不存在的证明，永远不会是直观完全消融在感觉功能的共同作用中以及它的对象完全消融在这些功能的复合或各个部分中的证明；或者也不是感觉功能不仅是对于生物而言的直观实现的条件，而且也属于直观的本质的证明。因此，这些实在因果的确定完全没有涉及我们这里讨论的问题。

但还可以料到会有另外一个指责出现，认为有一种纯粹直觉的主张要么本身——因为它肯定不是感性可观察的——是又通过纯粹直觉才得以清楚的，要么是通过间接的思考，例如通过在不同感性联系中的现象的变更操作并根据对在此过程中在积极的方面（am Positivem）始终留存的和保持同一的东西的观看。前者是不可能的，因为没有一个行为是可以通过它自己的同类行为来确定的。但如果说一个纯粹直觉及其事实内涵的实存只有通过最艰苦的间接思维、比较、变更、剥离等来确定，那么以此方式确定的事实就根本不再是"事实"了，遑论"纯粹事实"；相反，它们仅仅是我们的分析与比较的思维的抽象产品，它的出发点是感性感知的事实——恰恰是唯独的"真正事实"！这是一种对"事实"的奇特直观，这些事实本身根本不能直观地被发现，而是唯有通过间接思维才能成为被给予性！那些在它面前冒充"纯粹直觉的事实"的东西，实际上只是一个间接思维的产物、结果，它就其本质而言是非直观的。这样说是可以的。

然而这个指责丝毫也不比第一个指责更令人信服，而且建基于一种等同的做法之上，即将确定的方法等同于被确定之物的本质。因为这一点还是很清楚的：即使有能够使我们获得一个事实情况的纯粹直觉，在它与其载体的心理学构造所发生的必然混淆的过程中，对这个事实情况的再构是与一个间接的思维连接在一起的，是与一个分析和比较和变更、一个推断和推论连接在一起的。即是说，有可能情况是这样的：这个通过纯粹直觉在其纯粹性中直接被给予的东西是通过一个间接的思维进程才作为直接被给予之物以及作为通过直觉被给予的而被我们意识到。如果在所有感知中，也包括在感性感知、在通常的世界观的所有表象、回忆、期待中，纯粹直觉作为一个贯穿这些现时性之始终的精神化东西、作为其内容的所有纯粹积极之物的提供者、作为其意向联系以及与其"同一者"之同一关系的创建者在场，那么对事实情况的再构——这些事实情况只是通过这个统一直观在去除了这些特殊的方式、形式、它们的证实的方向情况下而被给予的——就能够与一个操作过程连接在一起，这个操作过程本身不再是纯粹直观，而是"间接思维"。这个"思维"在方法上所扮演的角色不是一个创造的、综合的角色——例如像在康德那里——而只是一个用来直观某物的不可或缺的手段和工具，否则这个某物在其纯粹性中实际上是与那些在我们本性的感性构造基础上通过联想的强制等而产生的事实情况不可分割地连接在一起的。思维并不"创造"或"制造"事实情况，而只是纯化它们。

以上所说表明，带着这些指责①，这个使事实本身被直观到的目标已经变得不是不可达到的了。但这些可能性也不是对这样一种非感性直观的积极证明。这里所表明的仅仅是：直观与感性功能的实际合作是一个无可争议的实际情况，但它恰恰既不赞成也不反对有着纯粹直观的现有存在。因为这里的所有问题都涉及在直观和感

---

① 原文如此。或许是笔误。这里的意思更应当是"带着对这些指责的反驳"。——中译者

性功能之间的这个联系和必然性的方式。这究竟是两者之间的本质必然性——就像广延与颜色的联系——还是仅仅是因果天性的必然性,例如联想天性的必然性?可以把握到事实"本身",这是建基于我们直观本质中的吗?或者这只是对于实在的载体"人""动物"等而言的直观行为的实现条件,即感觉功能在这里扮演某种不可或缺的角色:它们作为分析者进入在纯粹直观的行为与被直观之物的中间?

这里能够做决定的唯有现象学家本人。如果在实施了现象学还原之后还有事实以及它们之间的联系留存下来,那么随之也就提供了存在这样一种"纯粹直观"的证明,而事实与它们之间的联系是"纯粹"事实以及它们之间的"本质联系",这些联系不再接受任何单纯因果的解释。如果情况不是如此,那么就不存在直观,而我们的世界图像在构造上是一个相对于感性功能的世界图像。

从以上所说可以列举出四个对"纯粹事实"的本质规定。

1. 只要感觉功能本身被纳入直观之中且在现象学还原中被变更,纯粹事实就会通过它而实际地为我们所获得,这个纯粹事实必定会在感性功能变更的情况下自身保持为一个积极的某物以及一个明见的同一之物。区别和分离事实的东西,必定是无法通过那些使我们实际获得这些事实的感性功能的差异性来解释的。这些事实的联系必定是完全无法通过我们的感性功能的实际的生理学的和心理学的实在联系来解释的。

2. 相对于自然事实的仅仅感性的组成部分,纯粹事实必定具有对于这些组成部分而言的最终奠基的特征,即是说,随着对其他纯粹事实的设定,现象的特殊感觉内涵经受了一种变化,而随着对变化了的感觉内涵的设定,纯粹事实也发生变化。或者更简短地说:如果有纯粹事实,那么它们必定是相对于感性—混合事实的独立变项,感觉内涵必定是不独立的变项。唯有通过被直观的对象的纯然实事天性,它的可能感性现象本身——还有它的现实现象——才必定是得到规定的,即便是在直观的本质中加入了实际进行的感官功能的情况下才是明确地得到规定的。但相反的情况——如所有感觉主义所教诲的那样——是永远不可能的,被直观的事实情况的天性是随着那些进入它的杂多感性内涵的变化而变化的。

3. 纯粹事实的同一性与差异性必定完全独立于所有那些被用来标示它们或作为事实部分仅仅服务于事实的自身展示的可能象征。它们的联系必定同样完全独立于那些我们通过在事实的象征之间创立的协约、制定、习惯的联系，或者独立于那些为事实的组成部分仅仅根据这些组成部分对于非自身被给予之物而言的展示功能所具有的联系。

4. 我们还想将纯粹事实分为两种：我们将它们的总体称为"广义的现象学事实"，但将一种纯粹事实称为"狭义的现象学事实"。现象学的事实可以是处在一个对象一般之本质中的事实，并且可以是那些使各个对象总和（Gegenstandsinbegriffe）得以相互区分的事实。第一种事实是与纯粹逻辑的基本事实同时发生的，而它们的现象学是纯粹逻辑学或对象论（Gegenstandstheorie）的基础。第二种事实是狭义的现象学事实。很明显，所有那些区分它们、使它们不同的东西，都永远不可能包含在它们仅仅在其特性中作为对象而拥有的内涵中。同样很明显，它们的联系是明见的本质联系并因此而对于所有是其载体的东西来说都必定是"必然的"，但尽管如此也不可能是纯粹逻辑的明见的联系。因而它们从纯粹逻辑学的立场来看是无法理解的并且可以说是偶然的或随机的。但相对于所有单纯归纳的必然性，它们是明见的和建基于事实本身的本质之中的。这些非纯粹逻辑联系可以被称为"狭义的本质联系"。然而纯粹逻辑联系完全不具有相对于它们的优先性，因为它们本身只代表了本质联系的一个临界状况：在对象之间的本质联系之所以存在，乃是因为它们只是对象，别无其他。矛盾律，即在"A 是 B"与"A 是非 B"这两个命题中有一个为假的定律，或一个 A 是非 A 形式的命题换作 A 也就为假的定律，这个矛盾律的最终基础并不在于自身，而在于一个对象的存在与不存在的不相容性，这是一个现象学的和本体论的明见性。有可能存在着随意的不相容性，它们完全不是从矛盾律或从作为其基础的不相容性中得以明见的。

我会说，这四个规定必定是狭义上的"纯然事实"所固有的。前者构成后者的本质。现象学与这样一个主张共进退：存在着这样的事实——而且它们真正构成所有其他事实、自然世界观和科学世界观的事实的基础，而且它们的联系构成所有其他联系基础。

对于第二个规定还要做一个说明。将我们的现象学观点与流行的学说，也包括那些通常与现象学相亲近的学说，例如关于"完形质性（Gestaltqualitäten）"的学说或卡尔·施通普夫在其《现象与心理功能》[①]中阐释的观点，甚至也包括埃德蒙德·胡塞尔关于"范畴直观"

---

① Carl Stumpf, *Erscheinungen und psychische Funktionen*，1907.——中译者

的学说，最为根本地区分开来的就是对纯粹事实的第二个本质规定。我们无法省略对所有这些观点的批评：它们都参与了感觉主义认识论的根本错误（πρῶτον ψεῦδος）。因为在我们看来，这种根本谬误不仅仅囿于彻底的感觉主义的命题，直观的全部内涵无法与感性材料或与通过心灵进化而对它们所做的某种改造完全相等，而且更多是囿于这样的预设：感性内涵对于所有其他的直观内涵来说是奠基性的。即使在承认非感性的，但仍然直观性的内涵的地方，人们仍然可以说（我在这里引述胡塞尔）："范畴直观"虽然相对于感性直观而是一种独立的功能，即永远不会从对独立功能的改造中得到理解，即使它不同于所有作为一种单纯符号意指的"思维"（例如对相同性、相似性、单一性、全体性的直观、关于在这些直观中才得到充实的同名含义的事物性的直观）——尽管如此，所有范畴直观都是"被奠基的"，而且只有"感性直观"才是非被奠基的直观。这门学说与关于"完形质性"的学说没有本质区别。

对此我需要提出的反驳是两方面的。首先，一个纯粹现象学的进程的前后一致性在这里突然被打断了，首先是因为未加检验地引入了"感性"直观的概念，而后是因为对范畴直观对象之"感知"的客观预设被认同为那个在感知中的"自身被给予之物"，因而现象学的还原也就没有得到纯粹的实施。其次，有一大批无疑的事实始终是隐而不显的，它们恰恰会支持这种观点的对立面，即支持这种观点：范畴直观的内涵是在为感性直观的内涵"奠基"。至少是在"奠基"这个词没有被理解为时间中的秩序的情况下是如此，某个已被设定在实在的直观对象的部分内容就是按此秩序而被交付给作为身体—心灵的生物的我们（即在未完成"还原"的情况下）。"奠基"相反而应当被理解为这样一种秩序，在其中某些行为根据其意向本质以及把握它们的内容按其本质相互建造在彼此的基础上——无论这里涉及的究竟是哪些行为载体，哪些实在实事，无论这里涉及的究竟是实在的还是非实在的实事。唯有这些包含在本身是现象学的"被给予的"现象的秩序中的内实事的条件关系才可以被称作奠基，如果借此所标示的应当是一个与感知的发生秩序不同的东西的话。

因而康德的学说近来也偶尔得到了扩展。① 我们认为，它随这种扩展而被完全误识了。它的意义更多是这样的思想：在"现象的质料"上被给予的只能是那些表明自身适宜于那些已备的"形式""立义

---

① 参见 E. V. 阿斯特：《伊曼努埃尔·康德》，莱比锡，1909 年。

的方式与法则"的充实、某些寓于人类理智本质中的基本关系之充实的东西。经验——它的部分与要素并不展示无法从一个思维推导出的且只能指明的质料——的"结构"先行于所有感性内涵,先天地限制和限定了感性事实能够被给予我们的可能性。至此,现象学原则上可以承认康德的结论。现象学只是否认这种结构是来源于人类精神的活动方式,现象学还要求,这种结构必定是可以被一种直观和经验所把握到的,因而不能决定所有"可能的经验"。它成为现象学直观的对象,这种现象学直观恰恰因此而克服了自然经验与科学经验的相对性,因为它以这个结构本身为直观考察的对象。在现象学上得到澄清的认识论也要区分在康德那里彼此融为一体的自然经验与科学经验。

对于第三个要求也还需要做一说明。现象学的联系必定是独立于所有事实联系的,这些事实联系是在标示这些事实之象征的联系的基础上才形成的,此外也包括这样一些象征,它们的载体就包含在这些事实本身之中,"它们自身展示"在它们之中——同时我们并未任意附加一个象征。这不仅仅是——如我们指明的那样——自然直观的一个根本特性,即躯体、进程等在思维现象"本身"中展示自身,它们的内涵一部分是被给予的,一部分可以说是在对事物和对我们感觉状况的双重象征功能中被消耗了,而且这也同样适宜自然事实的联系。

本质直观的功能化①

我们的精神,并不具有与生俱来的(eingeborene)、天生的(angeborene)观念。就连关于上帝的观念,亦非生来就有的。甚至有关"自在者"(Ens a se)的观念,也是以对任意某个偶在者的认识为前提的。并且,作为一切偶在的明见性条件,这种有关自在者的观念也只能借此类例子被觉察到(erschaubar)。人的精神灵魂乃是上帝精神性的肖像与镜影。然而这并不意味着,人的精神灵魂因此便也生来就具有关于某种无限精神的观念。就连对那种肖像性的知识,也不是人的精神灵魂生来就有的。它是人的精神灵魂以天生的方式,经由对自身本质的反思,再假借前文已述的那种将上帝把握为"人的灵魂奠基其中的精神"的宗教行为才获得的。人的精神灵魂之所以植根于上帝,并非出于某种观念,而是由于精神灵魂的存在与生活本身。一切作为精神之精神的存在,同时也是对于其自身的潜在知识,仅因如此——而不是因为精神灵魂生来就具有上帝观念——"人的精神灵魂乃是上帝精神性的肖像"这种相似性便也同时

---

① 本文选自《舍勒全集》第5卷,第195—210页,伯尔尼与慕尼黑1968年版。——中译注

潜在地设定了对这种相似性的某种直接知识。只有作为特殊行为类别的宗教行为的那种潜能——人的精神灵魂能够由此获得宗教知识——是与这些宗教行为的存在本身一同被设定的(gesetzt)。

正因为并不存在与生俱来的上帝观念,所以,人类精神发展史上获取宗教知识的林林总总的行为当中,对上帝的天然认识才能得到原则上的无限增长。而由于这种知识获取的特殊条件各不相同(尤其是获取行为的载体的特性,依部族、种族、国族、历史之不同而不同,且其特定经验范围亦各不相同),天然地对上帝进行的认识因而也得出了各不相同的结果,于是便产生了形形色色的天然宗教。

正如人的精神不具有与生俱来的观念,它也不具有让存在者对象式的形式确定性因而才被印刻在被给定者缺乏秩序的"材料"(即康德所谓的"感觉"[Empfindungen]与本能冲动[Triebimpulse])之上的那些原初的综合式功能形式与法则(即康德意义上的"范畴"[Kategorien])。我们的思想与认识,并不能"创造""制造""塑造"些什么——它们其实只是虚构物和符号。不管是缺乏秩序、形态、形式的感觉材料,还是无处可寻的法则式综合功能(范畴功能),都纯属康德自己的发明创造,并且,这两者互为条件。康德在举例说明"范畴"这一概念时所列的以及他未尝列举的许多其他形式单元,其实只是"被给定者"自身所包含的那些对象确定性(Gegenstandsbestimmtheiten),诸如实体、因果性、相互关系、形态等。比起相当于某种纯(意即仅以刺激为条件的)感觉及这种感觉内部的各式不同形态的部分内涵,给予我们的直观内涵无可比拟的更丰富。并且,就连这种"部分内涵",也从来都不曾是被给定者的某个真实的部分,而只是对各种统一的意向性感知行为进行比较时的一种虚构产物,在刺激保持恒定的情况下,这些感知行为的功能成分会发生变化。

由上述两个命题(形式的被给定性与或然感觉内容的一同被给定性仅在其能够对统一的感知意向加以实现与充实的这一条件之下及范围之内),我们能导出如下结论,即我们的精神与诸物之间存在着的接触,因我们的身体具有感官组织,故而是不假他物的(unvermittelt),而针对感官功能的多样性而言,该联系又是一种原初且统一的联系。感官仅以各种方式分析(zerlegen)我们精神的这种接触,它们并非精神对世界的被给定性所做的统一大全直观的创造者,它们仅仅是其分析者。并且,感官的分析是按物的生物刺激值来进行的。这样,感官就能引导从属于作为直观主体精神人格的有机组织做出有利或有害于生命的动作反应。而康德及其学派所持的认识论却有这样一个前提，即认为经验的被给予者身上超出"事先被给定的"感觉内容的一切（诸如对象性、存在、实际存在、实体与因果性的一致形式、作为空间/时间/体积/数量/数字基础的直觉多样性、关系、形态、价值等），都必须是由人的精神活动所创造的，或是由人的精神活动所带来的。这一前提其实是毫无根据的，它恰恰是康德哲学的基本谬误所在。人的精神并不具备康德赋予它的这种构建世界的力量。康德的这种想法将人的精神同上帝的精神弄混淆了。况且，就连认识和思考亦皆已被赋予了某种创造性的力量①，这样一来，本来还能制造些什么的意愿和行动，其真正意义更是完全不能被理解了。

然而，尽管旧时"先天"理论的这两种形式——关于与生俱来的天生观念的理论以及关于综合范畴功能的理论——是如此错误，"先天"与"后天"这两者还是必须以完全不同的形式被严格区分开来，此两者间的天壤之别乃是被给定者在内涵上的差别。

在直观的被给定者身上，"先天"乃是属于纯然何物领域及本质领域的一切，即对象在被去除了此在模式的情况下得到的所有那些无法作为如在被定义的如在确定性（Soseins bestimmtheiten）之完美化身——这些如在确定性之所以无法定义，是因为凡对如在进行定义的尝试，都已将这些如在确定性设为前提了。因而，这类本质性（Wesenheiten）只"能被觉察到"。相反，"后天"乃是或然直观的其余一切被给定者。

那么现在，描述本质事实与偶然事实之间关系的下述命题便得以成立，即适用于某个对象的本质的一切真相，也直接适用于同一本质的所有或然对象，并不需要对这些对象进行归纳，从而向我们确保其适用性②。这时，范畴类的存在形式就仅仅是那些把对象的实际—存在（Real-Sein）分解为实际存在（或演变为真实）之诸基本类别的本质事实了。它们仅构成组成先天的一部分。但同时，它们又构成了先天之中的某个部分——即形式的那部分，亦即与诸对象本身无关、而只与诸对象的实际存在类别有关的那个形式部分。与范

---

① 若仔细考察康德主义者、费希特主义者，即所有那些认为认识可被"塑造""制造""形塑"的人，就能很快发现，他们中的绝大多数人恰恰缺乏与世界在实践方面的接触。这不足为奇！他们还需要意愿、行动、塑造、形塑些什么呢？他们不是认为仅通过认识就能，甚至必能达到其实只能由意志与行动达到的吗？他们在认识理论上的唯意志论消解了真实的意志。

② 先天被给定者只是不依赖于经验的量，而非完全不依赖对象的经验与直观。

畴类存在形式相对立的,是纯对象理论中所包含的绝对形式真理,即适用于具有对象性本质的一切的真理。与范畴类存在形式相对立的,进而还包括适用于实际对象之何物性及内容确定性的质料方面先天的真理。

然而,有关先天被给予性内涵的知识(Wissen um),既非与生俱来,且就其内涵而言,它也并非纯精神的某种产物。其实它同任何一种有关被给定者的知识一样,都是"被接受的"(receptio)。也就是说,有关先天的知识本身绝不是先天就具有的知识(apriorisches Wissen)。它更有可能是一种虽是后天得来、却并不因此就是由归纳所得的知识,它先天地适用于一切仅是"这类本质的对象"之对象(亦适用于对我现在而言或是在我的经验知识的任意一个层次上未知的乃至终究不可知的对象)。这样,对于一切先天—本质(不管是个别的本质性,还是本质脉络,抑或是本质结构)所产生的某种明察性的洞见,既无法被对偶然事实(归纳式)的经验所证明,也无法被其摧毁或驳倒。

由此能得出本质认识的第一个重要特性,即凡本质特性,只要曾获得过,就不可能再因接下来的任何经验而被质疑、被限制了——这是与所有对偶然事实的认识以及对偶然事实之间由法则所规定的关系的认识不同的。只有本质认识的充实和增长(意即不断有新的本质认识来扩充旧的),以及本质认识之间常新的相互关联是可能的。此外,过去曾获得的本质认识也有可能消失不见,因而需要重新去发现。

与之相关,本质认识极少被看透的特性当中的第二个便是:本质认识,其作用乃是作为以偶然事实为转移的知性被单纯"应用"时所遵循的法则,而这种知性又是"依照"本质脉络来对偶然事实世界进行"某种确定的"把握、分析、直观与判断的。过去之为事实者,如今成了关乎诸事的思考形式。过去之为爱之客体者,如今成了爱的形式,其中可以有无限量的客体被爱。过去之为意愿对象者,如今成了意愿形式。如此等等,不一而足。举例而言,凡是我们依照某种推论法则,而非"从"该法则"之中"进行推论之处,凡是我们(像艺术家那样)听从某种审美规则,而非哪怕只是以被表述出来的命题这种方式在精神中拥有该规则本身之处,本质洞见都在"发生着作用",并且它本身不必清晰地立于精神之眼之前。只有当我们体验到,我们的精神并未将其意识为法则的法则有误的时候,或这种法则遭到偏离的时候,我们才依稀意识到,有某种洞见一直在引导并带领着我们。譬如，一切良知激发(Gewissensregungen)，都是在对错误提出异议，而非自发地展示着善。但在良知激发的背后，仍有一种对善以及对我们的个体生命和人类普遍生命的正面理型的肯定式洞见(positive Einsicht)。在本质洞见"功能化"这一过程中，人的精神不管是在个体生命内，还是在人类历史进程中，都（经由传统而非继承的中介）经历了某种真实的成长，而这种成长乃是与一切单纯通过对人体组织及其感官区域发挥影响而获得并继承的能力，以及一切（按照联想法则、练习法则、心理活力法则的）单从心理学角度理解的形成过程本质不同的。

通过本质洞见的功能化，我们理解了理性本身——即理性对先天的选择及功能法则的占有——的形成和发展。与此同时，我们还能理解误导康德得出以下著名看法的假象。康德认为，人的理性拥有完全原初、完全不可变、既不可增一分也不可减一毫的功能法则（范畴功能、基本原则等），通过这些法则，人的理性才能从被给定者的一团混沌中，综合构建出一个脉络清晰的经验世界，而在该表象构造(Erscheinungskonstruktion)的背后，还有着一个完全不可认识的"物自体"。与康德相对，我们的观点则是，一切功能法则都能回溯到原初的对象—经验，但这种回溯是对本质经验，或曰本质直观(Wesensschau)的回溯，同时，这一经验类别还与一切对偶然事实的"经验"——从本质法则上讲这种"经验"也一定总是感官经验——有着根本的和本质的不同。我们还要对康德关于全部人类群体（诸如种族、文化圈、民族等）中的理性精神的逻辑同一性①论断提出质疑，因为该论断已超出了纯形式的精神功能及其法则的范围，而只有从关乎最原初且最简明的本质洞见的那些形式上的对象本质的同一性出发，我们才能理解形式上的精神功能及其法则的同一性。这里的"事实"所涉及的事实范围，对不同人和群体而言是不同的。因此，在无损于已获得的本质洞见之先天性、明见性及效力上的不可摧毁性的情况下，不同主体（民族、种族等）的本质洞见群也可以是各不相同的。其效力值以及先天的适用方式并不会因此而受到一丁点儿的损害，其严格的客观属性亦毫发无损。这是因为，既然存在着一个本质王国，它构成了一切可能世界和"事实"真实性（而不仅仅

---

① 我们还要更尖锐地反驳在费希特那里开始得以形成、到黑格尔那里已变得十分清晰的关于全部人类理性（世界理性）的实际同一性理论。通过这种理论，在康德那里仅是萌芽状态的泛神论阿威罗伊主义(Averroismus)终于长成。针对这些理论，我们对人的理性精神最原初的所有物秉持一种多元主义的观点。

是我们这个或然的人类环境的世界)的宪法,又因为由偶然事件进入该王国的门径因人而异,尤其因较大的人类群体而异,那么,我们甚至可以期待,由本质洞见的功能化而产生的精神功能及其法则,在超出了对对象本身所做的纯形式上的基本规定之外的一切当中,都是各不相同的。我们不仅要对同一时期共存着的所有较大的人类群体之中的精神理性功能在逻辑上的(甚或实际上的)同一性提出质疑,我们同样还要对人类理性几乎永恒的稳定性(其实只有上帝理性才真正具有这种永恒稳定性)提出质疑——康德试图(首先在理论上)通过超验美学和超验分析(范畴表与基本原则演绎法)理论,真正充分地利用人的理性,并在这一理论尝试中将人类理性永恒的稳定性设为前提。不仅偶然经验的整个领域处于不断扩大之中,就连作为一切先天有效的理性功能与法则完美化身的人的理性精神本身也在成长和发展着——当然,这种成长和发展的方式乃是,旧的成长发展阶段不会因新阶段的出现而遭到贬值。只有当这种成长的发生不是通过不断获取更新的本质认识,以及这些认识在精神原初固有的朝向永恒与上帝方向运动的基础之上的功能化,而是通过单纯对自然环境及人类实际历史环境的不断"适应"(例如在斯宾塞[Herbert Spencer]那里)的时候,才可能发生这种贬值。

不管是个体还是在集体之中,人的精神不仅在知识上得到成长,更在积累知识的功能与力量方面得到成长,不仅在工作与成就上得到成长,如在艺术及道德生活实践当中,更在艺术与道德能力方面得到成长。正因如此,人的理性精神在历史中任何一个时间点上都不能被哲学完整地——即在能思学(Noetik)的所有领域之内——规定,而总是只能被不完整地规定。此外,这里所说的理性精神,它本身经由原初本质洞见的功能化而得到的成长,并不像朗格(Albert Lange)和斯宾塞——在已获取能力的可遗传性前提下——所认为的那样,以对作为身体有机体的人(包括脑与神经组织在内)的天然组织体进行改造为条件。相反,可以证明(证明过程从略),触发作为理性本身(不同于一切直接以身体为条件的心理存在)的人的精神之独立、自治发展的某种诱因,正是人——作为最复杂的生命体——之生命组织所具有的突出的生物稳定性。正因为按照"生命体越是高等,其发展(及恢复)能力的衰退也就越快"这一生物学普遍法则,人乃是生命发展史上"最稳定的物种",因而,人也从主观上受到驱使,使自己的本质洞见功能化,从而在事实上实现人的理性精神在客观上无定限的发展能力。通过人的这种与其在生物学上的发展全然不同的、作为精神体的发展方式与方向，人以更为高尚的方式弥补了其作为高等生命体所丧失的自然发展能力，以及作为生活在地球上的自然生命体在实际发展上的不足。

毋庸置疑，我们这里所持的关于人类发展的基本观点，不仅同——如上所述的——康德关于人类理性的同一性与稳定性理论完全不同，而且也同反对稳定性、赞同人类理性是变化与发展着的理论全然不同。后述理论包括斯宾塞及其学派建立在实证式—感官认识论基础之上的相关理论，另外还包括黑格尔建立在某种登峰造极的理性—结构式精神与理性学说基础之上的有关理论。

斯宾塞很可能注意到了，旧时关于由上帝直接赋予人与生俱来的观念的理论并不能满足我们的问题欲，让个体基于（不管是机械—联想式形成的还是在方法上有意为之的）归纳而获取一切原则与思想形式的普遍个体经验论也不能满足我们的问题欲，就连康德的对各种理性形成论（Werdelehre der Vernunft）皆弃之不顾的学说，到头来也是不可行的。但因为斯宾塞并不知道，偶然感官经验与本质直观、偶然事实与永恒本质之间是有区别的，他在其有着质上区别的地方仅承认一种程度上的差别，因此，他仍旧没有摆脱把有关先天的知识（Aprioriwissen）与（潜在的）天生就具备的知识（angeborenes Wissen）等同起来的陈旧错误的束缚。斯宾塞认为，物种在漫长的进化过程中业已获得的知识，该物种中的新个体应该一生下来就具备，个体的理性形成（Vernunftwerden）过程应该在完全不适合用于此处的"有机体对环境的适应"这一概念下理解。他并没有注意到，早在他按照理性原则设想上述那种适应环境的对象时，他就已经将理性及其——在所有领域，也包括在伦理—实践领域中的——最高原则前设为后天形成且具有效力的。同样地，斯宾塞也没有注意到，我们能够在对适应之对象丝毫没有认识的情况下，就设想出人这一有机体在反应和实际举动中对其周围环境所做出的理论上完美的适应，而单纯的认识（以及人格与意志单纯在伦理上的善）其实对适应程度的高低毫无影响。

黑格尔的错误则发生在几乎完全相反的方向上。他错误地认为，本质洞见的获取不过是一件直观与经验上的事（只是它属于与感官经验及归纳经验全然不同的另一类别）。他误以为，我们因此而无法严肃地谈论"观念"在人的意识形式中所经历的、只依照如下辩证法则的某种统一发展过程，即只有已存在于观念"自身"之中的，才能被展开和呈现出来。

在斯宾塞和黑格尔看来，本质直观并没有原初不同的塑造理性的精神过程，理性精神本身（而不仅仅是其在对世界的认识中得到的应用与练习）也没有真正的成长（以及真正的衰退）。这也是这两位思想家在其历史哲学与社会学学说中，即在对这种思想理论的应用中，陷入我在别处称为"欧洲中心论"的条条框框里无法自拔的其中一个原因①。

与上述观点相对，我们认为，由于本质直观的功能化，理性得以形成，并且，理性形成以一种超越了这些本质直观最形式化的内涵的机制，从而在人类的各大群体之中引发了各不相同的理性形态。我们还认为，这种理性形成机制能够引发并且实际上已经引发了人的更高与至高精神力量真正的增进（与真正的减退）。借用一种形象的表达，即人的精神不仅通窥了唯一的那个偶然"实在"世界的各部分，理性地塑造了这些部分，而且还与生俱来地通窥了唯一的那个本质世界的各个部分。因为如此，人的精神（经由被觉察到者的功能化而）具有效力的先天功能形式一定也是各不相同的。但这并不排除如下情况，即每种对或然知识本质域的视见与通窥都是明见的、真实的、具有效力的。由此只能推出以下结论，即较大的人类文化与认识脉络，（在先天就有的知识的水平上已然）是不可互为代表且无法取代的。并且，人类只有在认识上相互依存（*Miteinander*），在一切高等的精神活动（即便其应用是全然正确的）中互相合作，才能获得对本质世界完整的认识。这并非出于历史偶然，或出于血缘及种族特征上的偶然，更非出于单纯的劳动分工，而是出于理性和认识自身的本质。因为，在将同样的先天知识应用到认识这个世界的偶然实在性的全部行为中，尽管各民族、种族和其他群体（最终也包括个体）从原则上讲是可以相互取代的，尽管他们在这一领域内至多只能让各种所谓的"资质"和"禀赋"（即各种心理特性），以及通向实存世界某些部分的各种可企及性成为必须，迫使他们互相补充认识（另外，劳动分工单纯从技术角度上看的多产，也能让这类合作与补充显得极有必要），对本质领域而言，有一点是完全不同的，即人与人之间的无法取代性是这里的一项绝对——而不仅仅是相对的——原则。正因如此，合作与补充才成了某种绝对的、纯粹的事件戒律，且这一事件戒律来自认识的这一基本类型本身的本质。

---

① 参见笔者《战争的天才》一书中《欧洲的精神统一》一章，另请参见龚佩尔茨：《世界观学说》（E. Diederichs 出版社，耶拿，1905 年版）。

从我们关于精神的理论之中，还能推导出对历史上可能出现的人的理性精神真正的形成壮大与衰退消失（Entwerden）的承认——这与发展并展开某种实证的观念内涵（及这类内涵中的大部分）甚或单纯的适应、练习、区分等截然不同。因为，不仅"关乎"本质世界的知识（及此类知识的功能化）在历史上有可能增长或减少，并且，在世界的仅此一次的具体历史长河中，任何一个位置本来皆有可能成为通往某些特定本质洞见的跳板，而要企及这些本质洞见，世界进程长河中的任何其他位置都无法成为其跳板。但这也意味着，就连人之独立于一切归纳和一切外来新感官材料的纯理性精神自身，都可能经由后天获得的本质洞见的功能化，从而成长或衰退（或是在某些本质—功能中得到成长，而在另一些本质功能中衰退）。进而，我们还能推导出，人类历史的诸时期与时代（作为宇宙历史的组成部分），在关系到由于这些时期与时代才可能获得的本质认识时，原则上也跟同时存在着的诸个体与民族（以及其他所有群体）一样，是绝对无法取代的。人类认识的历史之中，并不仅仅存在着归纳材料递增式的积累与对这些材料的逻辑加工的增加（如实证主义哲学所认为并为这类积累所创立的普遍规则所规定的那样），这一历史并不（像黑格尔与柯亨及其学派所宣扬的那样）是经验知识不断被重新"奠基"的逻辑开展的过程，而是作为行为、功能、力量之完美化身的理性精神本身，经由这种与具体世界进程的特定位置相关联且仅在这些位置才可能的本质洞见的功能化，成长与衰退，"形成"与"消失"。相反，在单纯归纳式积累与逻辑演绎（或还原）的维度之内，进步（或退步）仅关涉某些特定的本质洞见（通过其功能化）在偶然实在世界里得到的应用。此外，进步或退步只发生在对偶然实在世界的认识成为认识的主要对象之处（即事实上首先在欧洲），而以持续进程为形式的进步或退步则只发生在本质洞见体系（及属于该体系的"理性体系"）较为恒定的时代的历史道路上。

因此，很有可能（即普遍精神理论允许以下情况发生①），人类历史上的某个时代，或是该时代里的某个时期，曾向本质王国投去过其他时代不可能有资格投射的认识视线，从而，在那之后的时代，出于人类认识及其对象本身的本质（而非出于诸如禀赋、资质、劳动分工等考虑），有义务把那些它们自身并不具备力量去认识的东西作为永久有效的认识宝藏保存起来。而这些时代既然保存了认识宝藏，

---

① 要判断这一可能性是否得到实现，需要对历史材料做实证研究才行。

那么，它们便只需将其应用到偶然现实之上即可。时间上相继出现的人类，借助其各自后续时代中"理性"皆无法发现者（即便按照理型完美地应用了理性也无法发现）的传统这一媒介所进行的合作，本身也因此属于这类（先天）认识及其功能化的性质，它之所以可能起作用，有赖于这种情况下只能经传统而对认识内容本身的占有。因为，这里的关键并不在于，每位后续者都只能站在先行者的肩膀上——即每位后续者都具备与先行者同样的进行认识和观察的精神力量。关键在于以下这一全然不同的事实，即后续者并不拥有先行者曾经拥有过的这些力量（或其中某些部分）。这样一来，真正的哲学规矩下的每一个问题（即有关本质洞见的问题）——而不仅仅是哲学的至高问题——都得由整个世界史上全体哲学家共同（即在一同研究与认识这一特殊行为发生过程中）来进行讨论。这与"实证"科学有着最明显无疑的区别。因为在实证科学中，有可能受到关注的，只会是离自己最近的先行者（只要他们并没有已将科学发现抛诸脑后或是不认为其有价值）。而所有的哲学家却都有义务"一道"（而不是像在诸实证科学中那样互相对立或只立足于"结果"）去构建唯一的"常青哲学"（*philosophia perennis*）这座大厦——不过需注意认识力量本身的历史分布规则，而认识这些规则，也是真正要去阐明人的精神所具有的认识力量的认识理论面对的一项极为重要的子任务①。因哲学家立足于这一理论——对哲学家而言，该理论之泉乃从洞见而非传统中涌出——所以，他完全不必在未经检验其本质内容的情况下，就去接受有可能含有过往时代本质直观的传统内容。但他始终仍须考虑到，倘若这么做，他便有可能不光是实际未曾得见，而且还将再也无法看到过往时代曾经得见的内容了。

任何情况下，都只有各民族与各时代在哲学活动上所达成的一致，才能使哲学成为可能，并使那种对于在宗教行为中被给予的、从本质上对上帝进行的把握的反思式认识成为可能，这是由本质王国以及人通往该王国的方式之本质所决定的——无论理性在地上人间事实上的形成与消亡、成长与衰弱的特殊实证规则究竟如何。下

---

① 这一任务严格区别于诸如康德的认识论方法，并有意与之对立。康德不仅试图仅以对以下问题的回答确定人类理性的本质，甚至更试图仅以此就全面地确定人类理性的本质（连同其"界限"），即西欧所特有的近代科学，甚至还要限定为数学式自然科学——更甚于还要继续限定为由牛顿所奠基的数学式自然科学（今天，有了相对论和量子理论之后，就连这一由牛顿所奠基的数学式自然科学，不仅在原理上，而且在结果上，都已然是另一种科学了）——是如何成为"可能的"？

文我们还将详述这些规则，以及影响人类历史的实际力量与驱动因子，它们的自身规则与理性的那些实证规则相堆叠，由此，我们得以理解哲学和天然宗教的发展史。这里，重要的仅仅是上述内容中对有关上帝的天然认识产生影响的那些。①

正是在这一特定认识上，才能最清晰且以最大限度表现出以下规则：某种本质性的本质内涵越是完美，越是难以被人的精神相称地把握住，那么，要获得对其最相称的认识，（我们在上文所说的）认识的双重合作就在越高的程度上有必要。因此，在关系一切本质之本质，亦即关系上帝时，这一必要性的程度才是最高的。

倘若我们被允许且必须（如我们上文所见以类比的方式）为上帝赋予理智精神性，那么，按照上文所述，我们能够期待的无非是以下这种情况，即上帝在精神性上的充盈对于每个人、每个群体、每个民族来说，都只是部分地可被认识。这么说的原因在于，上述这些认识主体之中的每一个，其自发的形而上的认识能力根据其所获取的或由其传承的本质洞见功能化的方式不同而相异。因此，若实证宗教对于上帝的诸种观念以极不相同的方式认识和把握，并以极不相同的方式将诸种精神功能（诸如意志、知性、爱、权力、智慧等）混合到上帝观念中来，对它们加以整理。而且，因为对于上帝的"精神"的观念又不太可能不包含这些群体与个体所具有的精神特性，故如上所述，我们确实无法产生别的什么期待。这可能是基于——虽非必须——每种单一的理性样本精神（在统一的先天功能法则之下）因其禀赋、兴趣和历史不同而各异的局限性，如我们在前文对其提出质疑的康德和理性主义者们所列举的单一理性样本精神。但也有可能，对于上帝的精神各不相同的诸种思想观念全都是正确的，只是在各不相同的意义上不相称而已。出现这种情况，不一定是因为人的局限性，也有可能是由于上帝精神那不可言说的充盈及其无限的、质上的完美。

而现在，必然出现的后果将会是：由于天然宗教及诸如崇神敬神之类的对于上帝的天然认识的本质，上帝认识必须是不同于一切实证科学认识的、共同体—合作式的认识。因此，作为以任意某种方式组织起来的对上帝的共同认识及崇拜，教会观念，或是——在一神论前提下……都并不是某一基于实证经验的理论内涵，而是由

---

① 参见本书最后章节《何以不需要新宗教？》。接下来，笔者将以单独的系统式论文的形式对《认识的纯粹社会学与历史哲学》中的这一问题进行探讨。

上帝认识之本质所得出的一项要求。作为对上帝精神的认识与把握，对上帝的认识是这样一种天然认识，在能够相互区分开来的每一人类群体以及每一个体做出其贡献（即只可能由其做出的贡献）之前，以及在这一贡献被其他所有群体及个人把握、被整合到其自身同上帝之间的关系中并产生结果之前，它必然只能是（在对人来说可企及的认识的界限之内也是如此）不完整的。宗教上的单一论（Singularismus）是自相矛盾的，这是因为它不符合始终存在于上帝认识与共同体式认识之间的本质脉络。这里，使上帝认识所具有的共同体形式在与其他任何认识皆不相同的意义上成为必要的，恰恰是——无论这听上去有多么悖谬——这一认识在本质上的个体主义（Wesensindividualismus），即作为认识主体的所有群体个体与单一个体永远的无可取代性，连同获得这一认识的普遍义务。①

　　同样必要的还有对上帝的天然认识的历史性。这是一个在启蒙神哲学那种极端的意义上的一切理性神学都误判了的命题，是一个甚至连康德都误判了的命题。因为一切特殊的理性组织都（通过本质洞见的功能化并成为功能法则）有一个形成的过程，进而还有一个成长（与衰退）的过程，所以，"上帝即是精神"这一仅在类比意义上成立的命题那越来越完整且纯粹的意义，只会在理性精神的历史成长过程里，从世界那不会重现的种种情状中展现出来。只有在有关上帝认识之必要历史性的命题想要表达如下意思时，这一命题才是错误且根本错误的，即在世界历史的不同发展阶段，上帝的精神如同某种发展着的潜能那样，纯客观地以不同的方式发挥着影响，历史上每个时代也都必须具有某种关于上帝精神的特殊观念。这样的想法是泛神论式、黑格尔式的。这样想的话，不仅哲学，就连天然神学都只不过是"被表述成思想和概念的时代精神"而已——而这是一种根本错误的相对主义观点。上帝并不是必须在历史的时间维度下发生影响或自我展开的潜能，上帝是绝对活动着的存在（absolut aktuales Sein）。只有在认识上对其精神之充盈加以利用这一点，是与历史进程联系在一起的——只不过这种联系是以有限理性本身的成长为媒介的，而不仅以作为上帝精神的不完整、有限且与之类似的

---

① 爱具有相对于认识的优先地位，因为这一命题，上述那种纯认识论—社会学原则得到了详细说明，即对上帝之爱作为上帝认识的条件，必然包含着对那些与上帝和睦相关的"弟兄"的爱，确切地说首先是对"弟兄们"的团结的拯救之爱。谁若不经这条道路到达其对上帝的认识，即认识到上帝即是精神，谁就必然会陷入错误。这便是"异端"这一本质概念之基础。

仿造物的有限精神所获得的认识的增长为媒介。对精神的作品做出历史的理解，对不同于"当前"精神结构（理性所形成的各种主观范畴体系）的作品进行理解，这门理解的技艺使我们能够对有限的理性形成过程的各个当前阶段进行整合，即让被历史进程区别开来的那些东西重新成为一股聚合的理性力量，从而克服有限的变得理性的各个当前阶段的片面性。为了——哪怕只是以类比的方式——在认识与经验上以更大的相称度充分利用上帝精神之充盈，我们必须不仅要依据我们所处时代的理性结构（而不应想要自己去塑造某种"时代哲学"），而且还要将其他时代在其各自精神结构的基础上对上帝"精神"所把握到与所言说过的一切都吸收到我们关于上帝精神的观念中来。上帝并不——像黑格尔的泛神论所宣扬的那样——是"世界精神"，只有作为一切经由功能化和去功能化而曾经形成并仍将形成的理性结构之完美化身的全体人类的完整精神，才能（天然地）认识上帝。对上帝之精神内涵的天然认识的构造，就其被赐予人类的充盈程度而言，又必然是与人类群体间的合作联系在一起的——由于传承的原因，在时间顺序上也是相应地联系在一起的。于是，我们会得出这样的观点，即历史中特殊而突出的一些情状尤其易使人对上帝的认识在内容上获得增长，或者，产生对这一对象（即上帝）的认识时，人的精神的特殊功能从总体历史进程上看与其说是分享了进步与增长，不如说是产生了倒退。确实，倘若还有别的什么原因能使我们得出这样的观点，那么，我们唯一必须做的，就是有义务去保存那些曾被相称地认识过、而今却只能不相称地企及的东西了。

接下来还要对我所理解的本质直观的"功能化"作更进一步的阐释。

  1. 对作为本质的本质进行直观，不同于在事先直观到的本质的引导和带领下对偶然事实进行认识（感受、判断等）。进行后一种活动时，我们并不会意识到本质。关于本质的知识在这里只是功能化了——作为选择程序而非作为综合活动、联结、关联——而已，并没有被给予我们。它会在明面上为认识偶然存在进行一切与被直观到的本质相符的——或者说，进行所有对本质脉络与本质结构而言可能的——应用。由此，原初的存在先天成了主观先天，所思成了思的"形式"，所爱成了爱的"形式"与类别。

  2. 初级本质直观理所当然不是反思式直观，也不是可在其基础上形成某种判断的直观，这种判断会将与本质相符的"观念"或与本质脉络相符的观念脉络把握为真。

3. 一切康德所谓的"超验"意义上——即所有经验法则，因其是经验的法则，所以也是经验对象的法则——的主观先天都不是原初就有的，而是后来形成的，并依经验的承载者不同而不同。这种主观先天在精神的所有领域中取得的成就，从来都不是最初不同且本身无形的事物（用康德的说法即"感受"）之间（按照某种原初规则）自发式的联系、关联，不是肯定式的"建造""构造""形塑"。恰恰相反，它是某种按照事先直观到的本质与本质脉络，以特定的方式对一切虽然可感知、却对直观到的本质与本质脉络起不到实现与确认作用的世界内容所加的否定、压抑与置之不理。就人对世界的可能认识而言，主观先天非但不产出，反而还压抑、破坏、损害世界中与事先被给定的本质及本质结构没有应用和实现关系的所有部分和方面。因此，主观先天根本不是某种塑造、关联的方式，而是某种选择的方式。相互关系（除一致性、相似性、因果性这类关系以外）就其最普遍本质而言，并不是将我们的精神引向某个不受相互关系约束的被给定者的肯定的东西（某种通过综合与联结而得到加强的精神"纽带"），而只是经过对方方面面皆为肯定的、有其自身形态与形式的世界内涵采取某种有秩序的置之不理之后所产生的残余物。不管何处，相互关系都是感受、（作为直观的与被设想的关系之）思考以某种秩序开展后的结果。从本质上讲，它具有否定而非肯定的性质，是分析之后的残余物，是拥有被给定者之后所剩下的，而不是综合的产物。奇特的是，许多思想家却常常混淆这两种在主观先天的本质及成就的特征上相互排斥的想法，这一点上最好的例子便是文德尔班。①

无疑，在某种意义上，康德谓之"经验之超验关系、经验与对象"者，在关于主观先天本质的这两种背道而驰的观点之内是存在的。在这两种观点之内，认识对象都必须以认识着的精神之法则或其功能"为准"，而不管认识的特殊功能是基于从"被给定的"感知材料中有序地建造、综合并塑造出对象这一点，还是基于有序的选取，即面对本身就具有形态与形式者时的压抑、置之不理与忽视。这是因为，世界之充盈，以其本身存在着的面貌，对人（或某种特定的人群，例如某个种族、某个文化圈整体）而言是按照一定的选择秩序得

---

① 参见《哲学导论》（1914年版），第235页以下。

来的，而如果对选择秩序的规定又是为了达到如下状态，即只有在本质 A 的某个对象已给定的条件下，本质 B 的某个对象才会被给定（A 在时间秩序中——不必要前后相继——具有相较于 B 而言的在被给定性上的优先地位），那么，假如对象 X 同时既是本质 A 的对象又是本质 B 的对象，则适用于 A 的一切也必然适用于 X——反之却并不亦然。譬如，假设说空间性与长度具有相对于物质与物体性的所有本质规定而言严格的事件优先地位，那么，几何就严格地适用于一切可能存在的物体。但假如康德的取消事物本身的长度与空间性且将空间形式解释为被给定者单纯的直观形式的理论为真，上述结论——几何在物体世界毫无例外的适用性——亦能成立。在这两种情况下，所谓先天都对经验对象具有超验适用性，因而，仅从这一超验适用性出发，我们是得不到对两种假设而言都正确的标准的，这两种假设分别是：站在自发式精神的角度对形式进行综合性补充的理论，以及按照事先直观到的本质进行有序筛选的假设。

即便如此，这两种关于主观先天的理论仍有着天壤之别——区别既在于理论本身，也在于其对形而上的世界认识所产生的影响。

按照我们的假设，被给定者身上被世界持存的本质遮蔽住的东西，本身也是有形态、有形式的。从这些自在的、明确的与其各自特有内涵联结在一起的形式与形态的充盈之中，我们的精神按照一定的秩序选取了其中的若干个，而其他未被选取的便被否定与压抑了。我们的精神按照某种特定的、由认识——确切说是对本质的认识——的历史所预先规定的秩序，对世界进行分析。经验的塑像存在于世界之中，正如像柱能在大理石中被设想为已是存在的，而雕塑家只不过通过对大理石进行相应的雕琢，将像柱释放并呈现出来。但是，依据康德的理论，精神只是按照其原初特有的法则与榜样进行综合关联的一种力量，这些法则与榜样经不起推导与阐释——它们作为宿命而寓于精神之内。

（晏文玲　译）

论哲学的本质及哲学认识的道德条件[①]

对哲学本质的追问之所以困难，并非由于追问者能力不足，而是由于哲学本身的性质。究其困难程度，则是各门实证科学（positive Wissenschaften）尝试准确界定其研究对象时面临的着实也不小的困难所不可比拟的。因为，无论后者如何困难重重，譬如，要将物理学与化学严格区分开来（尤其是在物理化学这门科学建立之后），抑或要澄清心理学到底是什么，至少实证科学在事的层面上有可能且亦须在尚存疑虑的情况下追溯至哲学上业已澄清的基本概念，诸如物质、物体、能量，或是"意识""生命""灵魂"，即是说，追溯至对其最终内涵的澄清无疑要由哲学来负责的那些概念。可哲学却只能通过对自身本质的追问来构建（konstituieren）其自身，因而，只要哲学不是已经预备要追溯到那个它所追问的本质的某种形态（Abart）的特定理论内涵（Lehrgehalt），即某种特定的哲学学说（*Lehre*）或某个所谓的哲学"体系"——但这样一来，哲学又会陷入某种循环往复之中——它就无法如实证科学那般运行。因为，

[①] 本文选自《舍勒全集》第5卷，第63—99页，伯尔尼与慕尼黑1968年版。——中译注

就连"那种特定理论的内容是否也是哲学的"这个问题——而不只是"它是否为真,是否经得住批评"这类问题 ——要对它作出判断的前提也在于,我们知道哲学是什么,知道哲学的研究对象是什么。就连对哲学史的追溯,也不能解除哲学面临的任务,我称这一任务为哲学的自我构建(Selbstkonstitution)。而这种对哲学史的追溯,若不在同时也对哲学的某种已给定的本质观念进行有意识或半有意识的回溯,那么,它充其量只能呈现出被各个时代的各色学者称为"哲学"的是什么,以及这些五花八门的思想产物的共同特征又是什么。通过以往对哲学进行的历史性与系统性的认识,我们有理由期待的,无非是为哲学借助这种自我构建对其自身特殊本质所取得的自我认识给出某种明证(Bewährung)与示范(Exemplifizierung)——它须能展示出,这些虽各不相同,却同被称为"哲学"的活动,只有在其业已获得的自我认识的光照下,方才具有了统一的意义,才有了从事物与历史的角度看充满意义的发展空间(Entfaltungszusammenhang)。

我称为"哲学对其本质的自我认识"的这项任务,也可就其以下特征来理解,即就其本质意向性(Wesensintention)而言,哲学在任何情况下都应该产生毫无前设的认识——为了免于在此处提前讨论哲学上的真伪问题,我们或许该这么说:就事而论尽可能毫无前设的认识。这一切都说明,哲学既不能将历史认识——包括关于哲学史的认识在内——预先设定为真,也不能将对所谓"科学"或单门科学的任何认识预先设定为真,更不能将天然世界观(natürliche Weltanschauung)的认识方式(及其具体内容)或者启示认识预先设定为真,不管上述这些认识类型与素材从某一方面讲——该方面正是借助哲学的自我构建才取得了这些认识类型与素材——何其完美地属于其有待研究的对象领域(诸如历史认识的本质、历史哲学这门学问的本质、启示认识的本质、天然世界观的本质)。就其承载者,即相关"哲人"的意向性而言,凡做出上述前设的给定哲学,已然违背了哲学首要的本质特征,即哲学乃是最无前设的认识,至少在该本质特征并非恰恰是"哲学势必在其工作中做出某种此类前设"这一经由最无前设认识的意向性本身而获得的特殊认识结果时。这些有违哲学本质的哲学尝试甚至各有其名,在此列举如下:把某个时间节点上的历史认识预先设定为真的"传统至上论"(Traditionalismus),把某个时间节点上的科学认识预先设定为真的"科学至上论"(Scientifismus),把某个时间节点上的启示认识预先设定为真的"信仰至上论"(Fideismus),以及把某个时间节点上天然世界观的结果预先设定为真的"人之健全知性教条论"(Dogmatismus des gesunden Menschenverstandes)。而与此相对，确实毫无前设地进行自我构建从而避免了这些错误的哲学，下文我将称其为自治的哲学，即仅通过其自身、在自身及其持存(Bestande)之内探求并寻获本质与规律的哲学。

1. 哲学的自治

近年来，某种认识论上的偏见已变得颇为普遍，乃至不再被当成偏见。这种偏见认为，比起说明能够胜任某专业领域(Sachgebiet)或某项任务的人格类型(Persontypus)，或是具体地认识该人格类型，界定某专业领域或某项"任务"要简单得多——这里指的是仅对其加以确认和界定，而非处理并解决。如果我们说，艺术乃是真艺术家所创作的，宗教乃是真圣人所体验、表达、弘扬的，而哲学乃是真哲人所拥有的、他与事物之间的相关性(Bezogenheit)，他在这种相关性中观察事物，恐怕我们会遭到不少人的嘲笑。尽管如此，我仍确信，起码从启发式教育的角度来看——且不论所提问题就事而论的次第顺序——这条经由人格类型去确定专业领域的途径，比其他任何做法都能得到更为精准可信的结果。相较于要对"艺术是什么""宗教是什么"这类问题达成共识，判断某人或另一人是否是真正的艺术家或真正的圣人要更容易几分？倘若我们更容易且更确定能在后面这一点上达成共识，那么，在判断每个具体的人，如柏拉图、亚里士多德、笛卡尔等人是否是"真哲人"时，我们仍须接受并不是经验概念的某物的引领(leiten)——因为它起作用的可能跨度以及被抽象出共同特征的可能范围(Sphäre)正是我们在此所寻找的。该引领者肯定不是就某个争议更大、更不确定的专业领域随意得出的某种概念，而此专业领域同样应从其真正管理者这一人格类型出发去寻找。然而，除了某种对我们的判断式与概念式的意识来说隐而不现、同时又是全人类所共有的、对待事物的基本精神态度这样一种观念以外，这一引领者不可能是别的什么。此精神态度以人格(Personalität)这种存在形式(Seinsform)浮现在我们的精神之眼之前，我们无须窥见它的具体内容，便可从它的某个对象的角度察觉到它实现与否。

当然，我们也立刻认识到，以下这种思维模式在运用中会受到某些限制：先不从某一专业领域或某种所谓的"任务"自身当中去发现其天性(Natur)，反倒通过就上述人格基本态度之特征得出的预先决定来确定，也即是，打个比方说，不从哲人的作品之中(aus)发现，而是就(an)其作品来确定。譬如，我们完全不可能以这种方式来确定物理学或动物学的研究领域。只有针对那些全然自治、既不通过经验上可以区分开来的对象组，也不通过人的某种在采取此态度及源于此态度的行动之前就存在并且要求获得满足与实现的需求来定义的存在与价值区域(Seins- und Wertregionen)，该思维模式才是可行、有意义且从启发式教育角度讲不可或缺的。而这些存在与价值区域又各自分别自成一国。

因此，上文所证之可能性，即借由揭示那种使某些人把我们称作哲人的"观念"来确定哲学的专业领域，一定会是反过来对哲学自治的巩固。不妨让我们就此澄清一种与当今某些不良的思维定式相近的误解。这种误解存在于以下预判观点之中——倘若上述思维模式是可能且必要的——即哲学根本不可能具有自己的专业领域或特定的对象世界，哲学只可能是对一切或然对象的某种特定的认识类型。而所谓一切或然对象，只不过是从另一种选定的主观视角出发去认识的、与诸科学所要认识的对象一致的那些对象。这就好像现在某些研究者所认为的(在我看来是错误的)那样，心理学的统一在他们看来并不是由某个它自己的事实世界(Tatsachenwelt)，而是由对一切可能事实的"观察视角"的统一所决定的(参考冯特的观点)。的确！有可能是这样，这种可能性或许会变成现实——但这绝不意味着势必只能这样。但总之，本文选取的探讨哲学本质的出发点并未对此做任何预判。因为，还有可能出现如下情形，即引导我们对"哲人是什么"这一问题做出回答的精神态度在理想类型下的统一，尽管决定了进入某个特定的对象与事实世界(Gegenstands- und Tatsachenwelt)时就本质而言必要的主观入径(Zugang)，却也只能决定进入这个世界的门道(Zugang und Weg)。换言之，这样的一个事实世界只可能以此一种，而非其他精神态度展现在从事认识行为的人面前。虽然我们只有先界定该精神态度，才能试着由此而启发式地获取关于这个世界之本质及统一的认识，可这个世界仍旧不以这种态度为转移而独立存在，就好比我们用肉眼无法识别的星辰不依赖于望远镜而独立存在一般。

从先验的角度看，只有一点是毋庸置疑的，即成为哲学特有"对象"的，不可能是可从经验上准确界定、可由种属及最近的类别(per species et genus proximum)所定义的对象群类，而只可能是由如下对象组成的整个世界：我们有可能对这些对象进行的考察(Einschau)是与上述精神态度以及寓于其中的认识行为的类别从本质上联系在一起的。

那么,这个"世界"的本质是什么?与其相符的认识行为类别又有哪些?为了回答这些问题,接下来需要对我们在说"某人是哲人"这句话时隐约体会到的那种从事哲学的精神—态度加以分析。

2. 从事哲学的精神态度(或曰哲人的观念)

古代大哲们并不像前文所抨击的那般教条主义,要么将哲学定义为对任何一个社会组织预先给定的需求的一种满足,要么将其定义为易于向所有人揭示的、在天然世界观意义上的一种假定为既有的专业领域。与现代人相反,古代大哲们在存在的某个特定王国之中发现了哲学的对象,他们没有像基本上是以"认识论"为导向的近代哲学那样,到对存在的认识里发现哲学的对象。即便如此,他们仍知道,精神与该存在王国(Seinsreiche)可能发生的接触是同整个人格的某种行为(Aktus)联系在一起的,而这一行为并不存在于人天然的世界观设定之内。对先哲们而言,这一行为——在此要对它进行更细致的研究——首先是一种道德的,但并未因此而成为一种单方面以意志为转移(willensmäßig)的行为。在他们看来,进行这一行为,并非意欲达成某种事先设定的、有具体内容的目标,甚或实现某种所谓的"用途",而是要通过它,暂时排除某种从本质上讲存在于一切天然世界观的立场(Stand)之中、阻碍着精神与作为哲学之存在的本原存在的王国(Reiche des eigentlichen Seins als Seins der Philosophie)发生可能接触的障碍:通过该行为,上述状态所独具的决定性界限得以打破,遮蔽住那种本原存在、蒙在精神之眼上的面纱也得以揭开。

每每引导弟子进入哲学的本质,柏拉图都会孜孜不倦地用各种方法向弟子们反复讲解这一行为的本质。他形象而又深刻地将其称作"灵魂羽翼的运动"。在别的地方,他也将其称作"人格之全体与核心朝向本质的跃起行为"——这里说的"本质",指的并不是经验对象以外的某种特殊对象,而是指寓于一切可能的特殊事物之中的本质。他将人格核心中的势(Dynamis)、拉簧、人格之中实现朝向本质世界一跃(Aufschwung)的东西刻画为他称之"爱若斯"(Eros)者的至高至纯的形式,亦即那种后来被他——当然,在这里我们已经把柏拉图哲学的结论作为前提了——更确切地规定为寓于一切不完满存在之内、朝向完满存在的趋势或运动,或是从非在向本原存在的趋势或运动。而"哲学"作为对本质的爱慕——只要被爱若斯的这一朝向完满存在的运动所托举向上的 X 不是任意某种存在者(Seiendes),而是人的灵魂这种特殊情形——单从名称上说,哲学直至今日都还带有柏拉图的这一基本规定所赋予的稳固并且不可磨灭的印记。如果说，把爱的至高形式进一步确定为从非在向存在的趋势的这种规定已然附着在柏拉图学说的特定内容上，使得我们在此不宜以这种规定作为基础，那么，这种构建哲人的行为所具有的、把哲人刻画为与身体以及身体和官能之中一切生命的纯粹斗争、争论和矛盾的柏拉图式特征就更不宜作为基础了。这么做的最终后果是，不去精神在一切事物之"本质"（Wesenhaften）中的永恒生命里，而是到其永恒的泯灭里发现这一行为的目标，即灵魂的立场（Stand der Seele），而只有灵魂首先立足，哲学的对象才会展现在精神之眼之前。因为，后续的这些规定已经把理性主义的柏拉图理论以及柏拉图的如下（目前在我们看来是错误的）见解作为前提。首先，一切直观的，即并非借由概念去把握的认识，一定源于官能以及人所独有的主体性官能组织（一切质性的主体性）。其次，需要在"分享本质"的过程中克服的，不仅是我们身体天性的上述倾向，更是具有该基本性质（Grund-artung）的这种天性本身。这就意味着，当柏拉图把哲人的生活称作"永恒的消亡"时，他的前设是由他认识论上的理性主义衍生而来的苦修主义。确实，对柏拉图而言，这样的苦修是让哲人得以支配认识的态度（erkenntnisdisponierende Haltung）与生活方式。没有苦修，便不可能获得哲学认识。

　　既然我们在这里探讨的是哲学的本质，而不是柏拉图学说的特殊内涵，那么，我们只需抓住柏拉图为后世打开通往哲学大门时的两点基本规定。一、哪怕是为了把哲学的对象带到精神之眼之前，也需要人格核心的某种不寓于天然世界观以及一切基于此的对知识的向往之内的整体行为（Gesamtakt）。二、该整体行为奠基于某种具有特定属性的爱所进行的本质行为。

　　在我们接下来将要独立刻画上述整体行为的特征之前，我们可以暂时这样定义在形式上为一切哲学行为奠基的精神态度的本质：它是有限人格的核心对一切可能之物的本质进行分享、由爱所定义的行为。"哲人"这一本质类型所指的，就是一个对世界持有上述态度的人，而且只要此人持有这种态度，他便是"哲人"。

　　那么，普遍的哲学精神态度是否由此得到了充分的定义呢？我会回答说：还没有。因为这里还少了对哲学与哲人而言不可或缺的一点，即哲学乃是认识，哲人乃是认识者。至于这一基本事实究竟是否装点了哲人，是否赋予了哲人及其事业在对人类而言可能的存在之中的至高本质位阶（Wesens-Rang），抑或仅为他和他的事业给予任意某层级(Stufe)上某个无足轻重的位阶，诸如此类的问题都是次要的。关键的一点在于，哲学乃是认识。倘若某有限人格的存在核心对本质的分享并非"认识"，或者这种分享超出了对存在者的认识这一范围，那么，可以得出的结论并不是说哲人并非认识者，而是，哲学根本就不是人对本质所能进行的最直接的分享。就此方法论意义而言，每种可能的哲学都是"智识式的"(intellektualistisch)，不管它在内容上的结果会是如何。至于是否恰巧是哲学，即从人的主体中产生的自发性的认识，从本质上说有可能进行这种最亲密的终极"分享"，这一点肯定仅视事件本质(Sachwesenheiten)的内涵、秩序以及这里暂且被我们称作一切本质之原的原本质(Urwesen)的内涵而定。因为，对原本质进行分享的基本形式当然应该取决于原本质的内涵。就好比对一位俄耳浦斯教徒而言，他在超拔的灵魂立场上"被赋予的"，只不过是某种混乱无序、富于创造性的无所不渴望(Alldrängen)。故而他自然会否认作为阿波罗之艺的哲学能够进行这种分享。对俄耳浦斯教徒而言，对原本质进行终极分享的方法并非认识，而是狄俄尼索斯之陶醉。假如说原内涵(Urgehalt)是一种无所不—渴望，是一种像费希特所讲授的永恒应然，是基督宗教，特别是福音书作者约翰所理解的无所不—爱(All-liebe)，或是如柏格森所说的"生命冲动"(élan vital)意义上的无所不—生(All-leben)，那么，就只有随之—渴望(Mit-drängen)、随之—应然(Mit-Sollen)、原初的随无所不爱—道去—爱(Mit-lieben)、移情共感式(ein- und mitfühlend)的与之共—生(Mit-leben)，或是人朝向作为这种"生命"过渡形态的事物活出这种无所不生，以上这些，才是进行最无间(unmittelbarste)分享的适宜方案。如果说，古印度所理解的原本质是无所不梦的梵(Brahman)，那么，我们的与之共—梦(Mit-träumen)就将是最深刻的终极分享；而如果它是佛陀所说的非本质(Unwesen)或空无(Nichts)，那么，就只有在绝对的寂灭中将自身存在消解，即"进入涅槃境界"(Eingehen in Nirwana)，才可谓终极分享。但就算是上述情形中的某一种或与之类似的某种情形出现，也绝不意味着哲学会是认识——即叫作认识的那种对本质进行分享的特殊性质——以外的其他什么。作为(qua)哲人之哲人——倘若他真的得到以上结果中的某一个——其路行将至尽，回头看去，本质仿佛仍在河的另一岸，直到此刻，哲人不必再继续当哲人，但他仍无法给哲学规定认识以外的其他任务。而只有在对本质进行了非认识式的分享之后，当哲人回望并反思他达成这一分享的来时路时，他才有可能通过对内心技艺进行说明而将这条路刻画成"分享"。谁若想摆脱哲学的这种形式上的"智识主义"(Intellektualismus)，谁就根本不知道自己想干什么。我们只能对这样的人说他入错了行，他无权给哲学和哲人改头换面。

否认哲学在形式上的"智识主义"是荒谬的。反之，想要从这种形式上的"智识主义"得出有关哲人起初尝试分享的本质(Wesenhaften)在质料上的内涵的任何推论，亦是荒谬的做法。因为哲人确实是通过认识（或者说在可能通过认识的限度之内）才与对本质的分享绑定起来，并且同样确切的是，原本质先天(a priori)并无义务确保作为认识者的认识者能够对其进行终极的分享。而这又是因为，认识对原本质进行分享的方式，归根结底依据的是原本质的本质内涵——而非该内涵所具有的本质性(Wesenhaftigkeit)。有人从哲学在方法上的智识主义出发，得出结论，认为哲学的对象乃是世界上的可认识者或对世界可能的"认识"。这种在今天大受欢迎的结论是极其荒谬的。还有一种相当谬误的观点认为，上述命题能得到逻辑上和理论上的某种支持，即哲学起初所关切的就不是物的本质，而是作为认识的对物的认识，除认识以外的其他任何可能对物的所作所为，都仅仅只是与哲人"毫不相干"的"残留"(Rest)。哲学（从道德上战胜了天然的认识障碍之后）在方法上所严格遵循的智识主义路径，能够通向本质的某种质料(Material)，这种作为哲人最终行为的质料从其天性出发，要求哲学之作为哲学进行自主且"自愿"的自我设限(Selbstbegrenzung)；并且，原本质的内涵最终能够使另一种与之更为相符的分享形式成为必要的哲学认识态度。然而现在有一种假象，让人以为上述这种可能性先天就已被排除了。造成这种假象的，并非某种逻辑上的原因，而是某种道德上的原因，即进行哲学活动的学者在道德上的傲慢这一宗罪。很有可能，哲人恰恰在承担着最严格后果(Konsequenz)进行哲学活动时，必须自愿且自主地让自己从属于对本质进行分享的另一种更高的形式。很有可能，哲人把作为哲人的自己，以及进行哲学活动的知性，自愿献祭给原本质的内涵本身所要求的非哲学的分享方式。但就算这甚至是哲人——在其哲学得出上述结论的情况下——坚持这一认识原则势必承担的终极后果，即让哲人自己及他所持方法的原则从属于被他自己认识的本质所具有的事件内涵(Sachgehalt)，或者为了仅适用于该内涵的分享形式而自愿牺牲掉方法上的原则，哲人也远不可能就此便突然放弃并离开他在方法上所持的自治的认识原则，更不用说向外在于哲学的什么东西投降了。反过来，有些人从一开始就决定无论如何也不去做这种牺牲的行为，全然不顾一切事物的本质和原本质的具体内涵，而仅"愿"自己所愿"得以实行"(fiat)①。于是，这些人便需要承担认为哲学处于他治(Heteronomie)之下的指责，承受认为哲学缺乏"无前设性"的偏见。因为，这些人已经相当随意地前设了原本质具有那样一种内涵，先入为主地认为原本质能够因其可能作为对象—存在（区别于它可能作为行为存在）而被引至完全的分享(Teil-nehmung)。但我们必须极其严格地区分对象（以及非对象）的存在与存在作为对象之存在，后者的可能性边界也先天是认识的可能性边界。存在是可以比能够作为对象的存在广泛得多的。只有当本质——尤其是原本质——的存在按照其内涵能够作为对象时，认识才会是对本质进行可能分享的恰当形式。也只有在这种情况下，哲学才不必如上文所述那般自我设限。然而，认为这一点必是先天的(a priori)则纯属偏见，这种观点恰恰才是一种无逻辑的"前设"。任何一门做出此种前设的哲学，我们都必须无情地剥夺它顶着的那个"真正自治性与无前设性"的头衔。

在此我们要举一个例子，它对于我们的意义则不止单纯的例子这么简单。柏拉图和亚里士多德，这两位"欧洲哲学之父"在哲学观念上最初的出发点乃是认为哲学的目的在于人对本质进行分享。两位先哲的哲学结论都把原本质确定为一种或然的作为对象之一存在(Gegenstand-sein)，故而，原本质也是认识的一种或然关联(Korre-lat)。因此，他们必然也看到了，对人来说，在认识（或是某种特定的认识）当中对本质进行最终分享这一点是可以达成的。具体而言，它可以通过精神的自发式行为来达成。于是，这两位"欧洲哲学之父"进一步所能做的，无外乎是在"爱知者"(Philosophos)，也即"智者"身上窥见人之存在至高且至臻的形式。正因如此，直至哲学生涯的最后，他们都没有理由做出对哲学本身进行限制的行为。甚至他们的上帝观念(Gottesidee)也都必须在无穷智者或是"关于知识的无限知识"（亚里士多德语）这种观念中展开。

而基督教时代伊始，原本质的内涵遂被视作并被体验为创造式的慈悲之爱的一种无尽的行为——且不论这么看是否有道理。自从那时起，恰恰是出于两位先哲的哲学原则，并借助了该原则产生的后果，情况变得完全不一样了。因为，在同样的前设下：一、哲学

---

① 拉丁语单词 fiat 在这里表达的是"愿……得以实行"之意。——译注

从目的上讲是一种对原本质之存在进行的分享。二、哲学从本质上讲是认识——并且，在得出这种质料结果时，哲学，也就是从特性上讲作为认识的哲学，无法再由事(Sache)的天性出发达成其自主设定的目标。因为，人对并非作为对象存在(Gegenstandsein)，而是作为行为存在(Aktussein)的某个存在的分享首先只能够是随着该行为一同进行(Mitvollzug)，单单由于这个原因，这种分享也不可能是对对象的认识。其次，哲学若还想实现，或者甚至还想在面对原本质时首先开展它通过认识进行分享的本质形式(Wesensart)，那么，这种分享就势必要通过将人的人格行为中心——此处的条件是此中心首先是爱的中心而非认识中心——置于本质性的原存在之中来完善自己。而这种置于其中(Hineinstellen)的做法仿佛是爱的一种无尽的行为，也就是随着原存在(Ursein)一道去—爱(Mit-lieben)。在对原本质的内涵(爱)和存在方式(行为)做出上述前设的条件下，严循逻辑的结果将会是，哲学借助其自身的原则，自愿且自主地对自己设限，并在必要时将自己和自己的认识源泉，即理性，自愿且自主地祭献给对原本质进行分享的另一种本质形式。这意味着，哲学须自愿且自主地承认自己乃是"信仰的侍女(ancilla)"①，并且这里所说的信仰，并非作为主观行为的信仰，而是作为客观内涵的信仰。这是因为，对基督之言的信仰必须被视作对我们在其中同这种新内涵的原本质进行最后且最相称的合一及分享的那个人格的话语的信仰，必须被视作比通过认识进行分享更直接、也更适合该原本质的内涵与存在形式的信仰。哲学——前提是哲人承认基督教的这种对原本质的规定为真——只能将自己视作通往一种截然不同的分享的暂行道路，并且，倘若费希特关于无限应然的学说或柏格森关于生命冲动(élan vital)的学说是真的，那么，哲学在方法上也并无其他途径可循。从而，爱知者或智者的位阶须退居圣者之后，位列次席，哲人应自觉地从属于圣人。这就好比在康德②谓之实践理性的至上地位的前设下，哲人应依从实践智者的道德榜样，或是在费希特的前设下，哲人要顺从道德实践的宗教改革者，抑或在柏格森的前设下，哲人须从属于对普遍的生命步伐进行移情共感的观者，甘愿充当他的侍从。他甚至还须重视寓于这些类型之中、他自己在进行哲学思

---

① 并不必是"神学的侍女"。因为，神学家之于圣人就好比研究哲学这门学问的人(哲学学者)之于哲人。
② 因此，从逻辑上讲，康德必须区分两种哲学概念，一种是其"世间概念(Weltbegriff)"，另一种是其"经院概念(Schulbegriff)"。

考时所使用的一切质料数据的无上源泉，这些数据"被给予"他的"认识"，就好像对偶然存在进行感知的被给定者(das Gegebene)是在天然的世界观中"被给予"思考的。很明显，即使在基督教时期的新立场上，哲学(在我们所举的例子中)依旧保持了它在柏拉图和亚里士多德那里业已具有的古老身份，即并非作为"一门科学"，而是作为统辖诸科学的自治女王。不过，除了"统辖诸科学的女王"(regina scientiarum)这一古老身份，哲学还——在对原本质新的本质规定为真的前设下——获得了一种无疑远超上面那种王权的更为尊贵的新身份，即信仰的"侍从"，也就是依照圣经上"(自愿)神贫的人有福了"(μακάριοι οἱ πτωχοὶ τῷ πνεύματι)这句经文而自愿担当信仰的侍女和(事件意义上的)前阶(praeambula fidei)。此处，哲学的这一自愿且从事的层面看必要的自我设限的做法，只是对哲学的真正自治最后且登峰造极的实现而已，这既与引入从外部对哲学加以限定的他治原则正好相反，也与依据认识的或然对象对哲学进行的限定相反(例如，从康德的意义上把哲学限定在其物自体的那一面[Dingansichseite]，以区别于其显了面[Erscheinungsseite]，甚或从不可知论意义上对哲学加以限定)。与此相对，在整个欧洲基督教哲学时期，对象面(Gegenstandsseite)的哲学可以说是完全不受限的，它对自身提出的要求是，成为形而上学，从最终原因与最深根源上认识一切存在者。

当然，现在我们知道，所谓的"近代哲学"迄今为止的内在自我发展(这一发展过程自然经历了大大小小的多个阶段)最终导致了几乎与先前的哲学观念提出的双重要求所表达的完全相反的一种状态。在早先的观念看来，哲学同时既甘愿担当信仰的侍女(这是哲学的首要身份)，又贵为统辖诸科学的女王(这是哲学的次要身份)。而到后来，它从信仰"自愿的侍女"变成了信仰的篡位者，同时又充当起了服侍诸科学的侍女(ancilla scientiarum)。后面的这重身份则是从不同意义上讲的：人们给哲学设定了任务，它要么必须对诸门单一科学所获结果进行"综合"，使其成为一种无异议的所谓"世界观"(实证主义)，要么就得去担任管理诸科学的警察一职，替它们效劳，帮助诸科学精确地规定它们进行研究的前设与方法(批判哲学或所谓"科学式"哲学)。

从事的原因看，显而易见，哲学与信仰以及与诸科学之间的这种新型关系彻头彻尾、影响深远地颠倒了它们之间本真的关系，论其颠覆程度，乃居欧洲精神发展史之最。但就算是这种程度的颠倒，也只不过是塑造了市民资本主义时代灵魂的那种更广泛的、对一切价值秩序的内在颠覆现象以及精神与心灵的失序(Désordre)现象的一个特例而已。摆在我们面前的,实际上是知识分子界的奴隶起义,它同各领域内低贱反抗高尚的起义一道,诸如伦理道德领域(单打独斗的个体主义起而反抗凝聚原则,用途价值僭越生命价值及精神价值,生命及精神价值对抗拯救价值)、制度领域(先是政教对立,再是民族与政权对立,更有甚者,经济组织对抗政权和民族国家)、社会等级领域(阶级挑战等级)、历史观领域(技术至上主义与经济学的历史观)和艺术领域(目的思想反对形式思想的运动,作为手艺的艺术与高雅艺术对立,导演主导的戏剧与诗人主导的戏剧之间的对立),构成了前文述及的价值整体颠覆所表现出来的、彼此密切相关的征候。

哲学先是成了与信仰为敌,甚至篡夺信仰地位的"世界智慧"(文艺复兴时期),后又一会儿沦为这门单一科学毫无尊严的奴婢,一会儿沦为那门单一科学(几何学、机械学、心理学等)的妓女。对这两种进程的同时性,我们不应感到惊奇。二者从本质上讲是一体两面的。它们的开展,只不过极为严格地遵循了下面的原则:作为自治权与权能(Macht)的理性,应自上而下地,也就是既在一切由本能驱动的生命(Triebleben)面前,又在其法则在诸现象系列的官能多样性内得到的一切"运用"之中,拥有永恒的权利;同时,理性又应自愿而谦恭,并且自治地服从神的启示秩序。由于理性本身以这种方式存在,所以,理性以多大的力度自上而下地否认它那在于物的本质之中、拥有完全自治权利的条件,即理性那鲜活的、奠基于谦恭与做出自愿牺牲的能力这两种德性之上、与作为原光(Urlichte)本身的神之间的关联,也就必会在多大程度上自上而下被他治地(heteronom nach unten)规定。只有以信仰"自愿的侍女"之身,哲学才能保持它贵为诸科学女王的尊严,而它倘若胆敢自封为信仰的女主人,就势必会沦为诸科学的奴婢和妓女。

我使用了"哲学"和"诸科学"这两个意指相异的术语,这样就能严格避免让贵为诸科学女王的哲学臣服于诸科学的麾下,或成为"某一门科学",又或是沦为所谓"科学式哲学"。既如此,我干脆趁现在对本文的术语使用做一番澄清。尤其需要澄清的是本文区别于胡塞尔的术语使用,因为毕竟胡塞尔在事的层面关于哲学的观念与本文所阐发的最为接近,但胡塞尔又明确地把哲学称为"科学"。

我和胡塞尔在这里的区别并不在于事的层面,而在于——至少在关系到事的核心时——术语层面。胡塞尔对事的层面明见的本质认识和实在认识(Realerkenntnis)进行了区分—我在下文基本上也做了同样的区分。实在认识就本质而言还停留在可能性领域。而哲学，论其基本科目，乃是明见的本质认识。此外，胡塞尔还将哲学与着眼于被他称作"观念对象"(ideale Gegenstände)的演绎式科学(逻辑学、多样性理论以及纯数学)区分开来。他做此区分，既给予行为现象学(Aktphänomenologie)，又给予了心理现象学以高于事件现象学及着眼于其他质料存在区域的现象学——如自然客体现象学——的优先地位(Vorzug)，只不过这种优先地位是没有根据的。但因为胡塞尔不仅要求哲学应当做到"严格"(这一点我完全赞同)，还为哲学授予了"科学"这一头衔，所以，他不得不在原则上相异的含义上使用"科学"这个名称：一方面，它指的是作为明见的本质认识的哲学；另一方面，它又指研究观念对象的实证式形式科学(Formalwissenschaften)和所有归纳式经验科学。可是，既然我们已把"哲学"这一古老而尊贵的称号留给了前者，实在看不出我们有什么理由要毫无必要地一名二用。有人会担心，哲学若不被纳入"科学"的概念，则势必会被纳入其他某种类似的总概念之中，如艺术等概念。这样的担忧毫无意义，因为并不是所有事物都必须"被归类"，某些事物作为自治的专业活动领域(Sach- und Tätigkeitsgebiete)，亦有权拒绝这种归类。此类事物首先就包括哲学。哲学确实不是哲学之外的什么东西，它有着自己关于"严格"的观念，即哲学上的严格，因而并不需要将科学上的严格(在测量与计算中叫作"精确")视为浮现在自己眼前的理想型(Ideale)。不过，这件事也有其历史渊源。我想，胡塞尔给哲学套用的是古希腊的"科学"概念，其所涵盖的意义范围大约和柏拉图的(真知)概念相仿。按照柏拉图的理解，真知是与 dóxa (意见，即各种式样的可能性认识)相对的。倘真如此，则哲学就不仅仅是"一门"严格的科学，甚至乃是唯一一门真正的科学，其他一切从根本上说都谈不上是严格意义上的科学。但现在，我们必须看到，实际的术语使用不光随时间的流逝而改变，甚至还因为文化史上最深层的原因，被完全颠倒。从前被柏拉图称为意见域的，除去诸形式科学是例外，都在过去几百年间成了几乎所有民族谓之"科学"与"诸科学"的事物的化身。至少我还从没在实际交往中或书本里见识过哪个人，在听到"科学"这个词时的第一反应不是所谓的实证科学，而把它理解为柏拉图意义上的真知或胡塞尔意义上不包含任何演绎式数学的、作为"严格科学"的哲学。那么现在，把这种几百年来约定俗成的术语再颠倒回去，重新启用古希腊的术语，这样做是否有效，历史地看又是否合理呢？对此我持否定态度。倘若我们不想让这种可怕的模棱两可获得永久的有效性，那么我们甚至必须剥夺一切归纳式经验科学自称为科学的权利，但胡塞尔肯定不愿这样做。

我和胡塞尔在术语使用上的分歧不光局限于"哲学"和"科学"这两个词。我们在"世界观"和"世界观哲学"这两个术语的使用上分歧更大。"世界观"这一形象的表达法是由杰出的思想史学者威廉·冯·洪堡引入我们的语言的，它的意思首先是（通过反思不一定必然被意识到且被认识到的）实际存在着的各种"观看世界"的形式，以及社会整体（族群、民族、文化圈）对观点与价值事件（Anschauung und Wertgegebenheiten）进行整理排序的形式。在语文句法、宗教、伦理等中间，我们都能发现这些"世界观"，并对其进行研究。被我称为族群所具有的"天然的形而上学"的，也属"世界观"一词所涵盖的意义范围。依照我的理解，"世界观哲学"这一表达法的意思差不多是关于"人"（homo）这个种属的既"天然"又不断变化着的"世界观"的哲学。它是一个非常重要的科目，近来狄尔泰为了给精神科学作哲学上的奠基，正大力倡导世界观哲学，效果显著。相反，胡塞尔称为世界观哲学的，则恰恰是被我更富历史合理性地称作"科学式哲学"的，即植根于实证主义的精神土壤之中、从"科学得出的各种结论"出发、建立一种"煞尾的"（abschließende）形而上学或所谓"世界观"的尝试，抑或是让哲学并入科学理论——也即关于科学原则与方法的理论——的尝试。对试图从某门单一科学或所有单一科学的诸种基本概念（"能量""感受""意志"）中制造形而上学的做法，胡塞尔言辞犀利地进行了抨击，并举奥斯特瓦尔德、维尔沃恩、海克尔、马赫等人的做法为例，展示了他们是如何任选一处，肆意地挡住了一切对物的科学式感知、观察、研究那从本质上讲无尽向前的步伐。以上这些完全是我的一己之见。其实，"科学式哲学"是个四不像（Unding），因为实证科学仍须自己去设定它的前设，自己去承担这种前设所带来的一切可能后果，自己去疏通矛盾，而若实证科学想要干涉哲学，哲学就完全有理由同它保持距离。只有诸科学的整体，连同它们的各种前设一道，例如数学以及数学家自己获取的用以支撑数学的公理，才又成了现象学所关注的问题。现象学对这个整体进行还原，也是给它加上引号，并对它直观的本质基础加以研究。由意欲扮演哲人的治专门科学者——而一切单一科学皆为专门科学——想象出来的怪物,即所谓的"科学式哲学",胡塞尔冠之以"世界观哲学"之名。他的这种做法在我看来并不正确。这乃是因为,世界观自然而然地产生并壮大,并非由学者在脑中所设想。即便是哲学,恰如胡塞尔所强调的那样,也不可能是世界观,它顶多只可能是关于世界观的学说(Weltanschauungslehre)。有人也许会认为,世界观学说虽是一项重要任务,但面临这项任务的并不是哲学,而是历史人文科学与系统人文科学。此观点虽适用于有关诸具体世界观的学说,如印度世界观、基督教世界观等,可还有一种关于"天然世界观"的哲学,且除此之外,尚有一种关于质料上"可能的"世界观的哲学,而后者正是人文科学中实证式世界观学说问题的历史基础。从理论上讲,借助于一门纯粹的、在观念上已被圆满设想出来的哲学现象学,上述这种世界观学说也将可测量诸世界观的认识值,它还将能够展示,与"科学式哲学"的那种记者式的每日产出不同的是,各族群和各时代实际(faktisch)具有的诸科学层级与类别的结构——就连在西欧语境下一门"科学"存在与否这个问题——皆由实际存在着的诸世界观的结构所建基(fundieren)与限定(bedingen)。据此,每当科学的结构发生变化前,世界观的结构都必会有所变动。在这里,我和胡塞尔的观点也许在事的层面上发生了深刻的分歧。具体而言,胡塞尔比我更倾向于承认,实证科学对于有着与其发展步调截然不同的时间维度、极缓慢又笨重地变迁着的世界观的依赖性实际上远没有那么大。而在我看来,科学的结构及其基本概念、原理所实际构成的体系,在历史上皆是与世界观一前一后相伴而行的,科学在原则上无限的发展可能性仅存在于某一世界观——如欧洲世界观——的每种给定结构之内。

我认为,那种叫作"哲学"的特定类型的认识,其必要的前提条件从本质上讲是一种道德上的态度。此论断可能会让某些人联想到尤其是自康德和费希特开始那种颇受欢迎的理论,我指的是(首先被康德)称为"实践理性高于理论理性"的理论。实际上,是文德尔班在他关于柏拉图的名作中,将苏格拉底的改革以及柏拉图对苏格拉底的承续同康德的上述理论关联到一起的。而这种关联完全是莫须有的。不仅如此,承认这种关联简直是对苏格拉底与柏拉图实际所持,并且也被我们现在(在基本思想上)视为真的观点的一种极端误解。这两位伟大的"欧洲古典哲学之父",不仅不知道有所谓"实践理性高于理论理性"这类理论,更何况,相对于实践生活($\pi\rho\alpha\tau\tau\epsilon\iota\nu$),他们给予了理论生活以无条件的价值优先地位(Wertvorzug),这一点一清二楚。而任何接受了康德以降实践理性地位至上理论的观念形式，都势必否认理论生活的这一价值优先地位。上述这两种观点间的真正关系是这样的：古典理论下，某种特定的道德精神态度（即整个人朝向本质的那一跃）仅仅是获得哲学认识的前提条件，也就是说，它是迈入与哲学相关的事件王国的条件，或者至少是挺进到该王国国界的条件，而克服所有只从实践出发对待此在的态度，恰恰是这种道德上的精神态度的——其中一种——任务和目标。相反，康德则认为，理论哲学完全无须哲人满足任何道德上的特殊前提条件，即便是在哲学已至臻完善的这种虚拟情况下，让我们得以对那种"形而上"秩序进行分享的，也只不过是对应然与义务的体验，依康德之见，理论理性只不过是受到了谬论的左右，徒劳地试图迈入形而上的秩序，而费希特（以及当前受其影响的李凯尔特学派）则把物的存在与单纯通过判断行为要求对物加以承认（即理想状态下的应然〈Gesolltsein〉）等同起来，亦即是说，让从义务上对所谓真理值的承认为物的存在奠基，甚至干脆让物的存在化为对这种承认的"要求"，从而使理论理性恰恰成了实践理性的一种形制（Formation）。于是，在柏拉图那里为了实现哲学对存在的理论认识这一目标仅仅只是主观上的（尽管也是必要的）前提，到了上述思想家那里，就变成了道德在客观秩序本身中的至上地位了——几乎与之完全相反，哪怕是在善当中，古代先哲们也只发现了本原存在（ὄντως ὄν）的一种至高的存在境地（Seinsgrad）。因此，正是实践理性地位至上理论，最为彻底地颠覆并排斥了如下古典思想，即获得对某些存在着的对象的纯认识的前提恰恰是某种道德上恒定的生活方式，而形而上的欺罔正好又与"天然的"（natürlich）、主要以"实践方式"对待世界的态度相关涉。

　　本文所持观点，并不与上述两种思想域中的任意一种完全吻合，尽管与现代思想相比，它同古典思想要贴近许多。很清楚的是，在所有关于价值洞见（Werteinsicht）与价值认识的特殊问题（与先哲们不同，我无法将这些问题简单地视作存在—认识的功能，就像我无法将实证价值本身看作某种更高的存在境地）当中，在价值洞见之前先行的志与行（Wollen und Handeln）乃是一切价值欺罔（Werttäuschungen）或曰价值盲目性的主要动机。正因如此，人如果想要达到价值—洞见（以及奠基于此的可能发生的意与行），就必须首先由权威和教育对人应当如何意愿、如何行事做出规定，以消除其价值洞见的欺罔动机。在一个人有能力将善洞见（einzusehen）为善，并怀此洞见（einsichtig）意欲善且实现善之前，他必须首先学会或多或少地以盲目的方式在客观上做到愿良行正。一方面，一种完全的善举不仅包含了所愿之事在客观上的善质（die Güte），也包含了对其被客观建立、在任何情况下都作为"至善"的价值上位（Wertvorrang）明见式的觉悟。在此前提下，苏格拉底的以下说法是正确的，即清楚认识善（das Gute）的人，也意愿善，并且行善（以我在别处①给出的善的诸种变形）。另一方面，获得达到这种洞见的主观能力仍旧分毫不差地同消除其欺罔动机——它首先是存在于囿于习惯的客观上的恶意与恶行之中的生活方式——联系在一起。总有一些不知怎么就先形成了的错误的实际生活方式会将我们的价值意识与价值位阶意识拉低到与这类生活方式相同的水平上，首先便使我们落入价值盲目性或价值欺罔之中。当然，仅认可上述内容还不足以使人接受以下这一点，即对存在的理论认识——区别于一切以情感行为（感受到什么、偏好、爱）进行的价值把握（Werterfassung）——也必须满足某种类似的"实践道德条件"。要接受这一点，我们还须对上述内容稍作补充，补论价值认识与存在认识之间总的本质关系。

　　我认为，不管是高等的"精神"行为，还是我们的精神为这些高等行为提供素材的低等"功能"，它们的本质构造（Wesensaufbau）都有着严格的规律。在客观领域总体而言可能具有的给定事实的秩序之中，隶属这一秩序的价值质性与价值单位已预先被给予存在中的价值无涉（wertfrei）层所辖的一切。这样一来，就根本不可能有什么完全价值无涉的存在者会"起源性地成为"被我们所感知、回忆、期待、思考和判断的对象，而同时其价值品质或与其他对象的价值关系（平等、相异等）不是已经以什么方式预先给予我们了（这里所说的"预先"并不必然包含时间先后与长短的意思，它只含有给定事实或时间长度的后果秩序的含义）。一切价值无涉或价值中性的存在，其之所以如此存在，总是建立在或多或少人为（künstlich）的抽象的基础之上。经由这种抽象，我们便不再考虑（absehen）该存在不仅总是被一同给予，而且也始终被预先给予的价值。这是一种"学者"容易习以为常的抽象方法，它甚至会变成学者的"第二天性"，从而让他反过来倾向于认为，比起事件所具有的价值质性，物（自然与灵魂）的那种价值无涉的存在不但起源性地存在着（seiend），而且还起源性地被给予（gegeben）。学者习惯本着他的这种错误前设，顺着任意某

---

① 参见拙著《伦理学中的形式主义与质料的价值伦理学》，第一部分。

些"尺度""规范"等四顾张望，而经过这些"尺度"与"规范"的衡量，他本以为价值无涉的存在又获得了价值差异。由于这一原因，自然人极难进行"心理学的"思考，意即价值无涉地进行思考。单单是某个物种所拥有的外在官能样式与官能质性的圈层——"比较"官能理论可对此进行详解——就已总是有赖于对以下问题的回答，即在可能的质性之中，到底哪一部分能够获得区分生命攸关的（对有关组织形态而言生命攸关的）事物与事件经过单元（Vorgangseinheiten）的符号功能（Zeichenfunktion）。一开始，诸种质性只是作为区分"友与敌"的符号被给予的①。譬如，儿童很早就知道，糖是令人愉悦的，是甜的（因而儿童在一个时段内会把所有类似的令人愉悦的东西叫作"糖"），而药是让人不悦的（此处取"苦"的价值义），是苦（此处取"苦"作为官能质性的质素义）的。同样的原则适用于每一种给定的氛围（Milieugegebenheit），也适用于回忆、期待，乃至感知的全部具象单元，对此我已在别处详述，恕不赘言。②

　　对于文化圈与族群的整套世界观而言，亦是如此。只要文化圈与族群的整体世界观与存在者相关，那么此整体世界观的最终构成法则（Gestaltungsgesetz）就是由文化圈与族群所具有的价值意识的结构来规定的。而对于认识所能产生的一切历史进步来说，这种认识上的进步所把握住的对象，首先必须被爱或被憎，然后才会被智识所认识、分析和判断。无论在哪里，"爱慕者"总是先于"认识者"而行。没有哪一个存在区域（诸如数字、星宿、植物、历史真相的关联、属神之物），人们对其进行的探究不是先经历了一个移情的阶段，而后才进入价值无涉的分析阶段，此阶段类似于对该存在区域的某种形而上化（即错误地把该区域升至"绝对的"重要性）。即便是数字，在毕达哥拉斯一派眼中，它们也首先是"神明"，先认识到这一点之后，再对数字之间的关系加以钻研。分析几何学在其创始人笛卡尔眼中，更是有一种堪比物理学中具有绝对有效性者的形而上的意义，按照笛卡尔的理解，空间凝固成了物质。对莱布尼茨而言，微分学成了他原本设想为形而上的"连续法则"（lex continui）的某个特例，他认为微分学（至少在一开始）并非是我们的知性的一种手段，而是物的价值的一种表达。19世纪兴起的经济史脱胎于形而上的经济主义历史观，而这一历史观的发扬又是借了经济上饱受压迫的阶

---

① 该原则对于官能生理学与心理学的某些事实组的意义，以及对于生命世界开展过程中官能感知的发展史的意义，将在本文集第三卷加以说明。
② 参见拙著《伦理学中的形式主义与质料的价值伦理学》。

级对经济过程新产生的、一路飙升的兴趣的东风。先是有文艺复兴时期欧洲人的兴趣转移，即他们沉醉于具有泛神论色彩的对自然界的痴迷之中，生出对自然界天马行空般的幻想，后来，才有了欧洲人对自然界严格的研究。肉眼可见的天空一开始只是令布鲁诺着迷不已的某个对象，而后，他才开始借助精确的天文学对其进行探索。布鲁诺的探索并非消极意义上的，他并不认为中世纪的"天"——即被哥白尼之前的天文学家设想成形状是有限球形、由特殊材料构成、有其自身运动形式、其天体上住有精灵的国度——压根儿就不存在。布鲁诺对天空的探索是积极意义上的，他认为，哥白尼发现了苍穹上的一颗新星——那便是地球，我们"已在天上"，不存在的反而是中世纪的人在脑中设想出来的那种"地上"，布鲁诺赞同哥白尼的学说。与此类似，在严格的化学产生之前有炼金术，严格科学式的植物学和动物学发端之前，有作为享受自然界这一新风尚与对自然进行重新估价的对象而存在的植物园和动物园。诸如此类的例子还包括：从史学角度对中世纪进行严肃研究之前，有对中世纪的浪漫之"爱"；对古希腊文化进行语文学与考古学上的科学考据之前，有对其诸组成部分意气相投的爱慕之情（例如温克尔曼对希腊雕塑的爱慕之情、近代语文学的"古典主义"时期认为古希腊之诗乃是诗艺的永恒范本）。若论及对神的研究，则所有伟大的神学家几乎都有如下共识（communis opinio）：在对神的存在进行任何证明之前，有且势必有在神爱之内、与神在情感上的接触，感受到神的临在乃是至善（summum bonum）——正如祈祷会著名修士马勒伯朗士和托马桑上承新柏拉图派与古希腊先哲，将之称为"神性官能"的激荡——这才是神证的最终材料来源。

倘若真能借此诸种——在此我仅稍加提示——我们得以研究价值认识与存在认识的方法，使价值给定事实高于存在给定事实的至上地位（Primat）得到论证，由此，我们仍旧无法得出价值相对于存在而言径自（an sich）就有的时序优先性（Priorität）来。在这里，"那就自身而言后续的"也可能是"那对我们而言先行的"，依亚里士多德之见，这便是认识与存在间关系的一般规律。一切质性——不管它们各自可能怎样不同的被其承载者给予，也不管它们是怎样受制于某种基于它们的内涵且就本质而言是它们自身所特有的秩序——之中都"蕴含着"一种原质式的存在（ein subsistierendes Sein），诸质性皆附属于此存在。是的，亚里士多德的这句话是句显而易见的话，因而，它不仅适用于此——它更必然适用于此。

但若结合前文所述,明见的价值给定事实——价值的相对性越低,其给定性显而易见的程度就越高——本身亦以某种"道德条件"为前提,那么,我们仍能从价值给定事实相对于存在给定事实的时序优先性中得出如下结论,即通往绝对存在的可能入径本身也间接地同该"道德条件"联系在一起。

由此,我们明确了价值与存在之间以及理论与道德之间的特有关系,总结起来即是,明见的价值给定事实具有客观上相对于一切良善举止(Verhalten)、意志(Wollen)与行动(Handeln)而言的时序优先性(因为只有被洞见为善而所意愿的,倘若其在客观上亦为善,方才是全善的)。但相对于客观良善的意志与举动,明见的价值给定事实同时又具有主观上的后天性(Aposteriorität)。另外,相对于一切存在给定事实,明见的价值给定事实还具有主观上的先天性(Apriorität)。而相对于原质式的存在(subsistentes Sein),价值本身就只具有附属性的(attributiv)意义了。因此,我们还可立即补充,我们的精神所特有的"情感性的"诸行为类型构成了既把我们所有的实践举动,又把我们全部的理论认识和思考连接在一起的链环。正是通过这些情感性的行为类型,价值才首先被给予给我们,并构成了一切次要价值—评价和所有规范与"应如此"式论句(Sollseinssätze)的材料来源。然而,因为爱憎是这组情感行为中间最原始、囊括其余所有行为类型(产生兴趣、感受到什么、偏好等)且为之奠基的行为方式,故而,它们也成了我们实践与理论举动所共有的根源,是我们的理论与实践生活仅在其中达到并保持最终统一的基本行为。

由此我们看到,本文所持理论鲜明地区别于所有关于我们精神的知性地位至上论或意志地位至上论。本文所持理论认为,相对于"设想"与"判断"的全部形式,相对于一切"意志",爱与憎才可谓具有至上地位。正如我已在其他文章中详述的那样,我们不能把产生兴趣、留心专注的行为以及爱与憎的行为统统归入动机与意志之类,同样也不能把它们追溯至设想内容的单纯变化。①

3. 对道德跃起的分析

人格核心尝试以一跃而起达至认识对本质的分享。这一整个跃起行为中间,有诸项因素须作分辨。明辨这诸多因素,我们才能细

---

① 关于爱憎与认识及意志类行为更详细的本质关系,参见收入本文集第三卷的论文《认识与爱》,另可参见拙著《战争与建设》一书中有关该问题的历史类型学章节《爱与认识》。或参见拙著《论现象学与同情感理论兼论爱与憎》,哈勒,1913年。

究。一、整个人格跃起之后所达的目的地，即它所获得的那种稳定的认识姿势(Erkenntnisstellung)。二、此态度(Haltung)下的认识原则(Erkenntnisprinzip)，通过该原则，依照该原则，方能达至认识；三、最后，也是最重要的是，只有当对象世界的天性及其脉络摆好上述认识姿势，对象世界才会出现在原本是在"天然世界观"中的被给定者的那个位置上。

分析完这些之后，我们才能阐明哲学各科目，以及哲学同一切非哲学的认识类型之间的关系：一、它同天然世界观之间的关系。二、它同科学的关系。三、它同艺术、宗教、神话之间的关系。

A. 跃起行为作为"整个人"的人格行为

整个人以其精神的最高力量的聚合之整体，完全地行为于其中的，不是某种特定哲学的标志，而是哲学的本质本身。就主观面而言，这仅相当于哲学的"一而多"这一基本事实。"一"是就其与以复数论的科学之间的区别而言，"多"是就其本质而言。这种"一"与"多"的区别其实已是哲学与科学这二者的本质之间的某种基本区别。① 借助其对象(数字、几何图形、动物、植物、无生命物与有生命物)的特殊天性，诸科学要求人的精神当中的各种部分功能得到运用与练习，譬如，思愈勤，观察愈精，则总结或直觉—发明之思愈强。为此，这些部分功能的主要类别皆要求那种给予质料的直观(materialgebende Anschauung)具有特定的、专攻一面(einseitig)且符合其对象具体存在形式的形式。譬如，外在直观的形式适用于自然科学，内在直观的形式适用于心理学。或者，与绑定了某些价值类别的诸物品世界(Güterwelten)相关的科学，要求情感功能得到某种特定的、专攻一面的运用与练习，如艺术中对质的感觉、法学中的公正感。借助于此，这一类价值得以向意识宣告其自身。哲学却不然。进行哲学活动的，从一开始就是人的精神的具象整体，其运作方式，我想将它形容为将各个行动着的单一功能组"紧紧绷住"。哪怕是针对极其细致的哲学专门问题，对其进行思索的也是整个的人。在诸"科学"之中，或在宗教、艺术及其管理者中，被采取的直观形式和意识姿势皆千差万别，这些形式和姿势又同它们各自所涉的存在及价值区域所特有的给定事实可能性(Gegebenheitsmöglichkeit)相关联。哲人只有首先在其人格中心之内重新整合这些本质上互相区别的直观—形式和意识姿势，才能哪怕仅从可能性上做到那些片面

---

① 以单数论的"那个"科学并不存在，科学只有复数形式。

地在这些形式中运行且发挥效应的科学力所不能及的,即指明直观及其附属的此在(Dasein)和因被给予而在(Gegebensein)的这些形式之间的本质区别,并清晰划定它们之间的相互边界。进而——这才是最重要的——哲人才能把研究者、艺术家、虔诚者们生活于其中的(此时尚未将其对象化的)诸种直观、思索和感受的形式作为特定的本质内涵(Wesensgehalte)带到精神面前,让精神先对它们不加区分地简单一瞥。然后,哲人才能在纯然无形的直观,亦即纯粹而形式自由的"思"面前,将这些形式对象化。

古时,柏拉图提出要求,在哲学中须是整个的人——而不光是其孤立的知性或情绪等——去追求对本质进行的分享。此要求并非如许多人极其幼稚地认为的那样,是柏拉图本人性格中的一个单纯的心理学标志。它其实是在于哲学的本质统一与事实课题中的一项由哲学的对象本身提出的认识可能性方面的要求。它并非基于心理学,而是基于哲学——认识论,不但如此,它更是一项基于存在(ontisch)的要求。因为,只有先将人格中心里从本质上说附属于存在各区域的诸种直观形式、行为类别等重新整合为一个统一的出发点,存在本身所具有的本质不同的各个区域才有可能作为就其特有天资(Artung)论是本质不同的而被把握。而若把精神的具象的行为中心替换成作为心理生理对象的"人",仿佛这样一个"人"也被允许将其个性带入哲学,把哲学变成哲学从事者所创作的一部"长篇小说",那么,我们前面那句关于从事哲学的"整个的人"的话就会被完全误解。费希特曾说:"哲学的开展所依据的,乃是从事哲学的人是怎样一个人。"这句话与柏拉图上面那句话的意思完全不同。若是依照费希特的话,认为哲人的道德性格不仅要为他的跃起负责——经过这一跃,我们才得以进入与哲学所要探究的自在(an sich bestehend)的存在王国之间可能的认识关系——或者更确切地说,要为他跃起的程度、纯度及力度负责,还要为哲学的内容乃至结果负责,那么,这同样也是对我们上述想法的误解。

作为整体而从事哲学的精神之人,其煞尾的行为必是认识行为——无论是在伦理学还是在存在论中。即便如此,受该认识所决定的那个特别的被给定者,似乎也并不可能,或者说,对某些事物而言不必归功于具体精神的"认识"功能。若是忽视以上两点,也会对本章开宗明义的论句产生误解。譬如,狄尔泰在其作品当中并未一直严格区分精神在从事哲学的过程中两个方面的功能与行为,具体而言,一方面是给予性的功能与行为,另一方面是从认识上讲煞尾的功能与行为。但是依我之见，正因如此，狄尔泰才给某些完全误解他学说的人打开了对他大加理性主义批判的方便之门。当前，无疑存在着一种对所谓"体验哲学"的追求，该追求的基本谬误在于，认为哲学可以是认识——即严格客观、只由其对象而非别的什么所决定的认识——以外的其他什么东西，如"体验"。或者认为哲学可以对偶然的体验，譬如时有发生的明见性感受，进行判断。① 奇特的是，还有一些哲人，他们甚至把价值把握的诸种情感性的本质形式当成是纯"偶然的心理体验事实"。被他们当作这一类事实的，还包括就其给定事实——而非存在与持存（Sein und Bestand）——而论有赖于整个人那一跃的或然认识的质料对不同哲人而言大不相同的丰富性。这些人无比天真地认为，要当哲人，只要会对随便什么事物进行正确的判断和总结就足够了。

整个人具象的行为中心朝向对本质的分享奋力地一跃，在这个过程中，人的目的乃是其自身存在与本质者的存在之间无间的合一（unmittelbare Einigung），即人此处的目的在于，去"成为"一切或然本质皆有的、处于该本质王国固有秩序之中的核心的行为关联（Akt-korrelat）。也就是说，行为中心必须通过这种分享，将它自己，即它自身的存在本质化、永恒化。亦即是说，诸本质性（Wesenheiten）必须被导入人格（Personalität）的存在形式与跨度范围中。而若——下文将详述——将（无限的）具象人格行为中心视作一切或然本质性的关联这一观念与上帝观念（或者说与该观念的某种基本规定）是一致的，那么，整个精神之人奋力一跃地尝试，同时也就总是人超越作为天然完善存在的自己、把自己神化或使自己与神相似（柏拉图）的一种尝试。人"尝试"通过这个中心常新的行为，在事实上②——而不是仅通过抽象—理论上的"不予考虑"（Absehen）或单纯的"不予注意"（Nichtachten）——把自己精神的行为中心从心理生理及生物—

---

① 就连我的名为《生命哲学诸论》的文章（载《价值的颠覆》文集与论文集）都能被人误解，这只能表现出我的那些批评者们或自封的追随者们水平何其低下。

② 下文将要探究对对象的此在模式进行"还原"的程序步骤，通过这些步骤，我们能将对象纯然的"何物""本质""实质"带向直观。这便是胡塞尔近来称为"现象学还原"的程序，但胡塞尔仅将其描述为对此在模式的"不予考虑"（Absehen），或更确切一点说，就是对此在模式（并不是像他所认为的是对此在本身）的"搁置不管"（Dahingestelltsein-lassen）和"加上括号"（Eingeklammertwerden）。进行这些程序步骤的前提是至少从功能角度将行为中心的存在从心理生理的存在脉络中解放出来的尝试行为，也就是人的存在—过程（Seins-Prozeß），人之"变得不一样"（Anderswerden）。而人格转变的精神认识—技术本身必须先行于这些其实只是很逻辑性的"不予考虑"的程序步骤。

人的脉络当中抽取出来,再"放置到"符合上帝观念的普遍行为中心中去,以求从这一行为中心出发,同时"借助"其力量,对所有事物的存在投去一瞥:这种不懈尝试正是本文所探讨的"跃起"的其中一个本质特征。这种尝试在存在论上是否可行,以及在多大程度上可行,则已完全是另外一个问题,它所涉及的乃是哲学的内涵,与精神在从事哲学时的态度(Haltung)根源以及本质上附属于此态度的统一意向(Intention)不相干。

B. 跃起的出发点和因素

研究将人导向从事哲学的精神态度(从该精神态度出发,才能进入哲学的对象与存在)的跃起时,我们必须区分两点:一是其出发点,二是其目的。面向在我的伦理学中被称为"精神价值"的价值组的一切类型的高级精神活动(诸如科学的、哲学的、美学的、艺术的、宗教的、道德的),其共同的出发点乃是人的天然世界观①以及其中所给定的存在且有价值者。由这一出发点出发,朝向超生命力的价值的本质中任意某块价值区间而去的根本相异的行为与执态(Stellungnahmen)又有着同一个共同前设,这便是客观举止。它是精神在面向此类价值的本质时做出的举止。若要研究对"道德障碍"的克服——寓于跃起之中并通过跃起而达成的克服——我们首先便需要了解天然世界观的一般天性,以及人的那种符合于这种世界观及其诸种给定事实的存在与举止。并且,我们还须探寻行为之中首先为总体客观举止、其次也为人格面的哲学举止建基的那同一个点。这个过程中,尤为重要的是能够注意到以下三种有着本质区别的对认识对象进行认识的举止方式间的正确关系,它们是:一、天然的世界观。二、哲学的世界观。三、科学对世界的看法(Weltauffassung)。

一切天然世界观皆具有的第一个特征便是,立足于此的主体将其特定的周遭—世界之存在(Um-weltsein),或曰一切或然的周遭世界之存在,视作世界之存在(Weltsein),并且是在各个方向上:空间、时间方向,内在世界、外在世界方向,神性、观念对象方向。因为,在所有这一切方向之中,有着这么一个"周遭世界",尽管它拥有针对不同的个体或集体主体(族群、种族、自然界中的人种)和生命的不同构造层级而言各不相同的特有内涵(Sondergehalt),却分享着(teilhaftig)使其成为"周遭世界"的单一本质结构。天然的周遭世界的这一结构乃是自然形成的此在—诸形式(物、事端、天然的时

---

① 即是天然的(意愿、举动等)"行为"(Betragen),换言之即"天然的重视"。

空观)之体系，连同与之相符的自然形成的感知、思想和语言诸形式（人的健全知性、民族语言）之体系。须在"天然世界观的现象学"这一科目中对它加以研习，并把它同科学的范畴论以及关于存在与认识形式的理论严格区分开来，而后者正是哲学之作为哲学在其已抵达其特殊客体，并已面对客体摆好认识姿势之后方才涉及的。

不管人的这一周遭世界的结构到底是什么模样，与之相符的存在总是具有某种特点，即该存在连同其结构，乃是相对于人作为普遍生命中的一种特殊物种（Artspezies）在生物学意义上的特殊组织形态（Sonderorganisation）而言的。无论是（进入其中的诸本质所处的）这一周遭世界的"何物"内容（Wasinhalte）的结构及内涵（Gehalt），还是它在现实中的此在与此在形式，都在同样的程度上具有这种与"组织形态"之间的此在相对性或曰此在绑定性（Daseinsgebundenheit）。我们身处其中的，是意见（dóxa）的世界——根据柏拉图对 dóxa（意见）与真知的区分。至于我们所设想的，究竟是某个个体、某个种族、某个部落或族群所处的个别周遭世界，还是作为此有生命物种之代表的自然人所处的普遍周遭世界，其实并无所谓。在上述那种与生命的存在相关性中认识并且思考存在者，从而在尽可能高的完整性下，在从根本上严格排除了一切与个体、种族、族群等之间的存在相关性（本质及此在相关性）的条件下，使存在者仅仅只与人的组织形态或人皆有之的"同一"（das Identische）之间存在相关，这便是"四海共通的"科学认识对周遭世界的存在和内涵所进行的还原（Reduktion）。但对于褪去了一切个体—个别存在的外衣、仅与一个活着的人相关的那个完整的周遭世界而言，它面对的基本事实仍是，只有那或能满足，或能抗拒，或不管怎样能够回应人的本能结构以及与之相符的官能结构的存在，才能从世界—存在的充盈之中脱出，转而进入周遭世界的领域。而个体、种族等所处的个别周遭世界也完全同样地面对着这一基本事实。

"科学的"认识流连于"天然世界观"的结构形式之中——即使并非必然流连于其结构—内容之中。哲学认识与科学认识的方向不同，它不在于对周遭世界之存在或为获取某个（对人而言）"四海共通的"周遭世界而进行的这类认识分享上的扩展。哲学认识以某个全然不同的存在领域为目的，而该领域位于存在的纯然周遭世界领域之外、在它的另一边。所以，才需要那一跃，这样才能抵达世界本身的存在。也即是说，道德行为首先需要具有一种特殊结构，以便尽可能地消除进行认识的精神所面临的束缚。这种束缚下，在对周遭世界的天然观念之中，精神有可能面对的（普通且"科学的"）认识对象就只与生命、生命力存在相关，由此也就必然与任意某种身体——官能的本能系统存在相关。这类行为确实有其存在必要，好让精神彻底离开那种仅与生命力相关的存在，离开那种以生存（及在生存之中为了作为生命体的人）为目的的存在，从而得以进入对那种"就自身而在"和"于自身中在"（an sich selbst und in sich selbst）的存在的分享。①

这种道德结构从本质上支配着哲学认识的基本行为。其中，我们可以划分出一种正面的和两种负面的基本行为类型，而只有在这三种基本行为类型合一且共同的作用之下，人才能抵达哲学认识对象所可能具有的给定性之阈，这三种基本行为类型分别是。

一、整个精神人格对绝对价值与存在的爱。

二、让天然的本我和自我（natürliches Ich und Selbst）放下身段（Verdemütigung）。

三、对被给予为"身体性的"、在身体性基础之上被体验的生活所具有的始终必然一同规定着天生官能感受的本能冲动进行的自我控制（Selbstbeherrschung），以及由此方才可能的将本能冲动对象化。

这几种道德行为——仅此三种，别无其他——在其有秩序的共同作用下，将作为通过认识而可能对存在进行分享的主体的精神人格从存在的周遭世界领域，或曰存在相对性的方向导出，进而导入存在的世界领域，换言之，导向绝对存在的方向。它们会在以下几个方向上消除人天然的自我中心论、生命力至上论、人神同形同性论——此三者皆为天然世界观的典型特征——以及周遭世界中的给定事实本身与此三者相符的事之特征，即对绝对价值与存在的爱会截断一切作为周遭世界而存在的存在相对性在人之中的源泉。

放下身段能抑制天然的傲慢。想要获得哲学认识，必须同时做到以下两点：一、从纯然的"何物"内涵中祛除偶然的此在模式（这是对纯然"本质"进行直观的条件）；二、祛除认识行为与心理生理有机体的生命力预算之间实际具有的交织状态。放下身段是做到这两点

---

① 因为这些行为从原则上讲可以在各种可能程度的人当中进行，所以对哲学对象的获取或对一切对象的绝对存在（本质及此在）的获取也可能在相称和充盈的各种程度上发生。因此，仅就此而言便不能说，任何人在任何情况下要么可以认识绝对事物和价值的全部，要么可以认识它们或多或少的一部分，要么完全什么也认识不了。每个人可以认识多少，要视跃起的程度而定。

的道德前提。就本质而言,"何物"内涵偶然此在模式的持存以及心理生理生命体的预算是同认识行为的交织状态互相依存的。它们之间,一损俱损,一荣俱荣。

自制,作为克制及将本能冲动对象化的手段,则能打破天然的私欲(Concupiscentia)。因而,在世界内容给定事实的充盈之中,它是从零上达完满的那种相称(Adäquation)的道德条件。

由此,以下三种彼此相互独立且各自可变的一切认识之准绳。

一、认识对象的存在相对性的类型及程度。

二、明见性的本质认识或归纳式的此在认识。

三、认识的相称。

恰恰符合前文所述的三种作为认识过程先决条件的道德行为,亦即爱,作为整个行为结构的核心与灵魂,将我们从只与我们本身的存在相关的此在的对象引开,从而将我们引向绝对存在。

谦恭,将我们从任意某物(以及一切属于这一领域的范畴上的存在形式与存在关联)的偶然此在引向本质,引向世界的纯然的"何物"内涵。

自我控制,从毫不相称的零,甚至在极端情况下,从对象对于充盈的那仅具象征性且仅为单义的意见,引向直观认识的全然相称。

上述几个基本方向(它们分别是朝向绝对存在、明见性洞见、相称)的其中一个上,在这些道德态度与认识可能产生的进步之间,并不存在一种偶然的或经验—心理学上的关联。它们之间所具有的是一种本质关联,这是一种将道德世界与理论世界——如同被夹子夹住一般——永恒绑定起来的关联。我们自身内在有一些因素,在天然世界观及其与周遭世界的绑定性(正如在"科学"中那样)范围之内,与种种对诸物各自偶然此在(与其本质相反)的初始占有相符。而谦恭的态度,恰恰将我们从这些因素中解放出来。上述那些蒙蔽我们精神之眼的因素,给纯然的本质认识设置了系统性的道德障碍,然而这些障碍都因谦卑的态度得以消除。

上述三种基本道德态度当中只有一种,它不但是哲学认识的道德条件,(同天然的世界观不同)更是科学认识的道德条件。它便是与认识的相称之上升相符合、通过理性意志对本能冲动进行自我控制的基本态度。与之相应,首先,科学(不管是运用归纳的还是演绎的方法)有异于哲学,它运行于偶然存在的领域之内(它虽以本质认识为前设,本身却不产生本质认识),并且就连它在探索和发现自然法则时亦是如此;其次,科学并不对绝对存在开展认识性的工作,科学的认识对象仅仅是一切存在着的对象的化身(Inbegriff)。这些存在着的对象借助被或然生命目的与生命价值所引导、同时又与其绑定在一起的理性意志,与它们可能达到的可掌控性和可变性之间存在相关。究其原委,一方面,科学虽已克服了其对象在个体、族群、种族上的一切存在相对性,甚至还克服了与人类具体的天然组织形态(Naturorganisation)之间的存在相对性以及天然世界观的阶段,已在认识对象中将它们关闭,但另一方面,由于所有或然存在在构造上的基本关系,科学及其整个对象世界仍旧通过某种理性的、着眼于普遍生命之可能目的的有限意志而同科学所能够达到的可掌控性必然地绑定在一起,而这种绑定基于人之中的两件基本事实:一是人的意志;二是人类普遍的生命力共同体。这两件基本事实,作为全部存在中间精挑细选的关系中心,却也恰恰严丝合缝地符合于一切非哲学的精神态度对偶然存在及存在相关的存在的初始占有,乃至若缺少了它们,连这些给定事实的至上地位也都会随之丧失。同时,上述这两件基本事实也倾向于尽可能地消除并阻挠人对绝对存在的爱,以及人在面对世界的纯然"何物"与世界内涵时的谦恭(不管这一"何物"及其位于偶在的此在领域之内的时空、数字、因果等脉络在世界上究竟是怎样分布的)。

因此,下面这一事实非但并不偶然,反而还是本质必要的,即科学研究者对待世界,对待他对这个世界的任务的基本道德意向是并且必须是与哲学的基本意向截然不同的。实证研究者,就其认识意愿来说,首先怀着的是一种对自然界的统治欲和一种从中产生的秩序意志。也因如此,可以据此来统治自然的"法则"成了他的终极目标。他感兴趣的,不是世界是何物,而是世界可以被设想成是怎样被造的(gemacht)。先想明白这一点,才能在这一至高的界限内,把世界设想为可经实践而改变的。故此,为了实现统治世界的目标而对自我进行的控制,而非谦恭与爱,就成了实证研究者的基本伦理规范。但似乎对诸物的认识的爱仍会带动研究者——正如科学的前提是哲学,认识偶然物的前提是认识本质那样。只是对于对象之存在的爱本身并不会——像带动哲人那样——带动研究者。研究者对于认识的爱只是针对某一种认识的爱:这种认识满足所有对于相称(adäquat)与逻辑正确(logisch richtig)的要求(这是两种适用于一切认识的准则类型),而除此之外,这种认识仅让世界在总体上的可掌控性——而非指向某种特定目的或用途的可掌控性——成为可能。虽然哲人也需要自制的引领,但对哲人而言,这只是一种启发式——

教育的手段。他的意志存在必须首先完全放下身段，才能——在对象认识与支配着这种认识的帮助达到最大程度的相称时——把附着在对象存在之上的"偶然此在"剥离下来，从而尽可能地将目光锁定在对象的"何物"(Was)，即对象永恒的本质上。抵达认识的这道门槛之后，哲人须再关闭他自己的意志(以及一切偶然此在在本质上的行为关联)，把自己"献身于"认识对象纯然的"何物"。

4. 哲学的对象及哲学认识态度

哪种洞见是最具明见性的洞见？这个问题有理由占据一切"古典"哲学之问的顶端。对任何一种哲学而言，哪种洞见占据着它最具明察性的"出发点"这一位置？哲学史上重要阶段的划分有理由取决于对这个问题的回答。自笛卡尔始，对事物的认识问题取代了事物本身的存在问题，获得了更加重大的意义。我们有理由将这一变化视为欧洲思想史迄今为止最为重要的事件。古典哲学和中世纪哲学首先是存在哲学(Seinsphilosophie)；现代哲学，除了少数例外，则首先是认识论(Erkenntnistheorie)。一种哲学，它所遵循的是这些从根本上说各不相同的种种方向中的哪一种？对这个问题的回答最主要取决于，这种哲学所宣称的那个最无前设、最原始、最不可推翻的洞见是什么，以及，除此之外的其他诸种洞见又是以怎样一种起源、前设和后果间的秩序紧随其后的。总之，对哲学本质的探讨必须从"最基本的诸种明见的秩序"这一问题开始着手。

第一种也是最直接的明见乃是一种用判断句表达的洞见，即"总有什么东西存在着"，或者，说得更尖锐一些，即"而不是没有什么东西存在"。在这里要注意的是，Nichts 一词的意思既不局限于"并非一什么东西"(das Nicht-Etwas)，亦不是"什么东西的非—此在"(das Nicht-Dasein von Etwas)，而是那种"绝对的无"，它在被否定的存在中对存在的否定(Seinsnegation)还没有区分如在(So-Sein)或曰本质与此在(Da-Sein)这两者。这一洞见同时也是"对什么东西的怀疑"(怀疑什么东西的存在、怀疑一个论句的真伪等)这个词组进行意义构造的前提。"不是没有什么东西存在着"这一事实情况同时既是第一种且最直接的洞见的对象，又是最深刻最终极的哲学惊异(Verwunderung)的对象。当然，鉴于上述事实情况，在已有预先支配着(prädisponierend)哲学态度的情绪行为的条件下，也只有首先具备了灭除存在事实的不言自明性质(及其明察性质)的谦恭态度，后面这种情感上的运动才会完全呈现出来。换言之，无论我转向哪件事，也无论我向按照次级存在范畴已被更确切地规定了的哪件事望去——"次级存在范畴"诸如：如在与此在，被意识到之存在（Bewußt-sein）与天然存在（Natursein），实在式（reales）存在与客观的非实在式存在，作为对象之存在与作为行为之存在，对象之存在与抗阻之存在，价值存在与价值无涉的"实存"（existential）存在，本质（substantiell）存在、附性（attributiv）存在、偶然（akzidentiell）存在与关系式存在，或然存在、必然存在与真实存在，无时间式存在、持续式存在与当下存在、过去存在、未来存在，真存在（如一句话为真）、有效存在与前逻辑（vorlogisch）存在，仅在脑内上演的"虚构式"存在（如只是想象出来的"金色之山"或只是想象出来的感觉）与在脑外发生的双面式存在——任意地从存在的一个或多个相互交错的所谓类别之中挑出一个例子，则每一个例子上，以及每一个被挑出来的类别上，这一具有不可推翻的明见性的洞见都清清楚楚地展现在我的面前，它是如此清楚，它的光芒遮盖了思之所及一切能与之相提并论的事物。诚然，谁如果没有将目光投向过绝对虚无的深渊，他就会完全忽视"有什么东西存在着，而不是完全没有什么东西存在着"这一洞见之内涵的那种卓然的实证性。他会从随便哪一个也许同样具有明见性，但其明见性不如上述洞见的其他洞见开始，譬如，被认为含于"我思故我在"这句话中的洞见，或诸如"真理是存在的""存在着某种绝对价值""判断无所不在""存在着诸多感受""存在着一种对世界的'想象'"之类的论句中所包含的洞见。

倘若我们前面讲到的第一洞见还需要被"证明"的话，那么，它就根本谈不上是不证自明的，更不用说那个最初始、在对什么东西产生怀疑的每次尝试中都预先被给予的洞见了。但是，以下论断却诚需得到证明，即前面讲到的那种洞见，而不是别的什么洞见，是第一种也是最不会被推翻的洞见。因为，恰恰对于这一点，大多数哲人甚至持有异议，诸如想要让对认识之持存的洞见——或另外一些对真实存在（Wahrsein）、有效存在（Gültigsein）乃至价值存在（Wertsein）之持存的洞见——在不证自明性上优先于上述洞见的所有哲人。因此，需要找到一些可以被普遍认可的特殊方法，以巩固第一洞见相较于其他一切洞见的至上地位。借助这些方法，才能细致地（in extenso）驳倒所有用其他洞见来取代该洞见的尝试。①

论述这些方法并举几例说明其应用之前，还须提到建立于第一

---

① 我即将出版的《世界及对世界的认识——对认识问题的解决尝试》一书将会对此问题做进一步的讨论。

洞见以及对存在的某种划分基础之上的第二洞见。这种对存在的划分优于对存在类别、存在形式等的一切区分,换言之,其他所有对存在的划分都无非只能与之切近而已。我所谓的这种划分涉及某个并非非存在者与另一个并非非存在者之间(zwischen einem und einem anderen nicht Nichtseienden)的区别,这里所涉及的问题是,某个存在者是否在单方面依赖于另一个存在者而在,或者这种依存关系是否是双方面的,又或者,它是否在完全排除了对另一个存在者任何可能的依赖性的情况下存在,即以"绝对的"方式而存在。一个只要它存在便存在着的、在自身之中且仅在自身之中占有其存在、不作任何分封的存在者,我们愿意称为——无论它还能依据其他什么存在区分被规定——绝对的存在者。绝对存在者因为与其他诸种存在区分的关系而被当作了不同的理解和领悟,其实它之中并不存在这些区分。譬如,针对有可能(始终是相对的)作为对象之存在的整个领域,绝对存在者可(在某种或然的意想行为下)被称作"为了自身而存在者"(ens pro se);针对一切需要对其存在进行或然的判断式承认或"关于"其存在的论句式表达为真(Wahrsein)的存在,绝对存在者可被称作"关于自身而存在者"(ens a se);针对一切仅"通过"(不管是只在逻辑上也在因果上)某个其他存在而存在的存在者,绝对存在者可被称作那"通过自身而存在者"(ens per se)。而针对一切只是被意想出来的(gemeint)——即仅存于脑内或虚构出来的——实存的绝对存在,绝对存在者不仅可被称作相对于意见的(meinungsrelativ)绝对存在,更可被称作绝对于一切意想的(zu allem Meinen absolut)绝对存在。这一切以及与之相似的、仅是对绝对存在相对有意义的规定,虽有其合理性,却不可被带入绝对存在之存在本身之内。

接下来,不证自明的第二洞见是这样一种洞见,即一个绝对存在者存在着,换言之,其他一切并非绝对的存在只有通过它才具有它们各自应有存在的那个存在者存在着。因为,如果(就像我们在每个以任意一种方式存在着的存在者的例子上清晰可认的那样)总有什么东西存在着,而不是完全没有什么东西存在,那么,我们任意考察的"例子"中的那种相对的非在(Nichtsein)——既指并非作为某种东西而存在(Nicht-Etwas-sein),也指非此在(Nicht-Dasein)——虽然可以被归于从其他存在(也包括进行认识的主体)那里获得自身存在的或然依存性或曰相关性,但绝不可归于其存在本身。这种存在本身并不借助某种推论(Schluss),而是借助无间(unmittelbar)直观的洞见,在某个未经任何进一步限定的全然存在者之中索求其来源。

对否认这一论句的人，我们只能向他指出，就连他对此进行否定的尝试，连同他全部的论据都有一个前提，即他已在自己的意向之中将绝对存在者当作在事实上被给予他且被他承认的。他在每个意向当中都把绝对存在者"一同"纳入了精神之眼的视界，这一点只要再在思维中试着将其"拿走"(Wegnahme)，便可看得一清二楚了。他的目光透过每种相对存在和相对非在的肌理，向绝对存在者的方向望去，要望向这一方向，他总得多多少少看得见目标，而这目标不是别的什么，正是——未经进一步规定的——绝对存在者。

但是，这一束真理之光的照耀首先并不依赖逻辑上的缜密。关于第一论句的洞见，我们不仅会时不时判断式地意识到"完全没有什么存在着"这一毫无疑问客观存在着的可能性，并且，我们就这么生活在这种可能性之中，其间，每个存在者的存在都是作为对这种可能性的奇异的消解——作为永远令人称奇的"遮盖绝对空无一物的深渊"——而被给予的。正如对第一论句的洞见依赖上述情况那样，这第二洞见之光之所以能够照耀，所依赖的也是我们在所有相对且因变(abhängig)的存在(这里首先是我们自己)身上，不仅一道察觉了存在，更连带察觉到相对的非在，即我们并没有——在没有真正察觉和知晓的情况下——默然地把任意一种相对存在与绝对存在等同起来。因此，我们在自己有意识的生命的每一刻是否都一道察觉并一同意想到绝对存在的存在，这并不是问题关键所在。问题的关键仅仅在于，绝对存在在我们看来是否也足够严格、足够清晰地将自己在相对存在的衬托下凸显出来，或者，我们是否在还未一同察觉到相对存在之相对非在的情况下，就有意无意地将相对存在与绝对存在等同起来，把相对存在归于绝对存在，是否这样一来，对我们的意识而言，绝对存在就悄然地与该相对存在的这一个或那一个部分融合起来了。无论是谁把某个相对的存在者绝对化，他都必然会成为我们称为相对主义者的那种人，因为他不再把绝对存在与相对存在者区分开来看待。相对主义者只不过是将相对之物绝对化的人(Absolutist des Relativen)，这点上无一例外。

前文已经讲过的也适用于此，即整个人格的某种道德态度是让某种哲学洞见之光清晰照耀的前提。因为，只有先前在世界及自身的价值面向(Wertaspekt)当中不仅察觉到每件物之存在与正面价值的相对"骄傲"，而且也一同察觉到其相对非在与无价值所应有的"谦恭"之程度与类别的人，只有清楚地将他的爱既分配给绝对且正面的有价值者(至善)，又分配给其意识之中与其余的相对诸善有所区别的善的人，才能满足上述诸项要求。而如果满足不了这些要求，两种洞见之光就都不会照耀到他身上。这又是因为，不管是存在的"不言而喻性"——它遮住了对"总有什么东西存在着，而不是完全没有什么存在"这一既有事实无可度量的实证性的清晰洞见——还是由各不相同的主体以各不相同的方式、在相对存在各不相同的区间进行的对物之相对非在（即其相对的"虚无性"）的否认，这两者都是此在的那种"天然的骄傲"、那种与生俱来—本能式的（当然从生物学上讲这是目的式的）的自我高估及由其导致的自我确信（Selbstsicherheit）的因变（abhängig）功能，它的效用是使人在意识面前，对死亡以及无法估量的时间——因为我们生前不存在、死后亦不复在——都奇特地加以否认。而只有当我们学会了惊异于"我们自己并非不存在"，我们才能完全接受上述两种洞见的全部光明的充盈以及它们相对于其他一切洞见的至高明见性。

　　按照"明见的秩序"，承续以上两种洞见的是第三种洞见。它"承续"的方式则是，想要对后续的组成部分有所明察的愿望倘若也只包含了一种或然的意味，那么在这一秩序的各个组成部分中，越是先行的，我们从本质上讲就越早能明察（einsahen）。换言之，倘若我们在明察到这一秩序中先行的组成部分时，就已不再想要明察后续的，那么，我们还能对这一后续组成部分在或然的意义上加以"怀疑"。这第三洞见用判断式来表达，就相当于如下论句，即一切可能的存在者都必然具有某种本质式存在（Wesensein）或曰何物式存在（Was-sein/Essentia）以及某种此在（Dasein/Existentia），且全然无论该存在者还有可能是什么，按照对存在类别及形式的其他可能划分会属于存在的哪个领域。此处，任举关于某存在者的一例——不管是作为行为之—存在还是作为对象之—存在，也不管是"某个"存在者还是已是存在的某种特殊形式，诸如实在的（real）存在与客观非实在的（nichtreal）存在，或是原质的（subsistent）存在与内在固有的（inhärent）存在——就足以阐明本质与此在之间适用于任何可能的存在的区别性了，同时也足以得出"任何存在者都必然地具有本质与此在"的洞见了。譬如，实在的存在（Realsein）也有其特殊的本质。每一个某物（Etwas）的本质都必然包含任意一个此在，每一个此在也必然包含某种本质，尽管对本质的认识是一种与对此在的认识全然不同的认识，其差别既在于明见性，又在于适用范围，更在于对我们而言的可及性。因为，比起我们对于世界本质及世界本质脉络的认识，我们对世界此在及世界此在脉络的认识要受到更多的限制。这样一来，我们在此便可说出那句最基本的论句，即无论任意对象的本质中含有什么，也无论这些对象之中有什么是根据本质而起作用的，它都先天且必然地寓于该本质的一切或然此在的对象之中，或是在其中起作用——不管这些此在对象或它们其中的某部分对我们而言是否是可认识的；而相反地，在一切被认识为此在的对象之中起作用的，或是寓于其中的，却不一定都能依据这些对象的本质而起作用，也不一定包含于该本质之中。①

既然我们已经完全洞见了某一对象（或某一行为）的纯然何物性内涵，并洞见了这些内涵的某种特定秩序或脉络，那么，这一洞见就具有了某些特性，它们从原则上使其区别于一切相较于该洞见而言乃是对"偶然的"此在王国的认识：这一洞见首先是已完成的（abgeschlossen），意即多一分则太多少一分则太少，也即是说它是严格地不证自明的。相比之下，对偶然此在的全部认识（不管它是如何获得的，是通过直接感知还是通过推论）则无论如何也不会具有比推论式明见性或是对新的经验——或更确切地说，对已被扩展的结论关联有所保留的明见性——更大的明见性了（就判断式的客观来说并非真理，而是极大可能性）。其次，这一洞见乃是洞见，且"先天地"（以判断式）"适用于"同一本质一切可能的此在者，这当中也包括了现在尚未被我们认识或者我们根本不可能认识的此在者。从这个意义上说，一切真先天性都是本质先天性（Wesensapriorität）。再次，作为纯然的本质洞见，这一洞见是可执行的，既（常常更容易一些地）通过对相关本质的诸种虚构（Ficta）的那种纯然臆想式存在（Gemeintsein），又通过该本质真实此在的诸对象变得可执行。比方说，如果我因为假象而把某个事实上的无生命者当成有生命的，即在欺罔行为中被臆想的对象存在之有生命性乃是一种虚构，那么，有生命者的本质不仅寓于对事实上有生命者的感知着的领会之中，它同样还寓于虚构之中。因为绝对存在的那种尚未依照本质与此在的区分就已有的明见性的持存先行于、而非后续于本质与此在的这种区分以及关涉这两者的真论句。所以，只有在涉及这一绝对存在的时候，才需要补充说明一点，即因为绝对存在依据其概念、在其存在

---

① 因为形式上和质料上的本质先天不仅适用"于"偶然在其上发现了本质先天、位于我们此在经验的边界之内的那个此在者（Daseiende），也适用于外在于且位于我们可能拥有的此在经验领域另一边的同一个本质的另一个此在者，所以在本质先天中，我们总有一种一样适用于这个领域及其此在者的知识——而并不需要穷尽超越经验的那个领域的所有本质。

之中根本不依赖于任何其他或然存在，因此，依据此在，绝对存在也不可能是偶然的，不仅如此，其此在更须被决定为是后续于其本质且仅必然后续于其本质（无论是哪种本质）本身的。一方面，在一切相对存在者之内有关本质和此在的区分是一种存在上的（ontisch）区分，它存在于事实自身的存在、而非我们的知性之中；另一方面，相对于绝对存在者而言——无论这一存在者是什么——这种区分只与进行认识的主体在认识上相关。在绝对存在之中，此一在与本质合二为一，当然，这是以认识相关的区分的前提下其此在后续于其本质的方式，而不是反过来其本质后续于其此在。

至此，我们获得了规定哲学的对象所必需的几种基本素材，虽然它们还不是全部的素材。我们可以说：从本质上讲，哲学是严格地不证自明的、通过归纳不可增减一分、"先天"适用于一切偶然此在者、对我们可以借例子而了解的所有关于存在者的诸本质性与本质关联的洞见，并且这些本质性与本质关联依据其与绝对存在者及其本质的关系，形成了某种秩序和层级的王国。

决定哲学认识本质的，首先是且仅是认识朝向绝对领域的那个方向，或认识与一切或然客观存在的绝对领域之间的关系，以及认识朝向一切客观或然存在之不同于其偶然此在领域的本质领域的那个方向。这一切与诸科学有着最严格的区别。科学必然要面对的，是以各种不同方式与存在相对的（即此在且本质相对的）存在，凡科学认识的获得，要么是（在基于本质脉络的所谓公理的基础之上）借由纯然的虚构物在思维间的（intramental）存在（如整个数学科学），要么则是通过偶然此在及其此在脉络。

在以上对哲学的对象做出的不完整规定当中，以及在前文关于哲学的对象所述的一切之中，出现了一个我们到目前为止未经检验就加以使用的概念。而鉴于自笛卡尔以来的现代哲学的主导走势，这个概念似乎又对前文所述一切提出了质疑。这便是认识的概念以及所有与它联系在一起的概念。我们必须说明认识的存在是哪一种存在。而且，既然在明见性秩序或者或然可怀疑性的层级之中，我们并不像笛卡尔、洛克、康德和其他人那样，从"认识""思考""意识""自我"的任意一种类型、判断等出发，借助这些从而获得关于存在的基本概念，那么，我们就更有义务对此作出说明。确实，如果我们不仅能在我们目前得到的那三个论句的明见性秩序的基础之上反驳上述这些学者所采纳的明见性秩序，如果我们还能实证地指出纯然存在着的诸事物（Etwasse）王国中的认识究竟是什么以及意味着什么，我们才将能盖棺定论地(endgültig)维持我们业已得到的明见性秩序。

不过，最后这个问题已然大大超出了对哲学的本质以及对哲学认识的道德条件进行探讨的范围。我即将出版的文集《世界以及对世界的认识》会对这一问题展开讨论。

（晏文玲　译）

价值论

善业、价值、善与恶[①]

在讨论康德谬误地将善业[②]和价值加以等同的做法之前，或者说，在讨论他把价值视作是抽象于善业的看法之前，我首先要强调的是：康德完全合理地把任何一门善业伦理学和目的伦理学看作从一开始就是错误的并且予以拒绝。尤其是对善业伦理学和目的伦理学要首先指出这一点。

---

① 本文选自《舍勒全集》第2卷，第32—51页，伯尔尼与慕尼黑1980年版。——中译注
② 这里译作"善业"的概念，其德文原文是"Güter"，英译本作"goods"。它通常也被译作"善"，实际上是复数的"善"。因此译者也曾考虑译作"诸善"。但德文中的"Gut"和"Güter"还带有另一层的意思：它们也意味着财产或财富，无论是物质的还是精神的。因此，在宽泛的哲学伦理学意义上，它们同时意味着"有价值的对象、行动和行为方式"(参见：《哲学辞典》，斯图加特，1982，第253页)。在这个意义上，施莱尔马赫在亚里士多德伦理学的基础上所提出的"Güterlehre"(可译作"善业学说")，以及舍勒在本书[即《伦理学中的形式主义与质料的价值伦理学》。以下简称《形式主义》。]中所讨论的"Güterethik"(译作"善业伦理学")以及"Güterwelt"(译作"善业世界")，都不仅涉及道德价值，而且也涉及物质财富。而且在舍勒这里，"善"的价值本身还有别于承载着这些价值的"善业"。"Güter"被理解为"价值事物"(Wertdinge)。这里用"善业"一词来翻译"Güter"，意图便在于涵盖这两方面的内容。"业"在这里并不仅仅意味着佛学"善业"概念中的善行或伦理关系，而且也意指与此类行为和关系有关的组织性的和象征性的自然形态，如国家、学校、教会和社会这类文化财富与文明财富。"善业"是相对的，例如对于一些人来说，财富本身即为善业，而贫困则为弊端；但对另一些人来说则相反。(尤其可以参阅本书第一部分、第二篇B、第4章、a."人格价值与实事价值"的说明，以及第二部分、第四篇、b."规范的应然"，等等。)——中译注

善业就其本质而言是价值事物(Wertdinge)。康德说，只要我们使一个人格、一个意愿行为、一个行动等的好(Güte)或伦常的坏(Schlechtigkeit)①依赖于它们与一个被设定为现实的现存善业(或弊端[Übel])世界的关系，那么我们也就使意愿(Wille)的好或坏一并依赖这个善业世界的特殊而偶然的此在，同时也就依赖于对它的经验认识。无论这些善业叫作什么，例如叫作一个现有社团的福利、国家、教会、民族或人类某个发展阶段上的文化财产和文明财产，意愿的伦常价值都会取决于以下的状况：它究竟是"包含着"这个善业世界，还是"促进着"这个善业世界，或者是以促进或阻碍、加快或延缓的方式干预着这个善业世界的现有"发展趋向"。随着这个善业世界的改变，善与恶(böse)的意义与含义也发生变化；而由于这个在持续变化、运动中的善业世界被包含在历史之中，因而人类意欲和存在的伦常价值也参与着这个善业世界的命运。对这个善业世界的毁灭将会取消伦常价值观念本身。一切伦理学都因此而建立在历史经验之上，即这个变换着的善业世界在其中向我们宣示出来的历史经验之上。因而不言自明，伦理学始终只是具有经验—归纳的有效性。伦理学的相对主义也就随之而迅速地产生出来。此外，每一个善都包含在现实事物的自然因果联系中。每一个善业世界都可以通过自然或历史的力量而部分地被摧毁。如果我们的意愿在其伦常价值方面依赖于善业世界，那么我们的意愿也会一同被涉及。它也会因此而依赖于那些处在事物和事件的现实因果进程之中的偶然状况。然而，正如康德合理地看到的那样，这是显而易见的悖谬。

但这样的话，任何一种对各个现存善业世界的批判都会是完全不可能的。我们可以直截了当地在这个善业世界的任意一个部分面前顶礼膜拜，并且将我们自己奉献给可能包含在善业世界之中的各个"发展趋向"。但与此相反，确定无疑的是，我们不仅持续地对这个善业世界进行着批判，例如对真正艺术和非真正艺术、对真正文化和冒牌文化、对实然国家和应然国家进行着区分，而且我们还在对人格与人进行着最高的伦常评估，这些人格与人有可能粉碎这样一个现存的善业世界并且用一些与这个当时现存的善业世界处在极度对立之中的新建理想来取代它。而这显而易见也适用于所有这样一种善业世界的"发展趋向"或"发展方向"。一个发展方向本身还可

---

① 舍勒原则上区分"坏"(schlecht)与"恶"(böse)，它们都是"好"或"善"的对立面。但"善"与"好"在他那里是一个词：gut，只是中译本在遇到不同的对立面时才采用不同的中译概念。对此可以参阅舍勒在《形式主义》中的一个简单说明。——中译注

以是好的或坏的。而在拉比式的法则道德方向上以及在一大批偏偏用上帝来做的迷信交易方向上对先知伦理学与宗教志向的继续构建也曾是一种"发展"。但这是一种在坏的方向上的"发展",而与这些发展相抵御并最终打断了这种发展的意欲才是善的。因此,首先确定"世界"或现存"生活"或人类"文化"等的一个发展方向(无论这种发展是否带有一个进步的、以价值增多为目的的特征,还是带有退步的、以价值减少为目的的特征),然后再把意愿行为的伦常价值放在它们对于那种"发展"进程所具有的含义上加以衡量——任何一种这样的企图自身都同样带有那种被康德合理拒绝了的善业伦理学的所有特征。

这些情况恰恰也适用于任何一门想要确定一个目的(Zweck)的伦理学,无论是一个世界的目的,还是人的目的,或人类追求的目的,或一个所谓的"终极目的",而后又用与这个目的的关系来衡量意欲的伦常价值。每一门如此进行的伦理学都必然会为此目的而将善与恶的价值低估为单纯的技术价值。只有当正在设定或已经设定了目的的意欲是善的,目的本身才是有正当理由的。这对所有目的都有效,因为它对目的的本质有效,而哪一个主体在进行这个目的设定,这是无关紧要的;这也对某些"神性的"目的有效。只有在伦常的善上,我们才能将神的目的区别于魔鬼的目的。如果人们谈及"好的目的"和"坏的目的",伦理学就必须对此加以拒绝。因为目的永远不会是好的或坏的,无论在目的设定中应当得到实现的价值是好是坏,无论设定目的的行为的价值是好是坏。不仅对目的的一种特殊实现才是既不好也不坏的,而且对一个目的的设定就已经是既不好也不坏的了。正因为如此,好的行为和坏的行为永远无法用与一个目的关系来衡量,即无法以它是促进还是阻碍这个目的的情况来衡量。好的人格也为自己设定好的目的,但在不了解以何种方式和在哪一些阶段上做出某个目的的设定的情况下,我们永远无法在单纯的目的内容方面发现那些将目的的一部分标为好、另一部分标为坏的共同标记。因此,好与坏肯定不是一些以某种方式从经验的目的内容中获取的概念。每一个目的,只要我们所了解的是它本身而不是它如何被设定的方式,就不可能是好的或坏的。

我们不再对康德的这一伟大明察之含义和更确切的意义作进一步深入的分析,尤其是因为我们并不担心,在这些命题中会遭遇到某个只有我们在这里才会关注的循环的矛盾。

但对我们来说至关重要的是康德从这个明察中所得出的结论。

他认为，他所揭示的要比他已经揭示的东西更多。一门具有正确方法的伦理学不仅要拒绝善业和目的，而且要拒绝所有质料自然的价值，它们都是善与恶概念及其构造的预设。"凡是把欲求（Begehrung）能力的客体（质料）预设为意愿（Wille）规定根据的实践原则，一概都是经验的，并且不能提供任何实践法则。所谓欲求能力的质料，我是指其现实性为人所欲求的对象。"①

由于康德在伦理学论证过程中试图撇开现实的善业事物不论，而这是合理的，于是他也就随即认为，可以不去考虑在这些善业中展示出来的价值。但是，只有当价值概念不是在独立的现象中得到其充实，而是从善业中抽象出来时，或者，只有当它们可以从善业事物对我们的快乐或不快的状态所起的实际作用中被看出来时，康德的做法才是正确的。而康德所做的缄默不语的预设之一就在于，他认定上述情况的存在。康德进一步结论是：伦常方面的正当与不正当、善与恶，只可能涉及在目的之间存在的形式关系（统一与和谐对立于矛盾与不和谐），这个结论预设了：在一个生物为自己设定的经验的目的之前以及在独立于这个目的的情况下，根本不存在一个意愿构成的阶段，在这个阶段中，这个相关意欲的价值方向已经在不具有特定目的观念的情况下被给予。我们要说，康德的这些结论是谬误的。而且恰恰是从这些谬误中，而不是从那种我们也认为有效的、对所有善业伦理学和目的伦理学的拒绝中，前面所引诸命题中的第一个命题便得以产生：一切质料伦理学都必然地必定是善业伦理学，或者说，目的伦理学。现在需要对此进行更为仔细的证明。

第1章 善业与价值

正如颜色的名称所指明的仅仅是物体事物的特性一样——即使在自然的世界观中，颜色显现也大都只是就其作为区分不同物体事物单位的手段所起的作用而得到注意——价值的名称也仅仅指明那些被我们称作"善业"的、以事物方式被给予的单位之特性②。就像我可以在一个纯光谱颜色中使一个红作为单纯延展的性质（Quale）被给予我，同时并不将它理解为一个物体平面的表层，而只将它理解

---

① 康德：《实践理性批判》，第一部，第一卷，第一章。（译文引自中译本康德：《实践理性批判》，韩水法译，北京，商务印书馆，1999。但有改动。下同。——中译注）
② 对此可以参阅笔者《论自身欺罔》一文，载《病理心理学杂志》，第一辑，第一册，第139页以后。

为平面或一个空间类型的东西，我也可以原则上接触到像适意的、诱人的、可亲的，还有友好的、雅致的、高贵的这样一些价值，同时却并不将它们想象为事物或人的特性。

让我们首先来尝试着从感性适意之物的领域出发，就最简单的价值来证明这一点，即是说，在价值质性与其事物载体的联系或许还是可想象的最密切的地方。每一个美味的水果也都有它的特殊种类的美味。因此，情况完全不在于，只有这同一个美味融化在杂多的感觉之中，例如融化在樱桃、杏子、桃子在品尝或观看或触摸时所带来的感觉之中。在任何情况中，美味在质性上（qualitativ）都不同于在其他的情况中；而使这美味的质性差异得到区分的，既不是那些每次与它相连的味觉、触觉和视觉，也不是在对这些水果的感知中多重地显现出来的水果特性。"感性适意之物"在这种情况中所具有的价值质性是价值本身的真正质性。毫无疑问，我们可能根据我们的技艺和能力来把握它们，并且在不顾及视觉、触觉的感觉功能的情况下，或在不通过品味以外的其他感性功能的情况下来区分它们；当然，如果我们习惯了例如气味（在品味中）的共同作用，那么要想在排除气味的任何共同作用的情况下进行（美味的质性差异的）区分还是十分困难的。对于生手来说，在黑暗中区分红酒和白酒就已经相当困难了。但这个事实以及类似的一批事实，例如在排除嗅觉的情况下对各种美味区别力的缺失，仅仅表明相关人所具有的层次不一的技巧以及他对相关美味之接受和理解的特殊习惯。

但在这个领域中有效的东西，在更大的程度上也对在感性适意之物的领域以外的价值区域有效。因为在感性适意之物的领域中，价值毫无疑问是与我们的状况变换以及同时与为我们带来这种状况的特殊事物最紧密地联结在一起。显而易见，正因为此，语言没有为这些价值质性本身构造出特殊的名称，而只是或者根据它们的事物载体（例如玫瑰气味的适意）或者根据它们的感觉基础（例如甜味的适意、苦味的不适意）来区分它们。

完全确然的是，例如与可爱的、诱人的、庄严的、美的等这样一些语词相应的美学价值，并不只是一些在作为这些价值之载体的事物的共同特性中获得其充实的概念语词。这一点已经通过这样一个事实而得到表明：倘若我们试图掌握这样一些"共同特性"，那么在我们手中从根本上说不会留下任何东西。唯当我们将这些事物置于另一个并非价值概念的概念之下，亦即例如当我们去探问可爱的花瓶或花朵或马的共同特性，这时我们才有可能给出这些共同的特征。因而这样一类价值是不可定义的。尽管它们无疑地具有"对象性",我们也必须先将它们附着在事物上被给予我们,然后才能将有关的事物称为"美的""可爱的""诱人的"。这类语词中的每一个,都将一系列在质性上有层次分别的价值显现总合为一个价值概念的统一,但它所总合(zusammenfassen)的并不是那些价值不同的特性,这些特性只会以它们固定的聚集(Zusammensein)来佯装给我们一个独立价值对象的假象。

但这也适用于那些隶属于伦理学领域的价值。一个人或一个行为是"雅致的"或"粗俗的"、"勇敢的"或"怯懦的"、"纯洁的"或"邪恶的"、"善的"或"恶的",这并非是通过我们所能给出的在这些事物或过程上的固定标记才为我们所确定,而且在这些事物或过程中也根本不存在这些标记。在某些情况下只需要一个唯一的行为或一个唯一的人便足以使我们能够在他之中把握这些价值的本质。相反,每一个试图在价值领域本身以外来为例如善与恶制定共同标记的做法,都不仅会导致理论意义上的认识谬误,而且也会导致最严重的伦常欺罔。每当人们误以为善或恶是与一个在价值领域本身以外存在的记号相联结时,无论这记号是一些可证明的人的身体或心灵的资质与特性,还是对一个阶层或派别的从属性,并且每当人们据此而谈及"善与公正"或"恶与不公正"时,就像讨论一个客观可确定和可定义的类别一样,人们总是必然会沉迷于某种"法利赛式的伪善"(Pharisäismus),这种伪善把"善"的可能载体以及它们的共同标记(作为单纯载体)看作相关的价值本身并且看作价值的本质,但它们却只是作为载体才对这些价值发挥作用。耶稣所说"无人是善的,唯有上帝除外"(即善属于他的本质)这句话的意义似乎只能在于,用这个事实情况来反驳"善与公正"。他并不想说,没有人在这个意义上是善的:没有人能够具有是善的特性的特性。他只是想说,"善"本身永远不会处在那种可以从概念上给出的人的特性之中——恰恰有别于那样一些人的看法,这些人想要根据可给出的实在的、从属于表象领域的标记来区分善者与恶者,就像区分山羊与绵羊一样①,这就在某种程度上构成了法利赛式的伪善的永恒范畴形式。当我们

---

① 区分绵羊与山羊的说法取自《圣经》马太书(25.31—25.35):在最后的审判时,人子耶稣"要坐在荣耀的宝座上;地上万民都要聚集在他面前。他要把他们分为两群,好像牧羊人从山羊中把绵羊分别出来一样。他要把绵羊放在右边,山羊放在左边。然后,王要对他右边的人说:'蒙我父亲赐福的人哪,你们来吧!来承受从创世以来就为你们预备的国度。'"——中译注

合理地说出一个价值时，只想从那些本身并不从属于价值显现领域的标记和特性中得出这个价值，这总是不够的①。价值必须始终是自身直观地被给予的，或者必须回溯到这样一种被给予性上。正如询问所有蓝的或红的事物的共同特性是无意义的一样，因为对此的唯一可能的回答就是，这个特性就在于，它们是蓝的或是红的，与此相同，询问善的或恶的行为、志向(Gesinnung)、人等的共同特征也是无意义的。

根据上面所说可以得出，存在着真正的和真实的价值质性，它们展示出一个具有特殊关系和联系的特有对象区域，并且作为价值质性就已经可以是更高的和更低的。但是，若果如此，那么在它们之间也就存在着一个秩序(Ordnung)和一个等级秩序(Rangordnung)，它完全独立于一个它在其中显现出来的善业世界的此在，并且完全独立于在历史中这个善业世界的运动与变化，而且对它们的经验来说是"先天的"(a priori)。

然而有人或许会指责说，我们所表明的仅仅是：价值不是事物的特性，或者至少原初不是这种特性；但也许必须将它们看作力量或能力或处在事物之中的禀性(Disposition②)，它们在感受着和欲求着的主体中引发出(kausieren)某种东西，或者是感受状态，或者是欲求。在康德那里也可以发现，在某些地方他似乎偏向于这个首先为洛克所倡导的理论。倘若这个理论是正确的，那么所有对价值的经验自然也就必须依赖于这种"力量"的作用，依赖于这种"能力"的实现，依赖于对这种"禀性"的激发③。价值之间的关系，例如它们的高、低关系，而后也就必须依据这种力量和能力或实在禀性的实在联结。在这种情况下，康德无论如何在这点上是合理的，即每一个质料的伦理学都必定是经验—归纳的。而反过来，所有对价值的判断则必定脱离开那些作用，即这些事物借助于这种力量、能力、

---

① 但在各种价值认定之间或许会存在一致和争论，以及杂多类型的推导关系，但它们并不具有逻辑本性，而是从属于价值区域的独立合法性，并且建基于价值本身之间的本质联系与本质不相容性之上。
② 这个概念也可以译作"素因"或"倾向"等。——中译注
③ 这种学说不应被混同于以后还要提到的那种理论，那种理论把价值回归为"持久的可能性"或回归为在这些感受与欲求的进程中的一个特定秩序，但把价值的为我的主观此在，即价值意识，回归为感受禀性和欲求禀性或对这种禀性的"激发"——完全类似于实证主义将感知事物回归为感性显现过程的一个秩序，或者(在主观方面)回归为这些感性显现之间的期待联系，以至于价值与现时感受之间的关系就像事物与感觉内容的关系一样。

禀性而对我们这些具有特定实在自然组织的生物所发挥的作用。而所有对价值关系的判断就更是必须脱离开那些作用了。因为，由于人们几乎无法倾向于认可"更高的"和"更低的"力量与能力，他们就必须把这些区别或者回溯到这些力量（例如一个特殊的价值能量）各自的程度上，或者回溯到某些处在事物之中的元素力量的总量上，或者将这个区别完全移置到主体之中，以至于人们可以说，所谓较高的价值就是那些激发起更为急迫之欲求的价值。①

但是，就像这个理论对于颜色及其秩序来说——洛克也用它来解释它们——是根本谬误的一样，它对于价值来说也是根本谬误的。人们会徒劳地探问，那些"力量""能力""禀性"究竟存在哪个世界角落？它们指的是特殊的"价值力量"？或者，这些力量就是自然科学也赋予事物的力量，如附着力、内聚力、重量等？显然，在前一种情况中引入了一种纯粹隐蔽的质性（qualitas occulta）、一个 X，它只有通过那种被误以为会对它进行"说明"的"作用"才获得其全部的意义——例如就像莫里哀的沉睡力（vis dormitiva）。但如果我们将价值仅仅理解为某些自然力量对欲求着和感受着的生物所起作用的特例——因为，那些力量似乎并不存在于事物的相互作用中，因为自然科学不探讨这些力量也能成立——那么这个命题也就被弃置了。而后，价值就不是这样的力量，而恰恰是那些作用，是欲求和感受本身。但这恰恰导致了完全另一种价值理论②。这同样也适用于对含糊的"能力"和"禀性"的假设。价值是一些清楚的、可感受的现象，不是一些含糊的、本身只能通过那些熟识的现象才获得其意义的 X。如果我们根据我们在一个过程中所发现的一个可感受的价值素材（Wertdatum）来预设这个过程的价值，那么我们也许可以暂时将这个过程——不是它的价值——的尚未完全被分析的原因在语言上不尽严格地标识为"价值"。例如我们就是如此地谈论食物、碳水化合物、脂肪、蛋白等所具有的不同"营养价值"。但在这里所涉及的并非是特殊的、含糊的"能力""力量""禀性"，而是化学上特定的材料和能量（在化学和物理学的意义上）。我们在这里预设了给养（Ernährung）的价值，同样也预设了在充饥时直接被给予我们的食物（Nahrung）的价值——而且它明确地有别于充饥本身的价值以及与

---

① 而对于感受，我们就必须谈及更大程度的可激发性（Erregbarkeit），这也当然不能等同于感受（快乐与不快）的强度。
② 笔者在这部著述的第二部分、第五篇"质料的价值伦理学与幸福主义"、第 1 章中讨论这个理论。

此(不是始终)相关联的快乐的价值。只有这时才有可能提出这样的问题：通过哪些化学特性，一个特定的物体对一个特定的生物，例如对人，在正常的状态下，在消化和材料变换等方面承载着这种食物的价值(对于其他动物来说，也许这同一个物体是"毒药")，并且通过这个材料的哪些份额，这个物体承载着这个价值的哪些范围。但要是我们说，这个营养价值就存在于那些特殊的化学物质之中，或者说，就在于这种物质会程度不同地出现在一个食品中，那就大错特错而且还会令人不知所措。千万不能将一个事实与一个完全不同的主张相混淆！一方面是这样一个事实：存在着朝向价值的禀性，更明确地说，在事物和物体中存在着价值的载体，例如存在着"食物"这个价值的载体。另一方面则是这样一个主张：这些事物的价值本身无非就是一种特定的禀性或能力。

一切价值(也包括"善"与"恶")都是质料的质性，它们彼此相对具有一个在"高"与"低"方面的特定秩序。而这并不依赖于它们所接受的存在形式，例如无论它们是作为纯粹对象性的质性伫立在我们面前，还是作为价值状态的成分(例如某物的适意或美)，或是作为在善业中的部分因素，或是作为"一个事物"具有的价值。

随之而确立的价值存在相对于事物、善业、实事状态的最终独立性在一系列事实中鲜明地显现出来。我们了解价值把握的一个状况，在这里一个实事的价值已经非常清楚和明见地被给予我们，而这个价值的载体却没有被给予我们。例如一个人对我们来说是尴尬讨厌的或适意可亲的，而我们无法说出道理何在；我们会把一首诗或一个其他的艺术品把握为"美的"或"丑的"、"雅致的"或"粗俗的"，同时却丝毫不知有关形象内容的特性是什么；一个对象、一间房间是"友好的"或"难堪的"，同样在一个空间中的逗留也是如此，而我们却不知这些价值的载体是什么。这既是针对物理实在而言，也是针对心理实在而言。一方面是对价值的经验，另一方面是相即性的程度和明见性(完整意义上的相即性加上明见性就是"自身被给予性")，它们都不表明自己依赖对这些价值载体的经验。就连这个对象的含义，即它在这方面是"什么"(例如一个人是"艺术家"还是"哲学家")，也可以随意地变动，而与此同时，对我们来说，它的价值却并不一同产生变动。在这些情况中很清楚地昭示出：价值在存在中是如何独立于它们的载体。这既是针对事物而论，也是针对事态而论。对葡萄酒价值的区分并不在任何意义上以对这些或那些葡萄的成分、产地以及酿造方式的知识为前提。而"价值状态"也只是实事状态的价值而已。"价值状态"被给予我们并不是以我们对实事状态的把握为条件的。我可以想起去年八月的某一天"曾是美好的",同时却并没有一同想起我当时是去拜访一个特别要好的朋友。甚至对我们来说,一个对象(无论它是被回忆还是被期待,是被想象还是被感知)所具有的价值微差(Wertnuance)既是我们关于它所获得的最首要的东西,也是每一个整体的价值,这些对象就是这个整体之中的环节或部分,并且可以说是在这个整体中才完整地展开其形象内容和(概念)含义的"媒介"(Medium)。可以说,对象的价值走在对象前面;价值是对象自己的特殊本性的第一"信使"。当对象本身还是含糊不清时,对象的价值就已经是清楚明白的了。在每一个环境把握的同时,我们首先把握这个无微差的整体并在这个整体上把握它的价值,但又在这个整体的价值中把握部分价值,而后那些根本的形象对象才将自身"置于"这些部分价值之中。

但我们在这里将此撇开不论,需要深入研究的是,例如在简单的颜色、声音以及它们的组合中,所谓的感受价值在被给予性的奠基中如何来对待有关内容的其他特性,或更确切地说,其他标记。在这里对我们来说至关重要的是价值把握对价值载体的不依赖性。这当然也适用于价值关系。我们可以把握到,一个实事的价值要高于另一个实事的价值,同时不必具有与这种把握的严格性和清晰程度相符的对此实事本身的知识,而且同时也不必以有别于在意识中单纯"被意指"的方式来拥有这个我们当下进行比较的实事①。

随之我们也就可以看到,价值质性并不随实事而变化。就像一个蓝色的球被涂红时,蓝颜色并不会变红一样,价值及其秩序也不会因为它们的载体在价值中的改变而受影响。食物始终是食物,毒药始终是毒药,即使这些物体对于这个或那个生物体来说可能既是有毒的,同时又是可食的。友谊的价值并不会因为我的朋友被证明是虚伪的或者因为他出卖了我而受到损害。价值质性的鲜明质性差异也不会由于我们常常极难区分一个实事具有哪些质性不同的价值而受到损害②。

但价值质性和价值状态与事物和善业的关系是如何的呢?

---

① 后者对所有关系都有效。
② 据上所述,很明显,仅仅因为价值判断常常就同一个实事相互矛盾,便想把价值视为"仅仅是主观的",这种做法是没有根据的。这个论点在这里是如此没有根据,就像笛卡尔和赫尔巴特在颜色和声音方面的论点一样;即是说,同样没有根据的是:由于在根据光谱对基本颜色单位进行区分时,在一个颜色开始而另一个颜色结束的地方,常常会有偏差产生,人们就可以为此而把基本颜色单位看作随意的。

价值绝不是作为善业才有别于我们在面对它们时所体验到的感受状态与欲求。价值在作为最简单的质性时就已经是如此了。撇开实证主义哲学家们所倡导的、将事物仅仅视为"诸显现排列的一个顺序"的完全谬误学说不论，他们在我们所提的这个问题上也是谬误的，因为他们将价值与各个现时欲求和感受之间的关系完全等同于事物与它的各个显现之间的关系。价值作为价值现象（无论是"显现"还是"真实的"）就已经是不同于所有感受状态的真正对象了，一个完全没有联系的"适意"也有别于与它相接的快乐，甚至在一个仅有的事例中就已经是如此。在仅有的一个与适意的东西相接的快乐之简单情况中，我们就能够——而不是在一连串的情况中，我们才能够——区分快乐与适意。如果价值，例如按科内利乌斯①的观点，已经表明是"事物"的同类项，那么善业如何区分于价值。它们难道是第二级的事物吗？而这又意味着什么呢？

针对这种观点还应当说：正如在自然世界观的感知中"首先"被给予我们的并不是感觉的内容，而更多的是事物，但是，唯当这些"内容"将这个事物本身标识为，并且是在那些本质本然地属于事物统一之结构的特殊显现方式中标识为这个含义的载体时，它们才被给予我们；与此相同，在自然的世界经验中"首先"被给予我们的也不是纯粹的价值质性，相反，只有当它把善业标识为，并且是在属于这个作为整体的善业之结构的特殊微差中标识为这个特定种类的一个善业，它才被给予我们。每一个"善业"都已经展示了一个微小的价值"等级"②；而进入其中的价值质性在不影响其质性同一性的情况下还会在其可感受的如在（Sosein）中被染上不同的色彩。因而，例如一个艺术品——在不影响其作为这种"善业"的客观同一性的情况下——会带着在美感的基本价值之间变幻不定的实施规则而贯穿历史上完全不同的"理解"中，并且它为不同的历史时期提供完全不同的价值视角（Wertaspekt）；然而这些价值视角始终受它的这个作为善业的具体本性以及它的价值的内部建构的共同制约。人们永远无法将它们划分成简单价值质性的一个单纯"数目"。但只有当我们在一个特殊的行为中去关注我们与它的感受关系，并且看到在它之中从其价值整体中"被给予"我们的东西，这时，这些"视角"，即这个艺术品价值的可感性内涵，就是单纯的"视角"或如此类型的"内

---

① H. 科内利乌斯：《哲学引论》《作为经验科学的心理学》。
② 由于价值首先有较高较低之分，因此我们在善这里使用"等级"一词要比像在事物这里所使用的"结构"一词更好。

涵",这一点才会凸显出来,而且还可以在更为鲜明的程度上凸显,如果我们在视角的和此类内涵的变换中体验到对在它们之中被把握到的善业的直接认同。例如,如果我们弄清了在其历史上如此不同"价值视角"中的经典古代的善业世界。

"善业"与价值质性的关系就像事物与充实着它的"特性"的那些质性的关系。这就已经是说:我们必须在善业,即"价值事物"(Wertdinge)与事物所"具有"的,"划归"给事物的单纯价值,即"事物价值"(Dingwerte)之间做出区分。例如善业并不奠基于事物之上,以至于某物首先必须是事物,而后才能是"善业"。毋宁说,善业展示着奠基于一个特定的基本价值之中的诸价值质性或诸价值状态的"事物性"(dinghaft)统一。但在善业中当下的是这个事物性(Dinghaftigkeit),而不是"这个"事物。(因此,如果事关一个"物质的"善业,在它之中当下的或许是物质性的现象,而不是这个物质。)一个自然的感知事物可能会是某个价值的载体,并在此意义上是一个有价值的事物;但只要它的作为"事物"的统一本身不是通过一个价值质性的统一而被构造起来的,而只是偶然地在它身上发现价值,那么它就不是一个"善业"。在这种情况下可以说,一个"实事(Sache)"(这是一个我们用来称呼事物的语词,因为事物就是一个关系的对象,这个关系是一个与通过意志力来支配的能力的关系)奠基于价值之中并且被体验到。因此私有财产(Eigentum)的概念既不预设单纯的事物,也不预设善业,而是预设"实事"。善业则相反,它是一个价值事物。

事物单位与善业单位的差异性鲜明地表现在:例如,一个善业可以被摧毁,而那个展示着同一个实在对象的事物却并没有一同被摧毁,例如一个褪了色的艺术品(图像)。同样,一个事物可以划分,而这同一个对象作为"善业"却并不因此被划分,而是被毁灭,但或者也会并不因此而受影响——如果这个划分所涉及的是对其善业特征而言无关紧要的方面。因而善业的变化并不等同于同一些作为事物的实在对象的变化,反之亦然。

只是在善业中,价值才成为"现实的"。它们在有价值的事物中还不是如此。但在善业中,价值是客观的(它始终是如此),同时是现实的。随每一个新的善业的形成,现实世界都在进行真正的价值增长。价值质性则相反是"观念客体",就像颜色质性和声音质性一样。

因此,可以这样来表达以上所说:善业与事物具有同样的原初的被给予性。我们用这个命题来进行双重的拒绝：其一是拒绝任何一种这样的尝试，即把事物自身的本质、事物性回归为一个价值，但把所有的事物统一回归为善业统一。每当人们把事物统一回归为一个单纯的内容与感觉的"经济"总和时（恩斯特·马赫），或者回归为一种"可用性""可控性"的统一时（如柏格森），或者每当人们以为可以把事物理解为一个单纯的对承认（或是连同或是不连同一个被同感到的感受内涵）的"要求"时，他们都是进行这样的尝试。按照这些理论，所有单纯的直观质料——独立于特定种类的价值——都还根本没有被赋予事物的形态，并且只有通过已经由价值所指引的总和才能做到这一点。这样，事物本身就是一个单纯的价值单位。但是，在这里——不去考虑其他的迷误——显然是把导致自然世界观中事物的特殊统一构成的东西与这个统一形式的本质混为一谈。诚然，价值可以用来说明前者，但永远不能说明后者。

从发生（Genese）的原初性的立场来看，我们觉得情况毋宁说是这样的：在自然世界观中，实在对象"首先"既非作为纯粹事物、也非作为纯粹善业而被给予，而是作为"实事"（Sache），即作为就其是有价值的而言的（并且本质上是有用的）事物。但从这个中间点——可以说——出发，对纯粹事物与纯粹善业的综合（在持续地忽略一切事物本性的情况下）而后便得以开始①。

但通过以上所说，把"善业"看作"有价值事物"的做法也遭到拒绝。因为对于善业来说，根本性的东西恰恰在于，价值在这里看起来不只是建立在事物上，而且善业可以说是完全为价值所贯穿，而且一个价值的统一已经指引着所有其他处在善业中的质性之总和性——既包括其他价值质性，也包括那些不展示这些质性的质性，例如颜色、形式这类事关物质善业的质性。善业统一奠基在一个特定的价值上，这个价值在善业中可以说是充填了（并不是"代表了"）事物性的"位置"。因此，在一个相同质性的世界中，事物可以是完全不同于它们之所是，而这个善业世界却是同一个。因而自然的事物世界永远不会，并且在任何一个善业领域中都不会对善业世界的构形起到某种规定作用，或者哪怕只是起到限定作用。世界原初就是一个善业，就像它是一个"事物"一样。善业世界的所有发展也永远不会是对自然事物发展的一个单纯继续，或者永远不会受其"发展方向"的规定。

---

① 这里的"实事"不能等同于法学上的"物事"概念，后者预设了善业与事物的区分。

相反，善业世界的任何构成——无论它如何进行——都已经受到某个价值级序的指引，例如一个特定时期的艺术构成。无论是在善业彼此的等级秩序中，还是在任一个别的善业中都因此而反映出主宰的级序。这个价值级序虽然根本不会明确地规定相关的善业世界。但它为这个世界划定了一个可能的游戏空间，善业的构成不可能发生在这个空间以外。它因此对于相关的善业世界而言是先天的。哪些善业得以实际地（faktisch）构成，这取决于在这里所运用的精力，取决于构建着它们的人的能力，取决于"质料"①和"技术"以及成千上万的偶然事件。但仅仅从这些实际因素（Faktoren）出发——不借助那个被认作质性的价值级序以及一个瞄向它的行动——善业世界之构成是永远无法得到说明的。现存的善业已经处在这个级序的主宰之下。这个级序不是从善业中抽象出来的，也不是它们的结果。尽管如此，这个价值级序是一个质料的级序，一个价值质性的秩序。只要它不是绝对级序，而只是一个"主宰的"级序，它便是在那些处在价值质性之间的实施规则中展示自己，而这些实施规则决定着时代的灵魂。这些级序的系统在美学的价值领域中被我们称为一种"格调"，在实践的价值领域中被我们称为一种"道德"②。这些系统又表明一种拓开和发展。但这种发展完全不同于善业世界本身的发展，而且是在独立于它的情况下可变的。

从以上所述可以清楚地看到，我们这里所要讨论的问题是什么。首先是那个为康德正确而恰当地所强调的（在这里被普遍化的）定理："没有一门哲学的价值学说（无论是伦理学还是美学）可以把善业作为前提，更不可以把事物作为前提"。但同样明显的是，很有可能在它之中发现一个质料的价值序列，以及一个秩序，它完全独立于善业世界以及它的变换形态，并且相对于它而是先天的；因而从康德的第一个伟大的明察中推导出的定理是一个完全谬误的定理：在非伦常的（以及非美感的）价值方面根本不存在它的独立于"经验"（在归纳的意义上）的本质内涵和级序，但对伦常的（和美感的）价值来说则只存在一个形式的、撇开所有作为质料质性的价值的合法则性。

---

① 所有物质（Materie），只要是在独立于它们事物划分的情况下被用在善业构成上，就是"质料"（Material）。

② 关于这里所说可以参阅笔者的论文《论怨恨和道德的价值判断》，载《病理心理学杂志》（1912年）。参见韦尔夫林，《造型艺术的格调》（《普鲁士科学院论文集》，1912年）。

第 2 章 "善"与"恶"价值与其他价值以及与善业的关系

康德曾试图将"善"与"恶"这两个价值语词的含义回归为一个应然(无论它是一个观念的应然、"应然的存在[Sollsein]",还是一个律令的应然、"存在的应然[Seinsollen]")的内容之所是。或者,他试图表明,若没有一个应然,也就根本不会有一个"善"或"恶"。他的这个企图也是错误的。而且问题并不在于将这些价值回归为一个行为(意欲)的单纯"合法则性",更明确地说,不在于将价值回归为一个偏好活动与一个法则的一致性,即回归为"正当的东西"。——这些在后面还应当得到详细地指明①。

这里的问题是:"善"与"恶"的价值相对于其他价值具有哪些特殊性,并且它们与其他价值是如何本质地联结在一起的。

康德合理地将"善"与"恶"鲜明地区分于所有其他的价值,并且也更合理地区分于善业与弊端(Übeln)。他说,"德语有幸,具备一些不让这些区别忽略过去的语词。对于拉丁人用善(bonum)一个词所指称的东西,德语却有两个极具差异的概念以及同样极具差异的语词:相应于善(bonum),德语有善(das Gut)和福(das Wohl),相应于恶(malum),德语有恶(das Böse)或弊(das Übel)。""但是,善或恶任何时候都意指对于意愿的一种关联,只要这个意愿受理性法则的决定而使某种东西成为它的客体。"(《实践理性批判》,第一部,第一卷,第二章)

但是,康德试图完全否认"善"与"恶"的价值本性,以便用"合法则的"(gesetzmäßig)与"违法则的"(gesetzwidrig)来取代它们,这个企图是无效的;同样无效的还有康德所主张的那种在善恶与其他价值之间的完全无关联性。

当然,如果价值仅只是事物对我们的感性的感受状态的作用结果,那么"善"与"恶"也就不可能是价值;而且将某物称为"善"和"恶"的权利也就更不可能受它与其他价值的关系制约。这样,对于理性生物、对于神来说,也就不存在"价值",因为它们完全依赖于一个感性地感受着的生物的此在;当然也就不存在"更高的"和"更低的"价值。而且,如果不想坠入到这样一个主张中去,即主张"善"与

---

① 参见这部著述的第二部分、第四篇。

"恶"只是相对于感性适意的技术价值，那么人们也就必须说：一个意欲（Wollen）正倾向于实现这个或那个质料的价值，无论这是一个正价值还是负价值，但这一点永远不可能使它在伦常上变好或伦常上变坏。善的存在或恶的存在于是就完全独立于所有质料的价值实现。这事实上就是康德的主张。我们试图实现的究竟是高贵还是粗俗、是福还是苦、是益还是损，这对意欲的是好还是坏来说是完全无关紧要的；因为在他看来"善"与"恶"这两个语词的含义完全从合法则与违法则的形式中便得以穷尽，我们根据这个形式来把对一个价值质料的设定并入到对另一个价值质料的设定之中。

让我们先不去考虑这个主张是如何令人难以置信，它忘记了魔鬼的目的并不比上帝的目的更少"系统性"。而后，康德的第一个谬误就在于，否认"善"与"恶"是质料价值。但它们——如果人们不是试图去建构——是特别类型的清楚可感受的质料价值。当然，在这里没有什么是可以被定义的，就像所有最终的价值现象一样。我们在这里只能要求，仔细地去观看我们在对善与恶的感受中所直接体验到的东西。但我们或许可以探问这些最终质料价值的显现条件，同样可以探问它们的本质必然载体以及它们的等级；也可以探问在它们的被给予过程中的特有反应类型。

让我们来研究这个问题。

如果康德说，一个特定质料价值的实现永远不会自身（an sich）是善的或恶的，那么这肯定是正确的。倘若在质料价值中并不存在那种建基于它们本质之中——而非建基于偶然地承载它们的事物之中——的等级秩序（Rangordnung），那么事情必定始终是如此。但这种等级秩序是存在的。如果它存在，那么，"善"与"恶"具有何种与其他价值的关联，这个问题对我们来说便显得很清楚。

这样，"善"这个价值——在绝对的意义上①——就是合本质地在对一个（对于实现着它的本质的认识阶段来说）最高价值的实现行为中显现出来的价值；但"恶"这个价值——在绝对的意义上——则是在对最低价值的实现行为中显现出来的价值。而相对的善与恶则是一种显现在朝向一个——从各个价值出发点来看——较高或较低的价值之实现的行为上的价值。但这就意味着，一个价值的较高存在是在"偏好"（Vorziehen）②行为中被给予我们的，一个价值的较低

---

① 绝对意义上的"善"并不等于无限意义上的"善"——这是一个仅属于上帝理念的"善"。因为无论如何只有在上帝中，我们才能看到绝对最高的善被把握到。

② 并非偏好或偏恶的行为是善的或恶的；因为这些行为是认识行为，不是意愿行为。

存在是在"偏恶"(nachsetzen)行为中被给予我们的[①]：伦常上为善的是这样一个实现价值的行为，就其所意指的价值质料而言，它是与"被偏好的"价值相一致，与"被偏恶的"价值相争执的；但为恶的则是这样一个行为，就其所意指的价值质料而言，它是与被偏好的价值相争执并且与被偏恶的行为相一致的。在这种一致与争执中并不存在例如"善"和"恶"；然而这种一致或争执肯定是对"善"与"恶"之存在而言的本质必然标准。

但是其次，"善"这个价值是一个附着在实现着的行为上的价值，这个行为在较高的（或最高的）价值层次以内实现着不同于负价值的正价值；"恶"这个价值则是一个附着在实现着负价值的行为上的价值[②]。

因此，康德所否认的"善"与"恶"和其他价值的联系是存在的。因而一门质料的伦理学之可能性也是存在的，它可以根据其他价值的级序来规定：哪一种价值实现是"善的"和"恶的"。就本质认识所拥有的每一个质料价值领域而论，存在着一门完全确定的质料伦理学，在它之中可以指明在质料价值之间的实事相应的偏好法则。

质料伦理学是由以下的公理所承载的。

一、

1. 一个正价值的实存本身就是一个正价值。
2. 一个正价值的非实存本身就是一个负价值。
3. 一个负价值的实存本身就是一个负价值。
4. 一个负价值的非实存本身就是一个正价值。

二、

1. 在意欲领域中附着在一个正价值之实现上的价值是善的。
2. 在意欲领域中附着在一个负价值之实现上的价值是恶的。
3. 在意欲领域中附着在一个较高（最高）价值之实现上的价值是善的。
4. 在意欲领域中附着在一个较低（最高）价值之实现上的价值是恶的。

[①] "Vorziehen"一词在德文中具有"优待""偏好""提前"等含义。与此相对的动词是"Nachsetzen"。以下每当"Vorziehen"在与"Nachsetzen"一同出现时，它便被译作"偏好"，相对于作为"Nachsetzen"的"偏恶"（当然也可以译作"前置"与"后设"）。此外，与此相关的名词是"Vorzug"，在以往舍勒的中译本中，它也被译作"优先"。但"优先"概念只能适用于表述主格而无法表述宾格，而"Vorziehen"作为及物动词却主要被用来表述宾格。故而译作"偏好"。——中译注

[②] 较高的和较低的价值构成了一个秩序，它当然完全有别于在每一个高度都发生着的正价值的和负价值的本性。对此参见这部著述的第二篇B、第2章和第3章。

三、在这个领域中,"善"(和"恶")的标准在于在被意指价值的实现与偏好价值的一致(和争执),或者说,与偏恶价值的争执(和一致)。

但有一点康德仍然是合理的。从本质法则上看,"善"与"恶"这两个价值质料本身不可能成为这个实现着的行为(意欲)的质料。例如,如果一个人不愿赐福于邻人——即他并不想实现这个福(Wohl)——而只是利用机会来在这个行为中使自己"为善"或"行善",那么他就不是"善"的并且也没有真正行"善",而实际上是一种法利赛人的游戏方式,他只想在自己面前显得是"善"。只要我们实现(在偏好中被给予的)较高的正价值,"善"的价值便显现出来;它显现在这个意愿行为上。正因为此,它永远不可能是这个意愿行为的质料。它可以说是处在这个行为的"背上",而且是以本质必然的方式;因而它永远不会在这个行为之中被意指。只要康德一方面否认:存在着一个质料的善,它也可以是意欲的质料,他就仍然是合理的;这样的质料始终是并且必然是一个非伦常的价值。但只要他另一方面想通过义务(Pflicht)与合义务(Pflichtgemäßen)的概念来抵补"善",并仍然认为:为了为善,必须为善本身之故而行"善",即是说,"出于义务"(aus Pflicht)来履行义务,那么他自己也就坠入到这个法利赛式的伪善之中。

康德认为,他的主张"善与恶不是质料价值"可以在这一点上找到证明,即这些价值完全不同于善业与弊端。但如果把价值质性区别于善业与弊端——就像我们所做的那样——那么这个证明就被取消了。善与恶是质料价值;但它们——像康德正确指出的那样——本质上有别于所有价值事物。只有在非伦常的价值质料中,并且贯穿它们的始终,善与恶和善业与弊端还是联系在一起的;但在它们之中是事实性地联系在一起。所有"善"与"恶"都必然地束缚在实现的行为上,这些行为是根据(可能的)偏好行为而进行的。但它们并非必然地束缚在选择的行为(Wahlakt)本身上,就好像如果意欲没有进行选择,即如果追求(Streben)的行为没有朝向一个以上的多个被给予的可感受的价值质料,它就不能是善的或恶的一样。相反,最纯粹的和最直接的善以及最纯粹的恶恰恰是在这样一个意愿的行为中被给予的,这个行为是在没有先行"选择"的情况下就完全直接地对准了这种实施。同样,只要进行选择,那么"可以意欲其他"(Anderswollenkönnen)的现象便可以在没有选择行为本身的情况下独自地在此存在。因而无选择地发生的意愿行为完全不是单纯的本能冲动(它只发生在缺乏实施的地方)。但一个实现着一个价值的行为——无论是哪一个生物在偏好它——永远不会是一个价值事物。在这个意义上,"善"与"恶"和价值事物是决然相互排斥的。

然而必须坚定地拒绝康德的这个主张:善与恶原初只附着在意愿行为上。毋宁说,原初唯一可以称为"善"与"恶"的东西,即在所有个别行为之前并独立于这些行为而承载着质料价值的东西,乃是"人格"、人格本身的存在,以至于我们从载体的立场出发便可以定义说:"善"与"恶"是人格价值。一方面很明显,任何一种将"善"与"恶"回归为单纯的应然合法则性之充实的做法,都会立即使这个明察变得不可能。因为,如果说人格的存在是"是一个合法则性的充实",是"合规范的",是"正确的"或"不正确的",这是没有意义的。如果康德把意愿行为视为善与恶的原初载体,那么这也是他的下列做法的一个结果,即他不认为善与恶是质料价值并且此外还试图将它们回归为一个行为的合法则性(或违法则性)。对他来说,只有当一个生物 X 是一个本身非人格的理性活动、首先是实践的理性活动的实施者时,这个生物 X 才是人格。因此他认为,人格的价值只有通过人格的意愿价值来规定,而不是人格的意愿价值通过人格价值来规定①。

但是,特殊伦常价值的载体也还不是个别具体的人格行为,而是它的伦常"能然"(Können)的各个方向——这里的能然是指对那些在价值质性上得到最终区分的观念应然(Sollen)领域之实现的能力(Realisierungskönnen)——这些方向被称作"德行"(Tugend)和"恶习"(Laster),它们被看作与伦常价值相附着的②。但这种"能然"(它与所有单纯禀性的"资质"[Anlagen]无关,但对于它的特殊方向而言既不存在"禀性",也不存在"资质")先行于所有义务的观念,是所有义务观念之可能性的条件。凡是不处在一个生物的"能然"范围中的东西,尽管还可以作为对观念应然的要求而达及这个生物;但它却永远不可能是对于这个生物而言的"命令",并且永远不可能被称作是这个生物的"义务"③。

只有再次而论时,"善"与"恶"的载体才是一个人格的行为,其中也包括意欲与行动的行为。行动是一种特殊的伦常价值载体,这

---

① 对此参见这部著述的第二部分、第六篇 B3"人格的自律"。
② 康德的一个特征在于,他缺少一门真正的德行学说。对他来说,"德行"只是个别的尽义务行为的表现,唯有这些行为才是原初"善的"行为。事实上德行(或恶习)对于所有个别行为的伦常价值来说都是奠基性的。德行学说先行于义务学说。
③ 关于观念的应然与规范与义务的区别,以及关于能然与应然可以参见这部著述的第二部分、第四篇。

在后面还会谈到。这里只需强调：如果康德所说的行为仅仅是指意愿行为，那么这又是一个未经任何论证的康德式构建的片面性。有一大批行为根本不是意愿行为，但却仍然是伦常价值的载体。例如宽恕、命令、听从、允诺以及还有许多其他行为都是如此。

根据以上所述，"善"或"恶"与所有那些可以处在善业和弊端中的质料价值的本质区别便得到了最鲜明的界定。因为，人格既非本身是事物，它也不像对所有价值事物来说是本质性的一样，在自身中承载事物性的本质。作为所有仅只可能行为的具体统一，人格与可能"对象"的整个领域（无论它们是内感知还是外感知的对象，即是说，无论它们是心理的还是物理的对象）相对立；因此也就更是与作为这个领域的一个部分的总体事物性领域相对立。人格仅仅实存于它的行为之实施中。①

---

① 对此参见这部著述的第二部分、第六篇 A，我在那里详细说明了人格的概念。

价值先天与价值样式之间的先天等级关系[1]

我想在下面的论述中表明，即使在一般价值先天(Wertapriori)以内，形式的东西也绝不会与先天的东西相等同，在这里存在着先天本质关系的基本种类。但我在此并不想把所有包含在这些基本种类中的东西都加以阐释。这种做法将意味着展开这门实证的伦理学本身，而这里并没有这样的意图。

第1章 形式的本质联系

在各个先天联系中，可以被称作（纯粹）"形式的(formal)"联系，是那些不依赖任何价值种类和价值质性以及不依赖"价值载体"之观念，并且建基于作为价值的价值之本质中的联系。它们共同展示着一门纯粹的价值学，它在某种意义上与纯粹的逻辑学相符合。而在它之中又区分出一门关于价值本身的纯粹学说以及一门关于价值认定（与逻辑学的"对象理论"和"思维理论"相符合）的纯粹学说。

在这里首先存在着一个本质事实，即一切价值（无论它们是伦理学的还是审美学的等）都分为

---

[1] 本文选自《舍勒全集》第2卷，第99—121页，伯尔尼与慕尼黑1980年版。——中译注

（为简便起见我们要说）正价值和负价值。这一点包含在价值的本质之中，并且不取决于我们是否刚好能够感受到这些特殊的价值对立（即正价值和负价值），如美—丑、善—恶、适意—不适意等。

与此相对的是那些已经部分地为布伦塔诺所发现的"公理"，它们先天地确立了存在与正价值和负价值的关系。这些公理就是：

一个正价值的实存本身就是一个正价值。
一个负价值的实存本身就是一个负价值。
一个正价值的非实存本身就是一个负价值。
一个负价值的非实存本身就是一个正价值。

在这里还必须进一步指出在价值和（观念）应然之间的本质联系。首先是这样一个定律：一切应然都必须奠基于价值之中，即唯有价值才应当存在和不应当存在。以及这样的定律：正价值应当存在，负价值不应当存在。

而后是那些本质联系，它们对存在与观念应然的关系来说是先天有效的，并且规整着正当存在（Rechtsein）与不正当存在（Unrechtsein）的关联。因而，一个（肯定的）所应之物（Gesollte）的所有存在都是正当的；一个非存在应然的所有存在都是不正当的；一个所应之物的所有非存在都是不正当的；但一个非所应之物（Nichtgesolltes）的所有非存在都是正当的。①

接下来在这里还包括这样的联系：同一个价值不可能既是正的又是负的，但每一个不是负的价值都是正的价值，每一个不是正的价值都是负的价值。这些定律例如也不是对矛盾律、排中律的运用，其理由很简单：因为这些定律涉及的不是定律关系，而是本质联系。但它们并不是在存在与非存在之间存有的本质联系，仿佛在这里涉及的只是价值的存在与不存在。毋宁说，这些联系是在价值本身之间的联系，无论这些价值存在还是不存在。②

而与它们相符合的是这样一个价值认定原则：不可能将同一个价值认定为肯定的和否定的，如此等等。

我在这里要强调：由康德所发现的那些原则只是部分地展示着这个形式的价值认定原则的一个特例；这种展示仅仅在于，它们

---

① 正如观念的应然与义务和规范无关一样，正当（das Rechte）也与"正确"（das Richtige）无关，后者仅仅涉及一个为规范所如此要求的行为举止。
② 上述联系论证了一门纯粹形式的价值学，它与作为关于对象一般的科学的纯粹（形式的）逻辑学相并列。

（错误地）只与伦常领域相关联，并且（同样错误地）不与价值认定相关联，而只是直接与意欲相关联，但它们实际上却只对意欲（甚至是追求一般）有效，因为它们对那个作为意欲（和追求）之基础的价值认定有效。因为，康德以各种方式所表述的"伦常法则"就意味着：或者是要求避免在目的设定中的矛盾（主观地和合规范地说："协助制作一个由这些目的组成的王国，在其中任何一个目的都可以与任何其他的目的无矛盾地共存"）；或者就是要求保证意欲的一致性（即对自己保持"忠实"），在同样的条件下（即同样的"经验特征"条件和"环境"条件下）意欲同样的东西，等等①。但康德恰恰在此有着多重的误解：1. 完全不可能从这些"形式"法则中获得善的观念，毋宁说，"善"的价值只是这些形式的价值法则（它们对所有价值有效）的一个运用领域，但在这些运用过程中预设了"善"与"恶"。2. 这些法则建基于直观的本质联系之中（就像逻辑法则也是如此）。3. 它们在价值之间、同样也在价值认定之间原初地起效用。4. 它们是价值把握的法则（只要它们是行为法则），但原初并不是意愿法则。

相反，在我们看来，康德原则上已经获得这样一个正确的否定性认识：这些法则并不是对逻辑（理论）法则的单纯运用，即是说，是一些只有当对象是判断对象时才运用在伦常行为举止上的法则，而且无论如何也是伦常行为举止本身的直接法则，即便——如他所以为的那样——它们首先是意欲的而非价值认定的直接法则。这用康德的话来说就意味着，"理性"在它们之中"直接成为实践的"。

但他也完全误解了（此外也在理论的领域中）这些"法则"的意义。例如，并非是因为矛盾律对"存在的思维"有效，它才对存在有效；而是因为那个充实着它本质联系在所有存在（甚至包括实际的思维）中都被充实，矛盾律才对存在的思维有效。就是说它意味着，在这些命题的领域中不可能出现这样的情况："A 是 B"与"A 不是 B"都是真实命题：因为这个存在根据其本质排斥了这个可能。唯有通过这些命题中的一个命题（A 是 B 并且 A 不是 B）与存在的争执，这两者才能够是在判断中被意指的命题。如果它们是真命题，那么在一个命题的 A 与另一个命题的 A 之间（A 与 A'）或在 B(B 与 B')之间或在它们的联结之间必定存在着一个差异。但对判断来说有效的是：只要在判断中所意指的是同一个 A 和同一个 B 以及它们的同一种存在联结，那么就不可能实际地做出"A 是 B 并且 A 不是 B"的判断。每

---

① 利普斯新近已经确切地强调，康德的"伦常法则"在根本上只是对意欲领域而言的同一原理与矛盾原理。

当我们看到似乎有这种判断做出时，在同一些表述中总是隐含着不同判断的事实。因为，"判断 A 是 B"和"判断 A 不是 B"这两个命题是先天不可能["在不损害真理的情况下"（salva veritatae）]共存的，因为存在排除了这种可能。故而永远不允许说：有这种形式的判断！矛盾律所表明的——内容之一——恰恰就是，没有这种判断。

　　类似的情况也适用于价值领域。同一个东西或同一个对象或许能够既"被评价"为肯定的，又"被评价"为否定的，但这只是根据一个以不同的方式在它之中被意指的价值状态。如果在"价值认定"意向中的是同一个价值状态，那么这个价值认定的表述就只能是一个不同的表述。因此，同一个价值状态永远不会既是有正的价值又是有负的价值的，这个本质联系也在所有作为（用康德的话来说）"禀好"（Neigung）之基础的价值状态中得到充实。我们不能欲求并且厌恶同一个价值状态，这是一个明见的命题。每当看起来似乎在发生这种情况时，在价值认定的所谓同一意向后面就隐含着不同的价值状态。这个法则也在价值评估（Wertschätzung）的最活跃"情绪"中得到充实。因为价值评估也是可感受的价值状态的对象。例如，我们能够就我们对高级的正价值的否定性价值评估的非价值而感到悲哀，即对"我们如此地价值认定"而感到悲哀。因此这不是在各个价值评估的"逻辑"和"非逻辑"之间的所谓对立，而是在这样两种逻辑之间的真正对立，一种是"善"之总和的价值状态的内在逻辑，另一种是其他价值状态的逻辑，或者说，对善的存在（Gutsein）的评估和对其他构成伦常生命"斗争"的有价值存在（Wertvollsein）评估的逻辑；但这个对立并不像康德——他把同一原理和矛盾原理（错误地）理解为我们判断（和意欲）的规范——所认为的那样，是对这些命题的一种"不从"（Ungehorsam）。如果有人在不同的境况中意欲同样的事情，例如向朋友和敌人提出相同的法律问题，或者（倘若他仅仅具有与另一个人相同的权利）他从同一个的境况中获得某些东西，但却拒绝另一个人也这样做，或者，如果有人没有新的理由（它们从属于他所关注的那些事态）就改变一个意愿决定，那么这个人并不像康德所认为的那样是在"违背"这些"法则"，而是他处在对它们的运用领域的欺罔之中。例如他把诸境况（对朋友和敌人）看作不同的，尽管它们是相同的；他认为他的境况价值不同于其他境况的价值；他把相同的事态视作变化的。但他之所以堕入这个欺罔，究其原因是他的恶的意愿，这个意愿永远不可能在于对这些法则的"不从"，它反倒是在必然地充实着这些法则。

第 2 章　价值与价值载体

在价值与价值载体之间存在着先天的联系——这是按其本质而言。我在这里仍然只强调几点作为例子。

譬如唯有人格才能在伦常上是善的和恶的，所有其他东西的善恶都只能是就人格而言，无论这种"就……而言"（Hinsehen）是多么间接。只要人格的属性（根据规则）是依赖人格的善而变更，那么这些属性就叫作德行（Tugenden）①；只要它们依赖人格的恶而变更，那么它们就叫作恶习（Laster）。就是意愿行为和行动也只有在它们一同包含着活动（tätige）人格时才是善的或恶的。②

一个人格例如永远不可能是"适意的"或"有益的"。这些价值毋宁说是本质性的事物价值和事件价值。而反过来：不存在伦常上善与恶的事物和事件。

因而一切审美价值从本质法则上说首先都是对象的价值。其次是一些其实在设定（以任何一种形式）已被扬弃的对象的价值，因此它们只是作为"假象"在此，即使这些实在现象是"形象地"被给予的假象对象的部分内容，例如在历史剧中。再次是那些只是根据它们的直观形象性（有别于单纯的"被设想的存在"）才属于对象的价值。

相反，伦理价值一般则首先是这样一些价值，它们的载体（原初）永远不能作为"对象"而被给予，因为它们本质上处在人格（行为）方面。因为人格永远不能作为"对象"被给予我们，行为也同样是如此。③因而一旦我们以某种方式将一个人"对象化"（vergegenständlichen），伦常价值的载体就必然会脱出我们的视线。

它们是一些本质上附着在作为实在的（real）而被给予的载体上的价值，而永远不是附着在单纯（假象的）形象对象上的价值；即使在它们所出现的一个艺术作品之内，例如在一部戏剧以内，它们的载体也仍然必须是"作为"实在的载体而被给予（这并不妨碍这样一个事实的存在：这个"作为实在的"被给予的载体是审美假象形象对象

---

① 人格是连续的现行性（Aktualität）；就一个"应然之物"而言，人格在此现行性的"能然"（Können）样式中体验着德行。
② 在这个一般规定中也包含着这样一个区别：它们在这里是被把握为伦常价值的特殊载体，还是就人格的好与坏而言的单纯符号。
③ 倘若一个行动对象性地被给予我们，那么只要它应当是伦常价值的载体，它就必须是通过人格观念的中介——哪怕只是一个人格的中介——而被给予的，而人格是永远不能作为对象被给予我们的。

[Scheinbildgegenstand]的一部分）。

它们完全不是本质必然地束缚在那些是直观形象的载体之上，而是也可以从属于被想象的(gedacht)载体。

就像善与恶本质上是以人格为载体的一样，"高贵"和"粗俗"（或"坏"）本质上以"生物"为载体。即是说，这两个重要的（为康德因其虚假的二元论而完全忽略的）价值范畴本质上是"生物价值"或"生命价值"。因此，它们一方面不只是人所具有的，而且还是动物、植物，甚至一切生物所具有的；但另一方面则永远不会像适意和有益的价值那样为事物所具有。① 生物不是"事物"，更不是物体事物(Körperdinge)。它们展示着范畴统一的最后种类。②

第3章 "更高的"与"更低的"价值

一个对整个价值王国来说特殊的秩序就在于：价值在相互的关系中具有一个"级序"，根据这个级序，一个价值要比另一个价值"更高"或者"更低"。就像对"肯定的"和"否定的"价值之区分一样，它包含在价值本身的本质之中并且并不只对那些为我们所"熟悉的价值"有效。③

然而，一个价值比另一个价值"更高"，这是在一个特殊的价值

---

① 或许人们也说高贵的石头（甚至"高贵石"）〔即德文中的"Edelstein"，亦即汉语中的"宝石"。——中译注〕，也说"高贵的酒"等，但只是在一种类比的转用的意义上中，人们在此意义上最终甚至也可以说美餐（例如味道很"美"）。

② 这里无法提供这样的证明：生命统一不是"事物的"（遑论"物体的"）统一。

③ 另一方面，直观区分永远不能回归为对正价值与负价值的区分，同样不能回归为对"较大"价值和"较小"价值的区分。因为，例如布伦塔诺曾引入这样的公理：一个是 $W_1 + W_2$ 之和的价值也就是一个比 W_1 或 W_2 更高的（即他定义为更出色的）价值，但这并不是一个独立的价值定理，而只是将算术定理运用在价值事物上，甚至只是运用在价值事物的符号上。但一个价值绝不会因为展示了一个"价值"的总和就比另一个价值"更高"。"更高"和"更低"之对立的特征恰恰在于，即使是例如一个无限的适意（或不适意）程度也永远不会产生出例如某个高贵（或粗俗）或精神价值（如一个认识）的程度。当然，相对于个别价值，诸价值的总和"应当受到偏好"。但布伦塔诺将更高的价值等同于"偏好价值"(Vorzugswert)的做法恰恰是谬误的。因为偏好或许（在本质上）是通往"更高价值"的通道，但在个别情况中会带有"欺罔"。此外，在此意义上的"更高价值"仅只涉及那些始终已经在一个价值系列的领域中进行的"选择"行为——而不是"偏好"——这个价值系列具有在级序中的一个特定"位置"。如果布伦塔诺最终（参见对《伦常认识之起源》的说明）放弃对这个问题做出决断：一个"认识行为"是否比一个"爱的行为"价值更高（如亚里士多德与希腊人所认为的那样），或者反之（如基督教徒所认为的那样），即是说，放弃从一个质料的价值级序中得出对此问题的决断，如果他想把这种质料的级序问题出让给历史的相对性，那么我们在这里就不能再赞同他（下面也将会说明这一点）。

认识行为中被把握到的,这个行为叫作"偏好"(Vorziehen)。我们不能说,一个价值的更高状态就像个别价值本身一样"被感受到",而后这个更高的价值才"被偏好"或者"被偏恶"。毋宁说,一个价值的更高状态本质上只在偏好之中才"被给予"。如果人们否认这一点,那么否认的原因大都是在于,他们错误地把偏好等同于"选择",即等同于一个追求行为。这种选择当然必须已奠基在对一个价值之更高状态的认识之中,因为我们只能在各个可能的目的中选择那个奠基在一个更高价值之中的目的。但"偏好"是在没有任何追求、选择、意欲的情况下进行的。所以我们也说"我偏好玫瑰甚于石竹"等,同时却并不考虑进行选择。所有"选择"都是在一个行动和另一个行动之间发生的。相反,偏好则也在某些善业和价值方面进行。前者(即在善业之间进行的偏好)也可以叫作"经验的(empirisch)偏好"。

与之相反,在价值本身之间——独立于"善业"——就已经发生的偏好是先天的。这样一种偏好始终同时也容了整个(范围不确定的)善业组合。谁"偏好"高贵甚于适意,他将(以归纳方式)经验到的善业世界就会完全不同于那个没有做此偏好的人。因此,"一个价值的更高状态"不是在偏好进行"之前",而是在偏好进行"之中"被给予我们的。因而只要我们所选择的是奠基于更低价值之中的目的,这种做法就必定始终是基于偏好欺罔方面的原因。这里不去谈论,这种偏好的欺罔究竟是如何可能的。

但另一方面却不能说,一个价值的"更高"仅仅"意味着",它是"被偏好"的价值。因为即使一个价值的更高状态是在偏好"中"被给予的,整个更高状态仍然还是一个本身处在相关价值之本质中的关系。所以,"价值的级序"本身是某种绝对不变的东西,而历史中的"偏好规则"原则上是可变的(一种在对新价值的把握上极为不同的变更)。

对于一个偏好行为的发生来说,并不需要必有多个价值在感受中被给予;既不需要有一个"多"被给予,也不需要有这样一个"多"作为对偏好行为的"奠基"而被给予。

就前者而论,也有这样一种情况,例如一个行动作为比所有其他行动都更出色[1]的而被给予我们,同时我们却并不想到其他的行动,甚至并不个别地设想其他的行动。伴随着这个行为的只需是"可以进行其他偏好"的意识[2]。对一个更高状态的意识也可以伴随一个

---

[1] "更出色"的德文原文是"vorzüglicher"。舍勒在这里是在双关的意义上使用它,它更多是指"更值得偏好"。——中译注

[2] 类似的情况也适用于选择行为。

被感受的价值，而同时它与之相比而更高那个相关价值却实际上并未被给予①；这另一个价值只要在一个特定的"方向意识"中被暗示就够了。这种情况恰恰就发生在偏好进行得最肯定的地方（并且没有任何先前的动摇发生），而且同时是在被感受价值之更高状态最多的明见被给予的地方。最后，"在这里存在着一个比在感受中被给予的价值更高的价值"这个事态也可以是在偏好中被给予的，而同时这个价值却并不本身此在于感受之中②。价值 b 要比价值 a 更高，但这一点在这里既可以在对 b 先于 a 的偏好中，也可以在对 a 后于 b 的偏恶中"被给予"。尽管如此，这两种把握同一个等级关系的方式是根本不同的。虽然这本身就是一个先天的联系，即两种行为可以导致这同一个等级关系；但这种差异依然存在。这种差异从性格学上（charakterologisch）鲜明地论证着自己！存在着一些特别"批判性的"伦常性格——它们在最极端的程度上是"苦行主义的"——它们原则上通过"偏恶"的行为来实现价值的更高状态；与它们相对立的是肯定的性格，它们原则上进行"偏好"，并且对于它们来说，各个"更低"的价值只是从它们在偏好中可以说是登上的"平台"才能够看得见。前一种性格是通过反对"恶习"的斗争来追寻"德行"，而后一种性格则可以说是将恶习掩埋和填没在新获取的德行之下。

　　作为行为的"偏好"完全有别于它的实现方式。实现方式可以是我们在从事时所体验到的一种特殊的活动；例如尤其是在清晰地被意识到的、伴随着"思虑"（Erwägung）的、在多个于感受中被给予的价值之间的偏好。但它也可以完全"自动地"进行，以至于我们在此意识不到任何"活动"，并且更高的价值"就像是自己"走向我们，就像在"本能的"（instinktiv）偏好中。我们在一种情况中可以说是必须费心竭力地向着更高的价值挺进，而在另一种情况中它却可以说是把我们"召唤"到它那里，例如在对更高价值的"狂热的"（enthusiastisch）自身奉献中。在这两种情况中，偏好的行为是同一个。

　　由于所有价值本质上都处在一个级序中，即处在更高与更低的相互关系中，而这个关系恰恰只有在偏好和偏恶"中"才能被把握到，所以对价值的"感受"本身本质必然地奠基在一个"偏好"和"偏恶"之上。因此，我们绝不能认为，对一个价值或多个价值的感受是对偏

---

① 与"动摇的"（schwankend）偏好相对立，对一个价值的"决断的"偏好之特征恰恰在于，偏好在其中发生的那些从属于价值序列的其他价值几乎不成为被给予的。
② 所以我们常常知道，我们可以比我们所做的"更好"，而这个"更好"却并不同时被给予我们。

好方式而言"奠基性的"(fundierend)，就好像偏好作为次生的行为是"附加"给在感受的原发意向中被把握到的价值一样。情况毋宁在于，价值领域（例如一个个体）的任何扩展都只发生在偏好和偏恶中。只是在这些行为中原初"被给予的"价值可以次生地"被感受到"。因此，偏好与偏恶的各种结构包容了我们所感受的价值质性。

很明显，价值的级序永远不能被演绎或被推导出来。哪一个价值是"更高"的价值，这始终是通过偏好和偏恶的行为来不断重新地被把握。这里存在着一个直观的"偏好明见性"，它是任何逻辑演绎都不能取代的。

但人们可以并且必须探问，在一个价值的更高状态和更低状态之间以及它的其他本质特性之间究竟是否存在着先天的本质联系。

在此首先产生出不同的——已经与个体的生活经验相符的——价值标记，价值的"高度"借助这些标记而显得在增长，但这种高度或许会回归为一点：价值越是延续，它们也就"越高"，与此相同，它们在"延展性"和可分性方面参与得越少，它们也就越高；还相同的是，它们通过其他价值"被奠基得"越少，它们也就越高；还相同的是，与对它们之感受相联结的"满足"越深，它们也就越高；还相同的是，对它们的感受在"感受"与"偏好"的特定本质载体设定上所具有的相对性越少，它们也就越高。

1. 所有时代的生活智慧都教导人们，偏好持续的善业甚于易逝的、变换的善业。但对于哲学来说，这个"生活智慧"却只是个"问题"。因为，如果事关"善业"，而"持续"指的就是这些善业实存于其中的客观时间之程度，那么，那个命题就没有什么意义。例如，任何一次"火""水"之灾、任何一个机械的偶然都可以将一个具有最高价值的艺术品摧毁；任何一滴"热水"——如帕斯卡尔所说——都可以毁坏最健康者的健康和生命①；任何一块"砖瓦"都可以吹灭一个天才之光！"短暂的生存"在这里显然肯定不会对实事的高度有丝毫影响！如果以这个意义上的"延续"为价值高度的标准，那么我们就会陷入一个原则性的欺罔方向中，它恰恰曾构成特定"道德"的本质，尤其是构成一切"泛神论"道德的本质。在这种道德类型中，下列活的生命箴言可以说是得到了哲学的表述：人"不应心系短暂易逝之

---

① 舍勒在这里指的可能是帕斯卡尔所说的名言："人只不过是一根苇草，是自然界最脆弱的东西；但他是一根能思想的苇草。用不着整个宇宙都拿起武器来才能毁灭他；一口气、一滴水就足以致他死命了。"（参见帕斯卡尔：《思想录》，何兆武译，157—158页，北京，商务印书馆，1997）——中译注

物"(Vergängliches),"至善"乃是一种不参与时间变换的东西。斯宾诺莎在他《知性改进论》著述的一开始就明确倡导这个思想①。不要爱上任何东西! 既不要爱上人,也不要爱上动物,既不要爱上家庭、国家、祖国,也不要爱上某个肯定的存在形态和价值形态,因为它们都是"短暂易逝的"——这个殚思竭虑的智慧如此教导说! 对善的毁灭的恐惧和畏惧在这里驱使寻找者进入一个日益增长的虚空——而且由于害怕失去那些肯定的善业,他最终也无法获得任何善业。② 但可以肯定,在时间中的单纯客观的善业持续永远不会使这些善业更有价值。

但是,"与更低的价值相比,更高的价值(不是善业)本质必然地在现象上是'持续地'被给予的",这个命题所意味的则全然不同。"持续"自然首先是一个绝对的和质性的时间现象,它绝不仅仅展示着一个"演替"(Sukzession)的缺失,而且与充实着时间的内容、与演替一样③,是一个同样肯定的样式。尽管我们(在与其他东西相比时)称为"持续"的东西可能是相对的,但持续本身却不是相对的,而是绝对有别于作为现象的"演替"(或变换)的实际组成。而一个自身具有"'能够'穿越时间实存(Durch-die-Zeit-hindurch-Existieren"können")"的现象的价值是持续的,无论它的事物性载体究竟实存多久。这个"持续"总会附加给某个特定类型的"某物之有价值"(Wertvollsein von etwas)。例如当我们(根据其人格价值)进行对某个人的爱的行为时便是如此! 这样,不仅在我们所指向的那个价值之中,而且也在这个被体验的爱的行为之价值之中,都包含着这个持续的现象并且因此也包含着这些价值和这个行为的"不断持续"(Fortdauer)。因此,如果有人具有一种可以表述为"现在我爱你"或"在一个特定时间里我爱你"的内心态度,那么这就违背了一个本质关系。而这个本质关系是存在着的,无论对现实人的现实爱在客观时间中实际上延续多久。如果我们发现,在实际经验中,对人的爱

---

① 上帝观念在这里成为单纯的"存在观念",而价值则应当被还原为他称为"完善"的单纯"存在充盈"(Seinsfülle)之上。

② 显然,"一个正价值的实存本身就是一个正价值"这个公理在这里被误释为这样一个错误的定理:实存一般就已经是一个正价值。与此类似的是,悲观主义把"一个负价值的非实存本身就是一个正价值"这个定理误释为这样一个定理:非实存一般就是一个正价值。

③ 例如大卫·休谟便只是把时间一般附着在"演替"的不同内容上,即认为,倘若世界只由一个唯一的、始终相同的内容所组成,时间也就不存在,也就是说,他只让"持续"存在于两个具有不同速度的演替的相关关系中;这是一个谬误。"持续"不仅仅是一个演替的差异,而且也是一个肯定的质性,即使在没有任何演替显现的情况下也可以直观到它。

与持续之间的那种联系始终没有得到充实；一个时刻终于到来，我们这时已经"不再爱"这个人，那么我们通常会说"我弄错了，我并没有爱这个人；我只是把一种共同兴趣当作是爱了"；或者说，"我弄错了现实的人（或他的价值）"。因为"直至永恒"（sub specie quadam aeterni）属于真正的爱之行为的本质。在这个例子上可以清楚地看到，仅凭一个实际的共性持续当然绝不会证明，爱就是论证它的纽带。例如一个共同兴趣或一个习惯可以持续得任意长，乃至与一个实际的"对人格的爱"（Personliebe）一样长，甚至更长。尽管如此，这种共同兴趣的本质仍然在于，即是说，这种意向以及在它之中显现的价值（即收益）的本质就仍然在于：它相对于爱以及从属于爱的那些价值而言是"仓促的"。一个我们所享受的感性适意，或者说，这个相关的"善"，可以或长或短地随意持续着（在客观的时间中）；而对这个适意的实际感受也可以是如此。尽管如此，这个价值的本质仍然在于，例如相对于健康的价值而言，更相对于"认识"的价值而言，它仍然是"作为变幻不定的"而被给予的；而且在每一个把握它的行为中都是如此。

这一点在质性根本不同的感受价值的行为上以及在这些体验的价值中显得最为清楚①。"极乐"（Seligkeit）以及它的对立面"绝望"（Verzweiflung）的本质就在于，它们在"幸福"与"不幸"的变换中固存（verharren）和"持续"，无论它们客观上能够延续多久；"幸福"与"不幸"的本质就在于，它们在"喜悦"与"痛苦"②的变换中固存和持续，"喜悦"与"痛苦"的本质就在于，它们在"舒服"与"不舒服"的变换中固存和持续；"舒服"与"不舒服"的本质就在于，它们在快感与痛感状态的变换中固存和持续。这里，在相关感受体验的"质性"中也已经本质必然地包含着"持续性"（Dauerhaftigkeit），无论这些体验何时被给予，无论它们对谁而言被给予，无论它们实际上在多长时间里被给予，它们都是作为"持续的"或"变换的"而被给予。我们在体验着它们的体验本身之中体验到——同时无须去等待对它们实际持续的经验——一个特定的"持续性"，并随之而体验到一个特定的、在心灵中时间的"已扩散性"（Ausgebreitetheit）程度，以及它们为一个属于它们本质的人格之"被穿透性"（Durchdrungenheit）程度。

因此，一个价值"高度"的"标准"无疑便获得了一个意义。最低的价值同时也就是本质上"最仓促的"价值，而最高的价值同时就是

---

① 当然要区分价值体验（Werterlebnis）以及对价值之体验的体验价值（Erlebniswert）。
② 被当作现象学的统一。

"永恒的"价值。而这些完全是独立于所有单纯感性感受的经验"可麻木性"(Abstrumpfbarheit)，以及独立于所有类似的仅属于特殊载体的心理物理属性的东西的经验"可麻木性"。

然而这个"标准"是否对于价值的高度来说也是一个原初的本质标准，这就是另一个问题了。

2. 同样无疑的是，价值越是"不可分"，它们也就"越高"，这同时也就意味着，它们在多个价值参与它们的过程中必须"被划分得"越少，它们的价值也就越高。例如，多个价值对"物质"善业的参与只有通过对善业的划分才可能（一块布、一片面包），这个事实的现象学基础就在于，感性适意的价值本质上明显是广延的①，而与它们相应的感受体验是定位在物体上的，并且同样以广延的方式出现。所以甜的适意等是在糖上扩散开的，而相应的感性感受是在"舌"上扩散开的。这个关系到这种价值之本质以及这个感受状态之本质的简单现象学事实会带来这样的结果：物质的"善业"之所以能够被分割，也只是因为它们自己被划分开来，只是因为它们的价值与它们事物性量值处在一种变幻不定的比例关系中——而且这都是在它们尚未成形的时候，即作为"纯粹"物质善业而发生的。所以，例如一块布也比半块布多一倍价值。价值的量值在这里还是依照它的载体的量值。与此处在最极端对立中的是"艺术品"，它天生就是"不可分"的，不可能从它之中分出一"块"艺术品。因此，从本质法则上看，就"感性适意"这同一种价值而论，如果不划分它的载体以及它自己，它也就不可能被多个生物所感受——和享受。因而，在对这个价值实现的追求方面以及在这个价值的享受方面的"兴趣冲突"也属于这种价值的本质——完全撇开现存的善业数量不论（它只对物质善业的社群经济价值来说有重要意义）。但这也意味着，这些价值的本质在于，它们分离而不是结合那些感受着它们的个体②。

与此相反的——为了先说最极端的对立——是"神圣"的价值，

---

① "广延的"(extensiv)还不意味着"在空间秩序中"，更不意味着"可测量的"。所以，腿上的一个疼痛或一个感性的感受就其本性而言是定位的和广延的，但完全不是空间有序的，更不是在空间"中"的。

② 在对这些价值的感受过程中也不可能有一种"共感"(Mitfühlen)。我们不可能将一个感性享受共感为一个喜悦，或者也不可能将一个（严格意义上的）疼痛共感为一个痛苦。对此参见笔者的论著《论现象学与同情感理论以及论爱与恨》，尼迈耶，哈勒，1913年。（这里为舍勒所引书名中的"同情感"一词为"Mitgefühl"，应译为这里的"共感"；但与原书名对照有误，故仍然按原书名中的"Sympathiegefühl"一词译为"同情感"。——中译注）

同样还有"认识"的价值、"美"的价值等，以及与它们相应的精神感受。在它们那里，由于没有参与广延并且由于没有可划分性，当它们被多个生物所感受和体验时，它们的载体也就没有必要再被划分。精神文化的一个作品可以同时被任意多的人所把握并且在其价值中被感受和被享受。因为这种价值的本质就在于（即使这个命题由于这些价值载体的实存以及它们的材料性、由于通向这些载体的可能通道的有限性，例如书籍的购买，由于艺术品的物质载体的不可达及性而显得是相对的），它们可以在不作任何划分的情况下无限制地得到传诉。但没有什么能像对"圣人"（Heilige）——它按其本质就与"物质的"载体相排斥，即使不排斥这样的一个象征——的礼拜与崇敬能如此直接和紧密地将诸本质结合在一起，而这里首先是"绝对神圣"和"无限神圣"、无限的神圣人格："神明者"（Göttlichen）。"神"这个价值原则上可以为每个生物所"拥为己有"，这恰恰是因为，这个价值是最不可分的。即使那个在历史上实际发生效用的"神圣"曾分离众人，但那个朝向"神圣"的意向的本质却仍然在于，这个意向是统合着并联结着的。一切可能的分离在这里都仅仅处在它的象征和技艺之中，并不处在它自身之中。

但是，正如这些例子所示，我们越是肯定这里所涉及的是"本质关系"，那么越值得怀疑的就是：广延和可分的标准是否构成"更高"和"更低"价值的原初本质。

3. 我认为，如果一个特定的个别价值 a 只有在某个特定的价值 b 已经被给予的情况下才能被给予，那么 b 这种价值就为 a 这种价值"奠基"（fundieren）；而这是本质法则。但这样一来，各次"奠基着的"价值，即这里的价值 b，也就是各次的"更高的"价值。所以"有用"（Nützliches）这个价值是"奠基"在"适意"这个价值之中。因为"有用"是——不经推论——而在直接的直观中自身表明为达到一种适意的"手段"，例如"工具"的有用价值。没有适意也就没有"有用"。适意这个价值——我指的是作为价值的适意——在本质法则上"奠基于"一个生命价值之中，例如健康，但对适意（或对它的价值）的感受则奠基于这个生物的感受的价值（例如它的朝气、力量）之中，这个生物通过它的感性感受而把握到这个适意的价值。纯粹生命的（vitale）——主体的——"生命价值"——在独立于一切精神价值的情况下，也不仅仅是对适意的感受，而是在控制着质性的充盈以及一个生物所感受的"适意"价值的量值。这个命题作为本质法则完全独立于所有归纳的经验，即那些凌驾于实际健康和实际疾病与人的快乐感和不快感的关系之上的经验——譬如，许多肺病、在某个阶段的窒息死亡、麻痹症中的欣快症等，都是与强烈的快乐感联结在一起的；或者，拔掉一个指甲（尽管这个机体组织的存在对于整个生命过程来说是无关紧要的）所造成的疼痛要比摘除大脑皮层带来的疼痛更大，即使后者是致命性的，还有类似的例子。因为，即使在同样适意，甚至患病的生活更为适意的情况下，患病的生活的适意价值与健康的生活的适意价值相比也处于次要地位，这一点是明见的(evident)。谁——哪怕是任何一个不幸的人——会去"羡慕"麻痹患者的欣快症呢？上述事实仅仅表明，我们必须区分整体生物组织（作为生命价值的载体）的生命健全与它的各个部分如器官、肌肉组织等（作为各种生命价值的载体）的生命健全。生命价值的最低限度或"死亡"也就从本质法则上取消了适意的价值（或者说，取消了整个"适意"和"不适意"的价值领域）。因而有某个肯定的生命价值在为这个价值序列"奠基"。

可是，无论高贵和粗俗的价值序列是多么独立于真正的精神价值序列（例如认识、美等），前者仍然还是"奠基于"后者之中。因为，唯当生命本身（在其所有外化形态中）是价值载体，它们根据一种绝对客观的价值级序而接受一个特定的高度，它才实际地具有这些价值。然而这样一个"级序"只能通过那些本身在生命上又受到限定的精神行为来把握。以"人是一切生物中最有价值的"这个命题为例：如果这个本质认识的价值连同所有精神价值（即还包括这个本质认识的价值："人是最有价值的生物"）都是"相对于人"的话，那么这个命题就只是一个"拟人化的(anthropomorph)幻想。但前一个命题实际上是独立于人而"对于"人（客观意义上的"对于"）为"真"的。唯当精神价值存在以及它们在其中被把握到的精神行为存在，生命才——撇开这些生命的价值质性彼此间的差异不论——决然具有一个价值。倘若这些价值是相对于生命的，那么生命本身就不具有任何价值。它就会本身是一个价值中性的存在。

但所有可能的价值都奠基在一个无限人格精神的价值以及伫立在它面前的"价值世界"的价值之上。那些把握着价值的行为本身之所以是把握着绝对客观价值的行为，只是因为它们就是在这精神"之中"进行的；而这些价值之所以是绝对的价值，只是因为它们是在这个王国中显现出来的。

4. 被视为价值高度标准的还有那种已经伴随着价值感受的"满足之深度"。但它们的"高度"肯定不在于"满足的深度"。尽管如此，

"更高的价值"也给出一个"更深的满足",这是一个本质关系①。这里所说的"满足",与快乐没有关系,无论"快乐"会有什么样的后果。"满足"是一个充实体验。只有在一个对一价值的意向通过价值的显现而得到充实,充实体验才会出现。不设定客观价值,也就不存在任何"满足"。但"满足"并不必然束缚在一个"追求"上。它还不同于在所期望之物的实现过程中或在一个所期待之物的出现过程中的充实体验,即使这是它们的特例。甚至可以说,"满足"的最纯粹情况恰恰是在宁静的感受中和在对一个正价值的"善"的完整感受性"占有"中被给予的,也就是在所有"追求"沉默的时候被给予的。还有,为了使满足出现,并不必然需要有一个追求先行。对价值的单纯把握就已经可以带来"满足",无论它事先是否在一个追求或意欲中作为"须待实现的"而被给予。但我们必须将这里唯一要考察的"深度"区别于满足的"程度"(Grade)。但是,如果一个满足的此在表明自己不依赖对另一个价值的感受并因此而不依赖与此相联结的"满足",而这后一个满足却依赖那前一个满足,那么我们就说,前一个满足比后一个满足"更深"。例如有一个完全特殊的现象,当且仅当我们在我们生命的"更为中心"的领域中——在它对我们来说是"认真"的地方——感受到满足时,感性的娱乐或无伤大雅的外在喜悦(例如在一个庆功会上或在一次散步时)才能完全"满足"我们。仿佛只是在这个更深的被满足状态的背景中,也才响起对生活最外在喜悦的完全满足的笑声,与此相反,在那些中心层次不满足的情况下,感受更低价值过程中的完全满足立即被一种对享受价值(Genußwert)的"不满足的"、无休止的寻找所取而代之,以至于人们几乎可以推断,在实践的享乐主义所具有的千万种形式中,每一种形式都始终带有在更高价值方面的一个"未满足"标记。因为对快乐的寻找程度与在一个等级系列(Rangreihe)成分上的满足的深度正好是成反比的。

但是,尽管一个价值更高的标准建基于诸多本质关系之上,这些关系却并不能提供这个更高状态的最终意义。是否存在着一种比上述原则更深的原则,我们只能通过它们来把握这种"更高状态"的最终意义?并且从它们之中可以推导出至此为止所讨论的那些标准?

5. 即使一切"价值"都具有"客观性"和"事实本性",而且它们的联系独立于它们现实所处的善业的实在性与实在联系,在它们之间

---

① 科内利乌斯曾细致地尝试过将更高的价值回溯到更深的满足价值之上(参见《哲学引论》)。

仍然还有一个区别，这个区别同样与先天性和后天性无关：这便是"价值实在性"的阶段，或者也可以说，它们与"绝对价值"的关系①。

正是在行为与对象之间的这种基本的本质联系，使得我们即使是在没有找到从属于对这些价值种类之体验的行为种类和功能种类的地方，也不可以预设价值与价值类型的客观实存（完全不去顾及那些承载这种价值的现实善业）。例如，对于一个非感性地感受着的生物来说，不存在任何适意价值。对它来说也许存在着这样的事实组成："存在着感性感受的生物"和"它们感受着适意价值"；并且存在着这个事实组成极其个别情况的价值。但适意本身的价值并不对一个如此思考的生物存在。例如没人敢设想：神体验着动物与人所体验的所有适意价值。在这个意义上，我说，适意的价值是"相对于""感性感受的生物"；例如"高贵与粗俗"的价值系列也是相对于"生物"而言。相反，绝对价值是这样的一些价值，它们为一种"纯粹的"感受（偏好、爱）而存在的，即是说，为一个在其功能种类和功能法则中不依赖感性生物与生命本质的感受而存在的。这种类型的价值例如有伦常价值。在纯粹的感受中我们或许也还能够——在不偏好我们自己（或其他人）因此而享受适意的感性感受功能的情况下——"理解"（并且是以感受的方式）这些价值的感受；但我们并不能够感受它们本身。所以神可以"理解"疼痛，却并不感它。

这样一种价值种类本身的存在相对性自然与那些完全不同的、作为前者之各个载体的善业种类的相对性是毫不相干的。因为这些善业种类除此之外还是相对于特殊实际构造的，即相对于相关实在生物的心理物理构造的。存在着这样一种事实系列，例如同一些实事对于一些动物来说是毒药，对于另一些动物来说则是食物，或者，对于一个种类成员的异常本能来说适意的东西，对于这个种类的正常成员来说却是"不适意的"和"难堪的"等；这些事实系列只是规定了价值在各个善业单位方面的相对性；但它们并不展示价值本身的任何存在相对性。这种相对性是一种"第二秩序"的相对性，它与"第一秩序"的相对性没有关系。但现在不能把前一种价值种类本身的相

---

① 一个"相对"价值正因为是相对的，才完全不是"主观"价值。例如一个幻觉的物体事物是"相对于"一个个体而言的；尽管如此，这个对象并不像一个"感受"那样是"主观的"；例如一个感受幻觉（Gefühlshalluzination）同时是"主观的"和"相对于"个体的；但一个现实的感受则是"主观的"，却不是"相对于个体的"——即使只有这个个体才具有通向它的实在性认识的通道。但另一方面，一个镜像——它不是相对于个体的——也是一个"相对于"镜子和被映现的对象而言的物理现象。

对性回归为(与价值种类相关的)善业相对性。它们彼此是本质不同的。例如在相对价值之间也存在"先天"联系，但在善业之间却不存在这样的联系。①

在"相对"和"绝对"的这个词意上，现在我主张，一个本质的联系就在于：在直接直观中"作为更高的"而被给予的价值，也就是那些在感受和偏好本身之中(而不是通过思考才)作为更接近绝对价值而被给予的价值。存在着完全不依赖"判断"和"思考"的一种对价值"相对性"的直接感受，对于这种感受来说，在较少"相对"价值的同时固持过程中，这个相对价值的可变性(如果这里涉及的是在"持续""可分性""满足的深度"方面的变更与固持)或许是一个证实(Bestätigung)，但不是一个证明(Beweis)。所以，对真理的一个认识的价值或艺术作品的一种宁静地安居于自身的美——完全不依赖对它们在"生活经验"面前之持存的检验，这种生活经验也许更多的是将我们带离真正绝对的价值，而不是带向它们——具有一种现象的解脱性(Abgelöstheit)，即从我们生活的同时感受中、更从我们感性状态的同时感受中解脱出来。所以，在对一个人的真正纯粹的爱的行为中，这个人的价值已经在对他的体验中——无须检验他在幸福与痛苦以及生活的内外命运之种种变换情况中的固持——具有解脱性，即从所有同时存在的、在感受中被给予的我们人格的价值世界的价值层次中解脱出来，因为我们对它们的体验始终还束缚在我们的感官和我们的生活感受上，以至于在我们心中也完全直接地在这种价值被给予性中产生出这样的保证(而不是"推论")：这里存在着一个绝对的价值。绝对价值之明见性所给予我们的，并不是在经验中的实际固持，或者说，并不是"这是对我们生活的所有生命因素而言的一个绝对价值"这样一个判断的普遍化能力，而是这个被感受到的绝对性本身，它使我们现在就已经感受到，为了其他的价值而放弃它或弃置它的想法是"可能的罪责"，并且是从一个刚达到的我们价值存在之高度上的"堕落"。

价值就善业单位而言(因而也是就我们的心理物理构造而言)的"相对性"是通过判断与推理——通过比较与归纳——才被发现的，而这种相对性，还有绝对性则是在感受中直接被给予的。在这里，判断领域以及从属于它的比较与归纳行为更多的是对我们遮蔽了而不是向我们澄清了这个在价值感受中自身被给予的"相对存在"与"绝

---

① 一个绝对先天的联系只是在于，对于所有价值来说都必定有"善业"。

对存在"本身的直接事实。在我们心中有一个深度，我们在那里始终会隐秘地知道，那些为我们所体验到的价值在其"相对性"方面具有何种性质①，无论我们怎样通过判断、比较和归纳来企图遮蔽它们，使我们自己看不到它们。

因而，对于"更高价值"来说，本质的标记（作为最原初的标记）就在于：它是较少"相对的"价值，对于"最高价值"来说，它是"绝对的"价值。其他的本质联系是建基于这些本质标记之上的。

第 4 章 在价值高度与"纯粹"价值载体之间的先天联系

我们对一门伦理学所提出的首要的要求就在于，确定那个建基于价值本质之中的"更高"与"更低"的秩序——这是就它不依赖于所有可能肯定的善业体系与目的体系而言。这不能成为我们此处的任务。这里只需进一步标识出价值的先天秩序类型就够了。

但我们在这里发现两种秩序：其中的一种秩序按照价值的本质载体方面的规定而在等级上有序地含有价值的高度；而另一种秩序则是一种纯粹质料的秩序，因为它们是在——我们想称作"价值样式"（Wertmodalitäten）的——价值质性序列的最终统一之间的秩序。

现在我们首先来讨论这第一个秩序。它也可以与第二个秩序相对地叫作"形式的"。我先从价值的本质载体方面来简短地概述一下价值。

a. 人格价值与实事价值

我们把"人格价值"理解为所有那些直接归属于人格本身的价值，但把实事价值理解为那些展示着"善业"的价值事物所具有的一切价值。在"善业"中又可以有物质的善业（享受性善业和有用性善业）、在生命方面有价值的善业（例如所有经济性的善业）与"精神善业"如科学、文化等，亦即真正的"文化善业"。与此相反，属于人格善业的有两种：其一为人格"本身"的价值，其二为德行价值。在这个意义上，人格价值就其本质而论是比实事价值更高的价值。

---

① "怀疑论者""人类学者"在理论上始终只是感受到下列状况的人：他如此正当地和本真地一无所"知"——例如不同于苏格拉底，他知道并且也感受到，他知道他一无所知；但在道德中却是一个（隐秘地）感受到下列状况的人："他的价值不是绝对的价值"——不同于耶稣的话"没有人是善的"，在这句话中，他在对"绝对"价值的感受中感受到：除了上帝以外，没有人是这个价值的载体。

b. 本己价值与异己价值

将价值划分为"本己价值"与"异己价值"的做法与那个对人格价值与实事价值的划分没有关系。本己价值与异己价值可以又是"人格价值"和"实事价值";同样可以是"行为价值""功能价值"和"状况价值"。异己价值与本己价值在高度上是相同的①。与此相反,对一个"异己价值"的把握是否具有比对"本己价值"的把握更高的价值,这还是一个问题(但不能在这里进一步探讨,因为我们在此只是分析先天关系的类型,而不是这些关系本身);但可以肯定,实现一个异己价值的行为要比实现一个本己价值的行为具有更高价值。

c. 行为价值、功能价值、反应价值

接下来,价值的载体是行为(例如认识行为、爱与恨的行为、意愿行为)、功能(例如听、看、感受等),而后是回答反应(Antwortsreaktion),如"对某物的喜悦",其中也包括对其他人的反应,如同感、报复等,它们与"自发行为"相对置。它们在价值上都从属于人格价值。但在它们的价值之间也有价值高度方面的先天关系。所以,行为价值——自身——要高于功能价值,它们两者又要高于单纯的"回答反应",但自发的行为方式要高于反应的行为方式。

d. 志向价值、行动价值、成效价值

与此相似的是"志向价值"与"行动价值"(这两者还是"伦常"价值,不同于"成效价值"),以及位于它们之间的价值载体,如"意图""打算""决断""施行",那些(不论它们的特殊内涵)处在一定的高度秩序(Höhenordnung)中的价值的载体。这里也不再对它进行阐释。

e. 意向价值与状况价值

意向体验的所有价值都同样自在地要高于单纯状态体验的价值,例如感性的和身体的感受状态的价值。在这方面,体验价值在其高度上与被体验的价值相符合。

f. 基础价值、形式价值与关系价值

价值的载体在人格的所有联结范围内首先是人格本身,而后是它们在其中被联结的形式,再次是在这个形式中被当作体验到的而给予它们的那个关系。所以我们在友谊或婚姻上可以区分首先是作为这个整体"基础"的人格,其次是联结的"形式",最终是在这个形

---

① 爱德华·v. 哈特曼提供了一个正确的证明(参见《伦常意识现象学》):唯有当悲观主义起作用时(在本体论的意义上),就是说,唯有当存在本身是一个非价值(Unwert)时,异己价值才能被看作是高于本己价值的。如果我们崇奉这种(虚假的)悲观主义前提,那么我们就会赞同他。

式内被体验到的人格"关系",所以,必须区分婚姻形式的价值和关系的价值,前者在历史上以完全独立于特殊关系体验及其价值的方式(即独立于在所有"形式"中都可能的"好"婚姻与"坏"婚姻)而变幻不定,后者是在这个形式以内的诸人格之间的关系。但关系本身也是一个特殊的价值载体,它的价值并不会化解为基础价值与形式价值。

但是,作为伦常价值载体的所有"共同体"都受一个在这些价值种类之间的先天价值状况的主宰。我们不打算在此处谈论这个问题。

g. 个体价值与群体价值

"个体价值"与"群体价值"的区分与上述价值载体没有关系,但也与"本己价值"和"异己价值"的对立没有关系。如果我朝向本己价值,那么这必定又是个体价值或群体价值,例如那些作为一个"阶层"、一个"职业"、一个"阶级"的"成员"或"代表",或者作为我的个体性价值而属于我的价值。如果我朝向其他人的价值,那么情况同样也是如此①。但与"基础价值"、"形式价值"与"关系价值"之对立相等同的是个体价值和群体价值的区别。前者是价值的载体区别,它们处在一个被体验的"共同体"的整体之中,在这里我们把"共同体"只理解为一个为它们所有"成员"体验到的整体,但并不理解为由一些仅只客观地相互作用的诸因素组成的一个只是实际存在的、(或多或少)人为的和想象的统一,这后一种统一就是一个"社会"。但"群体价值"始终是"社会价值",而它们的载体并不构成被体验的"整体",而是一个概念阶级的多数。然而"共同体"却可以相对于"群体"又展示"个体",例如相对于婚姻的总和、一个国家的家庭的总和或民族的总和,"共同体"又可以展示一个个体的婚姻、家庭、社团、民族,如此等等。

在个体价值与群体价值一般之间也可以找到先天的价值关系。

h. 自身价值与后继价值

在价值中有这样一些价值,它们不依赖所有其他价值而保持着它们的价值特征,还有这样一些价值,在它们的本质中包含着一种与其他价值的现象的(直观感受的)相关性,没有其他价值,它

---

① 例如,(基督教意义上的)爱完全是个体的爱,无论是作为自爱(Selbstliebe),还是作为被称为"爱邻人"(Nächstenliebe)的他爱(Fremdliebe);但对作为劳动者阶层之成员的某人的爱,或对其他作为一个群体的"代理"或"代表"的爱,则不是个体的爱。对于劳动者阶层而言的"社群志向"与"爱邻人"没有关系;后者或许也朝向劳动者,但只是作为人的个体的劳动者。

们便不再是"价值"。我把前者称为"自身价值",把后者称为"后继价值"。

但我们需要注意:所有那些自身只是展示为用于因果地产生出善业之"手段"的事物,同样地,所有单纯的价值象征(只要它们仅仅是象征)因而就没有任何直接的或现象的价值,或者不是独立的价值载体。因为一个实事(以判断①的形式)所允许具有的所谓单纯手段的价值,只是后来借助一个推理的思维行为(或一个联想)才附加给它,通过这个思维行为,这个实事自身展示为"手段"。同样,单纯对价值而言的象征(如纸币)自身不具有任何现象价值。因而我们把这种"手段的"价值和这种"价值象征"称作后继价值。这种"后继价值"仍然是现象的价值事实。

例如,在工具的价值中,始终真实地有一个价值是直观性的,它虽然包含着一个"指明",即对一个通过工具而产生的实事之价值的指明,但它是现象地"被给予的"——在产物本身的价值之前就已经被给予了——并且不是从产物的被给予价值中推导出来的。因此我们必须将某物"作为手段所具有的"或"所能具有的"价值完全区别于这样一种价值,这种价值属于手段本身,只要这些手段直观地"作为手段"被给予;而且这种价值附着在它的载体上,完全不依赖这些载体是否作为手段而实际地被使用,以及在何种程度上被使用。

在这个意义上,所有特别的"技术价值"也是真正的后继价值。在它们之中,"有用"展示出与"适意"这个自身价值相关的(真正)后继价值。但更高的价值也会分化为自身价值与技术价值;而且对于每一种更高的价值来说,又都存在着一个技术价值的特别区域②。

后继价值的第二个基本类型(与"技术"价值相并列)是"象征价值"(Symbolwerte)。它们例如与纯"价值象征"(Wertsymbole)不是一回事,后者根本不是——现象的——价值载体。一个真正的象征价值是例如一个政权的"旗帜",它同时将这个政权的荣誉与尊严象征性地集于一身,但它正因为此也就本身具有一个现象价值,它与它作为布料的价值等毫无关系③。在这个意义上,一切"圣礼事物"(res sacrae)也是真正的象征价值,而不仅仅是价值象征。它们指向一个(某种)神明者的特殊象征功能在这里又成为一个特殊价值类型的载体(独立于被象征的事物);正是这一点才将它突出于单纯的"对

---

① 不是以一种评判(Beurteilung)的形式,这种形式预设了被给予的价值。
② 对此可以参见后面的第5章。
③ 同样还有"国王的礼服""神甫的长袍"等。

价值而言的象征"。

在这些自身价值与后继价值之间也存在着在其更高状态和更低状态方面的先天关系。

相反，价值象征仅仅服务于一个（始终只是人为的）价值量化并因此而服务于对价值在更大和更小方面的测量，这是一个与价值高度没有关系的区别①。但我们在这里将价值测量的问题置而不论，因此也将人们如何能够谈及"幸福总和"这类问题置而不论。

---

① 价值是无法作为纯质性而被测量的。它们与纯颜色现象和声音现象一样，后者是通过它们的载体及其数量（通过光和声的中介以及通过它们与广袤和空间性）才间接地可测量。尽管如此，同一样式的价值可以通过对它们的载体的测量而间接地被测量，即是说，这些载体的大小设定了一个同样特别的价值差异，这个大小被用作测量单位并且用一个特定的价值象征来标识。通过对这些象征的计数和数字处理，一个间接的价值测量得以形成。

价值、价值感受与感受状态[①]

哲学直至当代都倾向于一个历史上起源于古代思维方式的成见。这个成见在于一种完全不符合精神结构的对"理性"与"感性"的分离。这个区分在某种程度上要求将所有那些不是理性的东西——秩序、法则以及如此等——都划归给感性。因此我们的总体情感生活——并且对近代的大多数哲学家来说也包括我们的追求生活——也必须算作是"感性",还有爱与恨。同时,按照这种区分,在精神、直观、感受、追求、爱、恨中的所有非逻辑的东西,也都被看作是依赖人的"心理物理组织"的;而它们的形成便逐渐成为在生活和历史的进化中这种组织的实在变化的功能,并且依赖周遭及其作用的特殊性。是否在我们精神生活的非逻辑之物的基础上也可能有原初的和本质的行为总和与功能总和的等级差异——其中也包括一种"原初性"的等级差异,它与行为的等级差异相并列,我们通过它来把握那些受纯粹逻辑学束缚的对象,因此是否也存在着一种纯粹的直观、感受、一种纯粹的爱和恨、一种纯粹的追求和意

[①] 本文选自《舍勒全集》第2卷,第259—270页,伯尔尼与慕尼黑1980年版。——中译注

愿，它们与纯粹思维一样，都不依赖我们人种的心理物理组织，同时它们具有一种原初的合规律性，这种合规律性根本无法被回溯到经验的心灵生活的规则上去——基于那种成见，人们根本没有提出这方面的问题。因此，人们当然也就没有探问，在那些非逻辑的行为所指向的对象与质性之间是否就不存在先天的联系和争执，并且与此相关，是否就不存在这些行为本身的先天合法则性。

对于伦理学来说，由此导致的结果是：它在历史上或者被构建为一门绝对先天的伦理学，而后是理性的伦理学，或者被构建为相对经验的和情感的伦理学。几乎没有人问过：是否就不存在一门绝对的并且情感的伦理学。

只有几个思想家对这个成见进行了撼动——但也仅此而已，因为他们也没有做出构建。他们之中有奥古斯丁①和帕斯卡尔。在帕斯卡尔的著述中，我们可以发现有一个观念像一条红线贯穿其中，他时而用"心的秩序"（ordre du coeur），时而用"心的逻辑"（logique de coeur）这些语词来标识它。他说"心有其理（Le coeur a ses raisons）"。他将此理解为一种永恒的和绝对的感受、爱和恨的合规律性，但这种合规律性绝不能被还原为智识的合规律性。他用伟大和崇高的语词来谈论那些以直觉的方式获得这个秩序的人，那些在生活和学说中表达这个秩序的人。他谈到，他们要远远少于那些科学认识的天才，而且他认为，他们的地位与这些天才的地位的关系，就类似于这些天才的地位与一个普通人的地位的关系。在他看来，最多地和最完整地把握和亲历这种"心的秩序"的人是耶稣基督。

奇怪的是，帕斯卡尔的这些话被他的许多介绍者们所误解！人们把他的话理解为："当理智在说话时，心也在一同言说！"这是一个在许多哲学家那里也可以发现的著名观点：例如当人们说，"哲学的任务在于，提供一种既满足理智，也满足情感的世界观。"即是说，人们是在一种嘲讽的含义上来理解"理由"（Gründe，raisons）这个词。人们以为，帕斯卡尔并不想说：心具有"理由"，或者，在这里有某种在地位和意义上与"理由"真实等价的东西，而且这是它的（ses）理由、它自己的理由，这些理由并不是它从理智中借贷来的；相反，人们认为，帕斯卡尔是想说：不必到处去寻找"理由"或理由的"等价物"，也不必时不时地让"心"一同言说——感受是盲目的！现在，这恰恰是帕斯卡尔观点的对立面。他的语句的重音是在它的理由和它的理由上。事实上，他语句的意义并不在于：在所谓"心和情感的需

---

① 对于奥古斯丁，参见 A. V. 哈那克的《教义史》和 J. 毛斯巴赫的《圣奥古斯丁的伦理学》。

求"面前放弃思维的仔细性，或者，在理智不知道答案的地方，通过那些促使我们产生感受和"公设"——哪怕是"理性公设"——的设定来对所谓"世界观"进行追加的"补充"！相反，这个意义在于：有一种经验，它们的对象对于"理智"来说是完全封闭的。对于这种对象，理智是如此盲目，就像耳朵与听对于颜色是盲目的一样——但这种经验却为我们输送着真正客观的对象，以及在它们之间的一种永恒的秩序。这便是价值，以及在它们之间的一种等级秩序。而这种经验的秩序和法则是与逻辑学和数学的秩序与规律一样地确定、精密和明晰。即是说，在价值、价值认定以及建基其上的偏好行为等之间存在着明见的联系与争执，在此基础上对伦常决定及其法则进行一种真实的论证是可能的和必要的。

我们在这里与帕斯卡尔的这个观念相衔接。

我们首先将意向的"对某物的感受活动(Fühlen)"区分于所有单纯的感受状态(Gefühlszuständen)。这个区分本身还不会涉及这样一个问题，即意向感受〔活动〕对价值意味着什么，就是说，它们在何种程度上是对价值进行把握的官能。存在着原初的意向感受活动。也许当感受内容与感受活动同时存在时，甚至当感受内容恰恰就是感受活动所指的东西时，这一点会得到最佳的表明。我明见地把捉到一个无疑的感性感受状态，如一个感性的疼痛或一个感性的快乐状态，这个状态与一道菜、一种气味、一个轻微的接触等适意之物相符合。现在，对它的感受活动的种类与样式还完全没有随着这个事实组成、这个状态的感受内容而得到规定。当我"忍受那种疼痛"、"承受"它、"忍耐"它，甚至可能"享受"它时，这里所涉及的更多是一些变幻不定的事实组成。在这里，在感受活动的功能质性中发生变更的(也包括可以发生程度上的变更的)东西，肯定不是这个疼痛状态。但它也不是一般的注意力连同其各个阶段"发现"(Bemerken)、"注意"(Achten auf)、"关注"(Beachten)、"观察"(Beobachten)或"理解"(Auffassen)。一个被观察的疼痛几乎就是一个被忍受的疼痛的对立面。所有这些注意力和理解的种类与阶段也可以在任何一个这种感受质性以内自由地变更，只要它们能够做到不使这个感受内容化解掉。对于这些可感受到的疼痛被给予性的变更而言的限度在这里完全不同于在与刺激的关系中的限度与疼痛状态的上升状况。因而忍受能力和享受能力与对感性的快乐与疼痛的敏感性(Empfindlichkeit)无关。一个个体可以比另一个个体更多或更少地忍受同一个疼痛程度。

感受状态与感受活动因此是根本不同的：前者属于内容和显现，后者属于接受它们的功能。从这里显然存在的区别上可以很容易弄清这一点。

所有特殊的感性感受内容都具有状态的本性。它们或许在这里还以某种方式通过简单的感觉内容、通过表象内容或感知内容而与客体相联结，后者或多或少地是"无客体地"在此存在。但只要这种联结发生，它就始终具有质料的本性。将感受内容与对象联结在一起的始终是一些相对于感受内容的对象而言后补的关系行为。因此，若是我问自己：为什么我今天是处在这种情绪或那种情绪中？是什么原因引起了我心中的这种悲伤和欢快？这个因果联结的对象和状态在这里甚至有可能首先在完全不同的行为中被感知或被回忆。在这种情况下，我只是后补地通过一种思维而使它们发生联系。感受内容在这里并不是天生就关系一个客体的东西，例如当我"在落日的光辉中感受到雪山的美"时。或者也可以说：一个感受内容是通过联想而与一个对象联结在一起，通过对它的感知或表象。肯定有一些感受状态看起来首先是不与任何客体相关联的；这样我就首先要找到使它们产生出来的原因。但在这些情况中，感受内容不会从自身出发与一个对象相关联。它不会"接受"任何东西，不会有任何东西向它"运动"，并且不会有任何东西在它之中"指向我"。没有任何"意指"、任何朝向状态是内在于它的。最后，对我来说，在一个感受状态常常与外部对象与境况，或者说，与在我身体中的变化体验一同出现之后，它也可能以后补的方式成为对这个变化的"指号"。例如，当一个疾病的初始在某种疼痛中向我报到自身，而我以前就知道这种疼痛是与这种初始的疾病相联结的，这时情况便是如此。即使在这里，象征关系也是通过经验与思维而得以形成的。

与这种联结完全不同的是意向感受活动与在其中被感受到的东西的联结。但这种联结是现存于所有关于价值的感受（Fühlen von Werten）之中的。① 这里存在着一个原初的、感受活动对一个对象之物、对价值的自身关系、自身朝向。这种感受活动不是一个死的状

---

① 因此我们区分：1. 对状态意义上的感受内容的感受活动，以及它的样式，如忍受、享受。我发现，撇开在同一感受状态中的样式变换不论，感受活动本身也可以接近零点。非常强烈的惊吓（例如在地震时）常常会产生出一种几乎完全的无感受性。（我刚刚读到雅斯贝尔斯的《心理病理学引论》，他对此做了一些出色的描述。）在这些情况中，敏感性是全面地完好无损。在这种情况中没有理由不将这些感受状态看作是现存的。这里或许只存在着一种那些显现的提升情况，在这里，恰恰是一个感受内容的程度以及由它造成的完全充实性使我们暂时在它面前变得"无感受"，并将我们置于一种

态，或一个可以接受联想联结或可以被关涉的事实组成，或一个可以是"指号"的事实组成，而是一个目标确定的运动——即便它还根本不是一个从中心出发的动作(更不是时间上延展的运动)。这里所涉及的是一种逐点的(punktuell)、随情况不同或是由自我发出指向对象的，或是朝向自我的运动，但这种运动中，某个东西被给予我并且"显现"出来。因而这种感受活动与它的价值相关项的关系恰恰就等同于"表象"与它的"对象"的关系——恰恰就是那种意向关系。在这里，感受活动并不是要么直接和一个对象外在地被放置在一起，要么通过表象(它机械偶然地或通过单纯思考的关系而与感受内容结合在一起)而和一个对象外在地被放置在一起，相反，感受活动原初地指向一种特有的对象，这便是"价值"。所以"感受活动"才会是一种有意义的感受活动并且因此而是一种能够"被充实"和"不被充实"的事情①。我们对此可以以一个感触(Affekt)为例。一个愤怒感触(Zornaffekt)"在我心中升起"并"随后在我心中消退"。在这里，愤怒与我所为之愤怒的东西的结合肯定不是意向的结合和原初的结合。表象、思想，或者更确切些，那些在其中被给予的对象，即我首先"感知""表象""思考"的对象，"激发出我的愤怒"，而只是后来，我——即使在通常情况下是非常迅速地——才将这个愤怒与这些对象联系起来，并始终贯穿在这个表象的始终。我在这个愤怒中肯定"把握"不到任何东西。毋宁说必定有某些弊端已经感受性地"被把握到"，然后它们才会激发愤怒。如果我"在某物上并为了某物感到喜悦、为了某物感到忧郁"，或者，如果我"对某物感到兴奋"或我感到快乐、绝望，那么情况就已经会有很大的不同。"在……上"(an)和"为了……"(über)这些词已经在语言上表明，我所为之高兴等的对

对它的呆滞的、痉挛的"无动于衷"状态。而后才在这个感受内容的平息中，或者说，在我们由此造成的完全充实性的逐渐消失中，感受内容才成为一个真正感受活动的对象。呆滞的"无动于衷""消解了自身"，而我们感受到(fühlen)这个感受(Gefühl)。在这个意义上，对一个感受的感受"减轻着"并且规定着这个压力的状态。我在其他地方已经指出：与此相似，对一个他人的痛苦的真正共同感受会使我们摆脱由此痛苦造成的感染。2. 我们将感受活动区分于对象的、情感的情绪—特征(一条河流的静谧、天空的晴朗、景色中的悲哀)，在这些特征中虽然包含着情感的、质性的特征，它们也可以作为感受质性被给予，但因此却永远不会作为"感受"而被体验，亦即永远不会自我相关地被体验。3. 对价值的感受，如对适意、美、善的感受；感受活动在这里才获得了除它的意向本性之外的还具有的一种认知(kognitive)功能，它在前两种情况中还不具有这个功能。

① 因此，所有"关于……的感受活动"也原则上是"可理解的"，而与此相反，纯然的感受状态却只是可察觉的和可以得到因果说明的。

象并不是在这种喜悦和忧郁中才被把握，毋宁说它们已经事先站在我的面前，不仅是被感知的，而且也已经带有在感受活动中被给予的价值谓项。那些包含在这些相关价值状况中的价值质性从自身出发要求有这类情感"回答反应"的某些质性——正如另一方面这些质性也在它们之中于某种意义上"达到了它们的目的"。它们构成理解关系、意义关系、特殊种类的关系，它们不是纯粹经验偶然的，并且它们是不依赖于各个个体的个体心灵因果性的。① 如果价值的要求看起来没有得到充实，那么我们就会为此感到痛苦，即是说，我们会为此感到悲哀：我们对一个事件没有能够感到喜悦，而这个事件的被感受到的价值是配得上受到如此对待的。或者，我们没有能够对例如一个喜欢的人的逝世感到悲伤，而这个逝世恰恰"要求"这一点。这种特殊的"行为举止方式"（Verhaltensweisen）（我们既不想称它们为行为，也不想称它们为功能）或许与意向的感受活动具有共同的"方向"。但它们在严格意义上并不是意向的，如果我们在这里将"意向的"仅仅理解为这样的体验：它们可以意指一个对象，并且在它们的进行中能够有一个对象之物显现出来。这只是发生在情感体验那里，它恰恰构成了最严格意义上的价值感受活动。我们在这里并不是"在某物上"（über etwas）感受着，而是我们直接就感受到某物、感受到一个特定的价值质性。在这种情况下，亦即在感受活动的进行中，这个感受活动并没有被我们对象地意识到：只有一个价值质性从外部或从内部"向着"我们走来。需要有一个新的反思行为才会使这个"为了……的感受活动"成为我们的对象，并且使我们现在能够以后补的方式反思地观看：我们在这个已经对象性地被给予的价值上究竟"感受到"什么。

我们把这个对价值的接受的感受称作意向感受功能的类别（Klasse）。这样，我们就全然不能说，这种功能乃是通过所谓表象、判断等"客体化行为"的中介才与对象领域发生联结。这样的中介唯有状态的感受活动才需要，而意向感受活动却不需要。在意向感受活动的进程中，毋宁说对象本身的世界向我们"开启"（erschließen）自身，只是恰恰从它的价值方面向我们开启。在意向感受活动中常

---

① 价值状况和情感回答反应之间的这些意义联系作为预设进入到所有经验理解（也包括社群的和历史的理解）之中，进入到既对陌生人的、也对我们本己的经验体验的理解之中。因此它们同时是对陌生心灵生活的理解法则，这些法则还要加入到"表达的普遍语法学法则"（参见笔者：《论现象学与同情理论以及论爱与恨》，1913年）中去，这样才会使理解成为可能。

常缺少形象客体，这正表明，这种感受活动自身原本就是一个"客体化的行为"，它不需要以任何表象为中介。我们在这里无法研究自然感知和世界观的建构、儿童语言的含义统一之生成的普遍规律、各大语系的含义划分的差异性与语词及其句法划分在现行语言中的含义推移，而这样的研究将会表明：感受统一与价值统一对各个在语言中表达出来的世界观起着引导的和奠基的作用。自然，如果把整个感受领域原本地仅仅划归给心理学，那么人们原则上必定是偏离了这些事实，甚至偏离了对这些事实进行把握的任务；这样人们就永远看不到，在感受活动中、在偏好中、在爱与恨中，是什么在世界与世界的价值内涵方面向我们开启自身，而是仅仅看到，当我们感受时，当我们偏好时，当我们爱和恨时，当我们享受一个艺术品时，当我们向上帝祈祷时，在内感知中，即在我们之中的"表象的"行为举止中，我们所找到的是什么。

必须将这种情感功能区别于这样一些体验，它们是在其功能活动基础上作为情感生活与意向生活的更高层次而构建起来的：这便是"偏好"与"偏恶"，我们在它们之中把握到价值的等级阶段、它们的更高状态与更低状态。"偏好"与"偏恶"完全不是像"选择"一样的追求活动，这种活动毋宁说往往已经是以偏好行为为基础的；它们也不是纯粹感受的行为举止，而是情感行为体验的一个特殊类别。由此已经表明，我们只能在严格意义上的行动之间进行"选择"，而与之相反，我们可以"偏好"这个善业甚于那个善业、"偏好"好天气甚于坏天气、"偏好"这道菜甚于那道菜，如此等等。"偏好"也直接发生在被感受到的价值质料上，而不依赖于它的事物性载体，并且它和选择（Wählen）一样，既不预设形象的目标内容，甚至也不预设目的内容。毋宁说，追求的目标内容——它们本身不是目的内容，如我们所说，它们已经预设了一个对先行的目标内容的反思，并且仅仅是在追求活动以内的愿欲所特有的——已经在偏好活动的共同制约（Mitbedingung）下构成自身。因而偏好还从属于价值认识的领域，而不从属于追求的领域。这个类别，即偏好体验，又在严格的意义上是意向的，它们是"有所指向的"和意义给予的；但我们把它与爱和恨的类别聚合在一起，它们是"情感的行为"，与意向的感受功能相对立。

最后，爱和恨构成我们的意向生活与情感生活的最高阶段。在这里我们距离所有状态性的东西最远。语言就已经表达出——在将它们区分于回答反应的同时——这一点，因为它不是说"在某物上"（über etwas）或"在某物旁"（an etwas）的爱和恨，而是说爱什么和恨什么。我们之所以经常听到人们把爱和恨与愤怒、怒火、恼怒一起算作"感触"或算作"状态性的感受",这只能用我们这个时代无比地缺乏教养和在所有这些事物中全然缺乏现象学研究来予以说明。人们可能会认为,爱和恨本身就是一种偏好或偏恶。情况并非如此。在偏好中始终有多个被感受到的价值至少是被意指。而在爱和恨中则不是如此。在这里也可以是一个价值被给予。我在其他地方已经论述过①,爱和恨本身的特征还可以进一步得到描述,一方面是它们与感受和偏好的关系,另一方面是它们与追求及其各个样式的关系。在这里也只需反驳这样一种观点,即爱和恨是一种对在偏好中被给予的被感受价值之更高或更低状态的"回答反应"。相对于回答反应(例如报复),我们想把爱和恨标识为"自发的"(spontane)行为。在爱与恨中,我们精神所做的事情要比已被感受到的和可能被偏好的价值的"回答"伟大得多。爱和恨更多是这样一种行为,在它们之中,各个可以被一个生物的感受所达及的价值王国(偏好也是束缚在这个王国的存在上)经历着一种扩大或缩小(而这当然是完全不依赖现存的善业世界、实在的有价值的事物的,即使是对被感受的价值之多样性、充盈和差异性而言,它们就已经不被预设了)。如果我谈到那个被给予一个生物的价值国王的"扩大"和"缩小",那么我指的当然不是一种通过爱和恨而对价值的创造、制作或毁灭。价值是不能被创造和被毁灭的。它们的存在是不依赖所有特定精神生物的组织的。但我认为,对于爱的行为来说,它的本质并不在于,它根据被感受的价值或根据被偏好的价值而以"回答"的方式来指向这个价值,而是,这个行为更多是在我们对价值把握中起着真正发现的作用——而且唯有它在起这个作用,它可以说是在展示着一个运动,在这个运动过程中,各个新的和更高的、即对这个相关的生物还是完全未知的价值昭示并闪现出来。因而爱并不追随着价值感受与偏好,而是作为它的先锋和引导而先行于它们。就此而论,它虽然没有获得对自在存在的价值一般而言的"创造性的"成就,但却获得了对各个可为一个生物所感受和所偏好的价值而言的"创造性的"成就。因此,所有伦理学都将在对爱和恨的法则的发现中完善自己,这些法则就绝对性②、先天性和原初性的阶段而言要胜于偏好的法则以

---

① 参见笔者:《论现象学与同情感理论以及论爱与恨》(1913年)。
② 关于绝对先天和相对先天的概念可以参见笔者关于"现象学与认识论"的论文。〔此文没有在舍勒生前发表,以后收入《舍勒遗稿选集》第一卷"伦理学与认识论"。——中译注〕

及在与它们相应的价值质性之间的法则。

然而我们还是回到意向感受上来。这里还需要做几点历史的说明。就我们的问题而论，在哲学史上曾有两个伟大的时期，我们认为在这两个时期都提出过谬误的学说①，但谬误的方式完全不同。第一个时期一直延续到19世纪初。直到这时，我们还处处发现关于意向感受的学说极为流行。斯宾诺莎、笛卡尔、莱布尼茨带着不同的变化来倡导这个学说。在他们以及在依赖他们的那些思想家中，没有人曾把整个情感生活等同于——请允许我用此措辞——胃压疼感的被给予方式。倘若有人这样做的话，他当然也就找不到价值。倘若人们把太阳、月亮和在夜空中显现的星星当作状态的"感觉复合"，即当作原则上与胃压疼感处在一条被给予性的线路上并且只是以有别于相互依赖的方式而"依赖于"胃压疼感之显现的现象，那么人们也就永远不会去从事天文学。将整个情感生活视为一些在我们心中无意义和无目标地流动着的因果地被运动状态的进程；否认整个情感生活具有任何"意义"和任何意向"内涵"，这种情况只可能在一个心的迷乱——心的无序（désordre du coeur）——达到一定程度时才会出现，正如在我们这个时代。然而，那些伟大思想家的谬误在于，他们认定，感受活动一般，即爱、恨等，不是最终的东西，不是精神中最原初的东西，而价值也不是最终的、无法分解的现象。他们认为，例如像莱布尼茨便是如此，意向感受仅仅是一种"含糊的""混乱的"领会（Begreifen）和思考。但这种混乱含糊的思考的对象在他们看来就在于明晰的、合理的关系。例如在莱布尼茨看来，母爱就是那种混乱的领会：爱孩子是善的。但他们把"善"与"恶"回溯到存在的完善性程度上去。这些思想家甚至也完全相似地去理解例如颜色、声音的直观质性范围。它们对于那个时代哲学家来说——形而上学地看——是事物对所谓"心灵"的作用，这个心灵根据完全不可把捉的"能力"（真正"玄妙的"质性），按照某些运动来表象这些内容，而后将它们（"虚假地"）向外投射。尤其是在洛克那里表现出来的学说只是一种后补的形而上学建构。在认识论上，它们在这些思想家看来只是一种围绕（um）那个运动本身的"混乱的"和"含糊的"（不清楚的）知识。因此，不仅存在着一种对于质性与运动而言的因果关系，而且也存在着一种认知关系。与此相符的恰恰是在哲学问

---

① 由于迪特里希·封·希尔德勃兰特在他的著述《伦常行动的观念》（参见：《哲学与现象学研究年刊》，第三辑）中更为仔细地探讨了感受与价值学说的历史展开，我在这里就只是大致地说明这个事态。

题的另一个主要领域中、在价值问题中的尝试：以某种方式将价值化解为单纯的"存在程度"，对此，"完善性"概念表明自己是手段。对斯宾诺莎来说，"最好的"世界是在其中有一个存在的最大值的世界：例如他说，上帝也必然会因此而使恶与弊端从自身中产生出来，因为没有它们，一个世界就会是一个不太"完善的"世界，而这样一个世界也就不能包含"所有的可能"。即使是在这里与斯宾诺莎发生抗争的莱布尼茨也不是把完善性回溯到一个被视为根本的价值观念之上，而仍然是间接地回溯到存在概念之上。因此，对于我们来说还是感受性的价值必然性的东西，对于"上帝"来说是存在的必然性（类似于对我们来说的事实真理[vérités de raison]，就是对上帝而言的理性真理[vérités de fait]）。尽管上帝没有让"所有可能"出现在存在中——就像斯宾诺莎所说的那样，而是仅仅将那些除了他的"自身可能性"以外还与其他可能事物"可共存的"（kompossibel）东西选入这个领域之中。因为对于莱布尼茨而言，存在的前提不仅是可能性（Possibilität），而且还是可共存性（Kompossibilität）。但如果莱布尼茨说，上帝在"各个可能的世界中"根据一个"最佳原则"（principe du meilleur）而创造出一个"最好的（即最完善的）世界"，那么他后来重又对此解释说：最完善的世界是在所有可能世界中的这样一个世界，在其中"事物的最大值是可共存的"。通过一系列的迂回途径，他仍然还是将价值还原为存在。

但这个学说恰恰与那种关于感受活动的学说相符合，后者认为，这只是在理性认识意义上的一种混乱的认识。

在19世纪初（自特滕斯和康德①以来），人们缓慢地认识到情感生活的不可还原性。但由于18世纪的那种智识主义观念仍在维续，因此人们现在将所有情感的东西都降格为状态。

将这两种基本观点与前面所做的阐述加以比较就会表明，这两者自身都既含有正确的东西，也含有虚假的东西。第一个观点含有这样一个正确的明察：有一种意向的"关于……的感受"（Fühlen von）一般，除了状态感受以外也有情感的功能和行为，在它们之中，有某物成为被给予性，并且它们是以独立的意义法则和理解法则为基础的。但虚假的是——类似于对声音和颜色的质性的感觉——那种以为感受可以还原"知性"的观点，以及那种认为这两者之间只存在程度差别的看法。在第二种观点中正确的是认为情感存在和生活

---

① 参见在上面所引的希尔德勃兰特书中对康德青年时期著作的论述，根据这些论述，在康德那里可以发现对意向感受之设定的痕迹。

不可还原为"知性"的看法，但虚假的是在其中随即隐含着的否认意向感受的做法，以及把整个情感生活都让渡给一门描述的和因果研究的心理学的做法。因为几乎无须说，即使一些现代的心理学家承认：感受具有一种对生命活动及其引导而言的合目的特征（例如不同种类的疼痛、疲惫、胃口、畏惧等），而且它们是作为某些可促进和可避免的现存的和未来出现的状态之指号在起作用，这种承认也与感受的意向本性和认知功能没有任何关系。在一个单纯的信号（Signal）中没有任何东西"被给予"。因此必须从我们的基本命题出发来彻底重新研究特别是生命感受的各个样式。① 在这里将会表明，单纯的情感状态在严格的意义上只是感性感受，而始终能够指明一个意向特征的不仅有生命感受，而且还有纯粹心灵感受和精神感受，但纯粹精神感受是必然地指明着这种特征。一个感受状态可以作为"对某物的指号"（例如在那些疼痛的种类方面）起作用，这种可作用性在这里始终已经是通过一个真正意向感受来中介的——因而并不立足于单纯的、仅仅是客观和目的的联想联结。由于唯有精神感受、心灵感受和生命感受才具有清晰突出的意向特征，因而这同一个谬误使得人们完全误识了它们的本质，人们大都完全根据与感性感受（这些感受的状态本性已经确定）的类比来对待它们。人们完全没有看到，例如在精神的自身价值感受以及它们的众多样式的细腻游戏中，我们的人格价值能够向我们展示出来。同样得以展示的是价值欺罔与感受欺罔的整个领域，按照那种虚假的学说，它们就不得不化解为单纯的缺失现象或变态，或者就不得不与谬误（Irrtum）混为一谈。

---

① 笔者在《情感生活的意义与意义法则文集》（第一部分"论羞耻感"）中向自己提出了这个任务。也可以参见笔者的著述《论现象学与同情感理论以及论爱与恨》（1913年）。

价值存在与价值知识[①]

首先，毫无疑问的是，就像存在一种元逻辑学和元—数学一样，也存在一种**元—价值学**（Meta-Axiologie）和元—伦理学，而这些元科学（Metaszienzien）[②]对那种关于世界根基的形而上学知识而言，也必定具有重要意义。

世界的根基，或者在那种二元式的或说复数式的形而上学那里的"世界的诸根基"（这些根基的统一性——如果有的话——是首先通过形而上学来证明的，一如诸世界的多样性或统一性的问题是个非常重要的形而上学问题那样），也曾经被历史上所有伟大的形而上学家配上了一些属性，这些属性或者它们的内容是属于**价值领域**的。对柏拉图而言，他的最高"理念"就是"善"的理念[③]，当然是在这一意义上：善本身重新被回溯到那个

[①] 本文选自《舍勒全集》第11卷，第54—71页，柏林与慕尼黑1979年版，原标题为《形而上学与价值知识，特别是伦理学》。——中译注

[②] 参见全集第11卷第12页对该词的解释："元科学"处于形而上学与个别实证科学之间，以说明这些实证科学的对象与形而上学对象（即世界之根基）之间的关系。——中译注

[③] 在本节中，德文gut会根据语境译为"善"（尤其与"恶"相对时）或"好"（尤其与"坏"相对时）。——中译注

被他称为"存在者的存在"(ὄντος ὄν)、亦即存在者之最高程度上的"存在"(动词)。西方形而上学的所有时代在极大程度上都是被柏拉图和亚里士多德的哲学所规定的,都将这种古希腊的基本思想——某物在多大程度上"存在",就在多大程度上"也是善的",因而,至善是**那个**拥有一种"自在且自依"的存在(Sein a se et per se)的存在者——确定为关于价值学和形而上学之联结统一性的至高的基本思想。全部存在者都是善的(Omne ens est bonum)(是真的、是单一的[verum unum]),这也是经院哲学的一个基本原理。在所谓的"最完满的存在者"(ens perfectissimum)这一让人难以捉摸的同音异义概念中,最高的存在程度(其意思是:那种在动词的意义上实存[existieren]的东西,是最高程度上"存在"的)与某个东西是重合在一起的,即那个按照其内容(按照其如在[Sosein])而"是""最完善者"(最善者)的东西(这是个绝对静态的概念)。据此,那些坏的东西,此外还有恶的东西,就不会是任何肯定性的东西,而只是"非存在"(μὴ ὄν)、一种存在上的缺乏(欠缺[στέρησις])、一种自身限制的状态(Selbstbegrenzheit)。

在我们当今西方活跃的思想中,上述这些范畴对我们而言变得非常陌生了。它们与我们的逻各斯类型——如果我们将之理解为一个时代的思维方式的话——是不相符合的。只有极少数哲学家,或者说是专门的哲学史家才能理解这些范畴。例如很多人认为,ens perfectissimum(最完满的存在者)是这样一种存在者,它的如在(Sosein)是最完善的(Vollkommenste)如在。然而根本不是这样的。这些说法的意思是完全不一样的:在 ens perfectissimum(最完满的存在者)中,ens(存在者)是动词 sein 即 esse(存在)的分词,也就是说,它是那种按照其"此在"(Dasein)而具有最完善的(最强的)存在的东西(善[ἐσθλός])。"完善"是对作为动词的 sein(存在)的进一步规定,而不是对存在者"在如在方面的说明"(最实在和最完满的存在者[ens realissimum et perfectissimum])。这种思维方式将一切价值学的最终论证简单地移置到理论性的存在形而上学(Seinsmetaphysik)之中。它既不识得那个——属于我们的——"非价值"(wertfrei)的存在的概念(属于实证性精确科学的存在概念),也不识得这样一个存在概念:在这种存在面前,与价值—无价值(Unwert)以及较低价值和较高价值都是"价值上无差别"(wertindifferent)的;而它最不识得的就是一种敌视价值(wertfeindlich)的存在(作为动词)的概念,这种存在是所有那类特别地从佛陀(Buddha)出发的形而上学的基础概念:"一切存在者——作为存在者——都是恶的",包括所有抵达存在者的活动,都是恶的(叔本华和哈特曼)。所以整个西方形而上学,直至中世纪结束之时,都处在这样一个公理式的预设之下:"有某物存在要优于根本没有任何物存在。"一种形而上学乐观主义(Optimismus)从一开始就植根在这种古代—中世纪的存在形而上学之中。

因而,按照这种理解,世界的价值学就简单地与世界的此—在秩序或者说变化秩序(Werdeordnung)相重合了。连伦理学上的"是善的"(Gutsein)也意味着,按照这种此—在秩序来存在和行动。无论是各种价值区分,还是各种所谓的规范,都是从这种此在秩序中——这种秩序表现了①自在的存在者(*ens a se*)和最完满的存在者[即最实在的存在者]②的本质——才导出的(在亚里士多德那里也是如此)。包括斯宾诺莎、莱布尼茨和沃尔夫都还完全是这样思考的,甚至还超出了[这种理解]。如同斯宾诺莎将真—假这样一种不可等级化(ungraduierbar)的对立化解为观念之间的相即(Adäquation)和不相即这样的可等级化的对立之中(这是不合理的)那样,他也将好—坏、善—恶这样的不可等级化的对立化解为存在上完善和存在上不完善这样的可等级化的对立之中,或者说竟恰好化解在活动(Tätigkeit)、强力、能力(Können)的程度之中。他的论题是:因为将一切可能之物创造出来,要优于没有将一切可能之物创造出来。

在莱布尼茨那里,这一点呈现得最为典型。根据他著名的"较优原则"(principe de meilleur③),上帝在所有可能的、也就是无矛盾的世界中创造了那个"最好的"、也就是最完善的世界,而在这个原则中似乎插入了一个善——即"更好"[besser]——的概念(作为比较级"更好的"[meilleur]的起点),这个概念不再回溯到此在或者此在的可能性之上。因为对于**哪个**世界是最好的或者说最完善的世界这个问题,莱布尼茨给出的回答是:这样一个世界,它不仅仅——如斯

---

① 原文为 Wiederspiegelt(再次表现出),根据语境,此处似乎没有"再次"之义,疑为 widerspiegelt(表现出)之误。——译者

② "[＝最实在的存在者]"为全集编者所加。本文中,凡在正文中以方括号"[ ]"来添补的内容,如无特殊说明,都是全集编者所加(当然,用方括号"[ ]"来为那些本来已经在圆括号"( )"中的译文标出外文原词的内容除外)。——中译注

③ 在莱布尼茨的法语著作中,这个原则一般表述为 principe du meilleur,其中 du 是介词 de 和定冠词 le 的缩写。而 meilleur 是形容词 bon("好")的比较级,加上定冠词后则表示最高级。因此,这个原则一般译为"最优原则"。但舍勒在此的引用中,meilleur 之前是介词 de,没有定冠词,从语法上来说表示比较级。加上他接下来谈论了作为比较级的 meilleur,所以估计是有意为之的。因而译为"较优原则"。——中译注

宾诺莎已经教导的那样——包含了可能之物的准则，而且还包含了**可共存者**(Kompossiblen)的准则。

善与存在的这种范畴性理解已然通过圣·奥古斯丁而进入基督教的形而上学之中了；奥古斯丁在他的著作中反对摩尼教徒（他们借助琐罗亚斯特式的二元论，将善的原则与恶的原则假定为同等原初的基础原则，而奥古斯丁本人早年时曾对摩尼教徒抱有同情）时运用了这些论证，以证明上帝创世的原初完善性。

以柏拉图、亚里士多德、奥古斯丁以及经院主义者或鼎盛时期的经院主义者为一方，以斯宾诺莎、莱布尼茨、沃尔夫为另一方，尽管这双方就此一在(Da-sein)和价值—存在(Wert-sein)的本质关系而言在基本观点上是一致的，但肯定还是存在一系列重要差别的。这些差别可以归结为两个要点。在前一派形而上学家那里，所有的此在者(Daseiende)（而不仅仅是那种有生命和有理性的此在者）一直都同时是一种**"有目标的活动"**（朝向远处的活动[Ferntätigkeit]），而一切事物的这些目的性的活动的最高目的(finis suprema)就是自在的存在者(ens a se)，是神性（爱欲[eros]、意愿[ἐφίεσται]、意欲[ὀρέγεσται]①）。因此，每个事物的价值都在于该事物达到它自身（作为一种观念的[ideal]本质—形式的它自身）的那个程度。"在伦常上的善"(sittlich gut)是特殊情况，因为这样一种自我实现的东西是一个自由的理性存有物。"成为你所是"。而在斯宾诺莎、莱布尼茨和沃尔夫那里，这种因素被略去了，在斯宾诺莎那里程度最深，在莱布尼茨那里程度最浅。在近代人那里新出现的数学的—机械的自然图景之内，活动、运动、变化都不再具有一种对它们而言"内在的目的"；它们都仅仅服从数学法则，而这些法则与那种作为结果的此在(resultierendes Dasein)的价值、目标、目的都没有关系。由此，就好—坏而言的价值概念才完全被量化了。

第二个区别是，前一派思想家除了正面价值和反面价值以外还知道价值差别的第二个维度，而这个维度在第二派思想家那里完全消失了：这个维度就在于价值在高度和深度上的**等级秩序**(Rangordnung)。不过即使这种等级秩序也按照古代—中世纪的看法而被回溯到此在方面的区别之上，也就是回溯到此在之"独立性"的区别之上。从那种完全没有自己的此在、而只是为此在提供"客观可能性"的纯

---

① 这两个希腊词分别是 ἐφίημι 和 ὀρέγω 的现在时中动态不定式，通常写作 ἐφίεσται、ὀρέγεσθαι。——中译注

质料（materia pura），到无机物的形式领域（从质点到复杂晶体），到有机生物和它的规模庞大的植物和动物王国，直到人类和它的理性本性，从人类再到天使这一"分离的形式"（*formae separatae*）直到"自在的存在者"，在此有一个跳跃式增长的此在之独立性、此在之"奠基于自身之中"（Insichgegründetheit）的序列，这个序列精确地按照独立性程度而在一种等级秩序的意义上展示出一个关于价值和善业的序列——而这种等级秩序切断了价值和无价值的对立（例如，魔鬼肯定是恶的，甚至就是"那个恶的东西"，但在存在形态的等级秩序中，魔鬼显然也是凌驾在即便是最善的人之上的。）因而，**自在的存在者**在分析上就已经是**至善**（summum bonum），这恰恰是因为，它是**自在且自依的存在者**（ens a se et per se）。在此，伦常上的善只是"自由存有物（Wesen）"的好—坏，也就是说，是从人类开始的；因而在人类的范围内，高等价值（因而还有承担责任的程度）就按照等级上的归属而呈上升之势。上面列举的第二派的思想家那里，这种价值与善的等级秩序是不存在的，因为在这里——也就是说，在数学的—机械的思想的基础上——无论一切此在级别还是价值上的等级秩序都被耖平了。因而，价值上的区别都按照其等级秩序而被量化了。所有东西，无论石头还是人类，都越发**平等地**成了普遍机械作用的非独立环节。

如果将这种趋势推到极致，那么对于同一种学说而言，在质性（Qualitäten）、目的、形式方面发生的事情，也必定会在价值方面发生。**各种价值将会被主观化**（subjektivierung）；人们试图将它们回溯到相关的心理物理（psychophysisch）有机体的"愉悦和不愉悦"的体验——它们被理解为盲目的状态——之中，也就是说回溯到"诸种欲求和厌恶"之中（这是人类学上的价值主观主义，例如斯宾诺莎）；或者将特殊的伦理价值回溯到应然体验（Sollenserlebnis）之中——这种应然体验是通过实践理性的一种内在法则所规定的（这是康德的超越论的价值主观主义[①]）。善在原初的意义上是引起愉悦的东西，是被欲求的东西，是应该有的东西（参见《形式主义》）。但这就意味着：**诸种价值对科学和形而上学来说再无意义**。所有理论知识都必须是非价值的。

实际上，这个推论在价值方面如同在质性方面那样是不合法的。

[①] 参见全集第2卷的术语索引："价值 IV"，尤其参见该卷第194页以下。——全集编者注

自然世界观首先将所有价值作为事物的"属性"或者说心理过程的"属性"来给出,如同各种质性一样。而这种世界观的人类中心主义特性并不在于它做了这件事,而是在于它所实施的对诸价值的那种独特的选择。因为这种世界观给出的是这样一些价值:它们呈现在那些对于有机物的生命进程而言"重要的"善业之中。或者说是这样一些价值:它们在被把握了的情况下会引起一种特定的实践活动。就连那些伦理的和审美的价值,都只有当承载着这些价值的事物也是有用的和有害的时候,才呈现出来。而实证科学则只有通过把存在的各种价值和价值区分的客观成分都抽象掉,才获得它的非价值的对象(自然科学和心理学。参见《形式主义》)。它对世界进行考察和研究,"仿佛"并不存在自由的和自发的行为一样。它为何这么做?它这么做是因为它根本无意提供一种相即的(adäquat)、指向绝对的此在和如在的知识,而只是要为空间和时间中对象的所有可能的共存关系提供一种符号性的(symbolisch)、单义的秩序——这种秩序使得通过行为和技术来对所发生之事**进行操控**(lenken)得以可能。为了掌控世界(Weltbeherrschung)这样一种本身还是"客观价值"的东西,实证科学将所有显像都思考为从属者和可变者——相对那个浮现在它眼前的目标性思想,即一种普遍的、形式性机械作用而言,它们是从属的和可变的。因为只有当世界与某个机械装置是相似的时候,它才能以技术的方式被操控和统治。如果情况不是这样,那么世界就只能被沉思了(kontemplieren)。因而世界的这种人为的非价值性本身也只是为了**一种**价值及其他可能的实现而得到设想的,亦即[为了]掌控世界这一价值——这一价值在诸种价值的客观等级秩序中只不过占有一个特定位置而已,并且总是归属于"生命价值"(Le-benswerten)的。①

形而上学最终将自己同时提升到高于自然世界观还有实证科学的地方,而这是通过它如同自然世界观②那样将诸种价值的客观特性再次归还给这些价值而做到的——但它延伸到超出了[自然世界观和科学的]拟人化的限制之外,进而延伸到[科学的]掌控世界的这种生命价值之外。在此居于中介位置的是哲学价值学(本质价值学、本质存在论),它在本质论的善业还原(eidetische Güterreduktion)中研

---

① 参见全集第8卷,第122页。——全集编者注
② 原文为jene,不清楚是单数(自然世界观)还是复数(自然世界观和实证科学),全集编者补充为jene[erstere],则明确是指二者中的前者(如果复数的话,应为ersteren)。而这在含义上也更准确。——中译注

究所有价值的本质和等级秩序(参见《形式主义》)。不过即使是这些价值学也没有给出最终的东西。因为"任何价值在本体上(ontisch)都属于某种此在"(即使我们不知道某个价值属于哪种此在,或者说是哪种在如在上有规定[soseinsbestimmt]的此在)。形而上学力图去认识善业与弊端的绝对秩序亦即实现了的价值的绝对秩序——而不仅仅是认识那些悬而未定的价值质性。是的,形而上学的最终部分,即关于世界根基的学说,力图在自发的(spontan)研究中去认识绝对者,并同时在绝对者的特殊的价值结构中来认识最高的有价物(aestimativum)。各此在级别与各善业级别或弊端必须相互对应,而它们早就必须准确地相互对应,因为在本体上(ontisch),不是价值存在为此在奠基,而是此在为价值存在奠基。借此而已经一并说出了在古代—中世纪的学说中什么东西在任何情况下都是真实的——这种学说,如我们曾看到的那样,力图将事物的价值回溯到其此在,或者说回溯到此在变易中的实事关系之上。真实的是:

1. 在本体上,不是价值—存在为此在奠基,而是此在为价值存在奠基。

2. [存在着]关于最终价值样式的各种级别(亚里士多德:舒适的东西、有用的东西;善[Agathon])。

然而在从柏拉图到托马斯的整个形而上学派别中都包含了一种极为深层的谬误。这种谬误在于,从上述的奠基关系中引出一种分析性的结果关系:人们力图将价值回溯到此在,将价值级序(价值样式)回溯到此在的独立性,将正面价值与无价值的对立仅仅回溯到此在程度之上。由此,"一切存在者都是善的"就变成了一个定义式的分析命题,它不再能够在(归纳式的和本质论的)世界价值经验(Weltwerterfahrung)上得到检验。人们也可以说:形而上学的乐观主义在此变成了一种单纯的**定义**。这样一来,譬如说,人们相信自己从自在存在者——当它存在,并且当它是所有偶然此在的第一因(prima causa)时——就能够分析地推演出上帝的全善来。而事实上,(1)此在是诸种价值的必然承载者。(2)从本质法则来看(wesensgesetzlich),此在是带有价值的——就算我们人类不在此在上发现任何正面的或反面的价值。一切存在者都是有价物——带有价值的,但绝对不是说仅仅因为它在此(da ist)就说它是善的(带有正面价值的)。如在是好的还是坏的,[则不去讨论了]。因而人们也不是从世界目的或者目的因的观念(不管它是一种无时间的目标,像在亚里士多德和托马斯那里那样,还是一种时间性的、经验性的发展目标,例如在斯宾格勒或者进化主义的价值学和伦理学中)那里才能够获得价值概念的(参见普茨瓦纳①)。因为这些目标，或者说就算是最高的目标，本身到底是好的还是坏的，这总还是个问题。[价值概念]更不[能够]从"目的"的观念或者说"整体性"的观念那里[获得](杜里舒[Driesch]的现实性学说②)。目的或者整体本身是好的还是坏的呢？——[在此依然是个问题。]例如说，疼痛是好的，因为它与整体的保全是相关的。③

因而在此在面前，有价值还是无价值，是没有差别的，并且，为了确认，在善业的等级秩序中，此在除了作为一种在如在上有规定的此在以外还会是什么，以及它会具有何种价值(正面的或者反面的价值)，还需要如在方面的某种特殊经验。这一点也适用于自在的存在者(世界根基)④。无疑，根据其此在形式，自在的存在者必定是最高的价值承载者，因为[它是]最高的有价物(summum aestimativum，das höchste Wert-haltige)。不过它是好的抑或是坏的抑或两者皆是抑或在伦理上是价值盲目的(wertblind)、恶魔般的等——这个问题只可能从合乎本质的(而不是偶然地归纳出来的)如在结构(Soseinsstruktur)以及从这种如在结构中导出的世界价值结构出发才能得到裁决。否则，世界或者那些在世界中以善的方式实现出来的本质善物(Wesensgüterdinge)，就都有可能完全随意地是坏的，而自在的存在者却还依然是全善的，是正面意义上的至善。

价值存在(Wertsein)**是存在的最终的基本方式，同此在以及如在一样基本**。如果错认了这一点，那么，要么就是价值本身被错误地主体化(科学主义)，要么就是"乐观主义"——它应被冠以"声名狼藉"(ruchlos)这一称号——变成了形而上学善业学说的最高准则(最极端的例子就是莱布尼茨的"所有世界中最好的世界"，亦即可共存性准则[maximum compossibilitatis])。这造成了两个后果。那些以

---

① 指20世纪天主教神学家和哲学家艾瑞克·普茨瓦纳。——中译注
② 汉斯·杜里舒，德国生物学家和哲学家，被看作是"新生机主义"(Neovitalismus)的代表人物，著有《现实性学说：一个形而上学的研究》。他认为生命中运作的因果性是一种整体因果性，因为任何有机物都是整体性的，在解体之后各部分也都是个完整的整体。——中译注
③ 全集编者在此做了标注，但并未给出注释的内容。——中译注
④ 而另外一个完全不同的问题是：某种正面价值的此在难道本身不是某种有正面价值的事态(Sachverhalt)吗？某种反面价值的此在难道本身不是某种有反面价值的事态吗？——原注(对此，参见全集第2卷，第48页、第100—103页、214页以下几页。——全集编者注)

正面的方式在本质上有规定的(wesensbestimmt)善业构成了世界之善(Welt-gut)(而对于"世界的原因[Ursache]",也可以按照这种世界之善来进行价值上的判断,只要我们能够从我们关于世界之性状的知识出发而认识到这种原因的性状),而对这些善业之此在的任何一种高估(Überschätzung)都会**扼杀**那些要将世界变得更好——只要世界的善业可以以实践的方式被改变——的**意愿**(Wollen)**和行动的意义与力量**。而如果世界的善业与弊端以及它们的分配都不能通过实践来改变,那么上述那种高估就会与由它所导致的价值臆想论(Wertillusionismus)一起,扼杀听天由命(Resignation)的价值与力量,扼杀对世界之痛苦的"顺从"与怜悯,也就是说,扼杀了面对在本质上不可改变的弊端时唯一适宜的那种态度。当然,即使是对那些合乎本质的弊端的高估也会扼杀行动和意愿的力量,因为它将那些可能并不是"合乎本质"的弊端看作是合乎本质的;在应当(am Platz wäre)有所意愿和行动的地方,[这种高估]会导致错误的听天由命,并将那些还可以被历史性的作为和发展所克服的东西看作是永恒的和必然的。那些将世界仅仅换成为"善的东西"来思考(按照"坏"则不过是非存在[μὴ ὄν],是缺乏等这一公理)的人,忘记了去将世界变好。而马克思和实用主义却没有看到,也是存在着一些不可以实践的方式来改变的善业和弊端的。①

不过,这一点并不是那种片面的古代—中世纪式的此在形而上学所犯的唯一谬误:它没有看到:

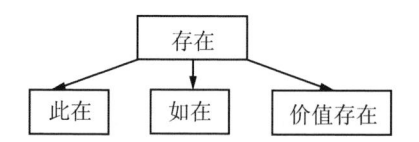

```
        存在
      ↙  ↓  ↘
    此在  如在  价值存在
```

而是想着从此在出发就把握了价值存在,甚至最终将此在与善的东西等同了起来(而佛教则相反,将此在与坏的东西相等同了)。

在如下问题面前,这种形而上学犯下了一个同样更大的谬误:如果各种价值被把握了的话,那么它们是在哪些行为意向(Aktintentionen)中被把握的。那个庞大的学派所给出的回答不可能是别的,只可能是:在感知、表象和思想等晦暗、杂乱而隐秘的方式之中,也就是在那样一种行为类型中:在其中,实际上只有如在可以被把握,但按照那个学派的看法,则是如在和此在都可以被把握。[他们

---

① 参见全集第8卷,第232页。——全集编者注

认为]①，我们的精神在它的感受（Fühlen）的、也就是它的意向性感受的自身合法则性（Selbstgesetzlichkeit）之中（以最高的形式在偏好[Vorziehen]与偏恶[Nachsetzen]、爱与恨之中）占有着一种官能（Organ），后者对于把握和划分客观的价值质性领域及其秩序——这曾经被错认了——而言是合乎本己法则（eigengesetzlich）且不可替代的。此外，[他们认为]②，"如同在那些合乎知性的研究的原理中，我们的理性拥有着一种必不可少的把握工具一样，在那种对事物及其关系之价值的感受中，我们的理性占有着一种同样值得严肃对待的领悟（Offenbarung）"（赫·洛采③）。与之一道的还有一种"心的秩序"（ordre du coeur）"心的逻辑"（logique du coeur）（参见《形式主义》）。④ 普茨瓦纳认为：价值感受、偏好、爱和恨可以通过"隐秘的（impliziertes）思想"、"自然的思想"（纽曼）来取代。这完全是个谬误。这只是那个古旧的、完全被克服了的理论：我们的感受只不过是思想的杂乱的早先形式（Vorform）——也就是在已展开了的实事面前必须被略去的东西。"红"和"蓝"在多大程度上不能被一切纯粹思想所把握，"舒适"和"不舒适"等就在多大程度上也是如此。甚至笛卡尔、莱布尼茨、霍布斯等人都认定，红和蓝只是些晦暗的和不清晰的思想，或者是些以物理的方式归属于这些思想的运动。在此，如同在那里一样，这个学说都是错误的。

在接下来的时期，哲学的主流都忽视了情感生活本身的意向性和意义，而只知道那种被投射（projizieren）到自在的、非价值的事实之中的盲目的感受状态（参见《形式主义》）。直到特滕斯⑤为止，人们甚至根本上始终都错认了情感之物的独立性以及它不可还原到意志之物和智识之物的特性。价值评估能力（vis aestimativa）[曾被看作]欲求行为和判断行为，或者说意志与判断之间的联结，而甚至爱与恨也曾被归入追求能力（Strebevermögen）之内。因而，诸种价值的整个合乎本质法则的经验源泉——它独立于这种经验的承载者的组织

---

① "他们认为"为译者所补。——中译注
② "他们认为"为译者所补。——中译注
③ 指德国哲学家鲁道夫·赫尔曼·洛采。引文出自《微观宇宙：关于自然史与人类史的诸理念——试论一种人类学》（*Mikrokosmos. Ideen zur Naturgeschichte und Geschichte der Menschheit. Versuch einer Anthropologie*）一书第 1 部第 2 卷第 5 章"论感受、自我意识和意志"，参见该书 1896 年版（莱比锡，第 5 版）第 275 页。——中译注
④ 参见全集第 10 卷，第 345—376 页。——全集编者注。
⑤ 约翰·特滕斯，德国启蒙时期思想家，较早用自然科学方法研究人的心灵中的感受能力与思想、意愿之间的区别。——中译注

形式而有效（因而也对动物和上帝有效）——都被忽视了。价值在被感受之后**也**能够被思考（作为价值概念、价值判断），这一点却被误导成为一个假定：价值在没有被感受的情况下也能被思考。"价值盲目"变成了无判断（Urteilslosigkeit），价值欺罔（Werttäuschung）变成了谬误。

而现在我们可以做出这一要求：**经验，或者说首先是认知性的"心灵"**（Herz）在世界，甚至是在上帝那里的**本质经验**，对于形而上学来说是一个较为确定的素材。在诸种本质价值学和那些偶然的经验价值知识——历史是其主舞台——的结果中，形而上学有**一种材料上的预设**（Stoffvoraussetzung）；这并不意味着，形而上学应当在如下意义上给出一种满足精神和心灵的世界观（威·冯特、费希纳①）：仿佛所谓的心灵被允许藏在某物的背后来"干预"（dreinreden）知性，甚至会跟知性就某物而讨价还价（abhandeln）。这是思想的糟糕的大杂烩和不纯粹。也就是说：心灵的客观的存在世界、诸价值的世界以及作为把握这些价值的能力的心灵，**构成了形而上学的一类最终事实**，而形而上学则必须从世界之根基出发来让这些最终事实得以理解。假如人们能够以心理学的方式来解释价值的话，那么价值对形而上学来说就没有意义了。形而上学本身不是心灵之事，而是知性和理性之事。但心灵的素材以及所有在这种最广泛意义上属于精神——只要精神就是"内心"（因此也是良知、鉴赏、对风格的感受［Stilgefühl］、审美感受、宗教感受）——的东西，都是不可取代的，是不可以通过如在和此在方面的研究而取代的形而上学素材（艾·拉斯克②的《哲学逻辑与范畴学说》中说出了很多正确的东西）。

因而，各种价值学，尤其是各种本质论的价值学（例如伦理学）本身，都必须独立于形而上学而得到论证，而不是单纯地还原到某个形而上学假设之上（费希特、黑格尔、司各脱主义）。它们与对经验性此在的经验性价值判断联结在一起，是形而上学的预设和素材。

3. 不过还有另外一点被形而上学的那个片面的智识主义时代所错认：即此在、如在和价值存在这三种存在方式的"被给予性秩序"（Gegebenheitsordnung），后者完全不同于这三种存在方式的存在论秩序。

由于人们曾经未认识到，相比于那些仅仅是智识的如在而言，此在［等同于实在存在］具有一种超智识性（Transintelligibilität），因

---

① 威廉·冯特，德国心理学家和哲学家，实验心理学的创始人。古斯塔夫·费希纳，德国心理学家和物理学家，实验心理学的先驱之一。——中译注

② 艾米尔·拉斯克，德国哲学家，出身于新康德主义，后受胡塞尔影响。——译注

而人们曾认为，自己不仅能够将某个所拥有的且被给予的此在的如在，或者说将某个特定的如在的此在作为联结的统一体来**认识**（虽然这也是可能的），而且也能够**认识**那个先于一切知识而被给予的此在本身的此在。尽管人们曾正确地认识到，在本体的（ontisch）领域中，价值存在总是已经在如在上有规定的某个此在者的此在的价值存在，但他们未认识到，在**被给予性**的秩序中是相反的，**价值存在**是一种"先于"如在**和**此在而被给予的东西，而且，只有当我们对这种东西有爱或恨、有偏好和偏恶，也就是说，有所感受的时候，我们才能（按照其如在）认识到这种东西和将之把握为此在（把握为某种对我们在意愿和注意中给出的"活动"的抗阻）。①

这个我多年来都在讲授，并且以一切可能的方式来给予证明的关于**价值存在在被给予性上的优先性**的命题，在开始时曾被奇特地误解为：（1）一种本体上的存在优先性。（2）一种时间顺序上的优先性，而不是各种给予着的（gebend）行为在时间秩序的优先性（奥古斯丁：不被我们所爱的东西，是不会被我们所认识的[nil cogniscimus, quod non diligimus]）。例如普茨瓦纳会认为，奥古斯丁的命题（在《约翰福音讲疏》[Johannestraktat]第96讲第4节）——"人们完全不认识的东西，是不会被人们所爱的。但人们会爱那些他们只是稍有些认识的东西，而这种爱会促使人们对之作更好和更完善的认识"——与我关于在行为上爱相对于认识的优先性的命题相矛盾。实际上我也会从如下命题出发：在经验上并不存在某种爱是不具有任何关于被爱之物的如在方面的知识的（而且也不具有任何类型的对此在的把握——作为实在的或虚构的意识观念的此在）。

两种行为本质类型的奠基法则只能通过以下两种方法来认识：（1）通过对相关运作的推进或者溯返（Rückschritt）所遵循的法则来加以确定，如奥古斯丁所做的那样。（2）通过极限情况（Grenzfälle）的方法，这些极限情况表明，在别的"被给予者"几乎要消失的时候，什么还依旧"被给予"。假如奥古斯丁说的是"人们完全不认识的东西，是不会被人们所爱的。但如果人们认识了那些只是稍微被他们所爱的东西，那么这种认识（作为一种推进式的认识）就会促使人们对之有更完善和更好的爱"，那么奥古斯丁就会说出跟我相反的东西来，也就是会教导我们说，认识在行为之奠基中是先行于爱的。但是奥古斯丁说的是相反的话，也就是说，他说的恰恰也是我说的。

---

① 参见全集第2卷，以及全集第8卷，第109页和下一页。——全集编者注

我只不过是从关于推进的法则、亦即关于爱与知识的增长与消减的法则出发，再推导到一般意义上各种行为本质的本质奠基法则而已。因为我并没有说：在时间顺序上首先出现爱，然后出现认识，而是在一种后果的秩序（Ordnung der Folge）里，在其中，后果的**时长**（Folgedauer）在规制上（metrisch）可能为零，因而二者是同时的（认为我曾说，爱产生了认识等，[这个论断]简直是荒唐的）①。第二种证明方式是极限情况的方法：在回忆、感知中。例如，[当某个舒适的或不舒适的东西]的"什么"（Was）没有[被给予的时候]，依然[能够]有某种舒适或不舒适的东西[被给予]。

此外：[关于价值被给予的优先性]的命题，是对于感知、期待和回忆、幻想，还是对于非直观的思想而言的，必须分开来证明；是对于直接的观念思想和对原现象（Urphänomen）的本质直观，还是对于间接的思想和感性感知而言的，要分开来证明。如果这个命题在各种情况下都可以证明，那么它才以严格的普遍性而有效。

而同一点也[适用于]价值把握和意愿（参见《形式主义》），或者说是作为本能和意愿的追求（Streben）。如果这里也有价值投射相对于图像投射（"志向"[Gesinnung]）的优先性，以及类似地，价值感受相对于欲求和厌恶、意愿和不愿（反向意愿[dawiderwollen]）的优先性，尽管指的是那种对被投射者的如—在方面的把握相对于本真的意志行为的发生与否（fiat et non fiat）的优先性（认识相对于意志的优先性），而不是如司各脱主义者和康德所主张的那种意志相对于认识的优先性，那么，就得出了一个关于**爱和恨同时相对于知识（认知）和意愿的优先性**的命题。这个命题被发展心理学（Entwicklungs-psychologie）确证了，这种心理学指出，我们的心灵生活和精神生活的知性层面和意志层面是从某种初始的"感受上的渴望"（Gefühlsdrang）那里才分离开来的，并指出，那展示了心灵的存在与事件的，既不是感觉，也不是追求（植物）。②

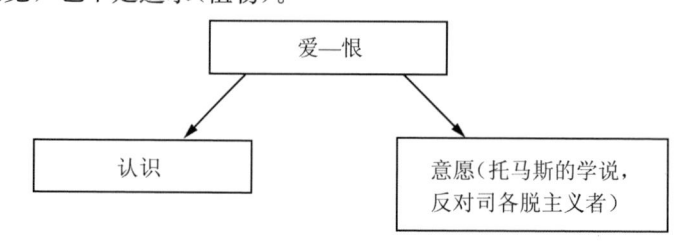

```
            爱—恨
           ↙    ↘
        认识      意愿（托马斯的学说，
                  反对司各脱主义者）
```

---

① 参见全集第 6 卷，第 77—98 页。——全集编者注
② 参见全集第 10 卷，第 345—376 页。——全集编者注

4. 不过，如果运用到形而上学之上的话，那么从这种合法则性中就会得出一些重要的命题：(1)不仅诸种价值学要独立于形而上学而得到论证(例如说伦理学不能建基于上帝的此在与本质之上)，而且，在价值认定中占统治地位的那些价值体系(伦理[Ethos]①)也构成了**各种形而上学体系**建立的条件(形而上学的世界观学说的根本原则)。(2)在绝对存在的领域中，属于这一存在的那种此在和如在的各种价值是能够被认识的，而这些价值的承载就其如在而言依然不可认识(惩罚[Ahnden])。(3)特定的"内心禀性(Dispositionen)"对于形而上学认识而言并不是偶然的，而是本质上必然的，而这些禀性对于科学认识而言则不是必然的。

因此，某种特定类型的伦常上的存在和行为举止(Verhalten)对于形而上学认识而言也会特别地构成一种**奠基性的**认识条件。对于这个命题，柏拉图已经认识到了，奥古斯丁也曾不厌其烦地重复着，纽曼和格拉逊②——诚然只是片面地用于宗教上的认识——则对之加以强调，此外，斯宾诺莎还将之变成他各种学说的基础(价值欺罔必须被扬弃，以便对如在和此在加以认识)。

关于形而上学"认识"的"道德"禀性的学说，我在《论哲学的本质》中已经做了深入的展开。③ 这个学说与关于本质认识的艺术学说(Kunst-Lehre der Wesenserkenntnis)处在一种精准的关联中，后者则是一种技艺(Techne)，它对于扬弃对象身上的那些实在性要素(个别化原则[principium individuationis])而言是必要的：(1)自柏拉图以来，**对**一切事物中的**本质之物**——以及对那种关于本质之物的认识——**的纯粹精神之爱**就被赋予了"哲学"之名。(2)**以自谦的方式**(Selbstverdemütigend)来献身(Hingabe)于纯粹的存在者，尤其是绝对存在者，是一种对价值相对性和此在相对性进行持续扬弃的禀性，并为认识提供了一种朝着绝对存在的方向；这是由于这种献身消除了本能的人类中心论(Anthropozentrismus der Triebe)，也消除了那种在科学中始终先行着的、以生命为条件的(vital bedingt)掌控世界的意志。形而上学同样是对我们之中的所有"生命"的认识——以将之完全变成"对象"的方式(斯宾诺莎)。(3)敬畏(Ehrfurcht)是这样一种感受，在其中，我们以晦暗的方式来把握着事物的价值和无价值，

---

① 参见全集第2卷，第2部分，第5篇，第6章。——全集编者注
② 约翰·亨利·纽曼，英国神学家，对现代天主教思想有重要影响。奥古斯特·格拉逊，法国天主教神学家。——中译注
③ 该作收于全集第5卷。——全集编者注

却并没有把握这些事物在认识上有规定的如—在。敬畏以一种合乎感受的方式将如下这种即使在智识上也是错误的观点加以扬弃了：绝对此在能够以相即的和明见的方式在形而上学中（而不仅仅是以不相即的、或然的和假设的方式）被认识。（4）在与本能冲动、并最终与一般而言的意志上的举止行为相抗衡的那种**自我控制**（Selbstbeherrschung），是具有 a、客观化和 b、本质认识的禀性的。（5）那种尽可能**纯粹的追复感受**（Nachfühlen）是对所有心灵的—历史的世界进行认识的一个条件。

5. 目前有些人（像文德尔班和李凯尔特），还有上述学说的某些特别的对手，以很奇特的方式将**这一**学说与那种自康德以来就被称为"实践理性相对于理论理性的优先性"的思想等同起来。连我本人也因为这个我所支持的学说而被看作"康德主义的残余"。这种观点错到离谱。在康德那里，尤其是在费希特和李凯尔特那里：（1）实践之物的优先性是存在上的优先性，而不是认识上的优先性。（2）是实践之物的优先性，而不是爱的优先性。（3）理论认识——只要存在着这样一种认识——在没有任何一种道德禀性的情况下也是可能的。（4）对某种"超经验性的对象"的把握是只可能在实现义务的行为、也就是在对纯粹应然的实现中才会发生（连所谓的逻辑学规范［在此］都是"应然"的类型；而规范是溯源于存在法则的）。（5）此在只不过是真判断、亦即"实存判断"的相关项而已，是"对象的要求"，亦即通过某种自我行为（Ichakt）而被设定、被肯定的要求。也就是说，此在只是这种"应有的（gesollt）"设定的那个 X 而已（费希特、李凯尔特）。因此，此在和如在就被回溯到了我们思想按照应有的方式为直观质料"赋予形式"（Formung）的一种类型之上。（6）在与善的、亦即合乎规范的意愿、合乎规范的行为活动的关系中，一切认识和一切知识都只是中间价值（Mittelwert），不是终极价值。

很明显，这与别的禀性学说是相反的。为了将道德本身提到一个形而上学的绝对领域之中，康德对我们的知识进行了限制。在柏拉图和斯宾诺莎那里则相反，所有伦理学都只对纯粹理论有意义。甚至是柏拉图和斯宾诺莎关于伦理学与形而上学关系的这种学说也是错误的，因为它是片面的。因为，尽管伦理上的行为举止一直**也**同时是"禁欲（askesis）"，是为形而上学认识作禀性上的准备，但它并**不仅止于此**：对于任何类型的对自在存在者的"分有"而言，这种举止行为同时是有自己的价值的——这种分有**只有**在对其意志行为的追复进行（Nachvollzug）"**之中**"才是可能的，并且在这种分有中，我们的实践的—伦理的行为举止得以完成(愿在神之中[velle in Deo])。

不过,如果我们注意着**实事**,那么我们必须完全拒绝那种价值存在与此在及如在之间的绝对二元论(康德),后者是一种与古代和中世纪正相反对的做法,要将"价值存在"和"有效(Gelten)"的理想提升为存在的最高类型,在此在和如在中看出了一种从这一最高类型中衍生出来的子类型(李凯尔特)。类似地,我们也必须拒绝那种所谓的相对于理论理性而言的"实践理性的优先性",不管是在康德的那种适度的意义上,还是在费希特和李凯尔特的那种极端的意义上。将对象的此在变成一种为"感官质料""赋予形式"的纯粹"使命",这是不可能的;将真理变成一种价值,并且说,对象的此在仅仅意味着存在某个关于此对象的肯定性的真命题——这也是不可能的;这意味着将对象的此在与某个此在者的纯粹的对象存在(Gegenstandsein)混淆起来了。真,指的是一个判断意义与某个特定事态之间的符合。也不是说真理是价值,而是说只有对真理的认识也能够成为某种对于我们而言的价值的承载者。"真"并不是某个此在着的和如在着的对象的一种规定性,像美、善、舒适那样(参见《形式主义》)。① 因此,并不存在比"价值—形而上学"或者关于某个超越者的理念——这种超越者只是价值—存在和"有效",而一切此在都只是内在于意识的此在——更荒唐的表达式了。

不考虑其他谬误,所谓的"价值形而上学"的这些学说就包含了一些错误的预设,导致它们看不到,此在、如在和价值之间**在本体上的**奠基关系与它们**在给予性上的**奠基关系是相反的。这些学说必定会忽视这一点,因为它们沉湎于那种关于"绝对的意识""超越论的意识"或者"超个体的意识"的认识论唯心主义中——我在《论人之中的永恒》中指出,这是一个"法律上无效"(rechtsungültig)并且包含着矛盾的概念。② 它们忽视了关于此在、如在和价值存在之间的联结的那些综合性公理,这些公理完全独立于归纳式的经验而先天地有效(某种正面价值的此在本身就是有正面价值的,而某种正面价值的非此在本身就是一种反面的价值),并且排除了在某种悬而不定的、无此在的(daseinslos)"价值"中发现认识的超越对象的可能性。这些学说毫无批判地预设了:那种(如今已经在物理学的基础上被克服了的)机械动力学的自然观点是"全面有效的",那种在心理学领域中已

---

① 参见全集第2卷,术语索引"真理"。——全集编者注
② 参见全集第5卷,第305页及以下几页。——全集编者注

被完全克服的联想心理学也同样"全面有效"。也就是说预设了：一种完全价值盲目的因果性单独地掌控了经验实在的全部领域，因而在实在和价值之间、在各个有价值目标的施行者（Agentien）之间不可能存在任何本质性联系，在物理学——生物学的基础上，情况同样如此。例如，当马克斯·韦伯想要将所有价值判断排除出实证科学（同样也排除出理论性的国民经济学）之外的时候，他是有道理的。在严格意义上，科学甚至只具有技术性的和实践性的意义。关于自己，科学从不可能陈述道：请如此如此评价，请如此如此来意愿、来行动。而是永远只能陈述道：**当你这样或那样行动、崇拜这些或那些"神"时**，那些事或这些事就会发生。

在实证科学那里期待一种关于价值秩序的学说（生活指南）——这是无意义的。然而，马克斯·韦伯的下述论题完完全全是不对的：对于哲学和形而上学而言，"客观"的价值判断是不可能的。这个论题抛弃了一个原则，即只去认识那些对技术（亦即在实践上为事物赋予规则[Regelung]）或者目的设定（Zwecksetzung）而言必要的东西的这一原则，并且斗胆要"自由地"观入万有（All）——这种观看**不**再受限于那个关于可能的、实践的目的设定的观念。除此以外，马克斯·韦伯认为，对于一切描述性和理解性的历史认识而言，["客观"的价值判断是不可能的]①，这也是错误的——如意大利人克罗齐②已经指出的那样：这些历史认识毫无疑问会在其认识的**质料**中找到实现了的价值，而不是从[？……]③自己的规范意识和价值意识的形态中才将这些价值放置到历史事物之中的（相对主义）。只有对于所有历史事件当中的那种价值盲目的因果性因素，也就是说，对于那些在没有任何人类主体（个体或群体）进行意愿或评价的情况下所"发生"的事情而言，他才是有道理的。不过就算在这种情况下，他也只是相对有道理而已，因为即使是那些目的上盲目的、为各种历史状态"打下"（treiben）实在地基的"本能"（Triebe），都既不是目标上（ziel-）、**也不是价值上盲目的**，而是**目的上盲目的**（zweckblind）而已，它们超出了个体和群体的有意识的目的和意图而追求某种整体

---

① 方括号中内容为译者推测文意而补。假如不补入这些内容，则该句尽管语法尚通，但意为："此外，马克斯·韦伯在一切描述性和理解性的历史认识方面都是不对的……"，文意上似乎不通。——中译注
② 贝内德托·克罗齐，意大利美学家、历史学家。——中译注
③ 方括号内容为全集编者所加，编者大概是猜测，这个地方应该加入一些内容（例如，谁的规范意识和价值意识），但不能确定到底应该加入什么。——中译注

目标(Gesamtziel)，而正是对这个整体目标的研究构成了历史哲学的对象。不过，对历史事物所进行的这种从原则上就是价值盲目的把握，错认了历史的那个下意识的(unterbewusst)和超个体的目标物(Zielhaftigkeit)，而正是这个目标物将全部历史仿佛沉入了自然(有机自然)的"存在"之中；在同样程度上，这种把握也错认了"自在的存在者的精神(Geist)"对历史的那种超意识的精神引导。即使那种精神上的神性不想按照严格的有神论学说那样成为历史的积极意义上的统治者、引导者和掌控者，但它毕竟还有能力通过一种"不允许"的行为来阻止某类事情的发生：这些事情尽管处在可能的、盲目的历史因素的范围之内，但却与那个由质性优先性(即正面价值相对于反面价值的优先性)的法则和秩序所构成绝对体系相违逆——我们在上帝永恒的爱与恨面前必须将这些法则和秩序表象为是已展现了的(ausgebreitet)。

如果人们能够将古代—中世纪关于价值存在、此在和如在的学说称作"声名狼藉的乐观主义学说"——这个说法表达了某种只能在心理学上加以理解的体系或者思维方式和价值方式，也就是表达了某种年轻的(jugendlich)表示赞同的生命渴望(Vitaldrang)，表达了任何权利的逻辑学和价值学都需要的那种"生命本能"(Lebensinstinkt)，那么人们就必须反过来，将这种"思维方式"描述为一种"泛悲剧式的(pantragisch)思维方式"①。因为，如果这种哲学的大前提为真，而且是严格意义上的"真"，而不仅仅是一纸空文——这个大前提是：所有有价值—有意义的东西都是**不实在的**，只有那些通过完全的**价值盲目**的因果关系而产生——也就是按照那些不为任何"永恒理性"所掌握(作为"永恒理性"之技术的计划)的"法则"而产生——的东西才是实在的，而好的和坏的东西、伦常上善的或恶的东西，还有对这些东西的无所谓(Gleichgültigkeit)，都一起被引向此在(ins Dasein führend)。此外，如果人们赞同道，所有此在者都是非价值的，而所有有价值的东西都绝对地是非此在的，那么，与上述那种思维方式相匹配的就只有一种对生命的泛悲剧式的感觉了。所有有价值的东西，都只是"偶然的"——这就是这种哲学的错误之处。因为这种哲学否认了"一切存在者都是有价值的"这一公理。并不是一切此在者都仅仅因为它此在就具有正面价值——只有在这一点上，这种哲学具有相对的真理。(在这一点上，这种哲学合理地反驳了

---

① 参见《论悲剧性的现象》。[在全集第3卷中出版。——全集编者注]

"年轻的、充满活力的"欧洲所持有的那种"思维方式",也就是说,反驳了一种非理性的生命本能;在"精神"面前,这种生命本能比起那种认为"一切存在者都是恶的"的死亡本能[Todesinstinkt]来说,并不具有**更多**合理性。)而如果这种哲学将形而上学看作是实践的、将实证科学看作是理论的,那么[它]就是完全不合理的。

  如果现在将这种本身就已经是错的"思维方式"——其内容是:不存在任何关于此在、如在和价值存在之间的联结的公理;那种无时间地(zeitlos)"有效"、但仅仅是"有效"的价值,并不是永恒的。所有此在者都永恒地是非价值的——与下述学说(李凯尔特、文德尔班、韦伯并未陷入这一学说)联系起来:那种被误以为为"价值"做出了论证的"应然",同样在自身之中包含了"未来"甚或是"使命"(Aufgabe)这种时间维度上的条件,那么这样一来,"泛悲剧主义"(Pantragismus)就转变成了那种看上去与它绝对对立的东西:转变成了**形而上的价值乌托邦主义**或者是(形式上的)**弥赛亚主义**。根据后面这种学说,那些具有正面价值和较高价值的东西,在本质法则上和原则上应当始终是存在于未来的。这同样也是一种形而上学的思维方式。它在历史上最主要的体现是所谓的犹太弥赛亚主义,也就是关于弥赛亚和"上帝之国"的永恒"来临"的学说。在此,唯独"上帝之国"——可以说——负有义务(verpflichtet),要存在于"未来"的任何一个历史瞬间,或者说是存在于精神的期待领域——守望(Harren)——的任何一个历史瞬间。它在某个时候真的来了——啊,你们来看看:这种思维方式是对善的永恒期待,并且在原则上蔑视**所有**善的,而且此外还**在此**(da ist)的东西。这样一来,如同总是存在着一种无限制的、先天的"浪漫主义"——也就是这样一种思维**方式**,它将正面的和更高的价值仅仅认作是以不可能的方式来满足(unmögliche Erfüllung)那种对某一过往或者"远方"(希腊、中世纪等)的思慕——那样,也存在着一种思维方式,即原则性价值认定(Werthaltung)方面的"未来主义"(Futurismus)和乌托邦主义。这种思维方式将以下一点变成了一个先天法则:**更晚的东西**是更好的,仅仅**因为**它是更晚的([与]浪漫主义对那**遥远的**所爱者的爱[相类似])。对已经结束的前战争时代的发展与进步的那种空想,它的其中一个基础也在这里。一切特别地怀有"末世论"希望的时代,例如最早的基督教(尤其是保罗之前的犹太基督教)、在 11 世纪之前的对千年王国的期待、农民战争中的那些神学学说,还有那种对"未来国度"的社会民主式的信仰,都陷入了这一错误思维方式的法则之中了。①

在一个思想者看来不言而喻的是，好与坏、善与恶等价值对立是丝毫不会关心这些价值究竟在过去还是在未来实现这一问题的。或许价值的某些**类型**——诸价值样式的那些类型——会关心这些问题。给那些承载着生命价值或者与生命相关的价值的形体（Gebilde）赋予某种像生命性的价值成长（Wertwachstum）这样的东西（至少是根据"高和低"），这也许并不是错误的。这甚至是正确的。同样，去谈论人性（Menschheit）在历史时间中的精神性成长，可能也不是错误的②——只要人们在其中看到的只是"差异化"和"一体化"（Integrierung）。因为，那种在生命上更高级的组织形式（头向集中[Kephalisation]③）也构成了**精神**的多种多样的作用的一个条件。这种组织形式总是为精神打开新的裂口（Spalten）。④ 而只有做出如下期待才完全是荒唐的：**仅仅**凭借这一点，好—坏、善—恶的质性对立就会在其扩展和量的平衡方面发生变化。

人类在其历史中并没有变得更恶或者更善，因为人类是善还是恶，始终在于那种具有超历史源泉的人格之"自由"行为，而人类只是将他们的善的和恶的意愿运用（anwenden）到那些越来越驳杂的"生活"材料之上而已。就算[人类的]"伦理"（Ethos）、生活基础和环境曾经千差万别，就算同一种"行动"也许在这里被看作恶，在那里就是"善"的，但总是会有善的东西和恶的东西。但是那些被我们称为善和恶的东西的位置并不在这些行为之中——更别说在这些行为的效果之中，而是仅仅在那种愿意行动的志向（tatbereiter Gesinnung）之中（参见《形式主义》）。并不存在人类在伦常上的进步法则，也不允许有这样的东西。因为存在着"自由"，只不过实证科学为了它的实践目的而"无视"这种自由的实存罢了。存在着的只是一种越来越庞大的"人类事务（Anlegenheit）的纠缠（Verwicklung）"（各社会及其活动的差异化和一体化），在这种"纠缠"中，那些善的和恶的东西越来越清楚地呈现出来，[但却]对世界的终极意义来说变得越来越重要。诸时代在走向（zu）"上帝"——"直接地"（兰克⑤）。它们并不将自己"变为附属"（mediatisieren）。每一时代和每一个人都有自己独有的

---

① 参见全集第8卷，第50、173页。——全集编者注
② 参见全集第8卷，第24—29页；第37页。——全集编者注
③ 指的是生物进化中，各种感觉器官和感觉神经组织集中于头部的过程。——中译注
④ 全集编者在此做了标注，但并未给出注释的内容。——中译注
⑤ 利奥波德·冯·兰克，指德国历史学家。——中译注

规定和目标。甚至每个日子！这种"日子的要求"(Forderung des Tages)是**不可取代的**。① 它**不是**从那些被回溯到普遍有效的价值之上的普遍有效的规范中得出的。它是个体良知和法则的实事。它可能被遵循，也可能被略过。这是直观的实事与**人格**之自由的实事。历史的发展趋势总是已经在此，而只有当我或者你不给历史赋予某种不同于它所拥有的、这样或那样的意义方向或价值方向的时候，只有当我们无视那些自由的"人格"的时候，历史的发展趋势才能如常进行。历史的价值和意义并不在开端的状态里（浪漫主义），也不在终极的状态中，而是在各世代（Generationen）、各时代、各民族、各种族、各文化圈——也就是**所有的时期**——为了一起实现善与更高价值而进行的那种有意义的合作（Kooperation）之中。历史也**有可能**以完全不同于它已经进行了的那种方式来进行——在历史活动的每个瞬间里都如此。"历史并非世界法庭（Weltgericht）。"同样，历史的未来也不在任何一种形式的先行确定的素材（不管是按照生物学的形态还是机械论的形态来先行确定的素材）的意义上是被决定了的。"人性既**可以**终于圣人，也**可以**终于恶人"（格拉逊）。这取决于对人性的那种人格上的引领，而这种引领则取决于，引领者在多大范围内符合或者违逆"事物的根基"来意愿和行动。

神性（Gottheit）**不仅仅**运作于那些有所允许、在某种情况下则有所阻拦的行为之中——借助这些行为，神性"引领"着历史，并避免那些绝对的坏事和恶事或者完全与价值无关的事情发生。它也同样运作在各时期的那个"创造性的瞬间"——希腊人称为"时机"（Kairos），运作在起领导和榜样作用的人格之中——神性从自身出发将这些人格凸显为领导者和榜样。②

历史（Historia）并不是一种将人类整个包含在自身之中的东西。不是人类被包含在历史之中，而是人类包含着**历史**。从价值及其样式来看，人类甚至是"某种意义上的全体"（quodammodo omnia）。历史，甚至说此在的可能的历史性（Geschichtlichkeit），都只不过是人类的一种属性。不过它是**一种本质性的**属性。

不过，任何时候都存在人类的一些处于历史之上（überhistorisch）、历史之外（nebenhistorisch）、历史之下（unterhistorisch）事件和行为。形而上学认识、一次祈祷（Gebet）、一次善

---

① 参见全集第2卷，第23页以下；第485页。——全集编者注
② 参见《榜样者和领导者》，收于全集第10卷。——全集编者注

行——因其无人注意而更为伟大,都是处于历史之上的事实,并不会因为它是"处于历史之上的"就不是事实。一切对人类事物的共同进程没有影响的东西,就是处于历史之外的。我的纯感性满足、刺激或者拔牙时的疼痛,这都是处于历史之下的事实,并不会因为它是处于历史之下的、也就是说处在那些在历史上"值得注意"的东西的门槛之外就不是"事实"了。恺撒或者拿破仑甚或是某某市长在某一天死去,这在历史上是重要的。但他是死于斑疹伤寒还是死于心脏疾病,这就不是历史性的事实了。奥斯特里茨的太阳是个历史事件,因为它一同造就了这场对现代历史具有重要意义的战役的结局。① 但日落或日出时太阳在人的一所小屋上的那次照耀,也同样是一个事实。山峰在落日下闪耀,这同样是一个事实。只不过它在历史上不重要罢了。包括知识、美、丑、善、恶都与每种事实是有联系的;不过它们不是历史性的价值——不一定是。

　　什么是"历史事实"?它是一种同时具有价值上的重要性的事实,而且它表达出了对各群体——这些群体从其整体而言并不是在价值上无差别的②——之命运的影响的某个量(Quantum)。它是一种事实,对群体、对作为"社会人格"的人类有着关乎价值的影响。绝不是说,只要具有重大影响的事实就是"历史事实"。日本地震就不是像世界大战那样的"历史性"事实。"再无地震"——"再无战争"[相互对举](里德尔[Lederer])。但同样绝不是说,某种事实有重要价值并且由自由的个体所完成的,就属于历史事实了(李凯尔特)。更不要说,历史是那种总是"善者"的东西。这纯粹是党派著史,只引述那些一直被人们按照其价值评估的形式而看作好或坏的东西("有倾向性的"[tendenziös])。历史学家必须对那些在历史中才向他呈现的、而他先前**并不**识得的价值保持开放。各种风俗形式、鉴赏形式、思维方式都是与**历史**相关的。只有在识得这些"形式"的前提下,才允许对善—恶、真—假、美—丑进行判断。不过,这些形式本身还必须要按照那些永恒地作为真、善、美而"被给予"于人格的东西来加以衡量;这里指的是那种自由的人格、超历史的人格、听从于神的人格。

　　所有专门的哲学性价值学科(关于伦理的、审美的、宗教的价

---

① 指1805年12月2日的奥斯特里茨战役,拿破仑的军队战胜了第三次反法同盟中的俄奥联军。早上九时的太阳驱散了浓雾,使得拿破仑能清晰地了解敌人的部署,扭转了刚开战时的不利局面。——中译注
② 另参见全集第5卷,第34页;第8卷,第150页以下几页。——全集编者注

值、功用性的价值等价值的哲学)都必须严格地独立于形而上学而得到论证。因而这些学科从来不可以仅仅是从某种形而上学学说中演绎出来的,例如从来不是对某种意志(司各脱、霍布斯、康德、冯特的"全体意志"[Gesamtwille])的设定(Setzungen)。不过,作为一类新的被给予性,它们对形而上学具有重要意义。

(谢裕伟　译)

关于价值之"相对性"命题的意义①

根据我们至此为止的分析，价值已经被确定为是不可还原的感受直观的基本现象。尽管如此，我们还会面对所有价值的，尤其是伦常价值的主体性和相对性的命题，它是整个现代世界的一个如此顽固的哲学信念，以至于我们不得不在这个命题上、在它的意义和它的所谓论证上，以及在它之所以被提出来的心理原因和历史原因方面稍做停留。

当人们谈及价值的主体性时，他们想说什么呢？这个命题可以意味着：在所有价值中都本质必然地包含着一个特殊种类的"关于某物的意识"，它们通过这个意识而被给予。这便是感受活动（Fühlen）。在这个意义上，这个命题是正确的。我们是以现象学的最高原理为出发点的：在对象的本质和意向体验的本质之间存在着一个联系。而且是一个我们在一个这样的体验的每个随意事例上都可以把握到的联系。因此，它并不是一个——像康德所说的——这样的主张：对象的法则必须"根据"（richten）把握它们的行为的法则。对象把握的法则也就是把握对象的法则。这个联

---

① 本文选自《舍勒全集》第2卷，第270—275页，伯尔尼与慕尼黑1980年版。——中译注

系在这里是单方面的。但我们同样也排斥绝对的本体主义,即那种认为有可能存在按其本质不可被任何意识把握的对象的学说。任何一个对某个对象种类之实存的主张都根据这个本质联系也都要求给出一个这个对象种类在其中被给予的经验种类。据此我们说:就其本质而言,价值必须是可以在一个感受着的意识中显现出来的。

但这里当然还没有说:在这个意义上的价值就是"意识显现",价值只是在内直观中显现出来。这第二个"意识"概念按照前面所述是以第一个"意识"概念为前提的。这里没有说:价值仅仅属于"自身直观",无论是内自身直观,还是外自身直观。因此,一个人所能把握的所有陌生价值(无论是心理的还是物理的自身价值)都必须首先为他自己所感受到。接下来,我们在交流中和在历史中把握到那些没有被给予我们自身并且也从未被给予我们自身的价值。例如,如果一个时代将自己的价值置入到一个较古时代的价值状况中去,那么这便是历史欺罔的一个基本形式。因此,我们理解那些我们永远无法在对我们本己心灵存在的观察中把握到的陌生心理活动的价值。我们之所以能够理解,也并不是因为我们推断出或同感到陌生的心灵之物,而是因为我们在表达现象中感知到它们。①

我也已经驳回了这样的主张:价值的存在预设了一个"主体"或"自我",无论这是一个经验的自我,还是一个所谓"先验的自我"或一个"意识一般"等。自我在这个词的每个可能意义上都还是意向体验的对象,并且因此是在第一个意义上的"关于……意识"的对象。自我只在内直观中被给予,并且本身只展示着某种在内直观方向上显现出来的多样性的形式。因此,一个自我究竟是否"具有"或"经验到"价值,这对于它的存在来说是完全无关紧要的。"自我"——也包括在其形式意义上的自我或自我性——是价值意识的对象,而不是它的本质必然出发点。与此相同,所有那些把价值回溯到一个"先验的应然"、一个内感受的"必然性"之上,但把伦常价值回溯到"良知之陈述"等之上的理论也就随之而作废。价值的存在并不以一个自我为前提,就像对象(例如数字)的实存或整个自然并不以一个"自我"为前提一样。因此,就是在这个意义上也应当对这种价值主体性的学说进行反驳。

这种反驳在激化的程度上也适用于任何一种想把价值按其本质

---

① 笔者在《论现象学与同情感理论以及论爱与恨》(1913年)一书的"附录"中曾试图详尽地证明这个命题。

局限在人、局限在他的组织之上的学说，无论这组织是指他的"心理"（人类主义和心理主义）组织，还是他的心理物理组织（人类主义），即是说，适用于任何一种想把人的存在相对地设定在他的组织之上的学说。这种学说是完全荒谬的，因为毫无疑问，动物也在感受价值（例如肯定在感受适意的东西和不适意的东西的价值、有用的东西和有害的东西的价值等）。撇开对价值的理解不论，价值也存在于整个自然上。在这里我们仍然不能以自然科学为出发点，它——本身还受那种对外直观显现因素之选择的引导，而这种选择是奠基在可能的自然控制的价值中的——试图故意地不去考虑价值。例如，审美的自然价值并不因此而就是艺术价值的临界情况（如黑格尔所以为的那样）：就好像一个日落的美只是一个尚未画出来、但却作为"艺术品"而被构想出来的"图像"一样。现在或许会有人指责说，无论如何，在自然中也还是有许多价值中性的事实组成。由此而恰恰表明了，价值是相对于人而言的可用之物。但问题在于：这究竟是因为这些对我们来说价值中性的事物根本没有价值，还是因为我们不能感受到这些价值？想一想在个体、民族、种族、时代所具有的价值质性充盈中的巨大差异以及人在这方面具有的不寻常的教化能力吧！例如苏门答腊的马来亚居民只具有两个词来表达适意和不适意、快乐与不快乐。我们现在不能从语词的缺失直截了当地推导出价值意识的缺失，就像在颜色名称上的情况一样①。但也还是可以从这些人的其他行为举止中得出这样的看法，即他们所感受到的价值质性比我们所感受的要少得多。

但现在，如果只是确立了价值一般的存在，那么将那些在其存在中的价值与只是在其可感受性中"相对于"我们的价值区分开来的标准在哪里？价值感受的发展能力既对历史的人来说，也对个体来说，都是一种无限的能力；而作为种属的人也是生活发展的一个变化着的环节。只是通过他的感受的发展，他才步入现存价值的价值充盈中去。

例如，我们这个文化和时代的人类大众的价值世界之所以贫乏可怜，原因完全不在于一个总体的、人类的价值主体性，而是在于其他因素，它们部分地规定着一般人的自然世界观，部分地规定着我们文明人的通常直观。②

---

① 对此参见 A. 马尔梯的出色研究《关于颜色感官的历史发展》。
② 对此参阅笔者《论自身欺罔》（1912年）的研究，同上，第140页及以后。

自然的人通常总是会清楚地意识到那些对他来说可感受的价值，但只能在这个程度上意识到，即这些价值是对于他身体本能和需求引导的行为举止而言的指号。这种可感受的价值对于他的需求和兴趣的变幻不定的满足方式所具有的可能的"符号功能"，就是限制着他的关于价值——不是关于它们的存在——的清楚意识的东西①。我们越少主动地占有我们的精神人格，价值也就越多地会作为对我们身体需求来说至关重要的善业事物的符号而被给予我们。我们越是生活在"我们的肚腹中"——就像耶稣使徒所说的那样②——世界就越是价值贫乏，而且那些仍然被给予的价值也就越是仅仅存在于它们对生命的和感性的"重要"善业而言的可能符号功能的限制之中。但在此之中，而不是在价值本身之中，包含着价值被给予性的主体要素。对于生活在社会中的人来说，价值之所以能够超越出他的本能注意力的限制，通常只是因为这些价值的可能载体是如此有限和罕见，以至于制作它们需要付出劳作和辛苦（这不是又与它们的可划分性的程度具有某种关系），而且通常是因为那些从属于它们的善业不仅"被占有"，而且是被一个人"较之于"另一人所占有的更多地占有。③ 因此，例如历史上一个社群阶级的生活标准的绝对进步并不作为它们的善业数量的增长而受到关注，受到关注的是这个标准与其他阶级的生活标准的各自差异。作为价值而对注意力凸显出来的，并不是人们所具有的东西，而是人们相对于其他人所不具有的东西（在同样具有对有关善业种类的可能政治—法律候补资格时）。这个情况也适用于发明的价值意识和文明善业的价值意识，它们只是在从旧到新的过渡中才"感激地"被接受，才作为价值而以可感受的方

---

① 在亚人类的（untermenschlich）生命自然上所享受到的多种多样的美，例如在所有种类的动物装饰（图形、羽毛、鳞甲等）中以及在它们的鸣唱中的审美价值，看起来自然是服务于繁殖和求爱，因为它们同时是对于这些如此被装饰的范例的事物价值而言的符号。但即便如此，从性需求中不仅推导出价值的选择、保存、可遗传性和固定，而且推导出价值本身，这种做法仍然是完全荒谬的。即使可以将这些价值的载体看作是产生于最小的累积补加，却肯定不能如此看待它们的价值。还有，恰恰是这种奇特的一致性，即我们觉得美的东西并且例如吸引着雌性动物的东西（尽管在组织上有如此巨大的差异），指明着这些价值的客体性。对此参见奥利弗·洛奇在他《生命与质料》（柏林，1908 年）一书中的深刻而美妙的阐述。

② 舍勒在这里所引的应当是《圣经》"罗马书"（16.18）中的话："这样的人不在侍奉我们的主，是在满足自己的肚腹。"——中译注

③ 参阅在后面关于"追求者"—类型的论述，这种类型的人的自身价值意识是在对自身与他人的比较中才构造起来的，只要他并不比一个他人"更多"，他就不会为自己思考"任何东西"。

式被强调，但在其他时候则是不被感激地——几乎就像空气和空间一样——被使用。但是，以此方式"首先"被给予我们的就是自身作为这些价值的价值差异，甚至是对作为价值的价值差异而言的单纯象征差异（只要想一想对名称、阶层标志等的过分重视），也正是在这个事实中，包含着我们的价值意识（我们行为举止的人性的、"太人性的"东西）的主体的因子，它使得人们对实际价值和善业的理解越来越贫乏。然而这些价值本身并不会因此而是"主体的"。唯有当这个在这些价值面前的行为举止以特别突出的程度与资本主义竞争体系中人的流行价值—体验结构相符合时——完全类似于机械的存在理解与流行的存在的体验结构的相符合，那些处在它的各个联结之中并且能够将它不只是作为在其他可能的历史体验结构中的一个而加以客体化的人，才会将它变为一门价值的形而上学，并因此而将这些价值一般说成是"主体的"。但实际上展示着那种价值的体验结构的并不是精神的或人类精神的"自然法则"，而是历史上的人所累积的债务。根据某些原则，我们从生命价值（它们本身在与精神价值和神圣价值的关系中已经是此在在相对的）的序列中区分出社群价值和经济价值，这些原则在这里被当作我们的价值意识的前提，甚至不仅被当作这种价值意识的前提，而且还被当作这些价值本身的前提！

但是，只要有人能够从"时代"兴趣视角的迷雾笼罩中探出自己的精神头脑，那么他就会看到，价值可以在一种完全不同的方向上被给予人们。在这个方向上，我们缓慢地摆脱某些对我们行动而言的价值事物以及其他已经实存的善业所具有的象征价值，并且摆脱对善业和善业的部分而言的那些价值象征，同时我们朝向它们内部的内涵本身，并且——反过来——根据那个如此纯粹地被感受到的价值领域来安排我们的行动和我们的善业创造（而不是听任它们的现有方向来限制和分解我们的价值观）。在这个方向上——由于凝聚原则与个体主义的竞争原则和忌妒原则相比获得了优势，善业越是不能被可能地"占有"（它们越是不可分），对它们的评估也就越高，而在可占有的善业中，得到最高的评估的又是那些在生命上最有价值的，无论它们是以多大的数量现存，如空气、水，在某种意义上还有土地；而且它们的数量越多，它们得到的评估也就越高，因为在对这些善业享受的感受上或在对在善业上的喜悦的感受上还能够以同一程度附加上对共同享受和共同喜悦的价值的感受。在这个方向上，一个人格所具有的任何一个超出我的价值的价值都将是自为地被给予的，而且首先被给予的是价值本身和它们的增长（或它们的减少），而不单单是它们的差异。在这个方向上，由于所有价值感受及其文化都受这样一个基本直观的指导和引领：还存在着无限多的至此为止没有能够被人感受和把握到的价值，因而有一个越来越严肃、越来越仔细、越来越确定地展开了的并且上升着的意识在伴随着这个过程。这个意识就是：唯有对我们这个时代中的自然人的那种体验结构及其片面扩张的克服，才会使我们找到通向现有客观价值的通道，才会破开那些囚禁着我们的监狱四壁，并且才能够，如费希纳如此恰当地描述的那样，可以说是让日光、"日景"（Tagesansicht）重又涌入我们感受着的精神眼（Geistesauge）中。

对于人格来说，它自身的存在和行为举止越是自在地有价值，价值世界在迈出的每一步中也就显而易见地开放自身。虔诚者的心灵始终在轻声地感激空间、光、空气，感激他的臂膀、肢体以及他的呼吸之存在的厚意，而所有那些对他人来说是"价值中性"的东西，都充满了价值与非价值。方济各的话"我们以不占有任何东西的方式拥有万物"（omnia habemus nil possidentes）便表达了这个将价值感受从上述主观限制中解脱出来的方向。

伦理学

关于价值概念之起源与伦常事实之本质的不充足理论[①]

任何一种认识都植根于经验之中。而伦理学也必须建基于"经验"之中。但问题恰恰在于，是什么构成了那些向我们提供伦常认识的经验的本质，以及这样一些经验包含着哪些本质要素。如果我在回忆中或已经在实施前就把我所进行的一个行动评判（beurteilen）为"善的"或"恶的"，或者如果把我周围人的行为举止评判为"善的"或"恶的"，那么，是何种经验提供了这个判断（Urteil）的质料呢？这里的问题并不在于，对这些用语言表述出来的命题进行分析，以此来开展研究。这些所谓的评判在逻辑形式方面与判断别无二致。因此就要问：在这里与这个"评判"相符合的究竟是什么样的事实质料（Tatsachenmaterial）呢；它是如何达及我们的，它是由哪些因子所组成的。因此须要研究的是那些直接被给予的事实以及它们达及我们的方式，这些事实为以下的命题谓项提供了充实"这个行动是雅致的、粗俗的、高贵的、低贱的、罪恶的等"。

在肤浅的眼光看来，最悖谬的论调莫过于主

[①] 本文选自《舍勒全集》第2卷，第173—211页，伯尔尼与慕尼黑1980年版。——中译注

张有伦常"事实"这样一类东西。人们很乐意承认有天文学、生物学、化学的事实，理论必须以某种方式与这些事实"相一致"。但"伦常事实"是什么呢？即使我们撇开包含在"事实"概念中的一般困难不论：是否任何事实都已经是某种精神的建构，是一个某物 X，它为一个凑进来的概念、问题、假设提供答案，或者是否有真正的和纯粹的事实；人们在这里仍然会发现——姑且不去考虑这个涉及事实之本质的问题——一个巨大的差异。无论如何，"伦常事实"与其他事实并不是同一个问题。在对自然的直观中，我感知到星星，感知到植物、动物，感知到最为复杂地组合起来的物体。在对我的直观中，我感知到一个自我、一个追求，感知到最为复杂地交织在一起的愿欲、感觉。在一个可以总括为"观念对象之存在"的确定领域中，我思考地把握例如数字以及它们之间的复杂联系。然而我在何处才能找到伦常事实呢？当然，一个自我、一个愿欲可以是善的和恶的，雅致的和低贱的。然而这是我所能看见的吗，就像我在内感知中可以区分处于一个愿欲之中的追求因素、肯定因素、"确实应当如此"的因素、始终一同被给予的肌肉紧张感的因素等一样？而一个法则、一个设施，甚至在一间屋子里的秩序和混乱——这些事物显然不可能在我之中出现并且不可能在内感知中出现，难道不也是与"正义的"和"不义的"、"有序的"和"无序的"这样一些指称伦常的谓词相联系吗？如果我如此地审视整个世界，那么我似乎找不到任何"伦常事实"。在哲学史上，人们曾到处寻找过这些"伦常事实"！

许多人认为在"内经验"中找到了它们。但是，在这里可以遭遇到形形色色的感受，例如"合适的"和"不合适的"感受，"懊悔"的感受、"罪孽"的感受、"罪责"的感受等，而这是非常不够的。因为，我在这些感受上和感受中所觉知到的(gewahren)，就是那些被称作懊悔、罪孽、罪责的东西吗？一个感受本身是"合适的"和"不合适的"吗——就像它是强的、弱的，是快乐和不快，具有这些和那些质性一样？显然不是。若是我们以某种方式已经把握住那些与这些语词相符的事实"懊悔""罪责""罪孽"，并且知道所有这些究竟是什么，那么，对我们在后悔时、在自知有罪时所具有的或在我们心中发现的感受做出说明就是有意义的，也就像我们可以这样来规定 a 和 b 的表象，即我们说，表象 a 是"对俾斯麦的"表象，表象 b 是"对毛奇的"表象。但在这两种情况下，我们都走出了我们在经验中所发现的那些东西，走向那些根本不处在内体验中的对象。心理学家，即以内经验为其领域的研究者，也根本不知道，他的事实是"伦常的"和

"非伦常的"。相反,每个人都知道,恰恰是心理学家才必须一再地否定这些易于发现的区别。心理学并不区分善的和恶的感受。即使伦理学的概念世界会把一切可能的东西都描绘到内存在和内发生之中,以至于一个特定类型的不快感在此作为"懊悔"、作为"罪责"以及如此等"显现出来",完全就像在某个特定的颜色、形式、光影的复合中,一棵"树"或一座"房屋"显现出来一样;而作为心理学家,他却恰恰必须无视这些含义区别,而后才能获得他的对象。因此,"伦常事实"并不隐藏在"内感知"的领域中。

那么它们是否隐藏在数、"这个"圆、"这个"三角形所处的"观念对象"的世界中呢?柏拉图便是如此认为。这个看法在这样一个意义上是正确的:也有一个观念的含义内容"善",我可以在一个善者身上、在一个善行之中意识到它,就像在一个看到的红色上意识到"红"的观念种类,因而意识到在一个具有特定色调微差的红色上的"红"一样。但是,这里的区别在于,是否只能在这个区域中发现对象,还是也可以在其他地方发现。数与三角形只是在此被给予。我无法像直观红和绿那样直观它们。无论有多少运算将我带向 3 这个数,无论我用什么符号来描绘它,3 这个数只有一个。但在其他的领域中也有红与绿、d 调与 c 调。我可以直观红,同时根本不去看"红"这个含义。这并不是说,由于我把一个完全"不确定的"颜色纳入这个含义之下,它才成为红;被看见的红可以有成千上万的色调微差,它们不会进入含义领域。与此相反,那些在一个被看见的、被描绘的三角形上不属于这个含义的东西,即那些"偏离"(Abweichung)了三角形的东西、各种颜色等,这些完全不是三角形的东西,它们同样也不会属于三角形物体的领域。难道真的如柏拉图所说:"善"的情况与三角形或 3 这个数的情况是完全一样的?难道雅致的、正义的等作为价值质性就已经是各不相同的了?就像红的色调微差作为直观内容已经各不相同一样?或者它们只是这一个"善"的"范例",它们的差异只是包含在那些杂多组合起来的、承载着这些质性的意愿行为、行动、人等之中,它们在此是高尚的、正义的、雅致的?我难道不能将任何一种我在经验中遭遇到的善觉知为一个特殊的、特有的事实,同时却不去看"善"的观念——即使在这类情况中总是有可能想到"善"的本质?对此无疑可以做出肯定。伦常的东西并不仅仅处在观念含义的区域中。而且并不是在观念含义的光线下看,"前伦常的事实"才变成伦常的事实。原初就有伦常的事实,它们完全不同于伦常概念的含义领域。将精神划分为"知性"与"感性",这只是一个古老的并且在历史上有成效的做法,柏拉图在这里也受到这种做法的欺罔。由于伦常价值,甚至一切价值事实,与直线和三角形的共同之处在于:它们都不处于感觉内容的领域,因而它们就应当是仅仅"通过理性才能把握的含义"。但一个孩童在感触到母亲的善和关怀时,并未以任何方式事先和一同把握到善的观念——无论这种把握是多么模糊。而且我们常常在一个作为我们敌人的人身上感受到一种美的伦常质性,同时我们在含义领域中却仍然坚持对他的旧的否定评判——以至于在我们尚未改变对他的智识信念时,那个美的质性的显现就已消失殆尽。因此,相对于这个唯一含义(Nur-Bedeutung)的领域,伦常事实是质料直观的事实,而且,只要我们用"直观"所指的并不必然是内容的形象性,而是在对象的被给予状况中的直接性,那么伦常事实就是一种非感性直观的事实。

  这种看法为说明自己而做的另一个类比也要摧毁。人们通常十分看重这一点:意指伦常价值的那些语词不同于数学的概念语词,它们在"经验"内涵中找不到一个与它们相即相合的相关项。正如没有一个实在物体是一个纯粹的正六面体一样,"除了你们的天父,无人是善的"这句话同样有效;即是说,人们因此也否认独立于含义领域的"伦常事实",因为意指伦常的语词不仅意指一个"意象的东西"(Ideelles),而且也意指一个"观念的东西"(Ideales),它始终只能为现实的人、行动所"接近"——在一定的程度上。所以,以后的柏拉图追随者(如奥古斯丁、笛卡尔、马勒伯朗士)主张,如果不用一个全善(Allgüte)的观念、神的观念来衡量一个特定的人,那么人们也就根本不能把握他的善——与此完全相同,如果不以一个绝对无限的直线之观念来衡量一条有限的直线,并且将它理解为一条无限直线的一个"部分",那么人们也就不可能将它把握为这样一条有限的直线。然而,"一切价值都是'观念的'",这个主张必须遭到拒斥。有观念之物的价值,也有实际之物的价值。但伦常价值本身永远不会是某个自身还不是价值的东西的"理型"(Ideal)。根本无法说明,人们必须采纳哪些"理型化"(Idealisieren)的方向才能从一个人所具有的价值中性的特性中获得例如一个价值。我若是想将这个价值理型化,就必须看到它,而它究竟是这个相关质性的有限实事还是无限实事,这是无关紧要的。这里的问题也完全不在于,把伦常质性的各种差异性像善、恶的根本差异一样,化解为对一个"善"或"全善"的"理型"的单纯接近程度。苏格拉底—柏拉图的智识主义(intellektualistisch)观念论从一开始就犯了一个谬误:它否认在其杂多的特殊质性中的恶的价值是肯定的事实，并且把恶仅仅等同于对最高的善或"善本身"的最大疏远，或者说，把它等同于"虚假"（Scheinhaftes）（与真正存在相对立的不存在）。但价值也出现在所有存在阶段上，只要这些阶段可以被区分开来。然而"善"却永远不能被认同为最后的存在阶段（即柏拉图所说的真正的存在），并且，恶永远不能只被视为较为相对的存在阶段。

如果现代唯理论（如斯宾诺莎、莱布尼茨、沃尔夫）将"完美"（Vollkommenheit）这个含糊的概念用于这个目的，并把完美的东西等同于"存在的较高程度"，但却把绝对完美的东西等同于最现实的存在（ens realissimum），那么它就犯了同样的谬误。完美是以价值事实为前提的，而且，完美是在运用于一个实事时才获得一个意义，即是说，当这个实事的一个特定的、有价值的特性得到理解时，这个实事就此特性而言是完美的。

因此，如果伦常的价值事实无法在纯粹含义的领域中找到，那么它们又会在哪里呢，它们又能在何处找到呢？在我们回答这个问题本身之前，让我们再关注一门人们为此问题而提出的理论。这门理论主张，根本没有对善、雅致等这些语词的真正充实，无论是在含义领域，还是在其他地方；相反，这里所涉及的是原初仅仅在语言的语词中存在的人的发明。它们根本不是在意向功能中得到运用的语词，而只是作为对感受、感触、兴趣、欲求行为的表达而被使用。这些主张中的第一个主张在霍布斯那里得到最彻底的倡导。尼采的多重表述也为它奠定了基础，例如这样的命题："没有道德现象，唯有对现象的道德阐发。"①

这种观点尽管在对"观念"与"含义"的评判上根本不同于柏拉图主义及其分支，但它与后者的共同之处要比它所知道得更多。无论在前者还是在后者那里，一般独立价值事实，尤其是伦常价值事实，都遭到了否认，而整个伦常世界都被挪移到一个非直观的思想王国领域之中。当然，取代那些只能合乎含义地被把握的永恒观念的，在〔现代唯理论〕这里是单纯的"阐释"，它们首先是从一组同类的事实的追求、兴趣、需求中不随意地产生出来，而后则受到或多或少随意的定义和约定。这里所说的并非对伦常价值之物的认识，而是对它的确立，能够对伦常争执做出决断的必定不是明见与真理，而是合目的性。

这种学说的核心就在于〔主张〕，没有一种特殊的伦常经验。据

---

① 舍勒此处的引文引自尼采，《善与恶的彼岸》，第四章，§ 108。——中译注

此,标识着价值,尤其是伦常价值的那些语词,以及标识着包含在这些语词中的伦常评判的那些命题,都不是再现一个事实情况并根据这个事实情况而处于意向认知功能中的语词和命题,相反,它们首先仅仅是对事实发生着的、但同时不在内感知中被把握为心理事实的那些感受过程和追求过程的表达反应;它们在一个较高的构成阶段上成为某种准备状态的随意表达,这种准备是指以一种特定方式来行动的准备。因此,它们不是对一个被认识的东西的告知,而是将我们本己的行动和我们周围人的行动引入一个特定方向的手段。因而赞誉与责难要先行于伦常的价值把握。"这种行动、这些性格等是善的"这类命题并不建立在价值认识之上。善、恶等这些概念毋宁说是通过对赞誉的和责难的行为以及对它们的方向和法则的反思才产生出来。但赞誉和责难本身只是对下列状况的直接表达:被赞誉者就在于一个在赞誉者中现存的实际追求方向,或者说,被赞誉者遭遇到一个抵御追求(Widerstreben)。①

伦理学的唯名论必须明确地区分于这样一种心理学学说,这种学说认为,"伦常事实"可以在内经验的领域中以及在这里被把握到的感受、追求等之中找到("心理主义")。伦理学的唯名论则反过来主张,根本没有这样的"事实";支配着我们伦常评判的毋宁是定义以及缄默的或含糊的协定。

伦理学的唯名论没有说,"这个人所做的是善事"这类命题只是在语词上不同于下列命题:"我发现在我心中面对这个行动有一种满足的感受,或在我心中面对这个行动存在着一种满足的感受"。相反,那第一个命题表达了这个感受——却并没有意指它。如果我在体验一个痛苦之后喊出"嗷",那么这个"嗷"也不是如此瞄向这个被体验到的痛苦,就好像当我说"我感受到痛苦"一样,而是简单地表达了这个痛苦。在这个"嗷"中也并不包含着"告知"我的痛苦的意向——即使它可能被另一个人理解为对我的痛苦的认知的素材,相反,它是对这个痛苦的体验的直接表达结果。同样,"这是好的、坏的"这些命题——据此——并不将一个内经验的内涵重现为正在发生着的或已经发生了的,或者将它告知给他人;相反,它们只是简单地表达出特定的感受行为和欲求行为!因此,每一个陈述着一个伦常价值或非价值的命题都始终是对一个欲求或一个感受的表达。我

---

① 参见笔者在《论现象学与同情感理论以及论爱与恨》(1913年,第1—9页)中对亚当·斯密的同情伦理学的批判,这门伦理学以同感的、不参与的旁观者为出发点,并且以这个旁观者的赞誉和责难为出发点。

们欲求某物并非因为我们明察到某物是好的,相反,我们是把我们所欲求的东西称作"好的"(斯宾诺莎、霍布斯等)。因而,唯有对一个实际进行了的愿欲行为——无论这个行为是我们自己的意愿,还是社会的、权威的、神的等意愿——的观看,才赋予一个主张"这是好的、坏的"以一个意义。

  这些对构成所谓价值判断之最原始意义的欲求和感受的表露,以后便被对这些行为的随意"宣布"(Kundgabe)所替代,这种宣布带有唤起在他人心中的相同欲求和感受的意向;而这又是在愿望、命令、劝告、推荐等不同的样式中进行的。"宣布"是某种不同于"告知"(Mitteilung)的东西,正如它也不同于单纯的"予以表达"(Ausdruckgeben)一样。它有别于"表达"的地方在于相关运动或话语的随意愿欲;同样还在于对周围人的意向,可是这意向并不需要像告知那样对准一个特定的周围人或圈子。一般说来,"宣布"朝向"社群的周围世界"及其可能对象。所以,一个权威的公告、决定不是"被告知",而是"被宣布"(或者也可说是"被颁布")。但更重要的是,宣布要比告知更普遍。我在"我愿望你做这个"的愿望中或在"你应该做这个""做这个""你做这个"的命令中直接宣布了我的意愿。即是说,我并不是通过一个反思的行为才确定,"我愿望这个""我意欲这个或那个",以及确定,我命令什么,而后才将这个事实情况放在一个判断中"告知"给他人,相反,这个愿望、这个愿欲本身才是在这些愿望句、命令句中被宣布的东西。一切告知都朝向判断的内容,即朝向实事状态。而不是相反地朝向宣布着的愿望与命令。即使就他人而言,我的意向也不在于使他有所理解、有所领会,使一个事实情况得到了解,例如这样一个事实情况:在我心中有这样的愿望和追求;而更多地在于推动他的意愿,规定他的追求,使之向一个特定的方向行进。促成这样一个对他人愿欲的推动和规定的,并不是对我的愿望的对象性理解的行为,而是一种直接的"追复感受"(Nachfühlen)和"追复追求"(Nachstreben)[①],它们直接建立在对宣布的语词理解上。

  然而唯名论的理论现在也把各个价值判断的交流(Kommunikation)回溯到这样一个对愿望、意愿行为的宣布之上。"你应该做这个"——马上就会表明——可以意指极为不同东西。它可能只是表达

[①] 关于"追复感受"和"一同感受"(Mitfühlen)之间的区别参见笔者《论现象学与同情感理论以及论爱与恨》的著作(1913年),第9页以后。

我的意愿的一个形式：你做这个。但它也有可能只是一个价值判断的语言伪装"这是好的，实事上要求你做这个"，或者"你做的这个是有正价值的"。然而唯名论否认这样一种原初的区别。在它看来，价值陈述也并不促成任何一种伦常认识，而只是以隐蔽的方式表达愿望和命令。对于〔唯名论〕这种理论来说，价值陈述并不是对一个要求得到承认的事实情况的被告知的认识，而是隐蔽的敦促（Aufforderung），即敦促在一个特定方向上进行愿欲——它与直接的、在语言上作为命令给出的行为的区别仅仅在于，它伴随着这样的意识：其他的意愿或一个特定的、权威地起作用的意愿也会赞同或赞誉这个指令。因此，取代一个据此而并不存在的"伦常经验"的，乃是对争斗的、战胜的、屈服的、以多重方式相互规定的意愿冲动的观察，它必定先行于一切对什么是善、恶的规定。因此，在将伦常价值作为某些意愿行为、行动、人格的特性加以说明的命题中，这些伦常价值的实用名称"善""恶""雅致""低贱"，也只是成效的质性与程度的象征而已，这成效是指一个意愿行为、一个行动在平均状况下在一个被给予的意愿领域中对这种赞同和不赞同的发生所将具有的成效。因而没有一个特殊的事实情况与这些名称相符合。它们只是这些行动的总和名称，这是就这些为人们在一个事例中所期待的对行动的赞同成效而论。据此，一个伦常评判永远不会对我们的行动而言是指导性的；它——说到底——始终只是对在意愿行为中事实存在的权力关系的象征性表达而已。

很明显，伦理学据此只能具有一个双重的任务：先是把各个有效的价值判断回溯到实际现存的追求和愿欲以及它们的权力关系上；而后在一个特定意愿的前提下对这个意愿（如神的意愿、国家的意愿、"总体意愿"等）的内容做出尽可能仔细的定义。恰恰是这个内容这时才是"善"，以及与它相争执的"恶"。规定价值的任务，或者哪怕只是规定对这个意愿本身的任务在这里是无意义的。并不是一个孤立了的意愿行为——根据这个学说——具有一个特定的价值；相反，只有当意愿行为与其他意愿行为发生联系，并且其他行为中的一个行为被看作是其他行为的尺度，一个意愿行为才能获得价值。只有由此出发的命令〔无论它是具体的命令，还是以一般规则形式（规范）被说出的命令〕才会使"好""坏"通过命令内容而得到定义。在个体与历史中伦常价值判断的所有变化类型于是便仅仅是对一个意愿战胜其他意愿的象征性表达；而改变行动的永远不会是在伦常认识中的进步，而始终是一个新的实践，它使其他的意愿目标被称作好和坏。因而伦常天才不是发现者,而是"发明者"。它不认识同时也不指明,相反,它行动并且顺势而行。伦常法典仅仅是对它的愿欲目标与方向的一个后补总结而已!

情况的确就像伦理学唯名论所说的那样吗?没有任何伦常事实?好和坏只是一种对事实的随意规定和阐释,它们建基于一种人类行动的尺度协定之上——类似于物理学中关于计量单位的协定?

我们并不打算在这里对整个唯名论的教理进行检验。① 需要强调的仅仅是:伦理学唯名论所提出的论据的一大部分在本质上都无异于唯名论哲学用来否认概念、命题、规律表述一般的客观有效性和实在有效性的理由。不仅伦常法则,而且自然法则都被标识为有助于对我们感性感知内容进行最节省的规整的东西(与此完全相同,伦常法则被标识为规整我们行动的手段);人们也试图把逻辑学和数学的最高定理回归为定义和协定;自然中的特定范围的此在,即那些独立于计量单位和计量方法的东西,也遭到了否认,因为"范围"的实存——甚至范围这个概念本身——被等同于那个根据一个随意规则而可计量的东西。甚至有这样一种哲学,它否认在哪怕最简单的理论陈述过程中存在着这样一种独立的意指行为,它们与语词相联系并且可以在感性的和非感性的被直观之物中得到充实,它把含义——客观地——等同于同一个语词符号在感性被给予的事实上的运用规则。据说不仅在像"这是美的"这类命题中,而且也在"这是红的"这样的简单判断中,"红"这个词也根本不与任何特殊的、而后在对这个颜色的观看和表象中得到充实的意指行为相联结;相反,据说在这里首先被给予的只是这个感性的红以及对那些声响复合的说出,这些声响起先是完全无含义的,但由于它们与这个感性内涵紧密地联结在一起,并且在从内涵返回时一再重新地被发出,由此而获得我们用"红"这个语词含义来称呼的功能。

对于唯名论学说用来支持这个和类似的命题所提出的理由,我们只应当探讨这样一个问题:如果没有唯名论一般教理的前提,伦理学唯名论还能在多大程度上从这个实事领域的本性中证明它自己的合理性。

我们在这里首先发现在感受表述和意愿表述(Gefühls und Willensäußerung)之间以及在陈述(Aussagen)和价值陈述(Wertaussagen)之间的一个清楚而明确的区别。一方面是当一幅画突然出现

---

① 对此,我请读者参见 E. 胡塞尔在《逻辑研究》(第二卷)中对唯名论学说所做的经典批判。

在我们面前时，或者当一片风景我们在行进时展现给我们时，我们面对它们发出赞叹和惊喜的感受表达（Gefühlsausdruck）"啊"，另一方面是一个陈述："这幅画很美""这个风景很可爱"。在这两者之间所存在的并不是一个程度区别，或一个单纯的被表达的感受质性的差异，而是一个本质区别。这个"啊!"不意指任何东西，不意味任何东西，而只表达出一个感受状态。但那些命题却意指和意味着某个东西，而且是某个处在这幅画中、处在这个风景中的东西。在我做这个陈述时，我既不指向我的感受状态，也不——素朴地——生活在这样一个感受状态中，而是指向这些内容，并且生活在这些对象中。尽管有任意多的感受状态会与对这个在对象本身中的"美""可爱"的把握相联结，并且它们而后也会得到形形色色的表达，但它们仍然不以任何方式被意指，就像在这些事物中的美的东西和可爱的东西不被意指一样。它们没有被意指，这就像是在我在看的过程中对一个红的事物陈述说"这是红的"，而在这个命题中并没有意指：我在看的过程中具有在眼部肌肉中的特定感觉。与此相同，我对一个美的伦常行为的欣喜表达和我在嘘声中对一个低贱行动的愤怒表达不仅在本质上不同于"这个行为是伦常美的"和"那个行为是低贱的"这些判断，而且也已经在本质上不同于对在这个事实本身之中包含的质性的前逻辑（prälogisch）把握。无论那种欣喜和这种愤怒是有正当理由的①还是没有正当理由的，它们本身都奠基于那种对包含在对象中的价值质料的把握之中。我所赞叹的不是风景，而是它或清楚或含糊地显露给我的美。对一个事例的简单仔细地观看就已经会表明这个事实情况。如果有人仍然不满意，那么他还可以从价值理解相对于得到表达的感受的不依赖性以及它们两方面变化的不依赖性来更清楚地认识这个事实情况。与价值经验相联结的自我感受状态以及它的表达可以减少到无差异的地步，而在此同时，价值，甚至对价值的理解程度和适应程度，却不会一同削弱。所以，我们能够只是冷静地——不带欣喜及其表达地——在我们敌人的身上察觉一种价值、一种能干，甚至是一种伦常价值。但那种价值仍然是充分地被给予的。这种价值可以继续稳定地作为同一个东西而被关注，而我们的感受状态及其表达却在此期间变幻不定。所以，有成

---

① "有正当理由的"和"没有正当理由的"是对德文"berechtigt"与"unberechtigt"的翻译。它们也可以译作"合理的"和"不合理的"乃至"合法的"与"不合法的"。"Recht"一词在这里难以统一翻译，我根据情况将这个词翻译为"法"或"正当"或权利。——中译注

千上万的感受状态、喜悦、恼怒、愤怒、骄傲、委屈在一个我们认作能干和有价值的人格面前流过，而我们对他的价值意识却并没有被拽入到这些波动之中；这些状态恰恰不是联结在特定的价值上，而是联结在那些例如我们的身体处境也始终一同进入其中的完全具体的境况上。同样，一个价值陈述不仅仅表达一个追求。我们能够把握那些根本无法通过可能的追求来实现的价值，诸如星空的庄严或一个人本身的伦常价值人格性，同样还有一些价值，在对它们的把握中我们同时知道，它们根本不处在一个在我们之中现存的追求方向上，甚至同时知道，我们在抵御追求它们。①

带有引导他人愿欲之意向的对一个愿望或命令的宣布，也在本质上不同于对一个价值判断的传诉，甚至已经在本质上不同于对一个现有价值的单纯指明（Hinweis）（和"指证"[Aufweis]），即使这种区别在语言上常常隐而不现，例如隐藏在双关含义的"你应该"中。我们在历史阶段中、在艺术世界中通过传诉的媒介把握到如此之多的人的伦常性格，同时我们却没有在我们心中发现对它们的任何追求，或者哪怕是发现在此追求方面的禀性！而倘若价值只是一个实际追求的和可能追求的 X，那么我们的价值世界将会是多么贫乏！可是，素朴的事实情况是这样的：我们在面对价值时所处的状况类似于我们面对颜色和声音时所处的状况。在这两种情况中，我们都认为看到了一个在我们心中是共同的、因为是对象的世界，并且将这个世界区别于对它的主观不同的把握，区别于我们在朝向它的各个部分时所带有的兴趣程度。就像我们认为听到同一个声音和看到同一个颜色，并且在指明它们的过程中对它们进行判断一样，当我们谈及善、一个人的能干、一个行动方式的美的特征时，我们也同样如此地认为感受到了同一种价值，并且根据它们来进行评判。或许在某个形而上学看来，这只是一种"欺罔"——例如在感知与回忆中颜色和声音的同一性也被机械论的形而上学所否认，然而我们在这里不会因此而感到不安，我们正站在一个基础上，它必定先行于任何一门这样的形而上学。因而价值陈述完全不是一个隐藏的要求或一个以特定方式进行愿欲或行动的命令。毋宁说，任何价值陈述都朝向一个内涵，这个内涵能够并且需要得到相即的直观的认识。这是一些意指着并且意味着一个对象之物的命题，它们包含在像"这

---

① 这里可以参阅笔者在"论怨恨与道德的价值判断"（同上书）中对真正的和非真正的禁欲的论述。

个人是好的"这样一些陈述中——而不是对愿望和追求的表达或宣布。

人们几乎无法理解，如果没有唯名论自以为主要是通过它的理解而得到澄清的那些事实，它是如何得出它的这个学说的：价值只是指明一个价值中性的事实领域的符号而已。这就是那种实际上建立在兴趣①之差异上的伦常认识欺罔的领域。

每一个生活的观察者都看到，人的同一些特性、同一些行动和行为方式都是用——常常达至最为极端的对立——赞誉的和责难的表达来证明的。我们在这里所说的不是判断的差异，这种差异仍然可以从 A 和 B 在同一个人格和同一个行动上所面临不同类型的实事状态出发而得到解释；我们在这里所说的也不是这一个和另一个所看到的"实事"的不同的"方面"；我们指的是那些在同一些"方面"，甚至在同一些实事状态上出现的差异。而且我们指的不是在对复杂具体的事实情况之评判中的差异性，在这些事实情况中，忽而是这个成分，忽而是那个成分更强地影响着最终判断，而是指那些涉及不同（抽象）行动方式的评价，这些行动方式已经脱离于那些与——它们显现于其中的——其他行动、特性的具体联结。这种情况例如出现在：一个人将一个行动方式称作"轻率"，另一个人将它称作"果敢"，一个人将一个行动方式称作"恭顺""谦虚"，另一个人将它称作"胆怯""谄媚"，一个人将一个性格特征称作"骄傲"，另一个人将它称作"傲慢"或"自负"。在这类情况中有可能出现这个问题："果敢""轻率""恭顺""谦虚""谄媚""胆怯""傲慢"是否标识着特别的独立事实，或者，它们是否只是因为它们的赞誉和责难的功能而被运用在同一个事实情况上。但是，在这些情况中，决定着一个赞誉的或责难的表达是否得到运用的，似乎是评判者在面对这些实事时所带有的不同种类的兴趣指向。我们大都在这样一些判断中看到这种状况，在这些判断中，不同的"派别"，政治的、经济的、教会的、社群的派别在评判同一些人和过程。② 在这里人们会产生怀疑，是否在谦虚、恭顺和胆怯、谄媚之间存在着一个实事性的区别，由于这个区别，一些特性应受赞誉，另一些特性应受责难；或者，是否更多是赞誉的和责难的功能，以及最后在它之中很容易一同被表达的对这

---

① 在这里和在本书的其他地方一样，舍勒使用的"兴趣"（Interesse）一词都带有"兴趣"和"利益"的双重含义。——中译注
② 上述理论也大都由政治家所倡导。

种行动的邀请和对其他行动的抵御，才构成那些表达的彼此间的差异。若果如此，这在伦常的价值陈述中就只是象征地反映着各种兴趣的游戏，这种兴趣游戏是相对于行动、人而存在的，甚至已经相对于行动方式和性格特征而存在。若果如此，它们就只是对这些兴趣而言的一种符号语言，而且除了这些兴趣引发本身之总体以外，还要想使其他的东西与这些语言符号相符合，就是一种神话了。然而，只要这同一个价值陈述是针对一个实事状态而发，这里的根据就不会是同一个摆脱了所有欲求和兴趣、被所有人均等地理解的价值对象，而只是各个现存的兴趣本身的一种同形性（Gleichförmigkeit）。

然而恰恰是这个事实领域最清晰地表明了伦理学唯名论的谬误。因为这些事实不仅也可以从一门客观的价值学说出发得到说明，而且它们正要求得到这种说明。但这里必须要问：人们如何能够做到，不是直接地表达他们的行为、他们的欲求，而是将它们伪装成价值判断？他们为何用这样一些命题来遮掩他们对一个行动方式的兴趣：如此行动是"好的""坏的"，是值得责难的、值得赞誉的，如此等等？按照唯名论的理论，对此缺乏任何有意义的理由。在它看来，这是一个纯粹奇迹！例如一组在工会中结合在一起、决定进行罢工的人，为什么很容易倾向于把那个没有停止工作的工人不是看作有其他兴趣的人，而是看作道德败坏的人，或者一个决定价格的托拉斯的成员为什么也会这样看待一个置身事外、并把他的商品以低于托拉斯价格销售的企业主？这些是很容易理解的，只要我们接受这个前提：有独立的、质性摆脱的伦常价值事实。由于伦常价值的本质，即作为从对其实在把握过程中脱离出来的独立客体的本质就在于，要求得到所有人的承认，因此，本身便会引起很大兴趣并且极为"有用的"的做法就是：人们用伦常赞誉的表达来支持仅仅与判断者兴趣一致的人格、行动，用伦常责难的表达来支持相反的人格、行动——而不只是说，人们与它们的兴趣相同。对于这种本己兴趣来说最有助益的是：对一个服从于此兴趣的人说：他是一个"伦常上好的"人，而最为有害的则是：对他说，他服从于这个兴趣。因此，我们恰恰是为了我们的私人兴趣来利用隐藏在所有伦常价值中的对一个普遍承认的要求；所以我们在这里默默地要求，所有其他人都应当通过这种方式来服从这个兴趣，即他们以对待那个伦常上受赞誉的人相同的方式来对待我们。但是，尽管这种法利赛式的伪善——它把服从于它的载体、它的派别的东西称为善，把与此相违背的东西称为恶——如此深地建立在我们的"本性"之中，它本身之所以可能，也只是因为有独立的伦常价值，并且因为这些价值也可以在具体情况中以某种方式被把握到。只是它们在这种情况中并不是在客体本身上被感知到和"被给予"，而仅仅是"被表象"和"被判断"，并在此同时被想象到这个实事中去；我们在这里也仍然将它们当作独立的事实来把握——但正是在它们不在的地方。可是恰恰在这里，当善者的假象是如此有用时，当——如人们所说——"虚伪也表达出对德行的敬仰"时，善者与德行对兴趣的不依赖性才最为清楚地显现出来。

因此，并不是因为伦常价值本身仅仅是对兴趣关系和兴趣区别的单纯符号，而是因为它们的在场要求受到所有的赞誉和责难，在单纯兴趣对立的情况下使用标识那些价值的语词才是有用的，并且带有最高的兴趣。因此，兴趣并不在"说明"，而是在欺罔对伦常价值的纯粹感受、对它们的纯粹客观的直观：它并不说明伦常经验，而只是在说明它的欺罔。在这里和在其他地方一样，根据欺罔的类比来说明正常情况的方法是错误的。① 这种情况在现代哲学中常常发生并且早就发生。例如，当人们想通过同样的条件如幻觉来解释感知，甚至将它标识为"真实的幻觉"（halluzination vraie）时，或者，当人们试图把整个形象之物的现象都回溯到那些在一个平面上（一个特定的形式，一个形象之物在我们心中所引发的光和影的分配）现存的要素之上时，情况便是如此。正常感知的事实情况因此并没有得到说明，而形象之物的现象也同样没有得到说明。在这两种情况中，它们的实存都被预设为是不同于这个欺罔内容的。如果我把尴尬的后续影响和由此而产生的超出了一个过度享受的不快当作"懊悔"，并把一个由于我"无法摆脱的"以往体验而形成的压力当作"罪责"，或者，如果许多人——就像新近的一位诗人所说——把"罪孽"这个表达只是当作一个对其"坏行当"的神秘表达来使用，那么这一切的前提都在于：罪责、懊悔、罪孽的现象在这里被给予了他们，哪怕他们仅仅是把这些现象幻想到体验组成之中，并且自以为"感知"到了某个实际上只是"被表象"出来的东西。

根据上面所说可以清楚地看到功利主义在伦理学中所具有的难以认识的含义。如果人们不是从伦常的价值现象本身出发，而是从

---

① 对此可以参见笔者的文章《论自身欺罔》，载《病理心理学杂志》第一辑、第一册、第113页。（原文为"第二册"，有误，现改正之。——中译注）

赞誉和责难的行为出发，或从同意与不同意以及从它们在一个"社会"以内的语言表达和宣布出发——我们把"社会"表象为是与"共同体"相对立的、仅仅为"兴趣"所动的，那么在赞誉的和责难的判断内涵中，即在被赞誉的和被责难的东西中，功利主义的原则便始终必然地得到了充实——即在此意义上：没有一个伦常的正价值被赞誉，没有一个负价值被责难，在任意一个载体方面，拥有或不拥有这些价值并不会对那些在一个相关社会中现存兴趣的总和产生肯定的或否定的含义。由此可以明白，我们称为"社群有效的道德"的那些社群赞誉和责难的规则之总体永远不可能反驳功利主义的原则，但那些如此被赞誉和被责难的东西也永远不可能从功利主义的原则中被推导出来。因为"伦常的就是有用的"这个命题不能逆反到"有用的就是伦常的"这个命题中，就好像所有有用的行动都被实际地赞誉为伦常的行动——这是如此地明显，以至于连功利主义者都必定不会承认这一点。① 但这个特殊的事实情况本身是通过一种对伦常价值本身以及对同意和不同意的行为、对赞誉和责难的严格划分才得到说明的。即是说，价值本身根本不像功利主义者所以为的那样，是在有用的和有害的东西中找到它们的统一（因为在这种情况中那个命题也必定是可以逆反的），在社群有效的道德之内被意指的也仅只是伦常独立的价值质性。但是，与它们相符的行为举止方式也只是在这样一种程度上受到社群赞誉和责难的支持，即这些与它们相符合的行为举止方式同时也对社会的利益而言是有用的或有害的。换一种说法，它意味着：相关行为举止方式的"有用性"和"有害性"在这里可以说是作为对伦常价值的可能社群赞誉与责难的边界（Schwelle）在起作用——但绝不是作为它们实存的条件，也绝不是作为将相关价值的统一规定为"伦常的"和"非伦常的"的因素在起作用。

因此，功利主义对手的一大谬误就在于，没有更为确切地指出它的学说虚假在哪里，而是绝对地并且在所有的意义上将它称为虚假的。功利主义理论甚至是唯一正确和真实的关于在社群赞誉或责难的伦常、现存价值中所找到的，甚至所能找到的东西之内涵的理论。它是唯一正确的关于善和恶的社群评价的理论。例如，并不是"社群有效道德"的一个特殊的历史实际的"低下状态"在决定着这些

---

① 由埃伦费尔斯在其价值理论中所倡导的"极限用处"（Grenznutzen）在这里也根本无济于事。

伦常价值的载体的被赞誉和被责难，并且决定着这些行动是对社群（Sozietät）而言"有用的"和"有害的"；相反，如此地进行并且仅仅如此地进行，这属于所有社群有效的道德的本质。而且，这些载体和行动永远被包含在这样一些限制之内，这并不是一个特定的社群有效的道德的"历史不完善"，而是这个社群有效的道德以及仅只是社群的赞誉和责难所具有的一个永恒而持续的本质界限（Wesensgrenze）。即使是可以想象的"最理想的和最完善的"道德也只能做到：在它之中，对这些载体和行动的判断规则也实际地切中伦常上的有价值的和无价值的东西——但现有的伦常价值却始终只在由那个赞誉和责难（作为社群的赞誉和责难）的边界为它们所设立的界限之内。只有在下列情况下，社群有效的道德才是"不完善的"，即赞誉的和责难的判断及其规则根本不再切中与它们相即的伦常价值和非价值，相反，一个行为举止的有用性和有害性本身已经足以将它标明为受到好的或坏的赞誉与责难的，但在此同时明确地将单纯有用的和有害的"作为"好的和"作为"坏的来意指。只有这时，真正的"法利赛式的伪善"的事实情况才被给予。但如果人们想用"法利赛式的伪善"这个名称来标识这个"限度"本身的事实，那么人们也必须把理想的社群有效的道德称为本质上"法利赛式的"。因而功利主义的失误就在于，它自以为提供了一门善与恶本身的理论，但它实际上只是提供了一门关于对好和坏的社群赞誉与责难的（真实）理论。

若是我们撇开这个失误不论，那么功利主义具有一个十分重要的意义：它可以说是作为任何一个可能社群有效道德的可爱而美丽的肆无忌惮者（enfant terrible），说出了这个道德自身如此极力地试图隐藏的秘密。因此，功利主义伦理学本身的行为举止，我指的是在对功利主义命题的提出和倡导中包含的行为举止，它本身根本不是单纯"在功利上"有价值，而是在最高程度上在伦常上有价值。因为，把仅只是有用的（而不是在伦常上有价值的）人的行为举止方式"作为"有用的来标明和命名，这就完全不是"有用的"了。毋宁说这恰恰是在最大程度上"有害的"，而极为有用的却相反是将这种行为举止方式展示为"好的"，甚而展示为"好的东西"的总和。因此，功利主义者本身的行为举止在最大程度上有别于法利赛人，后者说的是"好的"，指的却是"有用的"。另一方面，功利主义者当然也因此而陷入一个自相矛盾之中。由于他进行了这样一种有害的行动，但它同时又是一个在伦常上好的和真的行动，即一个把有用之物和有害之物——一切社群赞誉和责难都在它们的界限内发生——也标明为它自身之所是，而不是标明为"好的东西"，因而它的失误就在于违背了它自己的好和坏的原则，并且必须把它自己的行为举止称作"坏的"。因为，没有什么比做一个功利主义者更有害，没有什么比做一个法利赛人更有用了。

可是现在相反的道理（即针对大多数极为肤浅的，尤其是针对充满了虚假"正直"的功利主义的批评者所说的东西）也是成立的：如果有人像功利主义者一样由此出发，即认为好与坏就其概念和本质而言只能通过对赞誉的责难的判断的反思来获取——但素朴的功利主义论点否认这一点，甚至是"用强调和伦常的愤怒"来否认，并且像他们那样误以为，在这些社群判断的对象以外没有好与坏。如果有人同样误识那个边界及其界限，并且由于他（正确地）坚持认为伦常价值事实是有别于所有有用性价值的现象，所以他仍然把伦常价值事实等同于"社会"对此所做的赞誉和责难，那么，尽管他的行为举止由于这种做法而是非常有用的，并且绝对不是肆无忌惮者（enfant terrible），但却同时是极为非伦常的和法利赛式的。他是一个实践的功利主义者和——理论上的——"理想主义者"，而功利主义者——如边沁和两个穆勒①这样一些人所表明的那样——则不仅是在这里所指明的问题上的实践的理想主义者和——仅只是理论的——功利主义者。

因此，否认一种特殊的伦常经验并且将它虚假地还原为用来指称自在的价值无涉的过程的自制符号，这种做法是行不通的。

有别于唯名论的是另外一种观点，尽管这种观点与唯名论在否认独立的伦理价值现象这一点上是共同的。这种观点表现这样一种主张：对一个愿欲、一个行动等的评判并不会发现一个包含在它们自身之中的价值，也不需要指向这个价值，相反，伦常价值只是在这个评判之中被给予，或者说，通过这个评判而被给予，如果不是通过它才被制作的话。就像"真"与"假"是通过对肯定的和否定的判断的反思才产生的概念一样，"好"和"坏"也是从对伦常评判行为之反思中抽象出来的。但这些行为本身并不是随意地进行，或在欲求驱动过程的制约下进行，而是根据一个原初寓于它们之中的规律性来进行，根据这个规律性，某个评判（根据其他的规律性，某个"同意"和"不同意"、"爱"与"恨"）被描述为"正确的"，另一些则被描述

---

① 舍勒在这里指的是詹姆斯·穆勒和约翰·斯图尔特·穆勒父子二人。——中译注

为"不正确的"(赫尔巴特、布伦塔诺)。于是伦理学的任务便在于，指明这些法则和评判类型，寻找它所遵循的"标准"或"观念"。这个为赫尔巴特首先借助亚当·斯密①而获得、由布伦塔诺和他的学派进一步发展了的观点至少在这一点上与唯名论相似：它把伦常价值变成了对一个判断类的行为举止的某种体验。但赫尔巴特所提出的这个看法的主要依据在于，伦常价值根本不处在心理过程之中，心理过程毋宁说是应当严格按照在它们发生(Genesis)中的因果法则来研究；但在这种研究中永远不可能出现一个价值。例如一个特定的感受会因为我在一个评判中将自己看作是有罪的而成为罪责的感受；而没有这个判断，这个感受就会是一个完全价值无涉的客体。

人们相信也可以借助于此来解脱伦理学与自由问题的联系。即使一个愿欲和行动是严格受到因果限定的，并且即使我认为它的成立是完全无法理喻的和无法解释的，这个评判也丝毫不会因此而就不再明确清楚地指向这同一个东西。②

只要更为仔细地观看，我们就会发现这个解决的尝试完全和真正的唯名论一样是站不住脚的。倘若有一种完全不同于判断(Urteil)的"评判"(Beurteilung)行为，那么这里也就根本无法说明，这些行为意指的是什么，它们瞄向的是什么，同样无法说明，它的这个意指是通过何种实事状态而得到充实的。即使可以承认有一种特殊的、不同于逻辑规律性的"评判"规律性，根据这种规律性，评判可以是"正确的"或"不正确的"，这种"正确性"在正确的评判中也仍然始终是这同一个，而我们根本无法说明如何能够达到不同的伦理学价值质性，如"纯洁""雅致""善良""高贵"等。在一些人看来，这种正确性如果不是存在于"明见性的感受"之中，就是在这种感受中展示出自身，这种"明见性的感受"或在它们之中被称之"为"有价值的行动的"所求状况"(Gefordertsein)，必定也具有与在它们之中得到说明的那些价值不同的质性！但这是一种把实事从光明推至黑暗中的做法，而且此外也因此而损失了规律性的统一。同样根本无法忽略的是：对一个评判行为的观看也可以不为我们提供"正确"和"不正确"

---

① 在亚当·斯密看来，是"不参与的旁观者"的赞誉和责难，才通过对他的行为举止的同情参与而导致通过所谓"良知"而进行的自身批判(实际的心理传染，诸如我已指出的那样：《论现象学与同情感理论以及论爱与恨》，哈勒，1913年，第2—3页)。赫尔巴特将这个"不参与的旁观者"可以说是移置到每个人格的内心中，这样，他的"观念"便是同样原初的自身评判的形式。

② 此处也可以参见文德尔班的讲座《论价值无涉》(1914年)，此外参见《前奏》(1911年)第二卷中的"规范与天性法则"。

的概念，而是提供"善"与"恶"的概念。但这个行为却从来没有并且永远也不会被意指为"好"或"坏"，而始终只是它所朝向的愿欲、行动、人格。也许会出现这样一种欺罔，即道德主义的法官在对我们进行严格而鲜明的"审判"时，将他自己以及他在此时的审判当作特别"伦常—善的"(sittlich-gut)和值得夸赞的；他审判地谈论关于善与恶，并且在这时觉得自己非常"善"，他甚至把他的审判本身也看作是一个"善行"。①

但这实际上是法利赛式的伪善。对一个伦常之物的评判完全不是伦常行为；它是一个带有质料的价值谓项的判断行为。一个常常与这个理论相联结的要求是：人们应当如此生活、行动、存在，以至于人们可以在自身评判中面对自己而"存有"，"可以自己尊重自己"等。如果在严格的意义上理解这些命题，那么，正如前面已经指出的那样，这里的基础是同样的错误。取代了或悄悄替代了真正、真实的伦常愿欲和存在的是这样的愿欲："我们可以对我们自己做出一个有利的判断。"这即是说，我们关于自己所拥有的智识形象(Bild)，乃是一个美好地塑造起来的形象。所以赫尔巴特甚至明确地说：从"良知"方面做出的评判并不是关于愿欲本身，而是关于"这样一个愿欲"的单纯形象。但恰恰是这个对单纯"形象"的瞄向，一旦人们所指的不是像在通常法利赛式伪善的情况中所指的那种在他人中的"形象"，例如在"社会"面前、在"公众意见"面前的可能形象，或者不像在宗教的法利赛人那里所指的上帝所具有的关于我的"形象"，而是我在这种情况中"关于我自己所必须具有的形象"，这时，这个对单纯"形象"的瞄向便构成了法利赛式伪善的游戏形式一个本质特征，我们可以将它称作"自身公正性"(Selbstgerechtigkeit)。相对于这种自身公正者，真正的恭顺者恰恰会在他作为"善者"的"形象"面前感到恐惧——并且在这种恐惧中还是"善的"。因此，完全不是因为对一个伦常的意愿行为做出了或"能够"对它做出一个正确的或不正确的可能评判，伦常的意愿行为才是善的和恶的。这是一个包含在它的进行之中的它的价值质性，所有可能的评判毋宁说都只有在

---

① 或者有人会以为，通过他对自己所做的相当粗鲁的指责可以减少他所感受到的罪责，因为他(虚荣地)看到这个指责行为的善。即使法官像人们通常所说的那样"公正地"审判，他的行为举止也不是在一个伦常价值谓项的意义上"公正"。他只判断，什么在法则的意义上是正当的，而这个判断本身而后又可以是"正确的"和"不正确的"。但是，这里所谈的不是一个意愿行为，它只有在这里才可能是"公正的"或"不公正的"——就像在这种情况中：某人自愿地归还一笔财产，他觉得，将它作为私有财产来占有是对另一个人的"不公正"损害。

这个价值质性的被给予性中才能得到充实。倘若善和恶只存在于判断领域中,那么就不会有伦常生活的任何独立事实,因而最终在我们的任何一种实际生活方面对一个令人满意的"形象"的构造都是可能的。伦常的人试图在他的愿欲中是善的;但并不是以如此方式,以至于"他可以判断":"我是善的"。"如此行动,以使你可以自己尊重自己"〔这句话〕可以具有一个好的意义;如果这个"尊重"被当作本己可能伦常存在的单纯认识基础,它便具有好的意义;但如果这个能够判断"我是善的"或这个能够尊重被当作一个愿欲的目的。它便不具有好的意义。此外,一个伦常行为可以在没有对它做出任何判断的情况下进行。判断并不"创造"任何东西,并不"构建"任何东西。甚至可以说:最善者是那些不知道自己是最善者的人,并且是在保罗的意义上的"不敢评判自己"①的人。

然而,除了判断以外也有特殊的评判行为,这样一个前提也是不能成立的。但是,如果"善"和"恶"这些表达就是在对这些行为的观看中并且在它们的正确和不正确的进行中充实了自身,或者,如人们所说,就是从中抽象出来的,那么情况便必定会是如此。无论是主项和谓项的联结统一,还是与完整的判断相联结的设定以及从中解脱出来的对被设定之物的信仰与不信,它们在"A 是善的""A 是美的"的判断中与在"A 是绿的""A 是硬的"的判断中是完全同样的要素。区别仅仅在于谓项的质料。

我们尤其不能说:这些所谓的"价值判断"所表达的不是一个存在联结,而是一个"应然联结"、一个应然—存在;并且"善"与"恶"只是展示着这个"应然"的不同种类;或者只是说,某个被体验到的应然是对一个价值判断的必然奠基。但是,像"这个形象是美的""这个人是善的"这些语句的意义完全不在于,这个形象或那个人"应当"是什么。他(它)是善的(美的);他——而后——不"应当"是这样的(或"应当"是别样的)。这些判断只是再现了一个事实情况,在可能情况下也是一个应然的事实情况,如在"他应当是善的"这个判断中。这个"应当"在这里只是表明:或者,主项并不是事实的、经验的人,而是在他的"理想"中的人,即是说,在对他做出判断之前已经按照他的本质线索而对他进行了一种理想化,而善的状态是对这个理想而言;或者,它意味着,这个人是一个应当是善的人。但这个理想化并不是判断的成就;它必定在判断前就已进行。但价值判断无法

---

① 《圣经》,哥林多前书,I,4,4。也可以参见笔者:《论怨恨与道德的价值判断》,同上书,第 305 页。

回归为一个应然判断,这已经表明了这个简单的事实:价值判断的区域具有一个比应然的区域更为宽泛的范围。我们可以陈述一些价值,对于它们的载体,说这个或那个"应当"存在,是根本没有意义的。自然客体的所有美感谓项都属于这一类。在伦常领域中,应然也首先局限于在行动中个别的做的行为。正如叔本华确切地指出的那样,一个"愿欲应然"(Wollensollen)就已经是一种荒谬。在行动过程中,问题还可能在于:一个像"这个行动是善的"这样的命题是否仅仅意味着"它应当被进行";或者"存在着进行它的要求"。但是,当我将一个人、一个人格、它的存在说成"善的"时,这种情况就不存在了。因此,任何一门应然伦理学——作为应然伦理学——天生就已经误识并排斥了真正的人格价值,并且把人格仅仅看作是一个(可能的)应当做的 X。①

但反过来有效的却是:凡是在谈及一个应然的地方,必定首先已经发生了一个对一个价值的把握。每当我们说,某物应当发生或存在,总会有一个关系一同被把握到,即在一个正价值和在这个价值的一个可能实在载体、一个事物、一个事件等之间的关系。一个行动"应当"存在,其前提是,这个"应当"存在的行动的价值在意向中被把握到。我们并不是说,应然就"存在于"这个在价值与现实的关系之中,而是说,应然始终并且本质地建立在这样一个关系之上。

任何应然都奠基在一个价值之中(而不是相反),对于这个定理,有人可能会提出异议,认为有一种应然(Sollen)和所应状态(Gesolltsein),它们的内容是不实存的(或者也可以说是"尚"未实存的),并且它们因此就不会具有任何价值。按照这个异议,价值陈述似乎局限在实存之物上面,而应然陈述则不是。然而这个虚假的异议是完全不能成立的。因为,价值陈述仅仅朝向实存的对象,这个说法是不正确的,尽管它们也能够做到这一点。正如我们在第 1 章中已经指出的那样,价值完全不是从经验的、具体的事物、人、行动中抽象出来的概念,或者说,不是这些事物的抽象的"不独立的"要素,而是独立的现象,对它们的把握可以在最大程度上不依赖内容的特殊性,以及不依赖它们的载体的实在存在或观念存在——或者说,(在此双重意义上的)不存在。因而我们也可以把一个不实际的内容归给一个实际的价值。例如,不是这个无能力的人,而是这个有能力的人是部长,这个实事状态是有价值的,即使这个有能力的人事

---

① 对此参见这部著述的第六篇:《形式主义与人格》。

实上不是部长。而且只是因为它有价值，它才也"应当"存在。应然始终奠基于一个这样的价值之上，对它的考察是在一个可能的实在存在方面进行的，即在这个关系中进行。当且仅当情况是如此时，我们才愿意谈及"观念的应然"。与它相对立的是那种应然，这种应然此外还通过与一个可能的、实现着它的内涵的愿欲的关系而受到考察（义务应然〈Pflichtsollen〉）。前者是在这样的命题中被意指："不正当应当不存在"，后者则在这样的命题中："你应当不做不正当的事情"。因而价值决不存在于某物的所应状态中。若非如此，那么就会有无穷无尽的不同的应然方式与类型；多得完全就像不同的价值内涵一样。价值并不仅仅包含实存之物和不实存之物，而且也涉及从（价值的）非实存到（它的）实存的过渡（"应然"本身的价值）；而观念的应然则局限在实存的和不实存的内容上，并且奠基在这种"过渡"之上；相反，"义务应然"则唯独奠基在不实存的价值之上。在这里，应然也表明了它的派生的和有限的本性。

　　黑格尔便已经合理地强调，一门（例如像康德伦理学那样）建基于应然概念，甚至义务应然概念之上并在这个应然中看到伦理学原现象的伦理学对于实际的伦常价值世界来说永远不可能是公正的，甚至在这种伦理学看来，一旦一个单纯的义务—应然内容成为实在的，亦即当一个律令（Imperativ）、一个诫令、一个规范也在一个行动中得到充实时，这个内容就不再是"伦常的"事实情况。① 当然我们必须防止一点，即从对"应然"这个表达在一个尚不实存的、未来的发生、存在、行动上的通常语言使用中推导出：这个如此包含在"任务"中的未来关系属于"应然"的本质。应然并不（必然地）会在对一个未来之物的追求中出现。相对于当下之物和过去之物，谈论一个"存在的应然"（Seinsollen）也还是有意义的。康德也是在这个意义上使用这个词，他说，绝对律令指示着，什么应当存在，"即使它永远不会或从来没有现实地发生"。应然实际上并不是从一个事实存在和发生中抽象出来的，例如不是从一个可在内感知中发现的"逼迫"（Nötigung）感受或意识中抽象出来，相反，它是内容的被给予性的一个独立方式，这些内容并不必须首先在实存性的存在的被给予方式中被把握到，而后才能作为应然的而被把握到。因此，存在应然的内容完全无须包含在实存性存在的区域中，无论这两个区域在内容上多么相合。但尽管如此，观念的"应然"本质上始终奠基在价值

---

① 参见黑格尔，《精神现象学》。

与实在的关系之中,但义务应然则始终朝向对一个非实在价值的实现上。因而关于一个已实现的价值,如果我们说,它"应当"是合义务的(pflichtgemäß),那么这就没有任何意义了。① 所以,义务应然是一个附加到价值的某个领域中的某物,只要这些价值在通过一个可能追求来实现它们的方向上受到考察;但价值并不像一个虚假的主体主义者所以为的那样存在于一个所应状态中。② 它们并不是一个所谓的"先验自我"或"主体"对一个经验自我所实施的"逼迫",或某个由此而向"经验人"所发出的"声音""呼唤""要求"。这些都是对素朴的事实情况所做的有利于一种可疑的主体主义形而上学的建构性转释(Umdeutungen)。毋宁说,一切规范、律令、要求等——如果它们不想是随意的命令句——也建立在一个独立的存在中,建立在价值的存在中。

同样必须反驳那种认为价值根本不"存在",而只是"有效"的主张。"有效"属于那些自己本身为真的命题,只要这些命题、这些含义内容与一个可能的主张有关。③ 当然,对于那些将价值归附给一个实事的命题,这一点也是正确的。但价值本身并不因此而就是单纯的"有效",好似它们是在这种有效中产生的一样。价值是事实,属于一个特定的经验种类,因此,一个这样的有效命题的种类本质就在于,它与这些事实相一致。

更加行不通的是这样一种观点,它把美感的、伦理的和理论的陈述当作三种并立的"评判"行为,它们赋予某些孤立的内容或内容的关系以"美""善""真"的价值。在这里,素朴的理论的事实判断也被视作一种"批判的"评判,以至于对任何一个理论判断 A 是 B 的完整表达就会是:A—B 的联结为真。于是,与这种评判的形式相同和并列的就是这样的形式:A 是善的,A 是美的。然而这里有两点实在令人感到奇怪:其一,理论判断在自身中通常是根本不包含"真"这个谓项的,而是仅仅根据先行的对此谓项的怀疑和争执才时而出

---

① 康德曾在这个意义上拒绝幸福主义,他说:由于人无论如何都在追求幸福,所以,说他们应当如此,这是没有任何意义的。唯有在观念应然的意义上也才能够说:"如此存在并且也应当如此存在。"
② 此外,同样也要拒绝那种(从属于费希特思想圈的)企图,即把实存的概念回归到一个应然、一个被要求状态等之上,就好似意味着,某物"实存"就相当于它被承认、被信仰等一样。
③ 命题的真理也不在于它们的"有效",无论"有效"在这里是与主体相关,还是与对象相关,即与这些命题所意指的并通过它而使它们的所指得以充实的那个对象相关。这两者都是"真命题"的关系,它们奠基于真理之上,但它们并不构成真理。

现；但这样一来，理论判断就永远不会对同一个实事状态进行，而是对那个在另一个判断中已被判断过的实事状态进行；与此相反，一个美感的或伦理的评判却必须必然地包含着这样一个价值谓项。在理论判断中，只要有系词的或在语言上替代它的东西（动词词尾等）的断言功能，就足以一同表达出那种对实事奠基性以及在这个意义上的"真理"的享有资格（Anspruch）。人们难道不也必定会期待：如果这里事关三个并列的评判方式——或者是理论判断也必定始终包含着"真"的要素，或者，若非如此，美感的和伦理的陈述就必定是通过一个特殊的联结符号而得到标示，并且同样不需要任何一个特殊的价值谓项？这两种情况都未出现。我们能够把这样一种与思想的不相即性归咎于语言吗？我相信不能。① 其二，按照上述说法，在理论判断中，"本真的"（eigentlich）"谓项"就始终为"真"，而"主项"却始终是一个 A 与 B 的联结；与此相反，在价值陈述中，一个对象 A 决然地被称作善或美等。如果一门理论试图在顾及律令命题和实存命题的同时，把那种最基本形式的理论判断与它所承担的将各个术语的状况包容进来的义务脱离开来，并且把一个将一个 B"归附"给一个 A 的双分子判断看作是对这个单分子的、仅仅"承认的"判断——即那个只是简单地"承认"或"设定"一个 A 的判断——的单纯继续构成，那么这门理论可能不会对此抱有如此之大的异议。然而——撇开关于这个我认为完全行不通的观点的正确性问题不论——这里仍然存在着一个清晰的区别，善和美在判断中始终是作为一个对象的标记（Merkmal）而被意指，而如果就一棵树或就一些人，在同样的意义上说，它们是"真的"，就像我们说它们是"美的"或"善的"一样，则根本没有任何意义。但反过来我觉得完全清楚的是，对于每一个理论判断来说，在它的单纯主张要素中就已经拥有对真的状态（Wahrsein）的享有资格，而不是在对这个主张的可能评判的基础上才拥有它；而"A 是善的""A 是美的"这类命题也不缺乏对真的状态的享有资格；正如在某些情况下，这种对真的状态的享有资格也可以在这样一些命题中得到特殊的表达一样，这是真的：A 是美的，它是善的。但这也只是因为在"这是真的：……"之中重又包含着这个素朴的真理享有资格。若非如此，那么也会产生一个

---

① 在像"真的朋友忠告""真的朋友""真的上帝"这类情况中，"真的"（wahr）替代了"真正的"（echt），与"非真正的"（unecht）相对立，这是一个以价值本质为前提的概念。"真正性"（Echtheit）是价值的自身被给予性，不同于价值欺罔。真的价值判断奠基于对真正价值的感受之上。

无限的"批判性"评判的序列。因此，对真理的要求，同样会向价值陈述发出，并且会对价值陈述来说存在。一个价值陈述必须完全像任何判断一样是逻辑"正确的"，即是说，必须符合判断构成的形式规则，而且除此之外——为了是真——还必须表明与某些"事实"的一致性。

美感的和伦理的评判、美感的和伦理的推论等不具有区别于逻辑规则的特殊规则。至少我不知道有这样的规则。但对某些价值状态的美感的和伦理的价值认定则具有法则。但这些法则不是判断构成和推论的规律，而是对特殊事实与质料的一种体验的法则，这些事实和质料为伦理学和美学以及关于这种体验的信念提供了它们的统一。① 并不能由于逻辑学也与"真理"这个价值有关，就把它作为一门价值科学放在与伦理学和美学同等的位置上，因为真理根本不是"价值"。把价值赋予那种对真理进行寻求、研究的行为，这具有好的意义②；也还可以就一个命题的为真而把价值赋予确然性——就像人们可以谈及或然性价值一样；甚至对真理的认识本身也还是一个价值；但真理之为真理却不是一个价值，而是一个有别于所有价值的观念，当一个判断的以命题方式形成的含义与一个实事状态的组成相一致，并且这种一致性本身明见地被给予时，这个观念便充实了自身。但在这个意义上，我们的价值陈述也必定是"真的"并且也可以是"假的"；而与此相反，要求或规定一个理论判断是"善的"或"美的"，则是没有任何意义的。

这里当然还有一个问题甚至没有得到解决：为一个价值判断提供充实的实事状态本身与一个为对同一个对象的理论陈述提供充实

---

① 这里还存在着对价值状态的同意与不同意的法则，它们一方面以对价值的体验和体验法则为前提，另一方面却对判断领域展示为质料和事实，但同时却完全独立于判断法则。

② 真理完全不只是这种寻求、研究的"理想"，或者甚而是一个我们"为我们的意愿所设定的"理想（西格瓦特便如此认为：《逻辑学》，第二卷）。也有被找到的、不是"理想"的真理；而如果并且只要我们使某个命题上的真的状态明见地得到充实，那就只有一个"对真理的寻求"了。于是我们能够在其他事实、问题、命题方面再次"寻求"这个在一个含义要素上看到的因素。无论有多少精神"活动"必须先行才能使我们找到真（例如也包括意愿活动），对真理的明察也始终是一个突如其来的闪光，它没有高低程度，并且一向具有接受（Empfangen）的特征，而不具有成就、制造、构建的特征。——在这个部分付印后，我明察到，埃米尔·拉斯克在许多方面对事物做了与这里的文字相符的理解。参见拉斯克：《哲学的逻辑与范畴学说》，图宾根，1911年，尤其是出色的第三章，第2段落。相反，我却不能够赞同拉斯克关于"康德的哥白尼行动"以及关于作为一个有效真理对象的对象之实存意义的阐述。

的实事状态之间是什么关系,或者我们宁可说,价值状态与实事状态是什么关系。需要提出这样的问题:一个这样的价值状态是否必定是必然地奠基在一个实事状态之上,或者,它是否可以作为一个独立的事实情况而被给予,或者甚至相反,一个实事状态是否始终只能奠基在一个价值状态上而被给予,但只有在我们将这个价值理论再推进一大步之后,这个问题才可以得到决断。

伦常价值的评判理论也指出,它的根据之一——我是这样说的——就在于:伦常价值并没有被放置在那些实在的心灵过程本身之中,即那些在内感知中以及在对被感知之物的思维解释和补充中展示出来的心灵过程。因此,始终是一个从外部拿来的标准、一个规范或一个理想,才使善与恶的区分得以可能。愿欲和行为举止的心灵事实首先是完全"价值无涉"的客体,而对它们的描述以及对它们的因果生成的研究永远不能够构成超出它们的价值的东西。只有一个被拿来的规范才使此得以可能。但即使是对意愿行为之因果可确定性的最严格明察也无法取消对它们的评判以及它们的权利。即使是从它们的个体的、社群的、心理的和生理的原因出发对一个坏的行动的如此仔细的理解也不会使它们变得更好些。

在这个观点中,真与假奇特地混杂在一起。

如果是这样——我们暂且承认它——那么就必定会出现一个问题:应当被拿来衡量心灵过程,以便使伦常区分得以可能的那个"标准"、那个"规范"究竟是从大千世界的何处得来的呢?我看只有两种可能性。它们本身是否回溯到这样一个心灵的过程之上,回溯到一个特殊的心理的应然事实情况、一个对承担义务(Verpflichtung)的感受、一个被体验到的内心命令等之上呢?而后这个事实情况是否就比其他事实情况更少是"价值无涉的"呢?而它是否像其他事实情况一样是一个心灵发展的必然结果,一个在属性和方向上随着它出现的因果条件而变更不定的结果呢?而这个事实情况是以何种理由、根据哪些新的"标准"从心灵杂多性的总体中被挑选出来,而后以此来衡量其他的事实情况呢?但是,若是它应当具有一个不依赖于所有心灵事实情况的发源地,那么它又从何而来的呢?这样的话,它若不是一个任意的命令又会是什么呢?人们还是一如既往地要回溯到一个被体验到的应然、一个被体验到的义务上去!为什么这个东西应当(在观念的意义上)是作为所应的(gesollte)被体验之物呢?为什么我们"应当"听从这个义务意识呢?为什么因果的理解恰恰应当在这里停住,并且义务意识例如不应当使自己回溯到一个建基于遗传或社群暗示中的强制禀好(Zwangsneigung)之上,它不依赖于我们个体追求的方向,并且常常与它们相对立,对它来说,一个共同体形式的保存具有某种合目的性?为什么在这里要命令因果的理解停住?唯有随意性才可以这样做!唯有随意性才可以从任何一种实际的应然体验得出这样的命题:就应当是如此!任何一个人都从出生时起就发现自己被实际规范着的各种强力所包围。他应当赞同哪些规范?倘若他可以说:赞同这样的一个规范,即我们可以从它那里明晰地看出,对它的遵从就在实现着那些明晰地是最高的价值,那么困难就不存在了。但这样一来,规范先要规定价值才行!而如果他拿那些由外部向他侵入的命令和规范来与一个"内心的逼迫"相比较,即采纳还是拒绝它们,那么这个"内心逼迫"之所以具有较少的"盲目性",就是因为它是一个"内心的"吗?难道他不应当可以对它发问:它是如何进到他心中去的,就像在事关一个无法回忆是如何获得的强制性神经官能症时,或者在事关一个他在其个体自我及其禀好联系和愿欲联系面前作为一种异己的力量而体验到的遗传本能时,他首先会提出这个问题一样?

在这里,这个被体验到的逼迫或被体验到的命令究竟是朝向一个一次性的具体行动,还是朝向一个为之而一同设定了某个阶段的普遍性条件的行为举止,这是完全无关紧要的。命令的特征或盲目逼迫的特征并不会随着所应之物(Gesolltes)的普遍性而消失。一个不能附着在一个确定的发命令者上的、从内心出发被体验到的具体命令在这里就叫作"义务",而"规范"这个表达则被用于内心的逼迫,它们朝向一个行为举止的普遍特征(以至于行为举止首先是通过一个命令来思考的)。于是,无论是"义务"的概念,还是"规范"的概念,都不能构成伦理学的出发点,或不能冒充自己是这样一个"标准",根据这个标准才有可能区分善与恶。

如果人们抹去义务观念由于康德的呼吁(Apostrophen)而获得的这个有些神奇的特征,并且如果人们不去追查这样一种实用主义的观点,即义务伦理(Pflichtethos)在实践中可能做出了什么,那么分析会表明在它之中有四个因素,对它们的指明就已经表明,伦理学并不能够建基于它们之上。义务首先在两个方向上是一种"逼迫"或一种"强制":其一,它是针对"禀好"的一个逼迫或强制,亦即针对所有那些带有"在我心头涌现出奋起追求"(Inmiraufstreben)、带有不是从我的个体自身出发而体验到的追求之特征的东西,如饥、渴、一个萌动的情色(erotisch)禀好等。而后,相对于个体愿欲本身,即相对于那个不带有那种禀好性格、而是为我作为从我的"人格"出发而体验和进行的追求，它也是一个逼迫、一个强制。这两个逼迫的方向都属于"义务"，而不仅仅是为康德追随者大都片面强调的第一个方向。唯有当应然发现一个与它相对立的奋起追求的禀好时，单纯"应然"的一个内容或根据价值而被要求状态（Gefordertsein）的一个内容才从属于"义务"，与此相同，唯有当应然或是被设定为反对个体的愿欲，或是被设定为至少不依赖于个体的愿欲时，上述情况才会出现。只要我们自身明见地明察到，一个行动或一个愿欲是善的，我们就不会谈论"义务"。甚至可以说，只要这个明察是一个完全相即的和理想完善的明察，它也就在明确地规定着不带有任何插进来的强制因素和逼迫因素的愿欲。①

　　这样，义务观念的第二个标记也就得到了暗示。因此，在出于义务的愿欲之本质中包含着：它可以说是断绝了朝向明察的伦常信念，但至少它是以独立于此的方式进行的。在它之中所包含的应然并不建基于清楚的和明见的对愿欲和行动的价值之感受上，相反，它的"必然性"是对一个仿佛是盲目的内心命令的体验；无论以后通过"义务"被诫令的东西（Gebotenes）是否也会与一个事实上明晰的偏好价值同时发生。生活经验一再向我表明，对"义务"的表象的调整，常常正是在伦常的、朝向明察的信念仿佛变得虚弱时，或者不足以解决一个过于复杂的境况，或不足以避免一个过于远程的和过于沉重的伦常自身负责时。用"这是我的义务"或"义务而已"，人们更多的是断绝了对明察的精神努力，而较少地给已获得的明察以表达。例如，约克伯爵将军在陶拉格人面前并不履行他的"义务"，而是超越出他的军事义务意识对他的指令，追随他的更高的伦常明察。②

　　在义务的逼迫中含有盲目性的因素，它本质上从属于义务。如

---

① 对此参阅这部著述的第一部分、第二篇、〔边码〕第 87 页对苏格拉底命题的修复。在这里，"必然性"也表明它的否定本质。出于义务的行动始终是作为一个"不能行动"而被给予的。

② 舍勒在这里所举的例子具有下列背景：拿破仑入侵俄国期间，普鲁士后援部队指挥官约克伯爵将军在 1812 年 12 月 30 日自作主张宣布解除拿破仑强迫签订的盟约，并答应俄国人，他的部队保守中立，于是拿破仑精心建立起来的统治体系开始瓦解。约克这样做虽然违反了他的国王的旨意，但他相信，时势已变，只好如此，别无他法。1813 年 1 月 3 日，他在写给腓特烈·威廉的信中为自己辩解道："只要一切在按常规进行，每一个忠臣都必须顺应时势而行。那时，这是他的义务。但今日时势已变，出现了新的情况，利用这不会再来的情况同样是他的义务。在这里讲的是一名忠实老臣的话，它几乎也是全民族的共同语言。"（以上参见：迪特尔·拉甫：《德意志史》，59 页，香港，1987 年）——中译注

果人们不去随意地赋予义务以某个新的定义,而是发现用这个词所指的东西,那么人们会发现,在"义务"中显现出一种内心的指令呼声,它就像权威的命令一样,既不进一步"被论证",也不是直接明晰的。"义务"是一个出自内心的权威。它的"逼迫"是一个主观上受限的、完全不是对象性的建基于实事的本质价值中的"逼迫";而且,它仍然是这样一种"逼迫",即使这个主观的强制冲动作为一个"普遍有效的"而被给予,亦即我们具有这样的意识:每个其他人在同样的情况下都会这样做。一个普遍有效的内心强制冲动由于作为"普遍有效的"被给予而完全不会是对象的或"客观的"明察(在未加篡改的词义上的对象的和客观的);就像反过来,这个行动和行为举止只是对我而言并且不对任何其他人而言的一个客观"善的"行动和行为举止,① 对此的意识完全不会排除这个可能:这个行为举止是建基于对它的对象性偏好价值的明察之中。其三,义务当然是一个从我们出发并且在我们之中响起的指令,而这有别于所有其他、作为"从外部"而来被给予的命令。但如前所述,这并不会影响这个指令的"盲目性"。对一个外部权威的命令的服从可以建立在对服从的价值的明察以及对权威转移到我们本己价值上的那个价值的明察上;这时,我们的愿欲和行动就是明晰的;而反过来,对"内心的"义务诫令(Pflichtgebot)的服从则完全可以是盲目的,是对这个特有的逼迫的一个简单顺从。因而这个单纯的"从内心发出",并不会赋予义务观念以丝毫更高的威严(Dignität)。即使是根据社群暗示而发出的指令——但在没有意识到这个暗示的情况下——在我们心中响起,它也显现为是"从内心"发出的,并且大都与"禀好"发生争执。最后第四点,义务具有一个本质上否定的和有限的特征。我并不仅仅是指人们时而所主张的那些东西,即义务意识禁止我们做的要比它指示我们做得更多。② 我更多是觉得,即使一个内容作为在"指令"意义上的义务而被给予我们,这个内容也仍然是作为一个这样的内容被给予,即相对于它,其他内容是"不可能的"。我们所承担的义务乃是从对什么是不应当做的东西(在观念的不应当[Nichtsollen]的意义上)的透彻审查而对我们产生出来。义务是那些被明察为肯定的善的东西,但更多是那些在对我们的追求和冲动的杂多批评面前自身持

---

① 对此参见这部著述的第六篇:"形式主义与人格",B.〔伦理关系中的人格,〕第 2 章:"人格与个体"。
② 西格瓦特在《逻辑学》第二卷(第 745 页)中便如此认为,包尔生在他的伦理学中也是如此。

守为无法克服的东西。义务与所有"必然性"一起分有这个特征,包括那种与单纯的强制感受和因果必然性无关的、有实事根据的"必然性"。因而"必然性"在这里也是那个"其对立面为不可能"的东西;是那个在进行任何其他思考或其他意愿的尝试过程中自身持守着的东西。但在这两种情况中,"必然性"都区别于对一个事实情况、一个实事状态或价值状态之存在(或价值)的素朴明察。明察并不需要贯穿在针对一个哪怕只是可能的对立面的思考之中。因此,伦常明察也不需要贯穿在针对一个其价值有问题的愿欲的试图反愿欲之中。

在所有这些方面,伦常明察都区别于单纯的义务意识。即使是那些有别于作为义务而强加给我们的内容的东西、那些伦常上明晰的和善的内容,也就是说,即使是一个不同于一个单纯想当然的义务的真的和真正的义务,也仍然是伦常明察的对象。因此,不能把明察伦理学和义务伦理学——如常常发生的那样——混为一谈。它们是相互争执的。

这并不是说,在获取伦常明察的道路上,"义务意识"没有权利获得一个完全确定的意义。但是——即将表明——对权威的命令的聆听和对传统的话语的关注也有权利获得一个同样高的意义。它们都是无可替代的、使业已进行的伦常明察经济化(Ökonomisierung)的手段。然而,对于理想地获取伦常明察来说,它们本身可能是有价值的东西,其自身必定还是伦常明察的对象。

可是,关于"义务"所说的东西,恰恰也适用于"规范"。伦理学是否需要寻找那些常常被设定的规范或自然法则,在这个问题上的分歧根本没有穷尽现有的可能性。我们后面还会回到这一点上来。

但不仅仅"从哪儿取得那个应当被拿来衡量意愿过程的'标准'"这样一个问题会超越出那种理论。它所主张的那些事实也不是以它所说明的那种方式被给予的。

人们认为,在具有伦常价值的客体上面,例如在意愿过程上、在行为举止方式的整个游戏上,找不到像价值这样的东西;这些价值是由简单的心灵生活要素构成的价值无涉的复合体,而心灵生活要素通常是由心理学来确定的(在数量上和本质上各不相同)。唯有通过根据一个规范或一个理型来进行的评判,它们才获得价值,并且也才能够获得价值。但如果我们不带成见地通过生成理论来检验一下伦常生活的事实,那么就可以发现这个主张是完全未经证实的。我们具有一个(在这里无法进一步描述的)关于一个行动正当与不正当的意识，我们感到有一种对此行动的禀好(Neigung)，但还没有做出对它的评判。在这里，这个行动并不必须是已经进行了的，也并不必须当下有一个对它的愿欲；这里关涉的可以是一个只是在愿望中浮现在我们面前的内容，或一个我们只是愿欲地或愿望地想象的内容，例如在阅读戏剧的过程中；这里所关涉的也可以是一个我们从未进行过的行动。人们称为"良知"的东西，首先是包含在对这些意识事实的仔细倾听中，在关注它们的能力和训练中，而不是包含在评判的行为中。在这里也有一个广泛的欺罔区域，它们与评判的谬误无关，例如与把一个如此被意识到的事实情况误归到一个概念之中的谬误无关。我是现在就感受到对昨天的做法真的懊悔，还是仅仅觉察到这个做法的不利影响并体验到与此做法相关的不快；我是仅仅需要那个做法来使自己沉湎于自身折磨的禀好，还是带着隐秘的狂喜，痴迷于我的罪孽的甜蜜——这些差异并不是通过不同的评判才有差异，更不是对同一个感受的事实情况的不同因果解释；相反，它们已经是——在判断领域之彼岸——根本不同的事实。而在这里，价值微差始终是处在体验本身之中的。根本不能说：体验首先是暂时作为"价值无涉的客体"而被给予，而后通过新的行为或通过第二个体验的附加才增长为一个价值。

如果被清楚明白地把握到的是过程的价值，而过程本身只是不够清楚明白或只是在一个确定的"意指"的方向意识中是当下的；或者，过程还像是处在萌芽中，而价值却已经清楚而完整地在感受的意识之前便展开自身，那么事情就更清楚了。而在评判中却包含着一个或多或少完整的对承载价值的过程的当下意识。如果我们在把握到或清楚地把握到不带有载体的当下状态的价值，那么对这个价值的意识就不建基在评判之上。一个人获得一项任务，它向他兆示着一个高的价值的实现；他始终清楚明白地在他眼前看到这个价值，并且这个价值能够将他的整个能量聚集起来并释放出来！他在这个任务的价值上升华着自身！同时，这个任务的形象内容或概念内容还在变动不已；而这个任务的价值或在它之中须做的事情的价值在这里却并不一同发生变动！即使对他在这里所做的事情的想象时而会退缩；但它的价值对他仍然是显而易见的，并且它仿佛是将它的光芒投射到他的当下生活之上。这个对他来说现在是中心的价值将他从一些小的束缚中解脱出来，即那些使他以往循规蹈矩的伦常、本己习惯，以至于当下的实际生活以一种不同于在未感受到这个价值时的生活的方式进行。而另一方面则是这样一个现象，每一个能够从其起源上理解伦常萌动的人都始终会注意到：我们会对我们的行为感受到一种"深深的满足"，同时却并不确切地知道，它朝向的是哪一个行动、哪一个行为举止；我们感受到一种在"昨天"的方向上或在某个人的方向上的"罪责"的压力，同时却想象不出，在这个方向中包含着什么。这些行动的价值在这里对我们来说是非常清楚明白的。但我们仅仅是在寻找这个行动本身，并且而后或许在追踪这个方向的过程中发现它。

如果人们说，在这类情况中，那个价值附着于其上的形象对象必定是对意识曾经有一次已被给予的，它只是被忘记了而已，那么这就是一个完全歪曲的诠释。在这里不如说是存在着这样一个法则，它完全不依赖回忆领域的方式，并且是对所有那些在其中我们意识到一个对象之物的行为质性而言（例如也对感知和期待而言）的法则：我们可以拥有对对象之物价值的完满的明见性，同时这些对象之物本身却并不是以同样的充盈和作为明见想象的或按其"含义"地被给予我们。所以我们可以对一首诗或一幅画的美具有完满的明见性，同时却不能以某种方式说明，那个明见的价值是附着在哪些因素上，例如在颜色、图样、布局，或者说节奏、音乐特征、语言值、形象值等之上。而所有那些"充实现象"也表明了同样的情况：当经验中有一个恰恰具有那种我们先前只是意指的价值的事物出现在我们面前时，这些现象便会出现。这种价值意向的变更完全不依赖形象的变更，但却可能引导着形象的变更。正如每个较长时间从事对声音世界的科学探讨并且带着这种态度来聆听一个音乐作品的人都知道的那样，甚至有一大批这样的价值：我们对它们的载体分析得越多，它们消逝得也就越多。与此相似，这种态度以及对图像的分析（不只是在技术的意义上的分析，而且也是对美感的图像对象的分析）同样干扰着对它的艺术价值的把握。但是，即使是反过来，当价值的显现看起来是联结在对对象之物的较为鲜明的分析上时，如在许多感性享受的情况中（如在美食家那里），这实际上也不是对对象之物的分析，而是对一个更为细致的价值区分的"寻求"，例如对在葡萄酒中的含有的芳香或对一餐饭食的舒适质性的寻求，它也会次生地导向对对象之物以及从属于它的感觉质性的分析。

以上所说现在也使我们认识到这样一些前提的谬误性，它们迫使许多研究者设定它们，这些研究者认为只有通过一种"评判"或一种依照某些"观念"或"规范"的评判法则才会产生伦理价值。在这里他们大都是从这样的命题出发：心理过程本身并不包含任何价值。

如果有一个价值可以说是被归派给它们(就像在所有伦常判断中一样),那么——他们假定——必定是以某种方式从外部拿来或"附加"一个价值给它们,而这只可能通过一种根据某个"标准"或某个"观念"或某个"目的"进行的评判行为而发生,它们不可能自身又从心理的发生中产生出来。但正如我们已经强调过的那样,由于这些心理过程丝毫也不能够说明,那些"标准"或那种"规范"或那种"目的"究竟从何而来,以及对这个和那个标准(例如,米制)的选择为何不是随意的(类似于尺度协定),故而这个事实情况恰恰已经表明,在它们的前提中包含着一个谬误。我认为这个谬误原则上在于:那些研究者未曾思考过,对价值无涉的心理过程(但完全相同地也在外部对象的价值方面)的特别心理学假设是以何种方式形成的。如果对此做出思考,那么人们很快就会发现,并不是对一个价值不同的被给予之物的添加(hinzufügen)会把价值分派给那些"心理之物"(类似于内直观的内涵),而是相反,一种从原初被给予之物中或多或少人为的取走(Wegnehmen)(可以说不是一种加法,而是一种减法)才借助一种对某些感受、爱、恨、愿欲等行为的明确的不进行(Nichtvollzug)而产生出价值无涉的客体。所有原发的对世界一般的行为举止,即不仅是对外部世界,而且也对内心世界,不仅是对他人,而且也对我们本己自我的行为举止,恰恰不是一种"表象的"行为举止,不是一种认之为真的(Wahrnehmen)行为举止,而是始终同时是,甚至按上面所说原发地是:一种情感的和认之为有价(Wertnehmen)①的行为举止。而这并不意味着,我们原发地在我们心中"感知到"感受、追求等,正如那些研究者也能解释的那样。这恰恰意味着重新预设那个我们在这里所要消除的谬误。它也正是实际的正确状况的对立面。因为每个心理学家都知道,而且关于"对感受的关注"的更新和更敏锐的分析②也已经做出了直至可能"关注"的各种准确细微变化的确证;相对于那些在形象内容面前是可能的感受和其他情感发生,注意力不可能是同一种行为变异。我们想要说的毋宁是:原发的姿态在内直观的领域以内,或者——更好是说——在"内直观地被指向

---

① 舍勒在这里使用的"Wertnehmen"(价值认定)一词是生造的,它在胡塞尔那里也出现过(参见倪梁康:《胡塞尔现象学概念通释》,509页,北京,生活·读书·新知三联书店,1999)。舍勒也想用这个概念表明:我们能够像直接原本地把握客体本身一样,直接原本地把握客体之"价值"。在这个意义上,"价值认定"也可以被译作"认之为有价",而"感知"(Wahrnehmen)也可以被译作"认之为真"。——中译注

② 对此参见莫里茨·盖格尔:《论对感受的关注》,载献给Th. 利普斯的纪念文集《慕尼黑哲学论文》,1911年。

状态"的整个领域以内,也不唯独是或仅只是原发的感知姿态,而是一个同时和原发地价值认定的和价值感受的姿态。而且我们还要附加说:正因为情况如此,我们才能够理解,我们并不能够在同一个意义上像关注例如一个回忆图像或一个想象图像那样去"关注"一个感受。在对生活的"生活亲历"(Er-leben)中原发的东西,在生活过的生活(gelebtes Leben)中——"感知"便从本质规律上属于对它的把握——恰恰就是并且必定是次生的东西以及无法在注意力的同一种行为变异中把握到的东西。①

价值并不是以某种方式添加上去的,这已经完全显然地通过这一事实而得到指明:对于那些没有受过心理学训练的人来说,即对于那些不像心理学家已经学会从素朴行为进行的具体整体中有分别地进行感知的"生活亲历"行为并且抑制情感的"生活亲历"行为的人来说,价值无涉地进行关注并且心理学地进行思考是极为困难的事情。对于学习绘画的人来说,观看可见事物以及它们的透视法的缩短和推延,而不是观看原发地被给予的自然世界观的物质事物,是极为困难的事,与此同样困难的是,无论是在认识史上,还是在人的每一个别情况中,不进行那些按本质法则束缚在心理体验上的感受的"生活亲历"行为(Er-lebensakt)等,从而做到不去顾及那些原发地始终一同被给予的心理体验的价值质性。

这里才表明一种同时的、既对心理学也对伦理学所做的充分昭示的现象学论证的必要性。那些关于一种必然被拿来衡量心理之物的"标准"的理论之所以产生,全都是因为人们在不做现象学研究和区分的情况下预设了一个(价值无涉的)"心理之物"一般,而后询问价值如何能够它归属给它。然而,价值现象在其本质中作为价值现象是完全独立于心理之物与物理之物的区分的。但那些包含在心理体验中的价值同样重又独立于那些已经被描述心理学——遑论实在心理学和说明心理学——所预设了的"心理体验"的事实情况。如果我把所有那些在内直观(在所有直接被给予方式一般意义上的"直观")的行为方向上可以把握到的东西都理解为心理之物,那么我就

---

① 舍勒在这里使用了两个有特殊意义的德文词语:前面的"Erleben"的基本含义是"经历""体验"等。舍勒在这个词中间加了连接号"er-leben",目的在于突出它的词干"leben"(生活);他有时也用在前缀上加斜体的方式,即用 *Er*leben,来突出这一点。英译本作"experiencing"。后面的"gelebt"是"leben"(生活)的过去时和被动态。英译本作"experienced"。中译在这里分别译作"亲历—生活的"和"生活过的"。对这一对概念的使用还可以参阅本书后面第六篇、A、第3章、边码第385页和第462页和B、第1章、边码第475页。——中译注

必须说，心理体验的价值是在它们自身中被给予的，甚至说，相对于它们的所有那些规定性，它们恰恰是原发地被给予的。就此而论，例如对于一个复仇冲动来说，非价值是直观地内在的，对它无须做出某种评判。同样，对于一个真正的共感体验（Mitfühlenserlebnis）来说，正价值也是如此，因此，并不是一个特定的"秩序"，也不是某些与另一个体验保持平衡或阻碍着它的作用发挥的体验的缺失以及类似的自身关系在导向价值，而是每一个体验在自身中都在这个意义上具有它的、在它自身"感受"中直接直观被给予的价值微差。相反，如果我们所理解的"心理"不是在内直观方向一般上的被给予之物，或者我们想说，不是完整的心理生活（然而它同样还明显地有别于对生活的"生活亲历"［*Er-leben*］行为），而是理解为这个"完整生活"的一个组成部分，即使我们明确地中止那种对生活的"生活亲历的"（*er-lebend*）、情感的行为，即明确地中止对我们自己的自我（或其他的自我）的感受的和实践的执态，这个组成部分始终还对我们是"被给予的"，那么，在这个"心理之物"中，当然也就不再有任何价值被给予，而只还有某种"感受"了；然而"价值感受"（例如"尊重感"等）之所以可以叫作价值感受，乃是因为在"完整生活"的原发被给予性中，价值本身还是直接被给予的，只因为此，它们才带有"价值感受"的名称。但是，这后一种"心理之物"，即"完整的心理生活"减去那些价值被给予性，才是心理学描述和观察——亦即心理学认识一般——所着手处理的质料。相反，所有进行因果解释的心理学则本身又以那些观察和描述为前提，因而更是必定会忽略心理过程的一切可能价值。

　　唯有对这个相当复杂的实事状态的长久误识才引导人们去寻找"标准""规范""评判法则"，它们被拿来用在一个价值中性的"心理之物"上，人们认为是它们才把价值赋予"心理之物"——但却不能以某种方式说明，那些标准和规范究竟是从何处拿来的。只要人们想避免像尼采那样的随意的命令行为或学说，即伦常价值只是"被制造出来的"或者"被解释加入到"价值中性的现象之中去的，以及，根本没有"道德现象"，只有对它们的"道德阐发"。由于人们首先把对心理生活的"生活亲历"（*Er-leben*）混同于生活过的心理生活（或者只是把它们视为瞬间现时生活过的生活与它在直接回忆中的直接后延的区别——一个与上面的区别毫不相干的区别），并且由于人们把价值还在其中被给予的"完整的生活过的生活"混同于那些残余，即在明确地中止了作为"内感知"（或直接回忆）对象的情感"生活亲历行为"之后从那个"完整的生活"中留存下来的残余。所以，人们如今不得不对自己提出这个（无法解决的）问题，心理体验的价值究竟是如何获得的。人们不是把体验价值回归到在价值—生活亲历（Wert-er-leb-nisse）中显现出来的（并且按本质法则只能在它们之中显现出来）原被给予性（Urgegebenheit）上，而是试图把价值—生活亲历（它们此外也同样原初地关系到外心理之物，例如物理之物，并且既可以在外直观的形式中，也可以在内直观的形式中，既可以在异己直观中，也可以在本己直观中进行）回归到单纯的体验价值上。但人们试图把这些体验价值回归到根据一个始终或多或少协定性的道德的"标准"和"规范"而进行的评判上去，这些标准和规范自身展示为"原理"，可以从它们之中以逻辑推理的方式推导出这个法则的法典。但是，这种将一个有效的道德、甚或对有效的法律设施以及关于它们的科学（例如参阅赫尔曼·科亨的伦理学）还原到它们的"原理"上的做法对伦理学的贡献可能很少，就像对于认识论而言这样一个问题贡献很少一样："数学的自然科学"在客观逻辑上是如何可能的。①

按照这种评判理论，就像它在赫尔巴特那里首先得到阐述的那样，始终完全不明晰的是：那些按照他的"惬意的意愿状况的观念"而进行的评判究竟是如何可能成为对愿欲而言仅仅可能的实践规定根据。因为一切意愿过程都是严格地在因果上受到确定的，而如果一个"评判"的本质就在于（情况也无疑是如此）：在已经被给予的意愿行为之后才出现——对"之后"的理解在这里并不是在时间演替的意义上，而是在行为的时间起源顺序的意义上，那么就必定有可能将所有评判行为消除掉，而心理之物正是通过它们才获得价值，同时在实际的意愿行为的进程中却不会因此而发生丝毫的变化。这样的话，撇开那些一同浮现的评判行为以及它们所遵循的法则不论，一个具有伦常性（Sittlichkeit）的世界和一个没有伦常性的世界就会是完全同一的了。这个极为悖谬的结论（它并不会通过以下事实而得到避免，即进行的评判行为通过再造和联想重又作为实在的环节而进入实在的心灵生活及其因果过程之中，因为作为按本质法则和起源法则在意愿行为之后进行的行为，即使评判行为会进入到实在的因果进程之中，它们也永远不可能对意愿行为起到一种因果性的作用）不仅必然属于赫尔巴特的评判理论，而且也必然属于任何一门评判理论。但即使是这个结论（它无疑是促使赫尔巴特将理论纳入美学之

---

① 对此参见我们先前在这部著述第二篇的引论中的论述。

中的起因之一），我们也可以通过一种对心理学和伦理学的正确的和同时的论证来加以免除。如果价值以及愿欲和追求的直接动机引发现象（Motivationsphänomen）是在"完整的生活"中，不带有任何附加的可能评判，通过价值体验一般而被给予，那么，那个通过对情感"生活亲历"行为的中止而作为心理学的"心理之物"留存下来的残余，也必定每次都是随那些价值体验的种类和本性的差异而具有各不相同的属性。而从这些心理事实中推导出来的、超越直接直观的实在体验进程及其实在的因果联系，必定也就是随情况不同而千差万别的。通俗地说，如果一个人生动地和相即地感受到价值本身，并且这个或那个价值的更高状况在偏好中生动地闪现给他，那么，提供给那个单纯地观察着他的心理学家和因果研究者（以及他自己，只要他如此对待自己）的素材将完全不同于当这个人不这样做时所提供的素材。

而且还有进一步的事实加入进来：正如我们试图指明的那样，价值认定按照一个本质—起源—法则是先行于所有表—象行为的，而它的明见性仍然不依赖那些表—象（vor-stellen）行为的明见性。因而在一个"心理体验"哪怕只是可感知的之前——在心理学"感知"意义上的可感知，亦即在中止情感"生活亲历"行为的情况下，亦即作为价值中性的存在，在它还没有实际地对个体而言是"可感知的"，而是完全按照行为起源的本质法则是"可感知的"之前，完整的"生活亲历"（连同情感行为）已经一同规定了它的存在或不存在、它的这样或那样的特性状况（So-oder-anders-Beschaffensein）。一门深入的、所谓"良知萌动"的现象学向我们表明，灵敏、柔和而伶俐的"良知"完全在本质上不同于赫尔巴特所展示的那个冷漠而生疏，并且按其本性是"姗姗来迟"的"法官"。如果我们不是像心理学家观察生活过的生活那样去观察一个生活过的意愿进程，而是去窥视这样一个行为及其设计的构成方式，那么我们就会发现——就像前面已经强调过的那样，追求之萌动（Strebensregung）的价值在"起源"处就已经被给予了，在这里萌动本身及其设计方向尚未完整地被体验到，一个确定的设计也就更不存在了。所以，对一个追求冲动的"坏"的明见性可以把这个冲动窒息在萌芽中，并且把它从心理学家的可能存在中排斥出去。这里所说的"窒息在萌芽中"与对相关冲动的某种"抑制"（Verdrängung）或"主动排挤（Wegdrängung）"没有关系，同样也与一个单纯"内心的不去看（Wegsehen）"它或将关注和注意的目光的引开（Ablenkung）无关；因为无论是这种排挤，还是那种对注意力的引开，都已经预设了对那个追求进程的完整构成的某个尺度以及一个被给予的自身设计，并且因此也预设了对我们在这里所看到的那个"萌芽点"的超越。所以，例如真正的羞耻感并不是原发地表现在一个对某种现有想法的羞耻反应中，而是首先表现在，不太害羞的人没有想到较为害羞的人所想到的那些东西。① 因此，如果我们已经把"感受到某物"与可能形象对象的这个"某物"联系起来，那么我们就必须说并且能够说：这些形象对象的价值是在先被感受到的（vor-gefühlt），即是说，按照起源法则，它们的价值已经在一个形象对象尚未被给予的阶段上被给予了。而这一点恰恰也适用于所有那些只是可能的我们体验的内感知的形象对象。而后，这种"在先—感受"重又可以是一个在感知、回忆和期待之中的"在先—感受"。这样，后者便作为"对某物具有在先感受"也指向未来，但并不与在上面所定义之意义上的在先感受相互叠合。因为这种"在先—感受"同样也现存于对一个过去体验的追复体验（Nacherleben）中。而后它的价值在追复体验之中被在先感受到。

接下来将会表明，从我们精神生活的这个基本事实出发也可以澄清自由问题的某些疑难点。并且随之也将表明，那个与伦常价值的评判理论始终紧密联结在一起的主张是多么不能成立，即意愿行为的因果确定性对于它们的伦常价值来说完全是无所谓的；恰如对美感价值来说，例如对一块宝石的美来说，无关紧要的是，这块宝石必然是按照因果法则而产生的。我觉得无须再说，这个主张完全违背了事实。但对此的理由以后将在其他的联系中得到阐明。

---

① 参见笔者《论羞耻感》一书，尼迈耶出版社，哈勒，1913 年。

价值、应然与观念的应然[①]

a. 价值与观念的应然

在应然以内,我已经将"观念的应然"区别于所有其他那些同时展示着对一个追求的要求和命令的应然。但凡谈及"义务"或"规范"的地方,指的都不是"观念的"应然,而已经是它的这些向某种律令之物的分类化。这第二种应然依赖于第一种应然,因为所有义务始终也都是一个意愿行为的观念存在应然(Seinsollen)。只要有一个观念的应然内容被给予,并且与一个追求相联系,那么就会从它那里发出一个对此追求的要求。一个这样的要求体验因而不是这个观念应然,而是它的一个结果。这个要求会以某种方式得到强调,无论是通过自知承担义务(Sich-verpflichtet-wissen)的内心指令,还是通过像"命令"和"忠告",或"劝告"或"推荐"的外部指令。

"'你应当'如此和如此地行事"这种特殊形式可以表达各种不同的行为。它在某种情况下(但这

[①] 本文选自《舍勒全集》第2卷,第211—238页,伯尔尼与慕尼黑1980年版。——中译注

241

时是以不相即的语言方式）可能包含这个单纯的告知：这个说话者想要他人这样做。而相即的语言方式则会是："我告知你，我想要你这样做。"但与这个形式相符合的通常是两种情况，其一是主张：他人的一个应当的行动与一个观念应然的要求相符合①，其二是对这个说话者的意愿的直接表达和传诉：他人，即听取这个要求的人，以一种特定的方式行动。在最严格的意义上，唯有权威的命令才具有这个意义。

"命令"因而永远不单单是一个告知：即命令者愿欲这个，而是展示着一个特有的行为，它直接地并且不带这种"告知"地影响到他人的意愿领域和力量领域。因此，命令的最尖锐形式是这样一种形式，在这种形式中，异己意愿的实存在语言上根本不被顾及，类似这样的形式："你做这个"（"暗示性命令"）。

必须将真正的命令完全区分于所谓的"教育命令"，它们像"教育的假问题"一样根本上只是假命令。实际上，作为教育的命令句之基础的行为只是一个忠告。忠告的本质是以这种形式被给予的："你做这个对你来说是最好的，而我想要你做对你来说最好的"。与命令的区别在这里是明显的：其一，命令所涉及的并不是，对于愿欲一般来说，而只是对于这个个体性的愿欲来说：什么是好的和坏的，或者说，什么是应当（sein soll）的和不应当的。其二，意愿行为并不直接主张：（在观念上）"应当"存在的行动通过说话对象（Angeredeten）而"发生"。因此，一切教育的假命令的边界就在于，唯有当教育者具有这样的信念，这些教育的假命令才是有正当理由的，这个信念在于：一旦学生成熟和发展了，他便会自发地做这个教育者所命令的事情。如果一个教育者无法坚信，成熟的学生会自愿地做他觉得有义务"命令"这个学生做的事情，那么他的任务就在于：中断这个教育。②

除了这个教育的假命令以外还有另一种假命令，即"忠告""劝告"和"推荐"，在这种假命令中，某人得到指明，他"应当"做什么。尽管教育的假命令基本上只展示着一个"忠告"（客观的），它的作用

---

① 这个主张是否也与一个信念相符合，则是另外一个问题。
② 启蒙哲学家们曾做过许多尝试，即把权威的命令（无论是国家的还是教会的）化解为一个单纯的教育假命令（权威的教育理论），这种尝试是悖谬的，同样悖谬的是反过来赋予教育家以权威性的全权——这是包含在赫尔巴特教育学精神中的东西。正如教育学问题并不真的"询问"，问题形式更多只是一个实现这个学生的知识的手段（或者说，确定它所知道的东西的手段）一样，教育的命令也不是一个真正的命令，相反，命令形式在这里只是一个使更为中心的意愿意向保持清醒的手段，并且将它导向它们的相即设计——在苏格拉底的意义上。对此参见里尔在苏格拉底"教育的神灵"方面出色而深入的阐述（参见：《当代哲学引论》）。

仍然是与这种命令的"假形式"相联结的。即使在例如群众教育的过程中,它也并不直接探问:对于个体来说什么是好的,而是将它的内容与人的典型发展进程相联结。真正的并且作为忠告而直接展示自身的忠告则不同,在它以内,我区分"朋友忠告"和权威的"忠告"(例如教会权威的"福音忠告")。朋友忠告是直接对个体而发的;它展示着这样一个告知:人们认为对这个个体来说在一个特定的情况中最好的是什么,并且还展示着一个与此相联结的意愿表达;这个个体选择这个最好的。在第二种情况中,忠告是对人的类型而发。然而这些类型不能"被定义",而且它们更不能通过权威而被标识为忠告所发向的个体,毋宁说,他自己是否属于这种"类型",也就是说,他是否"受到召唤"去遵从那些忠告,这是每一个人的事情。因此,如果是一个未受到召唤的人去遵从这种忠告,他就有可能比他不遵从它们时做得更坏。

然而,在"忠告"中始终还隐藏着一个意愿表达;它不是对一个他人在观念意义上所应当做的事情的一个单纯告知。相反,在伦常的"劝告"中则只有一个对伦常认识的辅助,即辅助人们看到,什么是应当的,什么是不应当的,但在它之中没有一个意愿表达。"推荐"是对人们认为对一个他人来说什么是应当的单纯告知,它并不带有意愿表达并且不带有对他本己伦常认识的直接辅助。最后,与这些行为完全有别的是单纯的"建议",它根本不涉及存在应然之物,而只涉及一个存在应然之物的实现技术。

如果一个作为(观念)所应的(gesollt)被给予之物也直接作为一个"所能之物"而被给予,那么就会从这个事实情况中产生出"德行"概念。德行是直接被体验到的权力性(Mächtigkeit):去做一件所应之事(Gesolltes)。在把握到"观念的"所应之物与所能之物的争执的情况下,或者说,在对一个相对于作为观念所应的被给予之物而言的不能够或无力(Ohnmacht)的把握中,恶习(Laster)的概念产生出来。

倘若像斯宾诺莎和居伊约(以及许多其他人)所认为的那样,应然完全只是对一个更高的"能然"的意识,那么就没有德行,而只有"能干"(Tüchtigkeit)了。然而,倘若没有这样一种直接的事实情况,即"能够"做我们实际上从未经验到和进行过的事情,并且倘若一切"我能做我应做的"只是一个建基于直接应然体验上的、但却在直观上不能充实的"公设"(根据康德的"你能够,因为你应当"),那么同样也就没有"德行",而只有一种(禀性的[dispositionell])"技能"(Fertigkeit):重复地尽他曾尽过的义务。

"可嘉的"(verdienstvoll)是愿欲并施行一个观念所应之物,它的内涵在价值上要高于普遍有效的"规范"内涵。"允准的"(erlaubt)是一个观念上作为不应当是的被给予之物,对于不做它或放弃它而言,有一个直接的"不能够"被给予,但它同时并不与普遍有效的规范相争执。"可嘉的"和"允准的"概念的反对者认为,某物不是合义务的,就是背义务的,因而不可能有什么可嘉的东西和允准的东西。两个概念都预设了他律性,或者说,预设了对通过权威所做的义务指令的不加批判地接受。如若在"观念"意义上的所应存在不是建基于客观的价值明察之上,而是建基于义务意识的内心必然性之上,那么情况就真的会是这样;但由于事实并非如此,故而这些关于所谓"义务的无限性"的主张和学说是不能成立的。

让我们现在回到观念应然与价值的关系上去。这个关系原则上受这样两个公理的规定:所有具有正价值的东西都应当存在,所有具有负价值的东西都不应当存在。随之而确定的关系不是一个相互的关系,而是一个单方面的关系:一切应然都奠基于价值之上——反过来价值却完全不奠基于观念的应然之上。还可以轻而易举地看到,在价值的总体中,与应然处在直接联系中的只是那些根据我们前面的公理建基于价值的存在(或不存在)之中的价值。那些公理是指:"正价值的存在本身就是一个正价值""负价值的不存在本身就是一个负价值"等。价值在涉及实存和非实存时原则上是中性的。相反,所有的"应然"都会立即涉及价值实存(或非实存)的领域。这已经在语言中表现出来。我们可以说,"在这种情况中如此行动是善的",对此我们不用直陈式说"这应当是如此"(dies hatte so sein sollen),而是用虚拟式说"这应当是如此"(dies hätte so sein sollen)。即是说,应然在内容的可能存在和不存在面前恰恰不像价值那样是中性的。因此,所有应然都轻而易举地是一个某物的存在应然。所以也就不会有某个特殊的"应然—存在"的范畴,甚至取代这个范畴的质料而出现很可能是某个价值的总和,如"善""美"等,并且也有可能是作为这个总和之其他部分的这些价值的存在价值![1]

但随之而被给予的也还有:每当我们说"某物'应当'是"时,我们把这个某物——在同一个行为中——总是理解"为"不实存的(或者在非存在应然的情况下理解"为"实存的)。如前所述,应然或许完全不依赖与未来的关系;与当下之物和过去之物的关系也是观念的存

---

[1] 我觉得 G. 齐美尔在他的《道德科学导论:伦理学基本概念批判》中便做了这种假定。

在应然与非存在应然所瞄向的东西。在这一点上康德的说法是完全合理的:"善是应当的,即使它在任何时候并且在任何地方都不发生"。任何将应然回归为一个实际"发展"方向的做法因而都是偏误的。所有那些著名的进化论伦理学的尝试都是完全偏误的,它们从实际的"发展趋势"中,无论是从"世界"中(哈特曼),还是从"生命"中(斯宾塞),还是从文化中(冯特),推导出"什么是应当的",并且把那些包含在这个发展方向中的发生、愿欲、施行等称作存在应然的,而把与在这个方向中的发生相争执的东西称作非存在应然的。存在应然发生于其中的"世界",是一个不同于存在应然不发生于其中的世界,并且它的发展也是不同的。进化论伦理学将始终是七个施瓦本人的伦理学,他们中的每一个都让别人走在前面①。

即使对于可能的"发展方向"本身来说,这一点也是有效的:它们或者是存在应然的,或者是非存在应然的。但把发展的概念本身已经定义为一种朝向一个肯定(或否定)价值之实现的变化系列,甚或已经把一个目的加入到它们的本质之中,这种做法也是错误的。因为这些基础仅对一个发展以内的"进步"与"退步"概念而言才成为问题,它们与一个发展的本质毫无关系。发展只是某个总体性的充盈增长(*Fülle* wachstum),这种增长是无法通过(某种)可分的时空内容的相加来领会的。在这里并不隐含任何价值概念。因此,一个发展的"方向"(一个不预设任何价值、目的,甚至不预设"目标"概念的概念)本身才有可能是正面的和负面的价值谓项的载体。倘若与此相反,发展已经通过一个价值而得到奠基(在李凯尔特的意义上),那么也就根本不可能有负价值的"发展"(以及正价值的"败落")。任何发展因而也就肯定(eo ipso)是一个正价值的发展。但尽管如此,在一个作为肯定所应的被给予内容之本质中包含着:这个内容同时并且在同一个行为中是作为非实存的而被给予的。我们或许常常说,"就是如此而且也应当是如此"。但是,首先,我们在这种情况中所具有的是两个互不相同的行为,通过它们只是确定了一个所应之物和一个实存之物的客观同一性。其次,在这些情况中,"就是如此"这句话并不指向相关存在的价值,而只是指向承载这个价值的实事

---

① 施瓦本是德国南部的一个州。自罗马时代起,施瓦本人便以在战场上冲在最前面而闻名于世。舍勒在这里所说的"七个施瓦本人"取自格林童话中的同名故事,它叙述的是与施瓦本人的勇气完全相反的事情:七个施瓦本人想建功立业,于是带着一支巨大的长矛去杀龙。由于胆怯,他们把一只兔子误作为龙。他们一同握着长矛,但每个人都想让别人走在最前面。舍勒以此来嘲弄人性中的卑下成分,从而批评进化论伦理学的无根基性。——中译注

状态。从未发生这种事情，即例如我们说"这是善的而且这也应当是如此"；但我们或许会说"他是不幸的而且他也应当是如此"，"他为自己辩护而且他也应当如此"。我们在这里所主张的仅仅是：应然所回溯于其上的价值的不存在是在所有存在应然命题那里被预设的（或者说，非价值的存在是在所有非存在应然命题那里被预设的）。也有这样一些命题，在它们之中，"也应当是如此"只是对"这是正当的"这种形式的命题的一个不合适的表达。但"正当存在"（Rechtsein）就在于这个观念上应当存在的价值与这个价值之实存的重合。①

由于没有一个应然存在（Seinsollen）——若有，它的质料就会仅仅是存在了，故而"存在应然"始终是与一个"不存在应然"（Nichtseinsollen）相对立，后者可以被定性（qualifizieren）为应然本身的一个不同质性（Qualität），并且必须严格区别于一个不存在（Nichtsein）的存在应然。存在与不存在当然也可以属于应然的质料，属于一个存在应然的和不存在应然（Nichtseinsollen）的质料。适用于正价值的是存在应然，适用于负价值的是不存在应然。

即使是每一个肯定的命题，例如"正义（Gerechtigkeit）在世界中存在，这是应当的"。"损失得到赔偿，这是应当的"，在它的最终意义中也始终并且必然包含着对一个非价值（Unwert）的考虑，即对一个正价值的不存在的考虑。②而由此便得出：应然永远不能从自己出发来说明，什么是正价值，相反，它始终只是把正价值定义为负价值的对立面。所有应然（而不仅仅是所有的不存在应然）因而都朝向对非价值的排斥；但不朝向对正价值的设定！

在前面所述之中已经包含着对这个（极为重要的）命题的证明。如果所有应然行为都朝向"作为"不存在的而被给予的价值（即便它们

---

① 这里不应更仔细研究这样一个非常重要的命题类型，它们是通过这种形式的命题而得到展示的："正当的是……"和"不正当的是……"。但我要强调：1. 正当存在与不正当存在构成对所有"正当的东西"以及所有涉及"正当秩序"观念的研究而言的最终的现象联结点。2. 正当的观念在这里与不正当存在（而不是与正当存在）相联结，以至于"合乎正当的"（rechtmäßig）或"合乎正当秩序的"（der Rechtsordnung gemäß）就是所有那些不包含不正当存在的东西。因而正当秩序（在仔细还原的情况下）永远不会说，什么是应当的（或什么是正当的），而永远只会说，什么是不应当的（或什么是不正当的）。所有正当秩序以内肯定地被设定的东西，在还原到纯粹正当存在状态和不正当存在状态的情况下，始终是一个不正当存在状态，但却是一个通过"正当之物"及其"秩序"来规定的不正当存在状态。（这里的法则只是一个实现这个正当秩序的技术手段）。3. 不正当存在和正当存在本身还是价值的载体，因而当然（eo ipso）不是价值的起源。4. "正确的"始终是一个行为举止，并且是一个其存在是正当的行为举止。

② 当然，就一个负价值而言，亦即就一个非价值的存在而言，非存在应然就更以此为前提了。

实际地存在着），那么肯定的应然命题也就必须朝向作为"不存在而被给予的价值"。但现在有效的是这个公理：正价值的存在本身就是一个正价值，而正价值的不存在就是一个非价值。由此得出（以三段论的方式）：肯定的应然命题朝向负价值。但由于肯定的应然命题在语言上并且按其表达也含有正价值的名称，例如"善应当存在"，因而正价值在这里始终只是被意指为弊（Übel）的对立面，被意指为X、Y、Z，它们是我们实际地看到的弊的对立面。

没有"价值必然性"，只有价值的本质联系；但却有一种"应然的必然性"。然而一个肯定的所应之物的这种必然性始终只是正价值的对立面的不存在的应然。因而这里的情况完全就像在"B属于A"的理论必然性那里一样。这样一种理论必然性始终意味着，对立面是不可能的。

因此，每一个应然命题都以一个正价值为"基础"，但它本身却永远不可能包含这个价值。因为只要是"所应的"（gesollt）东西，在起源处就永远不会是善的存在，而只是弊的不存在。

因而就排除了这样的可能，即一个应然命题可能与对"什么是肯定的善"的明察相争执，或者高于这种明察。例如，如果我知道，做什么对我来说是好的，那么我就丝毫不会去关心，"我应当如何"。应然预设了，我知道，什么是好的。但如果我直接地和全然地知道，什么是好的，那么这种感受性的（fühlend）知道也直接规定着我的愿欲，同时也就无须采纳穿越一个"我应当"的途径。

所以，那种避免从义务思想出发并且只以观念应然为其研究起点的伦理学，也必须根据上面所说的在价值存在和应然之间的明确关系而始终具有一个单纯否定的特征。它们的整个划分本来就是这样的种类，即只是在关系到负价值以及作为它们单纯对立面的价值时才获得所有的正价值。但如果与此联结在一起的甚至是一种将观念应然与义务应然相混淆，或从义务应然中才推导出观念应然的禀好，那么就必定会产生一种特殊的否定主义，以及可以说是一种对所有实存的伦常价值和所有在事实和历史中对善的实现的接触恐惧（Berührungsangst）——这种精神方向也正是黑格尔在他的《精神现象学》中对康德和费希特观点所做的十分确切和直观的描述。如果在善的本质中就包含着：它也是在义务应然意义上的"所应之物"，并且如果善的本质就在于此，那么善在实现之时，也就是它中止为善而成为一个伦常无别之物之时。这样一来，善在这里就可以说是如此之紧地捆绑在应然区域上，以至于在实存的存在之领域中不可能有什么东西能在不放弃它的本质的情况下出现，而歌德的悖谬命题就会真实而严肃地起效用："行动者始终是无良知的"。唯有从相对于实存领域和应然领域还是中性的并为所有应然奠基的价值的观念出发，才能够避免那种批判的和瓦解的否定主义对所有实存价值的根本破坏。自然，我们也必须带着最审慎的忧虑去避免这样一种情况：价值不是按其本质被理解为在所有存在和应然面前中性的，而是被理解为生来便从属于实存领域的，好似价值是从现有的事实、人、行动、善业等中抽象出来的一般。① 因为在这种情况中必定会发生那种对历史之物的顶礼膜拜与维护辩解，黑格尔最终便堕入到这样一个谬误之中，它并不比他所确切地指明和指责的那个谬误更小，而且一切"进化论的"伦理学都与黑格尔一起分有了这个谬误。

b. 规范的应然

当一个像"善应当存在"这样的观念应然的内容同时通过一个追求而在其可能的实现方面被体验到时，这个观念应然便成为要求。只是因为这个原因，"我为何应做这个应当存在的事情"这个问题才是可能的。倘若应然一般仅只是并且天生是一个"要求"或一个被体验到的律令，就像李凯尔特和利普斯所描述的那样，那么这个问题就永远不会被提出来，而存在应然的命题对一个意愿的"约束性"问题也就不会存在。但对这个问题的回答是：对于一个特定的追求和愿欲来说也有一个观念的应然。如果叔本华评论说，谈论一个愿欲—应然是无意义的，因为唯有谈论一个做—应然才是有意义的，那么这个评论对于规范的应然（它自身已经包含着被体验到的与一个愿欲的关系），是完全贴切的，但对观念应然一般则不贴切。

为使一个观念的应然成为对一个意愿发出的要求，一个命令行为始终是前提，无论这个命令以何种方式达及愿欲，是通过权威，还是通过传统。这也对义务的概念有效。赫尔巴特已经完全合理地强调过：每个义务（Pflicht）观念都回归到一个通过命令而发生的承认义务（Verpflichtung）上。谈论一个仿佛是自由浮现的"义务"，一个我们在任何人面前都不具有的并且也不通过任何权威的命令而接受的义务，就像康德所做的那样，这是没有任何意义的。② 与此相同，正如赫尔巴特同样正确地看到的那样，谈论一个"自身承担义

---

① 对此参见这部著述的第一篇、第 1 章。
② 因为人们既不能自己"命令"自己，也不能自己"听从"自己，而只能"自己决心做"（sich etwas vornehmen），而在这里，打算（Vorsatz）在某些情况中可以像"强制的"一样作用于愿欲。人们也可以"自己发誓做"（sich geloben），但这只是在另一个人（例如上帝）"旁边"才如此。

务"(Selbstverpflichtung)也是没有任何意义的。有"针对自己的"义务，但没有"自身承担义务"，因为这样的话，承担义务者与被赋予义务者就将是同一个了。在"我有义务做这个"的说法中所指的仅仅是：我们承认做某件事情或做某个贡献是对一个他人（无论是为我们做，还是为他做）的义务。

正如在观念应然的本性中就已经包含着：唯有当价值作为一个不存在的而被给予时，才能谈及应然，与此相同，在任何一种律令中也包含着：它始终朝向对一个价值的设定，而追求（Streben）在原初的意向中还并没有涉及这个价值。一旦不是这种情况，那么谈论"义务""规范""律令"就是没有意义的。但是根据所有以上所说，这意味着，每一个律令句都以一个追求的（观念的）不存在应然为基础。因而在历史上，禁令（Verbote）也始终先于诫令（Gebote）而出现（参见"十诫"）。诫令也给出价值，即那些它们诫令实现的价值，这些价值奠基在那些被观看到的、可能的、反对其实现的追求的反萌动（Gegenregung）上，而由于一个反萌动本身是坏的，因此它们也就奠基在对坏的观看之上。

我们由此可以看出，每一门律令伦理学，例如每一门从作为最原初的伦常现象的义务思想出发并由此才想获得好与坏、德行与恶习等的伦理学，从一开始就具有一种单纯否定的、批判的和循环的特征。在这里，一种不仅对人的本性，而且对伦常行为本质的建设性的不信任，恰恰是它们所有创见的前提。

与此相反，叔本华所传布的主张是一种完全谬误的主张，即所有宗教的伦理学，尤其是每一门把善与恶回溯到神那里的伦理学，必定具有一种律令的特征，因此，康德伦理学的律令特征只是他在论证良知伦常法则时从神的意愿出发之做法的一个结果，这个做法只是对康德本人始终隐而不显。实际上这个主张完全不适用于每一门宗教伦理学，而只适用于一门像犹太伦理学以及例如在经院哲学之内的司各脱神学，它们把善与恶的观念本身回归到一个立法的意愿之上：上帝的意愿。[①] 但除此之外还有那些与此完全不同的理解，它们不是把善置于意愿之中，而是置于"上帝的本质"之中（托马斯·阿奎那），最后还有最深刻的理解，即每一个善的行为举

---

① 然而康德恰恰也这样做了，因为他也把善的观念不是回归到一个质料的价值之上，而是回归到一个合法愿欲的观念之上（当然不是上帝的愿欲，而是"自主的"理性愿欲）。因而康德在方法上完全是一个司各特主义者。我觉得奥古斯特·梅塞在他对托马斯伦理学和康德伦理学所做的值得感谢的比较中忽略了这个事实和它的重要后果（参见：《康德的伦理学》，莱比锡，1904年，第291页及以后）。

止都是在上帝"中"(在上帝"中"爱、在上帝"中"意愿，在上帝"中"信仰[amare "in" deo，velle "in" deo，credere "in" deo])，即是说，这样一种行为举止：由人进行的伦常明察行为，或者说，按照伦常明察进行的伦常意愿作为实在的乃是有别于上帝行为的，但作为在其内容方面直接同一的并且作为与上帝的认识行为和意愿行为重合的则是直接被体验到的和被给予的。这样，所有规范类的"法则"、所有律令都已经可以被视为从这个在宗教基本关系中被给予的好与坏的直观内涵中"推导出来的"并且是回归到教会权威上的。因此同样错误的是：将这种神的行为和人的行为在其内容中的重合(这些内容始终——与泛神论相反——预设了两个不同的实在行为的存有)或者如此地提高为行为本身的实在同一性，以至于就像在泛神论者那里一样，上帝本身在人中"思考""意愿""爱"等，或者把有限生物的意愿行为理解为一种对神的律令和命令的单纯"顺从"行为，就像在"十诫"那里还被预设的那样。① 严格地说，唯有教会的权威才能够"命令"，而如果它让上帝自己来命令，那么它就只是在上帝的观念下掩盖它对它的命令行为之伦常价值所担负的本己责任。

唯有当一切律令(也包括绝对律令，倘若有这种律令的话)都回归到一个观念的应然之上时，并间接地回归到那个从属于它的价值之上时，这些律令本身才是有正当理由的(berechtigt)律令。因此，律令本身还是正当存在命题和不正当存在命题的对象。

甚至这里还存在着一个在诫令或禁令的正当存在和不正当存在与它们所发向的愿欲之间常常被忽略的特有本质关系。当命令的内容同时作为一个观念的存在应然而对命令者被给予时，一个"诫令"(或禁令)便是一个命令。而它的正当存在的第一个条件便是：这个对他来说"作为"观念的存在应然而被给予的东西也是一个客观的存在应然，即一个善的存在应然。但这并不是使一个命令成为一个诫令或禁令——或者说，一个有正当理由的诫令——的唯一条件。第二个条件是：谁以诫令的或禁令的方式下命令，他也就已经看到，在他所要诫令或禁令的那个人的本质中已经包含着一个"反对"那种观念的存在应然的追求趋向(即是说，一个抵御追求的趋向，或者说，一个对观念的非存在应然的追求趋向)。而只有当情况实际就是如此时，诫令和禁令才是(客观)"正当的"。相反，如果存在着哪怕

---

① 但即使在这里，摩西是显现为单纯的受委托者和上帝"法则"的顺从的宣布者，还是他在他对上帝意愿的认识中将与那些这个意愿相符的东西指定为"规范"，这还是一个问题。

只是可能的明晰性，即这些趋向不存在，而尽管如此还是发出了诫令和禁令，那么，即使被诫令的是一个观念的存在应然，在诫令（和禁令）本身中包含的行为还是一个伦常的非价值或一个恶的载体。还有更多：在这些行为的本质中包含着：它们尽管具有禁令特征（和诫令特征）却仍然意图对恶的实现，或者说，对一个现有的善的消除。而另一个人对这些行为的理解会导致"伦常抗拒"现象出现，这并非偶然，而是本质必然的。因为，即使在两个主体之间对所下诫令的观念存在应然的明察是同一的，这个内容的被诫令状态或被禁令状态（在上述意义上是"没有正当理由的"）也设定了这个抗拒的反应，由于被诫令状态在内容与形式上的不可分离性，现在这个反应也就指向内容。一个出于"自由之举"、由于自己明察到是好的而做好事的好人，现在就会反抗那种对有关内容之设定的律令形式，并且便产生出一个朝向坏的趋向。所以，明察的自主已经与"义务"的观念相争执。在这个意义上，任何一种诫令和禁令，只要它是不必要的，从而也是没有正当理由的，那么它按照本质规律来看就具有制作恶的趋向，并且，只要它自身包含着侮辱（这个侮辱按照本质规律就在于，诫令和禁令自身就包含着：它看到了那种反对观念存在应然的意动），那么它本身就是一个坏的意愿行为——即便它诫令的是善，禁令的是恶。例如，如果被诫令的是处在我们的爱的方向上的东西，那么这个诫令本身就已经是一个作为严重的侮辱而被感觉到的事实。① 这里只需附带提及的是：除此之外，尤其是禁令，通常也正是它们才向"纯粹的心"指明它们所禁令的恶，并且因此而把恶作为一个"可能的设计"带到愿欲身边。

　　一门伦理学，一门现在甚至想把一个"可诫令的东西"认定为"善"并且把一个"可禁令的东西"认定为"恶"的伦理学（就像康德曾反驳爱的伦常价值，只因爱是无法"诫令"的），在根本上使得这样一个要求无法施行，即已经描述过的那个包含在所有规范化活动（Normieren）之本质中的要求：无论某人是诫令自己还是诫令他人，都必须在这个双重的意义上是"有正当理由的"。而这门伦理学的"实用主义"在伦常上是完全不实际的，因为道德主义者没有注意到，他带着他的"规范"实际上必定会趋向于制作那些他如此激烈地禁止的东西，而且他用他的诫令和律令只会使那些自由的伦常人——他们愿欲善并不是因为他们"被诫令"要如此，而是因为他们看到是如此——反

---

① 易卜生在他的《海边的女人》中细致而戏剧性地阐述了这个问题。

感，而不去做他们看到要做的。把诫令和禁令的药物当作我们正常的伦常人的食物，这是荒谬的。

规范与禁令的关系还会进一步带来一个结果，它不仅对于伦理学来说完全是基础性的，而且对伦常的历史来说也具有最重要的意义。在认定同一些价值的同时，一切律令和规范都既可以发生历史的变更，也可以随共同体的不同而变更，而且也可以在观念的应然存在命题相同的情况下仍变动不居。因为，决定着规范内容的，不只是观念的应然命题的内涵——遑论被认定的价值，相反，这个内容也是通过规范所发向的那个追求的原初价值方向而一同受到规定。如果这个方向与一个观念的应然相一致，那么就根本不会有律令产生；唯有当这个方向与一个观念的应然相对立时，才会有律令。律令在价值相同（以及在观念的应然命题相同）的情况下发生变更的可能性在某些情况下甚至可以走得如此远，以至于具有相反内容的律令可以奠基于它们之上。我以这样一些律令为例，它们可以建立在"本己价值同样是异己价值"这样一个命题的基础上。我们发现历史上在涉及这些形式的价值区别时有完全对立的规范得到承认，既有这样的规范：爱邻人甚于爱自己，也有这样的规范：努力成为什么，从而能给人什么。芒德威尔在他的蜜蜂寓言中试图表明，唯有当每个人都毫无顾忌地努力促进他的本己利益时，文化与福利才得到发展。吕克特的命题"如果玫瑰装饰自己，那么它也装饰花园"也回归到这样一个思想上：唯有当给予者在可想象的最高程度上促进了他自己和他本己的价值时，所有对他人的贡献才会具有一个价值。在这类观念进程中，价值问题大都与"律令"问题无可救药地混淆在一起。如果人们将这两个东西分开，那么就可以看清，随原初追求方向的不同，可能并且必定会产生完全相反的律令。无疑有这样一些天性，对它们来说，把握他人的价值已经很难。而且难于对本己价值的把握，而按照建立于这些他人价值上的观念要求的方向来行动就更难了。但另一方面，无疑也有这样一些禀性，它们例如患有一种病态的牺牲癖，并且必须付诸努力才能将它们引向本己价值。很明显，对于前一种天性来说，"朝向他人的价值并且首先关心他人"这个律令是必要的，对于后一种天性来说，必要的则是"观看你自己并且在关心别人之前先关心你自己"。康德认为，对最高的本己幸福的诫令因此是无意义的，因为每个人出于自然禀好自己就在寻找这个[1]；

---

[1] 参见亨利·西格维克：《伦理学的方法》第一卷（德译者，C. 鲍尔），莱比锡，1909 年。

这显然是康德的一个谬误，因为，无疑有一类人，这个定理对他们是完全不适用的。例如，如果尼采最终得出这样一个律令："强硬起来""关心你自己"，那么在他那里，其根据肯定就是这样一个心理学的资质。

从以上所说可以得出，从那些在历史上找到的伦常规范中，我们永远不——恰恰就是永远不——能够推导出：这些规范所诫令的东西会符合于一个民族的资质。拉特瑙说得很恰当（《反思》，第235页）："从一个民族的诸法则中，人们只能相反地（ex contrario）推导出它的资质。以色列必定是非常多和非常严地受到神的统一性的叮嘱，因为这个民族无法根除地趋向于多神崇拜。所以各个敬畏民族（Furchtvölker）所具有的夸张的父母崇敬使人猜测：曾经存在过对老人的虐待和清除。"如果在一个民族那里存在着在另一个民族中不存在的诫令或禁令，那么这里的原因可能在于，做被诫令的或被诫令的事情在前一个民族那里被感觉为有价值的和存在应然的，在后一个民族那里则不是。但原因也可能在于，这在前一个民族那里无论如何都是会做的，而对此的规范在这里是无用的。诫令和禁令的大量出现常常是一个信号，它表明，或者是对它们回归于其上的那些价值的直接感受变得含糊了，或者至少是追求（Streben）采纳了一个与此价值感受相反的方向。例如，正如后罗马时期的人口政策所表明的那样，在生育方面的诫令和禁令始终已经标示出生育本能（最原初的生命本能中的一种）的下降特征。在现代的适度运动和节制运动的"规范"方面也存在着类似的情况。

因此，就一个由具有不同原初生活资质的种族组成部分所聚合起来的人群而言，对它的不同部分起效用的是完全不同的"规范"，但从这里并不能得出，在这个民族共同体以内得到承认的不是同一些价值和同一些观念的应然定理。所以，从价值及其级序的观念性中完全不可能推断出：同样的伦常规范法则必须对"所有人"都有效，或者哪怕只是对一个民族的所有成员有效；毋宁说，在同一些伦常价值以及它们的同一个级序那里还可以有完全不同的法则，例如也会有任意多的"例外法则"，同时却不能由此而做出对伦常价值客观性和观念性的任何指责。如果有人想就伦常规范在历史中的变化以及它在一个民族整体以内的变化尺度来证明伦理学的怀疑主义，那么他是很容易做到的，但由于规范不是伦常生活的最终的原初事实情况，因而他的"证明"并没有达到目标。

尽管如此，如前所述，"规范"还是完全有别于所有（单纯教育的)忠告和技术的建议。规范不同于观念的应然定理，后者是以完全不依赖现有的自然规律的方式而有效的，并且可以在那些完全不同于我们的诸本性(Naturen)中以转移的方式被想象，而规范则可以随它们所发向的命令意愿和追求而发生变化。它们随这些组成部分中的一个或多个的变换而变换。与此相反，它们还不依赖于对自然的因果明察，例如技术建议便是随这种明察而变换的，技术建议当然也可以在规范相同的情况下有着最大程度的不同。同样，教育忠告也可以在规范相同的情况下完全不同。因此，不可能将我们所主张的那种相对于价值和观念应然而言的规范所具有的变更可能性回归为那种完全不同的变更可能性，即教育忠告和技术规则为了达到一个目的——例如为了普遍福利——所特有的变更可能性。①

我们说过，在一切律令应然的情况中都预设了一个追求，建基

---

① 由于规范按其内涵始终回归到两个因子上，一方面回归到观念应然的内容上，这些内容本身重又建基于价值之中，另一方面则回归到实际的追求方向上，因而，只要人们仅仅意指它们连同其内涵，它们就肯定(eo ipso)永远无法在发生(genetisch)心理学上(或在生物学上)得到说明。能够得到说明的只是那种选择，即在存在应然的观念内容(它们与一个被给予的价值领域及其他的按已知公理的排列秩序相符合)之中对规范化内容所做的选择：可说明的因而不是规范内容，而仅仅是对这个东西而不是其他东西的规范化。

规范法则与"自然法则"的这个困难的和需要仔细研究的关系无法在这里得到说明。只能大致地说，问题既不在于，把规范法则变为一个合法则的心理自然进程的结果(就像拉斯所尝试的那样)，也不是相反地随西格瓦特(《逻辑学》第二卷)和文德尔班(《规范与自然法则》，载于：《序曲》)一起把自然合规律性(Naturgesetzmäßigkeit)本身看作是一种对自然的"思想愿欲"而言的规范或它们的"可理解性"的意愿公设(H. 彭加勒在他的《科学的价值》一书中也是如此)。事情要比这些简单的套语所意指的要复杂得多。首先，(最为形式的)"合规律性"原则就一种对某些变更(他样性)系列的单义依赖性而言，是一个对两种法则来说共同的先天组成部分(建基于一个对象和一个变更一般的本质之上)。因此，它既不会从作为思维对象(Denkgegenstände)的自然规律性"转移到"(übertragen)作为愿欲抗阻的(Wollenswiderstände)规范规律性上，也不会反过来从后者转移到前者上。这个规律性的观念相对于两个规律系列来说都是先天的。

在最宽泛意义上的"自然合规律性"是对这个最高的先天原则在内心世界和外部世界的现象上以及在作为思维对象的身体领域现象上的运用。在这个意义上，在这些现象之间有一个无法估测的、功能的变更依赖性的王国，这个王国从未被这些领域区别所打破，而且在这个王国中，心理的、心理物理的、身体—物理的和身体—心理的现象——自身没有得到划分——只构成一些特例。这里不存在这样一个条件：依赖性的变更是时间性的变更，即"变化"，而功能的依赖性是时空接触的(或更确切地说，"在一个相互分离中的接触一般[Berührung in einem Auseinader überhaupt]"的)依赖性。毋宁说，在这个阶段上，所有空间时间的规定都进入这个依赖性的相关项(Relata)的质料之中。与这个自然合规律性相符的是一个同样合规律的依赖性之观念应然的系列，它本身虽然以一个追求一般的观念和本质为前提，但却并不像"规范"那样以某个特定方向的实际追求为前提。"规范"无疑屈服于这两个合规律性，而原则上还可以从这个"自然合规律性"出发来"说明"从观念应然中对规范内容的选择。但这个所谓自然

于观念应然之上的命令（作为诫令或禁令）便发向这个追求。每一个义务在这里都直接是对一个做的承担义务，并且始终是相对于一个人格而言。对一个意愿行为，我们不能像对一个做（Tun）一样承担义务。但承担义务的律令对于在"愿欲—做"方面的意愿决断来说还

合规律性的第三个阶段才是（形式的）机械的合规律性，我将它理解为内心世界和外部世界变更的功能的依赖性的那个部分，它满足这样一个条件：这些依赖性的成员在相互分离中还相互接触。唯有这后一种依赖性才是（形式的）机械的依赖性，并且根据内心世界和外部世界（以及在本质规律上从属于它们的杂多形式）的区分，它分裂为联想—机械的和自然机械的依赖性。在这里无法指明，对于这两种依赖性形式来说，"身体"的本质以及相似性原则，即在那些无法回溯到各局部同一（identitas partium）（在时空部分的意义上）上的现象中相似性的存在，已经是被预设了的。

对这种"机械的"自然规律性而言，即也对联想心理学而言，规范肯定是无法说明的。甚至可以表明，对这样一种性质的自然规律性的假定本身还预设了一个规范：即这样一个规范，它诫令要主宰自然（在上面所理解的自然）。因为，无论是机械的自然观还是与它相符的严格的联想心理学，它们都仅仅从这里和那里的客观而先天存有的、功能的变更依赖性中选择出可能的依赖性；对于通过一个具有身体的生物（尽管并不必然地是作为人的人）之愿欲来可能地主宰这些现象系列的做法来说，这些依赖性能够具有它的自然控制行动之切入点的意义。我所理解的严格的联想心理学，是那种把接触联想（Berührungsassoziation）的原则当作它的最高原则的联想心理学。这两种"观点"，联想心理学的观点和机械自然的观点，因而都只具有一个受可能的生命和身体之实存制约的意义。既不能——像休谟认为可以指明的那样——以某种方式从被预设的接触和相似的联想规律中推导出（作为物理自然规律的）自然规律的观念，也不能——像康德所以为的那样——从一个对于外部自然来说已预设了的现象的以及空间的相互作用的时间顺序之合规律性中推导出联想规律中的任何一个，尤其不能推导出相似性规律。但是，只要预设在所有现象变更中的普全功能原则，同时也预设一个无法从两者中推导出来的相似性原则，它作为理解的形式作用于外部世界和内心世界的自然世界观的构成，那么这两种（形式的）机械规律性就还是可以解释的，只是在这里无法再做进一步的阐述。

但是，如果主宰自然的规范作为对机械规律性的心理之物和物理之物的可能操纵（Lenkung）而先行于它的基础，那么每一个企图从联想心理学上说明规范本身及其历史变换，或把它们的变换理解为成长的能力（即通过增长着的机械的自然认识来主宰自然的能力）之结果的做法，都从一开始就是不可能的。即便从历史上看，情况也是相反，是新苏醒的对主宰自然的统治意愿才在近代之初首先使机械—物理的理论，而后使机械心理的理论获得了重大的意义。正如统治自然的规范从本质规律上要先行于那些机械的规律原则一样，在现象中寻找那种合规律性的做法在历史上也受那个作为被意识到的原则之规范在历史中的实际显现的制约。

从以上所说可以明了：通过在机械的自然规律方面的认识增长而得到说明的无非只是技术规则的变换，这些技术规范是指：人们在那个"主宰自然"的规范之前提下应当如何遵循这个规范。但这个规范本身与每一个真正的规范一样，是完全无法通过这种认识的无限增长而得到说明的。参阅笔者《论怨恨与道德的价值判断》（1912年，同上书）的研究。所有那些把规范的历史变换回溯到机械的自然认识变换之上的企图（如斯宾塞的、包尔生的那些企图等），都已经预设了一个历史上不存在的规范与近代规范的同一性。因此，所有那些把规范本身仅仅当作是用来进行提高的技术规则的企图当然也是如此，无论被提高的是人类福利，还是生命最高值等。

恰恰在这一点上，即规范本质上有别于所有哪怕只是可能的技术规则，康德完全是合理的。

255

是"规定因子"。① 由于情况就是如此，所以，如康德所正确地看到的那样，不可能将规范概念和义务概念回溯到一个单纯的手段与一个被给予的目的的关系之上。毋宁说，目的设定本身应当（在观念的意义上）在规范或承担义务的律令的一同规定下进行。

但现在更为重要的是这样一个规定，一切义务的承担和规范都直接地指向愿欲—做的行为。与此看起来相矛盾的是：尤其是许多教会作家也在谈论"信仰义务"和"爱的义务"。如果这些说法所指的与人们在谈及意愿的承担义务时所指的意义完全相同，那么——正如康德所正确强调的那样②——就必须对这种说法予以抵制。信仰行为和爱的行为之本质就在于，这种行为通过律令和规范是无法规定的。在严格的意义上不存在一种对信仰和对爱的"承担义务"。但如果人们认为，一个规范和一个律令只是为此而存在，即人们通过意愿行为而移置到这个进行一个信仰行为或一个爱的行为的内心位置中，那么信仰义务和爱的义务这些概念也许可以是有意义的。例如我们可以对某人说："把你的注意力集中在你的教会的教义内涵上；尝试着在精神上进入这个教义中；把你自己完全带入到这个对一个信仰行为来说是前提的认识位置之中。"但一个进行信仰行为本身的"义务"是永远无法被接受的。所以我们可以向一个没有看到一个人的价值的人指明这些价值，并且要求他努力去进行比至此为止更深入的对这个人的价值本质的探讨。但我们永远不能让他在这个人面前"承担"爱的"义务"。如果人们谈及"爱的义务"③，那么，悄

---

① 参阅这部著述的第一部分、第三篇。
② 尤其参阅康德的《单纯理性界限以内的宗教》。
③ 教会—天主教的作家也喜欢谈论一种"爱的法则"（Gesetz der Liebe），例如在这样一种联系中：耶稣用一种新的法则取代了旧的"法则"，新法则是"爱的法则"，它比旧（摩西）法则更高，但把旧法则包含在自身之中。如果这个说法应当意味着：爱不是随意的东西或一个因果地产生的感受状态（在康德的意义上），而是有一个内在于这个行为本质中的规律性，它不能被回归为任何东西，那么这个说法是有完全正当理由的。但如果它应当意味着：有一种"法则规范"（Gesetznorm）在诫令人们去爱，这个爱是由耶稣提出来的，他将它排列在现有的规范旁，同时又把这个规范抬高到其他规范之上；而且没有这种"爱"（作为天生主观的爱[genetivus subjectivus]）的法则，而只有去爱的法则（＝应当去爱），那么这个说法就是悖谬的。基督教对"爱的法则"之驳斥的合理性恰恰可以在这个说法的意义上得到衡量。这个驳斥在第一个情况中是没有正当理由的，在第二个情况中则有正当理由。但是，只要这个驳斥的大部分核心都具有这样的性质，即完全绕过了爱的行为现象的这两个部分，那么这个驳斥就始终是无限可抱怨的。由于束缚在一个爱的规范的观念上，即束缚在第二个意义上的爱的法则上，路德也把爱与他称作"爱的事业"的东西混为一谈，并且因此而得出他关于"唯靠信仰"（sola fides）的理论。而他的对手现在又一再地用新的"爱的法则"的观念（在第二个意义上）来反驳他，以至于爱的行为和爱的法则（在第一个意义上）无法在这两个对手的概念构成中找到任何归宿。

悄将爱的行为取而代之的必然是做好事（Wohltun），在特殊情况下还会是"有好意"（Wohlwollen）（倘若人们在这里所指的不单单是特定的外部事业[Werke]）。在"信仰义务"和"爱的义务"这些语词联结中包含着一个巨大的危险：这些名称原初只为精神行为所拥有，现在它们被某些对这些行为的外部可见的证明所取代，无论它们是象征性的行动，例如宗教礼拜，还是特定的事业。谁不是在那种我们前说明过的转移的意义上理解"信仰义务"这个词，他甚至就必定会陷入这样一个欺罔中：把信仰行为的外部表达，例如信仰表白的行为，甚而把一次进教堂或其他的朝拜行动，当作这个信仰本身。因为对这些事情，人们的确可以承担义务。所以，如果这些概念在那个虚假的（falsch）意义上被理解，那么事实上便出现了那种基督教作家常常批评天主教教会道德所具有的迷误（Irrungen）：单纯的事业神圣性（Werkheiligkeit）的危险。并且在这个情况中还存在着另一个危险。"愿欲信仰"和"愿欲爱"的事实情况无疑是有的，但它们不仅与信仰和爱本身没有关系，而且它们的此在甚至始终都表明，信仰和爱恰恰不是现存的。如果人们在虚假的意义上谈论信仰义务和爱的义务，那么人们也就以此而在传布这样一个欺罔（Täuschung）：把这个单纯的愿欲信仰和愿欲爱等同于信仰和爱本身，并且将它们视为等值的。

康德也正确地看到，信仰行为与爱"不能被诫令"。但完全谬误的并且只有从他的整个伦理学的虚假基本前提出发才能理解的是他的推论，即爱的行为由于不能被诫令，所以不具有伦常价值。

在《实践理性批判》第一部第一卷第三章中，康德对"爱上帝甚于一切并且爱你的邻人如爱你自己"这个语句给予解释，这个解释实际上是将这个语句的意义消除殆尽。他首先认为，"因为它——这个语句——作为诫令要求敬重一个命令去爱的法则，而不是将它托付给随意的选择……"通过这种理解，爱的行为本会使人超越出这个或那个律令的"法则"及其有效性领域而朝向耶稣（因为如福音所说，谁按照耶稣来行为举止，他就理所当然地[eo ipso]也在实现着这个"法则"所要求的所有价值，但同时实现着一个高于所有法则以及高于它们所能禁令和诫令的东西的价值），现在则重又被隶属于这个"法则"。耶稣看起来就像是一个仅仅提出也现存于"十诫"书的立法中的"上帝立法"的一个新内容的人。这个理解没有明察到，在那个语句中从一开始就是以一个与上帝的新的基本关系为出发点的，这个关系的意义把"命令"和"顺从"包含在自身之中：上帝子民对上帝的基本关系。爱的行为在这里甚至被视为奠基于对这样一个法则的"敬重"行为之中，这个法则的内容仅仅是"爱"；所以，那个敬重的行为看起来要比爱的行为更为基础并因此而更有价值。①

实际上这个语句不能被看作"命令着的""规范"，相反，像康德随即自己也说的那样，想要"命令"和"诫令"去爱是悖谬的。这个语句所表达的是：谁如此的行为举止（即爱邻人如爱自己），他便在实现着最高的伦常价值，而且这样一种行为举止是一个观念地存在应然的行为举止。但只要这个语句是朝向那个主观的意愿本身，那么它就不是被当作诫令着的规范，而是被当作遵从的邀请。②

康德在他的解释中继续说"但是，对上帝的爱作为禀好（感发的）③爱）是不可能的；因为上帝不是感官的对象"。这里首先表明康德的这个有双重根本谬误的爱的概念的这样一个结果，根据这个结果，爱应当是"感性感受"的一个衍生物，此其一；它还应当是一个单纯"状态的事实情况"，就像某个在一个对象上的感性快乐，此其二。这两点我们在其他地方都已做了反驳。④ 如果人们把"禀好"这

---

① 行为与它们的价值高度的奠基关系处在本质联系之中，对此参见这部著述的第一部分、第二篇B，〔第3章:〕"更高的与更低的价值"。

② "感发的"是对康德"pathologisch"一词的中译。康德将它与"主动的""实践的"概念对立使用，主要是把它理解为"受动的"或"被动的"，更确切地说："通过感性的动因"而产生的。（参见康德：《纯粹理性批判》，B 562）——中译注

③ 即便在这个方面，天主教—新教（路德）的反驳也常常偏离了事实的核心。路德新教反对这样一种观点：耶稣立定了一个"新的法则"，并且他——撇开他的牺牲生命和他的拯救使命的意义不论——也是"伦常教师"和"伦常的立法者"。但由于他们似乎把伦常一般（作为一个相对于宗教之物的独立现象）仅仅认作是规范的和法则公正性（Gesetzgerechtigkeit）的伦常（完全就像他们的许多对手一样），他们也（必然地）否认耶稣具有任何不依赖于他的宗教意义的纯粹伦常的原初意义，并且仅仅把他理解为上帝之子，其赎罪的血使那些信任他并生动地信仰他的人获得了对上帝的论证与和解。原则上完全正确的是：耶稣既没有"体验到"，也没有"发现"，也没有"提出"在"规范"意义上的新伦常法则。但是，如果有人以为耶稣不具有一个基本的伦常意义（它本质上不依赖于宗教的意义，但在其位格中与宗教的意义有机联结为一个具体的统一），那么这必定是因为：这个人是一个把伦常价值奠基于规范之上的人，并且是一个把人格对人格的伦常作用置于这样一个选择的张力之中的人；或者这个效应就在于其实践—伦常的效应（即在于它们的愿欲和行动），或者在于它所分派的那些规范。但无限高于所有这些效应的人格对人格的伦常效应在于：对它们的纯人格价值本身以及对人格之单纯存在的纯粹而直接的观看会邀请人们去"遵循"。只有一个为耶稣的显现所指明的观念的应然质料（不是质料的应然）；这就是他本身——而因此，不仅所有对他行动的"仿效"，而且所有对他的那些被误认的新规范的"顺从"，还有那种对一个原初伦常意义以及伦常效应意义的否认，都只是一种多重的"对他的避开"（Ihm-aus-dem-Weg-Gehen）。

④ 对此参见笔者，《论现象学与同情感理论以及论爱与恨》（1913年），第52页至第76页，以及《论怨恨与道德的价值判断》（同上书）中对爱的肯定性立论。

个词理解为一种直接朝向一个价值的运动（没有在先的规范和命令），而不是像康德那样同时也用同一个词来理解"感性本能"，那么"对上帝的爱"，即所说的那种精神的行为，便是完全可能的，即使上帝不是感官的对象。甚至必须反过来主张，一个对单纯"感官对象"的爱是某种悖谬的东西。① 如果人们在语言上也说，"爱一种食品"，那么这指的便是一种完全不同于人们在说爱一个人时所具有的那种行为举止。我们在这里不去考虑这一点，即康德眼里所看到的始终只是对上帝之爱的现象，而没有看到那种最高的基督教现象"在上帝中的爱"（amare in Deo），在这种爱之中，人要高于一切法则，甚至要高于上帝的法则，只要上帝可以被想象为是"立法者"；因为他直接地懂得如何主宰精神生活的原则（在同时的不同实在行为中）的本质同一性，从这个生活原则中，一切可能的"诫令"都能够找到它们的唯一可能的（但也是必然的）合理论证。

倘若这个语句像康德所以为的那样首先是一个"上帝的诫令"，那么这个诫令便只能是出于畏惧（Furcht）和（对惩戒和褒奖的）希望来遵行，因为这里没有预设对最高的主的爱或敬畏（Ehrfurcht）——这些行为在价值上要远高于所有"敬重"（Achtung）。②

倘若这个语句完全被看作是由耶稣提出的一个诫令、一个规范法则、一个"爱的法则"，就像一些神学家所说的那样，那么人们就

---

① 参见笔者，《论现象学与同情感理论以及论爱与恨》（1913年），第70页及以后。
② 关于爱和敬重的现象学区别参见笔者《论现象学与同情感理论以及论爱与恨》的著述（1913年），第48页。关于敬畏参见笔者"论羞耻与羞耻感"的文章。"敬重"有别于爱，在爱的运动中，价值的一个（被定性的）更高状态成为直接的可感受性，敬重则以对一个被给予的价值的感受和根据它而对其对象的一个评判为前提——而爱则显然不是如此。将爱奠基在对一个"命令去爱"的法则的敬重中——而且是对一个单纯的法则的敬重，不依赖于提出这个法则的人，这是唯理论在伦理学中所达到的悖谬之极端。即便是一个法则规范也只能借助于价值来要求并获得"敬重"，它的观念应然基础便回溯到这个价值之上，只要不是进行这个规范化活动的人的人格价值在要求敬重。但只因一个法则是"法则"便敬重它，这种事情在严格的纯粹性中永远无法触动并且也从未触动过一个感受的生物。否则每一个自然规律，例如欧姆定理，也必定会要求"敬重"。如果有人主张，他敬重一个法则只是因为它是一个法则并且具有命令形式，那么这个人在他的敬重客体中所想象的要远比他承认的更多。但如果有人说，这里所关涉的还是善的法则（或伦常价值的法则），那么这个人仍然还可以从一个法则或一个规范中推导出善的观念，并且而后还要求对这个法则的敬重。只有当价值（为实现它而下命令）除了被评判以外还可感受地被给予时，才有对律令形式本身的敬重。如果只有评判连同空乏的价值意向在此而没有可感受的充实，那么存有的更多是"尊敬"（Respekt）。但在缺乏这个（空乏的）价值意向的情况下，通过单纯命令形式本身而被给予的就只有奴性的追求之可感染性（Ansteckbarkeit des Strebens），它肯定是与敬重最没有关系的东西。

必须认为路德是合理的，他也把爱从人与上帝的最终奠基性根本关系中排除出去，也已经把它看作"无可救药的事业"，并且只把信仰当作对这个根本关系来说至关重要的东西。因为在他对传统神学与道德的批判中也存在着那种我们在康德那里发现的谬误：即这个预设，尽管康德是把极端道德主义的结论与这个谬误联结在一起，而路德则是把极端反道德主义的结论与这个谬误联结在一起①，并且他最终不仅否认基督是"立法者"，而且也否认他是"伦常的榜样"，而是更多地承认他作为"拯救者"的纯粹宗教含义。

在他的解释中，康德继续说"这同一种爱对于人诚然是可能的。但不能被诫令；因为没有一个人能够仅仅因命令而去爱某人。因此，在所有法则的核心中被理解的仅仅是实践的爱。爱上帝在这个意义上就意味着：乐于施行上帝的诫令；爱邻人意味着：乐于履行对邻人的一切义务"。

正如我们在前面已经强调过的那样，在这些阐述中有一点是正确的：爱是不能被诫令的。当然，若有人从律令伦理学的预设出发，并且不容置疑地误以为"唯有可以被诫令的东西才具有伦常价值"，甚至若有人想宣称，善是某种通过一个法则来诫令的东西，那么他就必须由此而得出这样的结论：善也不具有任何伦常的价值。对于那个语句的意义而言，由此同时也就形成了这样一个抉择：那个语句要么像我们所主张的那样不是被意指为诫令，要么它自身就是悖谬的。在康德所设定的"这个语句是'一个命令爱的诫令'"的前提下，他并没有像逻辑学所要求的那样推导出："它是悖谬的"，相反，他力图对"爱"这个词进行完全随意的转释，以便他最终能够将最乏味的道德主义加入到对这个福音语句的解释之中。他认为，如果爱不能被诫令，那么"实践的爱"还是可以被诫令的。然而并不存在严格意义上的"实践的爱"，即作为爱的一个属种的"实践的爱"。即便不是如此，在实践的爱方面申言某些在一般的爱的方面必须加以拒绝的东西，这种做法也是无意义的。只要"实践的爱"被理解为一种特殊的爱的质性，那么这种爱就不存在，存在的只是一种会导向实践行为举止方式的爱。但它与爱一样根本不能被诫令。相反，导向类似实践行为举止方式的也可以是不同于爱的东西，例如"有好意"（Wohlwollen）和"做好事"（Wohltun）。这两者中的后者是可以被诫

---

① 但恰恰因为这些结论是最重要的，所以我完全不能理解：人们还一再地敢在一种伦常的精神共同体的意义上谈论"路德与康德"。

令的。① 但这两者都根本有别于爱的行为。它们可以存在，同时却不是爱的结果；例如我们也对可以为我们服务或对我们有用的人"有好意"；而做好事也可以是虚荣心和名誉欲的结果。但在那个福音语句的意义上，有好意与做好事本身只是因为在它们之中隐含的爱才具有伦常价值。爱并不一定会导向有好意与做好事。人们也可能出于爱而发怒和施痛，只要人们认为，这个施予的疼痛和痛苦会导致这个人的真正救赎（Heil）。② 爱本身在本质上恰恰不是以他人的福康（Wohl）为目标，而只是以他的人格的最高价值为目标；只有当他人格的这个价值因此而被促进时，爱才会以他的福康为目标。因此，如果康德在那个福音语句中想用有好意或做好事来替代爱，并且用"实践的爱"的歧义性来掩饰这个做法，那么这是完全不合理的。此外，"爱上帝"与"乐于施行他的诫令"根本就不是同义的，"爱人"与"乐于履行对人的义务"也根本不是同义的。由于义务本质上不依赖现有的禀好与厌恶（Abneigung），所以"乐于做"是一个伴随现象，它对义务的履行来说是无关紧要的，并且它只要现存，便只能建基于对人格的爱之上，或者是这些人格发布了诫令，或者是人们相对于这些人格具有相关的"义务"——这样，这些义务恰恰也就只是观念的应然，而不是作为"义务"被给予。我们乐于对我们所爱的人履行我们的"义务"，并且爱上帝的人乐于施行所谓"上帝的诫令"。但它在此同一时刻也就不再是"诫令"了。但完全不可能的是将这种爱本身等同于它的那个单纯可能的结果，即人们"乐于履行他的义务"。③

但是，在将这些对福音话语的草率转释（Umdeutungen）一直导向对整个语句的完全去释（Wegdeutung）的同时，康德还继续说"但是，那个使这件事情成为规则的诫令也不能命令人们具有这种合义务的行动中的志向，而只能诫令人们努力追求它。因为一个关于人们应当乐于做某事的诫令，是自相矛盾的，因为如果我们自己已经知道我们有职责去做什么事，如果我们此外还意识到我们乐于去做

---

① 关于有好意和爱可以参见笔者，《论现象学与同情感理论以及论爱与恨》（1913年），第41页。
② 对此参见笔者，《论怨恨与道德的价值判断》，同上书。
③ 更为怪异的悖谬是在同一处的说法：如果说，你应当爱邻人如爱你自己，那么这并不意味着：你应当直接地首先去爱，并且借助这种爱（而后）去做好事，而是意味着：对你的邻人做好事，而这个做好事会在你心中引发对人的爱。也就是说，做好事应当引发爱！例如，出于虚荣心、出于获得一个有用的仆人之动机而做好事等应当引发爱！康德也没有表明，青饲料何以会变成黄金。这无异于说："只要勤奋地下跪，你就会变得虔诚。"

此事，那么对此的一个诫令就是完全无必要的"如此等等。所有那些康德在此对那些自相矛盾的特有先行阐述，即重又"诫令"一个"对诫令的乐于施行"，都是完全正确的。但他并没有从中推导出，对上帝和邻人的爱恰恰因此而不能被等同于一个"对诫令的乐于施行"，却是反而试图用一个新的谬误来修正他至此的谬误，亦即用一个单纯对爱的追求或一个爱的愿欲来取代相当于"对诫令的乐于施行"的"爱的行为"（Lieben）。随之便达到了康德认定为"原初的"伦常善的唯一载体。人们现在只要看一眼便可以想象出康德对这些强大话语所做的几乎无法置信的转释。"爱上帝甚于一切并且爱你的邻人如爱你自己"现在已经变为这样的语句："追求对上帝诫令的乐于施行和对你的邻人的义务的履行。"

这里还应当再分析一下这门律令伦理学的基本谬误的另一个方向："只有可诫令和可禁令的东西才具有伦常价值。"或者，所有不可诫令与禁令的东西都不具有伦常价值，因为人会自发地做（或不做）这些事情，或者说，因为这里所涉及的行为按其本性是不能被诫令或禁令的，就像信仰行为和爱的行为一样。这些命题完全只有从实用主义的感触出发才能得到理解：对伦常价值的设定，完全取决于人们能够在多大程度上干预伦常世界，并且通过命令来改变这个世界。因此，受制于这个成见的不单单是狭义上的实用主义；康德也在分有它。而教会的教师们也相当频繁地陷入那个基本谬误的泥潭。

并不是说，善与恶的概念在某种意义上要取决于先行的规范和承担义务，需要做的事情毋宁是：检验每一个律令以及每一个重又据此而提出的意愿规范本身，看它们的内容在多大程度上是在观念的意义上应然存在的，以及对它们的提出在多大程度上是合理的和有价值的。

就这些成见的第一个而言，只有那种不仅是合义务的，而且还像康德所要求的那样是"出于义务"而发生的东西，即出于对义务诫令的顺从而发生的东西，才具有伦常价值，因而人们众所周知地常常将康德的学说称作"严峻主义"①，并且继续对此进行争执，是否现存着一个严峻主义，以及它在多大程度上是有正当理由的。根据我们前面的续论，那种"出于禀好"而非"出于义务"而愿欲并施行的

---

① 这里的严峻主义的德文原文是"Rigorismus"，也被译作"严肃原则"。该词源自拉丁文"rigor"，意为"僵化""严厉"。一般被用来指称一种对一个普遍法则，尤其是伦理法则的严格而彻底地强调和运用。代表人物主要是斯多亚学派、康德等。与严峻主义相对立的是冷淡主义（Indifferentismus）和调和主义（Synkretismus）。——中译注

观念存在应然的"美的心灵"之行动与康德唯独赋予伦常价值的"出于义务"之行动处在何种关系之中,这个老问题当然可以在这个方向上得到化解:所谓的"美的心灵"在这里并不只是伦常等价的,而且还是具有更高价值的。① 此外必须承认,康德至少在他的逻辑论证以内没有犯下席勒在著名的双行短诗中(Distichon)中曾指责过他的谬误②,他或许会认为,有德行的行动的一个本质标记就在于,它是违背禀好而进行的。根据康德的论证命题,它也可以在于,不仅禀好的内容与义务的内容是重合的(这是不言而喻的),而且与一个禀好相符合的行动同时也是作为"出于义务"进行的而被给予的。他的阐述提出这样一个思想:一个伦常上善的行动也必定是一个违背禀好的行动,就此而论,这个做法更多的是建基于他阐述的情绪内涵和激情之上,而不是建基于他命题的实事意义之上。同样,我们也不可以把人在其"出于义务"(这义务只是在行动同时是违背禀好的时候才凸显出来)的行动方面所特有的认识确然性等同于一种处在伦常善中的实事必然性,即始终违背禀好而进行。无疑有一些拘泥的天性为了确定它们出于义务而可能采取的行动,宁可违背它们的禀好而不是遵从它们的禀好来行事,即使它们实际上也会出于义务去做与它们的禀好相符的事情。由这种本身完全不是伦常偏好的拘泥性出发(因为"是善的"这样一种意识[Bewußtsein, gut zu sein]根本还不是伦常价值),这条道路很容易导向一个更少具有对伦常意义之要求的现象。我指的是一种违背自己本身及其禀好的残酷性,但它通过特殊的价值欺罔常常被视之为并且被享受为某种特殊的"善"和"高贵"。我们并不相信:康德已完全从这种禀好中解脱出来,我们也不相信,它没有对他的伦常构想施以影响,直至一个特定的程度,即影响到对这些构想之阐述的激情。但无论情况如何,颂扬"美的心灵"的人对康德所做的指责完全是成立的。因为即便人们认为一个出于义务与禀好的行动之组合是完全可能的,就像人们常常会说,某人"乐于和愿意"或"喜欢"履行他的义务,但是,在康德看来,美的心灵的行动与义务人(Pflichtmensch)的行动相比不再是等价的。然而按照价值伦理学的正确出发点,这个行动不是等价的,而是有更高价值的。康德当然原则上不可能承认这一点,因为对他来说,"善"这个词是通过观念应然的概念才获得其意义,甚至在某些地方还是通过合义务与"出于义务"的概念。因此在他看来,出于"纯粹禀

---

① 关于这种伦常欺罔的怨恨根源参见笔者,《论怨恨与道德的价值判断》。
② 对此可以参阅舍勒在本书"第一版前言"中的相关论述。——中译注

好"来行善是一个语词矛盾(contradictio in adjecto)。

此外,康德还犯了一个我在其他地方①已经揭示过的谬误:他使一个行动的伦常价值依赖它对行动者而具有的代价和牺牲。在他于《实践理性批判》方法论中关于正当伦常教导所给出的怨恨欺罔例子②中便直截了当地说:"即使在这里,德行仍然只是因为它付出了多少而有多少的价值,并不是因为它收入了多少而有多少的价值。"我在其他地方指出,有一种完全确定的建基于怨恨之上的价值欺罔,即因为某物为实现自己而运用了更多的力量、努力、劳作等就把某物看作更为有价值的。如果有人例如认为,一篇你写的论文因为你付出了巨大的努力就特别有价值;如果有人相信因为对某人做出了许多牺牲他就爱这个人,如果有人因为有这么多殉教者为信仰而死就把信仰认作是真的和有价值的——那么这个人便失足于这种形式的价值混淆。因此,毫无疑问,价值——无论是什么价值——都永远不能建基于牺牲和代价之上;明见的毋宁是:只有当更高的价值或在同样的高度上更多数量的价值通过牺牲与代价而明晰地被获得或被实现时,牺牲与代价,即价值的献出,尤其是本己价值的献出,才在同样程度上本身重又是有价值的。这些价值是"更高的",这一点永远不可能通过所耗费的牺牲或代价而"被论证"或哪怕只是"被证实"。一门明确地否认或在其推论的方式中否认这个原理的道德学说,乃是建基于否定主义的怨恨之上,建基于虚假的牺牲癖之上,倘若不是建基于感发性的爱疼痛(Schmerzliebe)和对自己的残酷性之上。例如康德叙述安妮·封·博林和英国亨利八世的方式,他在那个"正直的人"所受的威胁和痛苦的增长中也使"赞同"上升为"钦佩"和"惊异",并且上升为"敬仰"等方式——这种方式并不能够摆脱那种感发性的动机引发(Motivation)。因为毋庸置疑,即使那个人没有受到这种增长着的对自己正直性的考验,即使他没有为保持这种正直而付出代价,他也仍然是善的和正直的。人们只能说,他的意愿实际上是多么善和正直,这一点在这个情况中不是以同样的程度昭示给他人(也许甚至不是以同样的程度昭示给他自己)。康德显然是混淆了伦常价值的这种被昭示状况(Offenbartwerden)与伦常价值本身。若非如此,这样一种状态的伦常价值就在于对这样一种考验

---

① 参见笔者,《论怨恨与道德的价值判断》,代价论的怨恨根源在那里得到了指明。
② 这也就是下面将要提到的安妮·封·博林和英国亨利八世的例子。关于这个例子的详细阐述可以参见康德的《实践理性批判》、第二部,中译本,边码第155—156页。——中译注

的承受和牺牲，伦常性就会像居伊约所说明的那样，社会状况越是有序，甚至伦常越是温顺，伦常性就会消失得越多，因为，以在上面情况中的那种程度来施予人以考验的机会是越来越少了。人们甚至必须要求，始终要有几个人是足够的卑鄙和恶劣，以便能够如此长久地折磨他人，直至那些人的"德行"完全昭示出来！但是，倘若人们把善的志向的被昭示条件——包括在自己面前的——混同于这个志向本身的条件，那么被视为伦常的就只是隐秘的虚荣心和爱名誉（Ruhmliebe）了。

即便代价与牺牲不能论证它们为之而形成的东西的价值，代价论当然还是含有一些正确的东西，只是这些正确的东西可惜是处在一个完全不同于人们通常在寻找它们的地方。我们通常在自问"哪些实事对我们来说比另一个更有价值"或"哪个人对我们来说比其他人更可爱"这类问题的地方进行这样的思想实验，即我们向自己提出另外一类问题：你会为了哪些实事而牺牲其他实事？你会把这两个人中的哪一个例如先拉出水，如果他们两人都落水的话？我们在这里以这样一个明见的联系为出发点：人们应当为更高的价值而牺牲更低的价值，并在完全明察它的更高状态的情况下愿欲做出牺牲，而后在朝向"能够牺牲某物"的意识上来检验，哪些价值对我们来说是更高的。但这个进程永远不具有这样的意义：价值乃是通过那个可以为一个而牺牲另一个的意识才被创造出来并且在等级上被确定。这里所关涉的更多是一种我们在我们本己的、被视作被给予的价值认定方面所做的澄清（Klärung）。当然，一个人只要犯下这种错误（参见斯多亚学派和康德），即不是把非反思的善的存在①，而是把"能够摆在自己面前的善""能够敬重自己"设定为最高的价值，那么他必定也会失足于另一个错误，即把用来获得对本己伦常价值的这个最敏锐认识与确然性的手段，当作某种构造着那些价值的东西。但恰恰因此必须避免这两个错误。

然而以上所说似乎还没有穷尽代价与牺牲对于我们的关于人的价值判断所具有的意义。只有一点我们是确然地知道的：无论是伦常价值，还是观念的存在应然连同为实现它们所耗费的力量，都与此毫无关系。如果它们在内容上是作为确定的而被给予，那么有效的毋宁是：伦常上地位更高的人格是那些为实现这些内容所付努力与代价最少的；谁最少具有对善的抗阻，他就是最善的。然而一旦

---

① 这里需要注意在这部著述的第一部分中关于这一点所做的阐述。

已经有了一个听从一个承担义务的规范的律令以及有了一种约束性，并且有一个命令下达到多个人格那里，那么情况就完全不同了。在这种情况下，其一，为规范奠基的那个价值完全是不依赖规范以及对它的顺从的；其二，对那个律令的顺从的价值始终是同一个，即使那个命令顺从者所要克服的抗阻会大小不一。但顺从的价值在其中得以实现的那些行动则在价值上是各不相同的，这是指：更有价值的行动是在一个更大的抗阻中被克服的。因而这个估价（Wertung）在这里恰恰显得是悖谬的：人格为法则的"顺从成就"（Gehorsamleistung）所付出的越少，人格就越有价值。"顺从"的价值在任何地方都是同一个。但"行动"却是"付出"越多就越有价值。我们对顺从成就的价值评估所具有的这个貌似的悖谬可以由此得到理解：唯有当具有相同的伦常能然或相同的"有德行"（Tugendhaftigkeit）的人格被预设时，"代价"才会使价值评估成为问题。正如我们已指出的那样，每个律令就其本质而言都预设了对一个负价值之物的观看，因为在对这个律令所要求的行动而言尚不存在一个"禀好"之前，这个律令就根本不具有任何"意义"；而且每个有正当理由的律令都预设了一个不是针对诫令，但却针对它的观念存在应然内容的抵御追求；因此，人们便可以理解：那些单纯和仅仅通过那个存在应然之物在其中被给予的律令形式而得到克服的抵御追求越大，在其中完成了"顺从"的那个行动也就越有价值。但只要我们不去顾及可能的顺从之成就与已经存在的、被预设为合理的律令之间的关系，而且只要我们试图在不借助律令的情况下通过对人格本身的伦常价值的观看来确定价值，那么也就不存在那种对代价和牺牲的关注与考虑。

"真正的"牺牲只有在它们也在为了一个作为更高的而被给予的价值的意向中被做出时才存在，即为了这样一个价值，它不依赖这个牺牲意愿就已经曾是一个更高的价值，并且作为这样的价值而被给予。此外，它们只有在被牺牲的善是作为一个正价值的善而被给予时才存在。我在关于怨恨的文章中已经指出，正是这最后一个因素也将伦常上真正的"禁欲"与怨恨的假禁欲区分开来，假禁欲的特征恰恰在于：我们所拒斥的那些东西，同时并且已经事先去价值化（entwerten），而且作为一个"无谓的东西"（Nichtiges）而被提出。只是因为财产、婚姻、本己意愿是肯定的善业，因而对于基督徒来说，例如为了更高的善业而自由地放弃它们的做法就展示着一个伦常上有价值的行为。

因此，J. 亨利·纽曼将真正的禁欲称作"通过对尘世之物的拒斥来钦佩它"。与此相反，有怨恨的人并不钦佩他所拒斥的尘世之物，而是将它去价值化，他说："所有这些都是虚无""这并不具有价值""这些都是无用的事物"。例如贫困是一种弊端，财产是一个善业，而对于真正的禁欲来说，只有对那个已经被设定为正价值的并如此被感受的财产的自愿放弃才是一个更高的善，而怨恨的禁欲则将贫困本身宣告为善业，将财产宣告为弊端。① 并不是一个更高的善业，而是对财产控制的无力（Ohnmacht），才促成了对财产的放弃，这只是虚假地被想象为一个对它的放弃成就的肯定行为。我们在这里也还清楚地看到了我们在前面所关注过的那种虚假的代价论的后果。

---

① 经济的代价论之起源是否在怨恨之中，这里对此问题置而不论。

人格、榜样与效法[1]

对于一门类似于在此阐述的伦理学来说，世界的最高意义和终极伦常意义乃是具有最高价值和正价值的人格（个体人格和总体人格），这门伦理学最终会认为这样一个问题极具重要性：在具有最高价值和正价值的人格观念以内，特定的质性类型是否以及在多大程度上能够以一种还是先天的方式——即在不向实证—历史经验进行借贷的情况下——得到区分。对它来说，这个问题的意义只有通过以前获得的明察才得到提升，这个明察就是：所有规范都建立在价值的基础上，但同时，（形式上）最高的价值不是一个物事价值，不是一个状态价值，不是一个法则价值，而是人格价值。以纯粹三段论的方式可以从中得出：一个在质料上也具有最高价值的人格的观念也是对伦常存在和行为举止而言的最高规范。可是现在，由作为要求而从一个人格的被观看到的人格价值出发的观念应然并不具有规范的名称——这个名称仅仅为普遍有效的和普遍观念的应然定律所拥有，而是具有另一个名称，即榜样或理想。因而榜样与规范一样，都扎根

---

[1] 本文选自《舍勒全集》第2卷，第558—580页，伯尔尼与慕尼黑1980年版。——中译注

于一个明见的价值之中，一个人格的榜样扎根于一个明见的人格价值之中；然而榜样并不像规范那样朝向一个单纯的做，而是首先朝向一个存在。谁拥有一个榜样，他就趋向于成为与他的榜样相似的或相同的人，因为他体验到那个根据在榜样的人格内涵中观看到的价值所提出的存在应然的要求。同时，在榜样的观念中作为榜样起作用的个体人格价值本质并不会消解在那个内容和有效性方面是普遍的规范的本质之中。

现在我们可以探问：在规范与榜样之间存在着什么样的价值的本质关系和起源的本质关系？

很明显，对这些问题的回答必定会是完全不同的，因为这取决于一门伦理学究竟是把善与恶的观念原初地附着在合法则的（Gesetzmäßig）或违法则的（gesetzwidrig）行为上，还是把这些观念附着在人格本身的存在上。在第一种情况下会产生出这样的推论：在榜样中被直观到人格究竟是作为对按伦常法则来说是合法则的、还是违法则的意愿行为的实施者（X）而被给予的，这一点决定着一个榜样本身是含有正价值的，还是具有非价值的。这恰恰是康德在我们这个问题上的立场。在涉及福音书的后继理想（Nachfolgeideal）时，他明确地说："仿效根本不发生在伦常之中，而范本只是用来进行鼓励，即是说，它们使那些为法则所诫令之事的可做性不被怀疑，它们使那些被实践规则以更一般的方式所表达出来的东西变得直观，但它们永远不可能有正当理由撇开它们处在理性之中的真实本原（Original）并且自身仅仅朝向范本。"（《道德形而上学之建基》，第二篇）必定还存在着与此完全不同的回答：如果一个人不是把对一个最高法则的实现或把对一个特别种类的秩序的制定，而是把凝聚的最佳人格的人格王国视作所有伦常行为的最高意义，如果对他来说，人格不是可能理性行为的单纯主体（X），亦即"理性人格"，而是一个个体的、具体的、具有自身价值的行为中心①，那么对他来说，回答必定是完全不同的。他将首先需要确定，规范本身还可能是具有正价值和负价值的，而且，随观念规范最终究竟是促进着还是阻碍着好的或坏的人格（个别人格和总体人格）的可能生成之情况不同，观念规范或是好的，或是坏的。但从理想规范到义务规范的设定则是这样一个行为，这个行为本身还随进行这个行为的人格的本质善良（Wesensgüte）和本质败坏（Wesensschlecht）的不同而是善的或恶的。因此，首先是：没有一个义务规范不带有设定它的人格。没有一个义务规范的质料正

---

① 参阅这部著述的第六篇、A。

当性（Rechtheit）不带有设定它的人格的本质善良。没有一个义务规范一般不带有肯定的明察，即那个受此规范制约的人格一旦缺少了它便无法自行地（von selbst）看到什么是善的明察。没有一个对规范、伦常法则的"敬重"不是建基于对设定它的人格的敬重之中——但这种敬重是以最终奠基的方式建基于对作为榜样的它的爱之中的。①

故而普遍有效的是：所有规范都根据设定它们的人格的可能的、含正价值和负价值的榜样性而具有价值和非价值；但榜样内涵的正价值性和负价值性乃是根据作为榜样而起作用的人格所具有的正价值的或负价值的本质而得到自身规定的。

但即便是在发生方面，榜样本质上也要比规范更原初，并且人们因此而在所有对一个规范系统（在先前规定意义上的一个"道德"）的实证—历史理解中都必须回溯到榜样系统上，最终回溯到各个流行的和现行的观念人格类型上。若是起先没有发现这种人格，那么就必须去寻找它们。因为我们的命题不是植根于实证的、变幻不定的历史经验之中，而是植根于规范与榜样的本质关系之中。

人格与它的榜样的人格性内涵所具有的被体验到的关系，就是建基在对这个内涵的爱之中的追随（Gefolgschaft），即在对其伦常—人格存在之构成中的追随——因而原发的并不是对榜样的行为的相同进行（Gleichvollzug），甚至不是对榜样的行动和表达姿势的仿效。这种关系具有如此独一无二的本性，以至于它需要受到一种完全独立的研究。它先于一切地是这样一种唯一的关系，在它之中，伦常—肯定的人格价值 A 能够直接对伦常—肯定的人格价值 B 的起源成为规定性的，亦即纯粹善的榜样的关系。世上没有什么东西会像对一个善的人格在其善良中的明晰而相即的单纯直观那样，如此原初、如此直接、如此必然地使一个人格本身成为善的。这种关系在可能成为一善（Gut-werden）的方面绝对地优越于任何一个其他的可视为它的起源点的可能关系。它优越于 B 对 A 的诫令服从或命令服从的关系，因为后一种关系（即便是在一个所谓的自身诫令的情况中）永远不可能从对被诫令之物的价值的自律的和直接的明察中推导

---

① 这一点适用于所有规范领域。对国家法律的敬重植根于对颁布这个法律的国家之总体人格的敬重之中——但国家并不是这个自身作为立法而需要"敬重"的立法的空乏的 X。一个父亲对他孩子的诫令得到敬重，乃是依据对作为家庭共同体的成员和首脑的父亲所具有的社群人格的敬重（或"爱"）——并非首先因为它们是具有这些内容的诫令。谁相信上帝的诫令，他也会敬重这些诫令，因为它们是上帝这个位格的诫令（但它们的内容却与上帝位格的本质善良相符合），然而他并不是第一性地敬重这种伦常法则，他并不是只把上帝作为这个法则的一个立法者、这个秩序的一个创始者的空乏的 X 来敬重。

出来，并且它此外也只能以行动为目标，而不能以人格本身的志向、更不能以人格本身的存在为目标。它优越于所有的所谓"伦常教育"，因为后者——如我们所见——永远不能使人成为伦常的，而只能使人格的存在与志向（带着它们的价值与非价值）得到经验的展开；然而，一旦它自己（作为教育行为的总和）在"改善"（Besserung）的意向中进行，它便成为非伦常的。① 唯独在这个关系中，无论是进行这种追随的人格的自律明察，还是它的自律愿欲，才都是可证实的，尽管还有他人的规定在起作用；人格的自律愿欲之所以是可证实的，乃是因为向善的原发改造在这里首先并不是愿与做，而是涉及作为所有行为活动之根基的追随者的人格本身的存在。因此可以说，善的人格对伦常宇宙的最高作用并不在于它的意愿，也不在于它所进行的某些其他的行为，更不在于它的做和行动，而是在于它的纯粹可能的榜样价值，即它仅仅依据它的可被直观和可被爱的存在与如在才具有的那种榜样价值。

如果我们暂且撇开什么东西能够作为明晰的、善的榜样起作用这个问题不论，并且如果我们观看在伦常存在与生活的增长和衰败中榜样的实际作用性，那么我们会看到榜样原则处处都作为在伦常世界中的所有变化的原发手段。榜样在这里当然可以是好的和坏的，高的和低的，而且（狭义上的）榜样（Vorbild）也可能被反像（Gegenbild）取而代之，即一个在与流行的榜样的明确对立中被构造起来的伦常人格存在的形象——当然，在反像的内涵中同时也可以看到对榜样内涵的价值结构的依赖性。② 但为所有榜样作用性奠基的定律即便在反像作用性中也始终是有效的，这个定律是指：伦常人格原发地（并且先于所有规定作用性和教育）始终只会再被一个人格或一个人格的观念放置到对它们的改造运动中。在这个意义上，对儿童而言的榜样（或反像）首先是父母——原发地是父亲③；对于家庭与

---

① 这两种关系在这里都奠基于命令主体的或教育者的纯粹榜样性之中。
② 在所有具有反价值的"运动"中，例如在新教、反宗教改革、浪漫派中，都始终包含着仅仅创建一个流行理想之反像的倾向；如浪漫派的"美的心灵"便是那个被评价为和被憎恨为"市侩"的18世纪市民的反像。在所有这些情况中当然都始终存在着对流行理想的依赖性。反像始终与榜样在结构上相似。关于作为反像之泉源的怨恨可以参阅笔者的《文章与论文集》。
③ 当然是作为儿童仰望的、爱的、尊敬的（或恨的、厌恶的）意向之内涵的"父亲"，而不是"现实的"父亲。这个"父亲"和这个"母亲"可以说是所有可能人格价值的未分化的源像（Quellbild），这些人格价值展示着决然的具体价值个体，展示着所有的"更高"和"善"。它们尚未是人，甚或父亲还不是"一个男子"，母亲还不是"一个女子"，如此等等。

部族来说，榜样（或反像）总是家庭的"首脑""首领"，这两者始终作为祖先系列的成员，在这个系列中的一个祖先作为（典型的）"善的"而产生出来。在社团和家乡中，重又有一个或少数几个作为对"善""正当""可敬""智慧"的范本而处在中心。它们（作为共同生活的总体意向的质料）是作为每个人所看到的东西、作为人们必须用来衡量自己和他人的尺度而起作用的。对于民族成员来说，取代榜样的是"诸侯"①的各自社群人格，或者（随社群结构的不同）是统治着的贵族的类型、"民族代言人"（Volksmann）、"可信任人""总统""议员"的类型。与此相似的是对于派别成员而言的"诸侯"形象，对学生或学校成员而言的"老师"和"师傅"的形象，对〔民族〕国家成员而言的〔民族〕国家型的"英雄"、诗人、歌手等形象；对于国民和官员而言的各个最高政治家的形象②；对于进行经济活动的个体而言的各个"经济生活领袖"的形象③；对于教会成员或教派成员而言的创始者或改革者或教会圣人的形象；对于社会活动家或社会"名流"而言的时髦、得体的榜样人，高雅人士（arbiter elegantiarum）。这里的问题并不在于对经验的丰富性进行深入的分析。我只是想在这些例子上指明，在每一个实际的社群单位中都有一整个由榜样的、理想典型的社群人格④组成的系统，从这些社群人格中发出一种原发的榜样的或反像的作用性，即对所有向好和向坏、向高和向低的伦常生成的作用性。即便在实际的总体人格彼此之间以及它们在所有领域中对人类的影响范围之间，原发的作用性仍然是那种榜样和反像的作用性——而不是它们的政治行动，不是它们的准则、立法等。例如，法国人、英国人、俄国人⑤等形象的形式类型自身都各自带有一个

---

① 所以，作为榜样，英国国王是最高的绅士，德国皇帝是最高的战士，沙皇首先是宗教—教会的教祖（父亲）等。
② 当俾斯麦统领德意志帝国时，他的榜样对于德国官员阶层来说具有极大的选择力和仿效力。处处可以看到"小俾斯麦们"——以后也可以看到小比洛们和小贝特曼们。而例如在哲学中又何尝不是如此呢？
③ 笔者在论述怨恨和资产阶级的论文中（参见《文章与论文集》）已经强调过，对"流行的"经济志向的改造始终是从少数几个领导的、示范地起作用的人那里发出的。
④ 当然也有一些榜样是由个别人格为自己创造出来关于个别人格本身的榜样。
⑤ 弗里德里希·封·维塞尔是一个把榜样与后继的原则几乎当作所有社会学理解的基本原则的研究者（参见《权利与权力》，莱比锡，1910年）。显然，他的"少数规律"首先只是意味着，所有社会学行动的基本形式都是引领（Führung）与后继（Nachfolge）的基本形式，而引领始终是（例如即使在各种民主以内也是）"少数"的事情。但在我们看来，比这个规律对于行动而言的有效性更为本质的是它对于一个社群单位的系列价值评估系统和理想的构成而言的有效性。

特定的榜样作用性（或反像作用性）的尺度，它以仿效和改造的方式原发地作用于人类，并且根据在其他形式类型的反作用性中所触及的力量的不同而一同规定着人类的各个伦常的总体基本状况。①

但现在还要对两方面的问题做更为详细的说明，一方面的问题是：什么在本体上（ontisch）是一个"榜样"，另一方面的问题是：它以什么方式和方法起作用和以什么方式和方法产生。

首先要弄清：某个东西——首先是某个具有人格统一结构的东西——在其中成为榜样的那些行为，乃是由我们曾称为本质认识（在这里是对他人价值的认识）的行为来奠基的（感受、偏好、爱、恨），即是说，它们不是由意愿行为或追求行为来奠基的，不是由存在认识的行为来奠基的，但更不是由行动行为和表达行为或由对这些行为的不随意或随意的仿效来奠基的。② 因而所有追求行为和愿欲行为都已经预设了榜样内涵，并且已经是由对它们的对象的爱（在反像的情况中是由对对象的恨）来奠基的。我们以追求和愿欲的方式"追随着"我们所爱的人格——而不是反过来。但榜样与追随在其中被体验到的这些行为并不与仿效（或"复制"）有丝毫的关系。并不是例如通过对一个人格的仿效才产生出这个人格的榜样性；至多我们也只是趋于仿效那个已经作为榜样而矗立在我们眼前的东西。在兽群与大众中有引领动物，但没有榜样。即便是对榜样对象（或榜样人格）的一个价值无涉的认识，也绝不是以榜样性为前提的。纵使在这里，价值原则上也还是先于形象内涵或意义内涵而被给予的。"父亲""母亲"等都原发地具有特定质性的价值人格，而在它们这个价值核心周围才围绕着形象要素和意义要素。最后，毋庸赘言，评断（评判）与选择行为以某种方式已经决定了：某物以及何物成为榜样。榜样意识完全是前逻辑的（prä logisch），并且是先于对哪怕只是可能的选择—区域的把握的意识。是它才规定了评断和选择方向。如果以为某人也必须能够将某个东西评判为他的榜样，这个东西才会是榜样，或者，他必须能够评断和表达，什么是以及谁是他的榜样，这

---

① 这个形式类型第二性地也是所有回溯到相关〔民族〕国家上的善业（艺术作品、家园等直至商品）的形式类型。

② 由于康德根本没有在他的基本概念中引入一种伦理认识、遑论一种价值认识（参阅这部著述的第一部分、第二篇、A、第 86 页及以后），所以他由于这个原因就已经始终完全没有看到榜样与后继的关系。极具特征性的是，他在先前所引之处（"仿效根本不发生在伦常之中"）或许是受了"效法基督"（imitatio Christi）的习惯说法的欺罔，这种说法把具有明见基础的和严格自律的"后继"（Nachfolge）混同于盲目的和完全他律的"仿效"（Nachahmung）。

个东西或这个人才会是榜样,那么这种看法是极为幼稚的。①

那么什么东西在本体上(ontisch)是榜样呢?现在我可以说:榜样就其内涵而言是在人格统一之统一形式中的一个有结构的价值状况、一个在人格形式中的有结构的如此价值性(Sowertigkeit),但就内涵的榜样性而言则是一个奠基于这个内涵之上的应然存在要求的统一。可是它作为榜样的被给予方式以及在榜样存在中它的内涵的被给予方式是怎样的呢?在前者〔作为榜样的被给予方式〕方面,最为重要的是:这种应然存在要求不是被体验为一种"我有义务追随(ich bin verpflichtet zu folgen)",而是被体验为一种"它使我有义务追随(es verpflichtet mich zu folgen)"。我们也可以说:作为一种发自个别人格和总体人格的有力吸引,在这个吸引上,榜样内涵范本地显现出来,或者随情况不同而作为柔和的吸引和"引诱"(Lockung)——但无论如何都是作为居于榜样之中的吸引。榜样将具有榜样的人格吸引向自己,人们并不主动地向着榜样运动,榜样会规定目标,但它不会作为目标而被取求,更不会作为目的而被设定。然而这种吸引并不以一种盲目强制的形式显现出来,不是那种例如从一个人格发出的"暗示力"。毋宁说,这种吸引具有一个为它奠基的应然存在意识和正当存在意识。② 而在后者〔内涵的榜样性〕方面,同样重要的是:榜样内涵在榜样拥有之中的被给予性不是一个个别内容的有分别的内涵,而只是以一种我常常描述的③"被限定"(Eingegrenztsein)的方式被体验到,即是说,如此地被体验到,以至于这个内涵只是在充实与不充实(争执)体验的总体总和中通过一个可能的范本而作为特别的内涵才被给予。因此,只有通过这种限定的体验,亦即"这是我所爱的""这不是我所爱的""这是我所恨的"等,榜样内涵才以

---

① 那些统计学的实验尝试便具有这种极度的幼稚性,在这些实验中例如会在学校学生面前放上一张问卷,他们在问卷中被询问:谁或什么是他们的榜样。最具吸引力的榜样恰恰在这里自然而然地永远不会现身出来。因为在此外相同的条件下,那个已经被判断为榜样的榜样相对于那个不是榜样、但却作为榜样起作用的东西而言,肯定是较少具有吸引力的榜样。除此之外,我们马上就会听到,榜样恰恰在其作用性中不必作为有分别的内容被给予。

② 这种对善的存在和正当存在的意识当然也完全会像为此奠基的价值状况把握一样是欺罔性的——如在所有坏榜样的情况中。但在这种情况中事关欺罔,而非盲目的强制。纵然是坏榜样也是一个榜样——而不是一个盲目的强制仿效。故而在榜样意识中至少始终存在着一种对明察的倾向。

③ 对此可以参考审美法则的被给予方式,艺术家听从这种法则,而无须去认识它们;而关于"罪犯"对法律的实际认可与违法者的对立可以参阅这部著述的第一部分、〔边码〕第 155—156 页。

暗示的方式使自己作为一种特有的内涵而被反思注意到（而这恰恰是因为它在志向意识上的持恒充实）。而正因如此，榜样是贯穿在感知、表象和想象之中的——而不须在这其中的一个行为质性中作为个别内涵被给予。因此，对于这些个别行为及其对象而言，榜样内涵及其行为相关项已经作为理解形式或此在形式而在起作用了①。

最后，问题还不仅涉及直接被体验到的榜样作用性或在其作用性中的榜样，而且涉及从榜样发出的，并且叫作跟从(Folge)、后继(Nachfolge)、追随(Gefolgschaft)、在伦常上至关重要的改造(Umbildung)，它虽然根据榜样价值性的等级的不同而具有根本差异，但却是以这样一种方式，即始终会有一个同一的本质因素保留下来。这种改造既非仿效，亦非顺从，而是一种被对榜样范本的献身态度所包容的人格存在本身与志向向着榜样的结构与特征之中的生长(Hinein*wachsen*)。榜样在它的含有爱意的(liebesintendiert)范本上被直观到，它吸引并抵达，而我们则"跟从"，这个词的意思并不是指愿和做——它们只能瞄向，或者说，只能在于对一个真正命令或教育假命令的顺从，或只能瞄向复制、只能在于复制，而且局部地是他律的，而是在于一种对它的可被自律明察所达及的人格价值内涵的自由献身。我们成为如榜样范本作为人格之所是，而不成为它之所是。只是对这种向着榜样之中的生长进入构成(Hineinbildung)才是志向的新构成，或者说——根据情况不同——志向的改造(Umbildung)，是志向的改变和意义变化。即是说，我们在这里学会，如榜样所愿和所做的那样去愿和做，而不是学会它之所愿和所做（在感

---

① 因此不言而喻的是：对"什么在自身和在他人那里作为榜样起作用或后续地起作用"的反思认识属于最为困难的事情。这种指明要求在个别情况中运用艰难的技术方法，在这里无法确定这些方法，但业已形成的（只是在理论上根基不稳并带有错误累赘装饰的）精神分析(psychoanalytische)技术为此已经提供了一些值得注意的东西。伦理学本身仅仅要求：使坏榜样被有所分别地意识到，同样也使好的和坏的反像被有所分别地意识到。因为即便是内容上好的反像，亦即例如从与一个要求具有榜样性、但却是坏的父亲之观念的相违背状态中产生出来的反像，也作为反像而是坏的。而假榜样也需要被摧毁；我所理解的假榜样，是指那些已经被"给出一个好榜样"的"更居高临下"的意向所一同规定的榜样，亦即一同处在对单纯的社群形象作用的法利赛式的算计中的榜样；最后还有那些被臆想出来的榜样，即被人们臆想为是自己的榜样的那些榜样，而实际上真正的和有效的却是一个完全不同的榜样。还有一个更为重大的任务在于：根据"道德"从榜样中的起源来检验一整个时代和一整个总体（文化圈、〔民族〕国家）的"道德"起源，并且在特定的少数人本身身上检验这些榜样的起源——在精神科学中，这个任务包含着一个特别的功能，即从坏的总体榜样的作用性中解脱出来的功能。对此参阅笔者关于"资产阶级"的论文（同上书）。

染和仿效的情况中以及以另一种方式①在顺从的情况中便是如此）。但"志向"不仅包含着愿欲，而且也包含着所有理论的价值认识，也包括偏好、爱和恨，它们对于各种愿欲和选择而言是奠基性的。尤其是志向改变，它是一种伦常的进程，它永远无法为命令（若是有自身命令的话，也不会为自身命令）所决定，也永远不会为教育指示（它达不到志向）所决定，也不会为忠告和劝告所决定，而只能由对一个榜样的跟从来决定。但这种志向改变（Gesinnungswandel）（不同于单纯的志向变化［Gesinnungsänderung］）原发地是通过在与对榜样范本之爱的一同爱中爱的方向改变来进行的。②

然而，正如我曾试图指明的那样，榜样作用性的本质现在当然只是这种作用性的最纯粹、最直接和最大可能的形式。我们马上就会看到，这种形式——根据质料的人格观念的理想类型之等级种类的不同，这些人格观念将会引导实际榜样的构形，并且根据榜样生活于其中的社群单位的种类的不同——也伴随着榜样作用性的混合的和间接的形式。而且尤其还有三种其他的形式，一个榜样可以在这些形式中间接地从 A 转递到 B、从一代人转递到另一代人，并且间接地起作用，这三种形式是：文化科学的认识、传统和从禀性向偏好结构的遗传传递。根据这三种形式，一个在血缘祖先那里流行的榜样会不断更新得到重构。例如在传统方面，不自觉的（无明察的）、"遵从的"仿效肯定在扮演着一个根本性的角色，我们以前曾如此明确地否认它是榜样的创造力。例如一个儿童对他的父母无明察地"遵从"（folgsam）③——无论他们是否展示着对"这个"父亲、"这个"母亲而言的好的还是坏的榜样范本。仿效在这里肯定扮演着一个共同决定的角色。但是，仿效④（或某些更高种类的复制）在这里自

---

① 即在做别人之所愿的意义上。
② 这是依据了纯粹的爱的行为对伦理认识并间接地对愿欲和行动的所有其他形式而言所具有的基本特征。笔者可以把自己所做的关于"道德建构中的怨恨"的相关部分研究看作是从耶稣的榜样中恰恰通过爱的方向的原发改变（相对于古代的爱的方向）而产生出基本志向改变的一个历史例子。
③ 须要注意，在"遵从"（Folgsamkeit）概念（"孩子应当遵从"）中，"跟从一个人格榜样"的含义、对被诫令的行动的愿意顺从，最后还有一个肯定的伦理价值谓项（这是一个"遵从的孩子"，那是一个"不遵从的孩子"）达到了一致。遵从并不意味着顺从，而意味着在跟从榜样的基础上的愿意顺从。
④ 在"仿效"（哪怕是不自觉的仿效）方面（如笔者在《论现象学与同情感理论》一书的附录中所表明的那样），姿势与行动的表达意义已经作为仿效的基底而被给予。这个意义不是通过仿效才成为被给予性的（利普斯便这样认为）。相反，在大众和人群关系中则不发生仿效，而是发生简单的、通过单纯运动形象中介的相同运动，这种运动第二性地才会产生一个相同体验的效果。

动地促成了由父母发出的榜样作用性，这个事实丝毫不意味着：那种榜样作用性就在于仿效和复制①的过程中；或者不意味着：榜样内涵，或者说，关于它的价值的明察或欺罔，或最后还有它的改造作用性，乃是通过这些过程而被创造出来的。在这里和在遗传传递的情况中一样，问题毋宁说是仅仅在于本真榜样作用性的各种不同的手段与选择形式，或者在于或多或少自动促成的这种作用性的各个种类。②

现在让我们过渡到所有实际历史的、好坏、高低的榜样与反像起源法则的问题上去。可以确定：在人心中，实际的榜样是在作为某种经验对象的某些其他实际人身上产生的。然而这些人本身，一如他们被经验到的那样，还不是榜样本身。我们的确常常说"这个 X 是我的榜样"，但我们所指的，或者更确切些，用榜样一词所指的根本不是这个有皮肤有毛发的实际的人。我们所指的更多是：这个 X 是一个范本，或许甚至是明晰的、始终只能作为"唯一的"范本，但即使在这种情况下也还始终只是作为范本。榜样本身在那个被意指的、作为范本起作用的人身上或多或少相即地被直观到——但它并不是从它的经验偶然的属性状态中被提取出来、被抽象出来，或作为它身上的实在部分或抽象的部分被发现。③ 因此，如果榜样的本质以及榜样和范本的本质关系不能从偶然的、归纳的经验中推导出来，那么我们就要探问：就实际榜样的实际构形而言以及就以人对人（an Menschen für Menschen）的榜样把握而言，是否就不存在以及在多大程度上不存在普遍有效的或个体有效的纯粹榜样模式（Vorbildmodelle），这种榜样模式虽然自身和自在地是在人格的形式统一中的价值状况的

---

① 或者，在一个反像（Gegenbild）产生的情况中的反效（Gegenahmung）。
② 对所有（否定的和肯定的）伦常存在构形和意愿构形而言的榜样作用性所具有的无可估量的意义如此长期地被伦理学所忽略，笔者认为原因就在于笔者已经多次提到过的所有规范伦理学的"实用主义成见"。倘若价值所具有仅仅是人们可以愿欲、可以选择、可以做、可以命令、可以规范化或可以用来教育的东西——那么我们在这里所说的一切自然也就没有了任何伦常意义。榜样甚至存在榜样（Seinsvorbilder），人们不能"愿欲""创造""选择"、不能"命令"、不能"规范化"。它们"存在""生成"，人们生长到它们之中等。应当停止从这种士官生立场（Unteroffiziersstandpunkt）出发去考察伦常事物！
③ 即使是将经验人"理想化"为榜样，或通过对它的一个原初从未受价值引导的本能冲动或一种盲目的秉好来进行的"升华"，这些语词也都丝毫不能说明榜样的起源。因为在这种情况下，是什么将这种自身完全任意、偶然的理想化、臆造、升华的活动导向一个特定的价值目标呢？实际的愿望、秉好等？但是，如果经验主义的意愿理论是有效的话（参见这部著述的第一部分、第三篇），那么这些愿望和秉好又是从哪里获得对它们而言是超经验的目标内涵呢？如果一个人某次成为对我们而言的榜样范本，那么我们诚然也还可以在朝向他对我们而言的这个榜样性的方向上抟起他的形象理想化。然而无论是这个榜样性，还是这个人成为它的范本这一情况，都不能归功于某种"理想化"。

277

质料直观构成物，却是作为各种榜样形式而对所有实际榜样及其实际获取的构形和被构形状态都有效。此外还要探问的是：在这些纯粹价值人格类型之间是否也还可以找到一个自在有效的等级秩序。

b. 纯粹价值类型之等级秩序的观念

我们至此仅仅确定了所有伦常价值增长（或价值减少）的重要合法则性：它们原发地不是通过对一个规范的顺从行为或不顺从行为等，而是通过在人格上被构形的榜样和反像的作用性来进行的。但我们还没有说过：什么是一个好榜样和坏榜样（或反像），以及对哪种榜样的理解因此而是有正当理由的和没有正当理由的。

首先很明显的是：在意向中，那个作为榜样范本在起作用、并且榜样在它身上才被给予我们的人格，必然始终是"善的"（在反像的情况中始终是"恶的"）。一个也作为恶的而被给予的人格不可能仍然还被理解为榜样范本。但下面这种情况却是可能的：我们在实践中并不跟从我们的"榜样"；而且我们受到欺罔，以为这个或那个人格也是我们的榜样；最后还有，我们在其中将一个人格当作我们的榜样范本的那个偏好行为并不具有明见性。然而由于对"什么是善的"明见的和完全相即的认识必然也规定着愿欲，所以第一种情况（实践上的不跟从）也只有当后两种情况中的其中之一现存时才是可能的。① 但在意向内涵的所有这些情况中，我们都需要区分一个整体的客观的好的存在和坏的存在，这个整体是在榜样模式的范本化行为中于一个特定实际人格身上产生出来的（即是说，在"这个 A 是我的榜样"意义上的榜样）。唯当在这个"榜样"中包含着这个纯粹的榜样模式的级序时，这个"榜样"才是好的；然而偏好行为、即偏好作为范本的一个人格甚于另一个人格的行为，只有在先天质料的偏好法则在它之中得到实现时才是"正确的"。在这里，客观上坏的榜样当然也始终必然与一种偏好欺罔（永远不会与一种单纯的不相即，它只会导致有缺陷的实践跟从）相符合；但人们不可以试图这样来进行定义：坏是一个与这种欺罔相符合的榜样。因此，我们可以在不去考虑对它们

---

① 有意识地愿欲作为坏的坏，这是完全可能的，而我们不会赞同托马斯·阿奎纳的命题"所有愿欲按其本性都是善的"（Omnia volumus sub specie boni）。但不可能的是：有意识地偏好作为恶而被给予的东西甚于作为善的被给予的东西。即便对于（被信仰的）上帝意愿，我们的意愿也可以有意识地将其作为上帝的意愿来予以抵御；但一种"恨上帝"（在有意识的意向中）是不可能的。也只有在我们的价值本质与上帝的本质善业在爱上帝中先行结合之后，我们的愿欲才有可能不再违背上帝的愿欲。

的理解行为以及它们的起源行为的情况下来确定流行榜样的好与坏；但我们同时知道，偏好欺罔是坏榜样的起源。例如，如果这样一个人格或这样一组人格是一个人格、一整个时代、一组其他人格的榜样，在它们的志向中，实际被偏好的是有用而非高贵，是生命价值而非精神价值等，那么我们既知道在这些人格或群组身上产生出来的榜样是客观上坏的，也知道这些人格和群组本身必定曾有过坏的榜样。①

因此，如果我们了解纯粹价值人格类型及其等级秩序，它们在这些类型特征的基础上同时也是对所有实际榜样而言的纯粹模式，那么我们就会知道，什么是好榜样和坏榜样。如果这些价值人格类型及其等级秩序在实际的榜样中"得到实现"，那么榜样（客观上）便是好的；如果榜样与这些价值人格类型及其等级秩序相违背，那么榜样就是坏的。

在这些纯粹价值人格类型中，普遍伦理学只能规定普遍有效的价值人格类型，而不能规定个体有效的价值人格类型，后者是在前者的范围内活动的，但仍然无法从前者中推导出来，然而却可以在历史的事实组成上被直观到。

这个普遍有效的纯粹价值人格类型是通过对以前所获得的作为最高价值的人格价值②之观念与价值样式的级序③之联结而产生出来的。如果我们在此项研究的第一部分中不含欺罔地发现了这个秩序④，那么作为所有肯定的和好的榜样的最高类型和模式便产生出在这样一个顺序的等级秩序中的各个类型：圣人、天才、英雄、引领的精神和享受的艺术家。⑤

如果这些观念在这里首先是以演绎的方式被获得的，那么它们——即使是自在地看（并且首先不去考虑它们的级序）——就已经是极为奇特的了。没有任何价值以外的形象因素或含义因素会进入

---

① 一个对所有流行的"伦理种类与道德"的系谱学来说重要的命题，它为这些研究指定了一个确定的方法！我们"起先"之所以总是偏好一些经验人格甚于另一些经验人格，偏好一些善业甚于另一些善业，同样也偏好一些规范甚于另一些规范，仅仅是因为这些被偏好的人格在其价值偏好法则中对我们成为榜样或反像。因而物事价值偏好的欺罔也始终产生于一个人格价值的欺罔之中。但这些欺罔的一个完整的、流行的体系（一个坏的伦理）则是产生于被（集体精神）视作榜样的各个人格的代表性的、流行的层次之中。关于这个命题在历史的伦理研究中的运用可以参阅笔者在《文章与论文集》第二卷中论述"资产阶级"的诸论文。
② 相对于人格价值（德行价值）、物事价值、状态价值。
③ 参阅这部著述的第二篇、B、第5章。
④ 如果我们没有发现这一点，那么关于这些类型之起源的学说还可以不依赖于此。
⑤ 参见这部著述的结尾说明，第580页。

这些观念的对象之中。它们是真实的价值人格的观念，这些价值人格与价值——它们的载体已经是不同的并且是在其存在方面确定的人格——的关系类似于善（＝价值事物）与事物价值的关系。① 一个特定等级阶段（Rangstufe）的价值在这里原发地（primär）作为其价值本质占据了人格性的形式统一；它构造起这个类型的统一；它因此不只是一个人格群组的标记或特性，这个群组已经不依赖于这个价值种类而构成了一个统一，如政治家、统帅等。因此每每会有好的和坏的政治家、统帅等，但不会有好的和坏的英雄、圣人等。因为在这里一个正价值已经构造起人格类型本身的统一。正如我们不会发现三角形第一性的是物体表面的特性，而只会将这样的物体表面称作是三角形的，这些物体的表面构形或多或少相即地与纯粹三角形相符合，与此相同，人们也不能从对这些人所共有的人之特性的观察中发现这些观念：一个有英雄气概的人恰恰是一个与作为模式的价值人格类型（或多或少）相符合的人，但不是一个与其他经验的人共同具有某些天生特性的人②。（即使在行为方面，与这些如同为我们的精神眼所看到的类型原发地相符合的并不是那些形象表象或含义，它们始终只能具有对它们而言的范本意义，而是意向感受、偏好、爱的特定方向。）对此还有一个证明：我们在运用这些类型概念的过程中，例如在历史中，首先是根据这些类型来分析一个人的经验的价值事实组成，并且与此同时，当他对这些类型中的某一个而言并不足以相即地具有范本的意义时，我们便将这个事实组成描述成过渡类型或联合类型。③ 倘若这些观念是从实证的历史材料中以归纳的方式被抽象出来的话，上面这种情况便是不可能的了。

　　由于这个原因，这些价值人格类型最终永远不会在一个历史实际的人格构形中如此地"被本体化"（hypostasieren），以至于它们被混同于它们的单纯范本。这种混同是所有错误的传统主义的根源，这种传统主义学说最终赋予过去价值本身以一个比当下价值和未来价值更高的

---

① 参见这部著述的第一部分、第一篇、第42页。
② 故而可以将英雄这个价值类型的观念区别于纯粹的价值类型本身。
③ 所以，圣方济各是一个对（后继者）圣人的价值类型而言极为相即的范本，而在奥古斯丁身上则有一种神圣与英雄性的混合被觉察到；与此相似，腓特烈大帝是一种以英雄气概为主并伴随着天才性（哲学家腓特烈、诗人腓特烈）的混合。这个做法也适用于那些相对价值人格类型而言是派生的人格价值类型，如政治家、统帅、"伟大的教会人"、哲学家、艺术家、智者。所以，亚历山大的、欧根王子的、拿破仑的英雄性显露在一种政治家和统帅的混合中，而不像例如在布吕歇尔那里是单一地显露在统帅中。帕斯卡尔具有某种神圣和天才（作为哲学家和数学家）等。即便是这些人格价值本身也还是先天的，但却不像价值人格类型那样也是价值先天的。

价值优先地位。与它相符合的是作为相反的迷误的错误"理想主义"和乌托邦主义，它们天生就想把价值人格类型构设为单纯的一个存在应然的"理想"(甚或构设为永恒的所谓"任务")，并因此而天生就不仅赋予实际的过去(这可能偶然会是正确的)，而且也已经赋予现象学的过去状态亦即所有"作为过去的"而被给予之物以一个价值次序、一个相对于现象学的当下和未来的价值次序。① 如果放弃这种本体(Hypostase)，那么明见的是，事实上(de facto)既不可能有一种纯粹的英雄、天才，也不可能有一种完美的英雄、天才，如此等等。如果价值人格类型作为榜样模式而正确地起作用，那么这个榜样整体便因此而在时间上有双重的关涉：作为对一个价值人格而言的榜样，它同时是期待的形象(Erwartungsbild)、希望的形象(Hoffnungsbild)和以派生的方式是追求的形象(Strebensbild)；但作为在一个历史实际的人格存在身上(而非从它之中)已获得的榜样，它同时是回忆的形象、崇敬的形象和以派生的方式是崇拜的形象，而它的内涵则与现象的过去、即与各次"作为过去的"而被给予的东西相关涉。

然而，价值人格类型的本体还可能导向另一个失误：将它们的实事有效的(sachgültig)级序简单地转递到特定的、在概念和表象上可划界的、实际的人的群组上，无论它们是职业、阶层、职务单位、尊严单位、〔民族〕国家，还是其他。但这些群组中的每一个都只是一个对价值人格类型而言的显现区域，而这些群组中的每一个都具有关于它们的观念，带有独一无二色彩的观念②。阶层的观念和阶

---

① 作为整个民族的主要伦理，这个特征显现在犹太人那里，根据他们的弥赛亚宗教，始终有一个人生来就只是"发号指令者"(并不因此而是在某个遥远的时间点上的被期待者)。所以犹太人的伦理本质上成为"进步伦理"，并且即使当它的内涵完全改变时，例如变成宗教外的内涵时，这种伦理也仍然在其结构上大都是如此。而后，期待弥赛亚的是时代精神的各个任意内容。在赫尔曼·柯亨的伦理学中可以找到同一个基本思想。此外，这个欺周还与另一个欺周处在本质联系之中，后者便是指：它只是"原初的善"的愿欲(康德)。因为所有这些在此行为中矗立在眼前的东西本质上(现象上)是与未来相关的(即使事关实际的过去愿欲也是如此)。因此，即使是这个迷误的根源也可以在康德那里找到。它在费希特那里毫无节制地得以增长。善在这里本质上成为一个"任务"。黑格尔的批判自身具有正当理由，然而却越过了目标，并引入到相反方向上的传统主义之迷误中(尤其参见《精神现象学》)。

② 因此，例如有一种德国的、英国的、法国的英雄—圣人—天才的观念，它们彼此间并不能够相互衡量。与此相似的是〔民族〕国家的和时代的典型："〔英国的〕绅士"(gentleman)、"〔法国的〕绅士"(gentle homme)、"〔法国的〕老实人"(hommo honnete)、"〔德国的〕老实人"(Biedermann)、"〔意大利的〕廷臣"(cortigiano)、日本的"武士"，在这些类型中隐含着各种人格价值类型的独一无二的混合——充溢着〔民族〕国家总体人格的共同精神和伦理。

层的榜样，例如关于"英雄"的各种职业观念，是完全不同的：在农民、市民、骑士那里各不相同，在医生、技师、战士那里各不相同。但"这个"英雄本身与他的观念一样可以显现在每一个个别人格身上，当然，唯有他的可能显现条件对于各个阶层和各个职业来说还是本质不同的。然而，即使是就这些在特定群组单位中的可能性范围而言也存在着这样的合规律性：对于示范性的圣人来说，这些范围是最大的，对于下降着的类型范本而言，这些范围则是越来越小的。①

在对这些类型进行一个本质特征描述之前必须探问：这种类型与作为无限位格的神的观念的关系是怎样的。在这里首先很明显，神的观念并不像那些价值人格类型一样可以具有一个前像模式(Vorbildmodell)②的功能。因为，一个无限人格以这个无限人格本身为榜样，或哪怕只是以它为这些榜样的纯粹模式，这是悖谬的。③ 但神的本质善良或许表达了一个观念，在这个观念中，普遍有效的价值人格类型本身(但不是"作为"榜样)在无限的完善中完全示范性地"一同"被包含在它们的级序中；但是可以想象在神性中并不更少包含着个体有效的价值人格本质。这种单纯的"一同被包含"意味着：神性的本质善良不会化解在普遍有效和个体有效的价值人格本质的无限示范性中，相反，它原发地作为简单的本质价值质性而是无限的。唯有通过一个有限人格一般与无限人格的可能体验关系和认识关系，神的本质善良才分解为价值本质的各个单位，即价值类型，以及它们的级序的排列。④

因此，也并不是对这个观念及其级序的实际重新把握(或者说，通过欺罔的颠覆)以及它们在历史形象内容中的内涵的各次实证历史

---

① 一个示范性的圣人有可能例如是一个奴隶，就像一国王有可能是一个穷人和富人等一样；但奴隶却不太可能是一个天才，更不可能是一个英雄。相反，一个贫穷的"享受的艺术家"却是极为可能的。因此，价值类型之实现的社群限定性显然是随着他的级序的下降而增大的。

② "前像"是"榜样"(Vorbild)一词的德文原意。与此对立的德文概念是舍勒生造的"后像"(Nachbild)一词。

③ 更为悖谬的是，与赫尔曼·柯亨和纳托尔普一起把神的观念本身降低为一个人类在其中找到他们的统一的单纯"理想"。

④ 在这个意义上，神按其观念作为全爱者也是全圣人，作为全知者、全艺术家、全立法者、全审断者也是全天才，作为全能者也是全英雄。相反，此在相对于(daseinrelativ)生命的有用价值、适意价值在神的观念中不具有任何位置。生命价值本身——它在最高形式中的人格形态是"英雄"——当然不是此在相对于生命的。因此，在各个"被信仰的"神的观念的价值本质规定和价值属性所具有的各个奠基结构中，人们能够，如同在被挤压到最小空间的情况下——简言之(in nuce)——觉察到一个群组的伦理。

的显露才导致了那些变更,即我们在宗教史中关于神的观念以内所发现的那些变更——恰恰相反,各个被意指为"神的"东西的实证内涵的原发改变才使得各个实际的榜样模式连同实际榜样的构建规律一同发生改变①。在这个意义上可以说,(实际上)各个被意指的神也成为所有其他起作用的榜样模式的出发点——这是一个对宗教史与伦理史和文化史的关系研究来说至关重要的命题。而这个命题当然也适用于那些反像模式,它们在对一个流行的神的观念的反运动中构成自身,并且——与这个观念相关——在最极端的情况下自称为"无神论"。它们始终完全有赖于各个流行的神的观念。因为它们的单纯现实性否定②根本不会对在神的观念中被否定的内涵的内价值结构有丝毫的改变。甚至人们可以说:一切所谓的无神论都必然是作为反对一个流行的神的观念的价值结构内涵的反神论而产生出来的。③

我们说过,在与神的统一和单一本质善良的关系中的价值人格类型的多,乃是建立在对此本质善良的一种合法则地被规整的分析之上——并非这个本质善良的观念建立在对先前已经被给予的一个价值人格类型的综合之上。在这个意义上人们可以将纯粹价值人格类型也称作简单的和未分的神性的侧视图,它们对于神性(作为价值本质)在一个有限人格一般身上的可能被给予方式而言——即不是对于神性的存在而言——是根本性的。唯有在这些价值人格类型的形式中——我们说过——神性的本质善良本身也才会间接地成为可能

---

① 宗教史处处都表明,这种改变的发生有赖于神的观念和榜样模式的改变。神时而被设想为全知者(在亚里士多德那里),时而被设想为全英雄和全立法者和全审断者(在较早的犹太民族那里),如此等等。可以表明,对神的一与多的假定,还有对它的被意指的人格性或非人格性的意义与含义是如何在严格的本质联系中随着它的这些主要被意指的本质质性变化而一同发生变化。所以,例如原发地被设想为全英雄的神本质上还是民族神,例如在最古老的犹太人那里首先还带有最重要的民族财富的神、即兽群的神的色彩,而后(在这个民族有了固定居所之后)则是"战役之神",是军队(Zebaoth)之主。〔希伯来语中的"Zebaoth"指军队,同时也是神的别名(Jahve Zebaoth)。——中译注〕

② 这种作为伦理否定的现实性否定是奠基于对价值结构的始终合乎感受的"否认"之中的,这个价值结构处在流行的神的观念的内涵之中。我们否认一个特定的"神"的现实性,因为我们否认这种被假定的现实性的神性特征。

③ 因此,严格词义上的无神论——无论它的载体作为反对一个流行的神的表象及其对象的反神论能够有多么正当的理由——在根本上始终基于这样一个欺周之中,即把实际上只是对一个特定历史有效的神的观念的否认以及与之相伴的对神的另一个实证内涵的无力(Ohnmacht)(素朴地)看到,误当作是对神的本质的否认(这是一个与对一般的神的不设定以及与对已被设定的"流行的"神的实在性之否定完全不同的行为)。

的榜样内涵。

现在,在这个现象学的事实组成上,尤其是就它自身所包含的价值人格类型的多而言,有一种现象显现出来,我想把这个现象称为所有有限人格存在的本质悲剧以及它的(本质的)伦常不完善性。① 前者植根于后者之中。一个唯一的有限人格(无论是个别人格,还是总体人格)并不是偶然地不能,而是本质上不可能集拢地展示一个近乎完善的圣人范本、天才范本和英雄范本。因此,在价值人格类型的范本(作为榜样)之间的每个可能的意愿对立,即每个可能的"争执",都无法通过一个有限的人格来平息,因为这个"争执"只有通过这样的一个有限的人格才能以公正的方式得到平息,这个有限人格必须是所有三个榜样的共同范本,而这样的有限人格是不可能的。因此,如果只能想象神性是公正地平息一个争执的唯一可能的审断者,那么这个争执便是悲剧的。我们也可以说:法律的观念是以人格在法规上的等值性为前提的。② 但由于在最完善的、具有最高价值的和善的有限人格之间也本质上存在着价值不等性,所以通过它们作为范本而代表的那个类型的价值等级虽然还可以被知道。但对这些争执的人格的价值等级关系的单纯认识却还完全不能使它们的可能争执,即一种涉及同一个善或弊的对立意愿关系,得到公正的平息。这种公正的平息既要以相互争执的人格在一个可想象的法规面前的价值相等性为前提,也要以一个审断者的可能观念为前提,他能够理解并尊重这些争执着的人格。然而"理解"和"尊重"至少要以这样一种可包容性为前提,这个可包容性是指,这些争执的意愿行为的意义和价值在现象上可以被审断者所包容③,但这种可包容性恰恰在这里是完全不可

---

① 笔者在这里预设了在读者方面对拙文《论悲剧(Tragisches)现象》的认识(参见《文章与论文集》第二卷)。因而悲剧的观念是一个伦理学的范畴——尽管悲剧此外还可以成为对一个艺术表现而言的素材。在"遗传的善"和"遗传的恶"中和以意愿和行动的形式的可能冲突中,悲剧成为悲剧性的"命运"——这是一个须要进行完全特别研究的概念。

② 这个命题当然不排除对特定的实证群组而言的所谓例外法则(一如它们几个世纪以来就有效的那样),而只排除这些人格在这个特定法则面前的非等值性,即那个根据这些人格是一个社群单位的部分的状况而起作用的法则。

③ "理解"(陌生意义把握)和"尊重"(陌生意义价值把握)完全不以一个相同体验的实在的在先被体验状态(Vorhererlebthaben)为前提。(参阅笔者的《论现象学与同情感理论》一书,附录。)否则就只能由窃贼来评断窃贼,谋杀者来评断谋杀者了。但它们或许却预设了:在理解着、尊重着的主体中以及在被理解者、被尊重者中,意义统一和价值状况统一还是共同的;即按原先的规定,在它们那里,相关范本的价值人格类型还是共同的。就此而论只能是相等者评断相等者。

能的。唯有英雄才尊重英雄，唯有天才才尊重天才。

如果现在不可能存在一个同等完善的英雄和天才，那么谁应当来尊重①这两个意愿呢？②

然而现在，这个对有限人格的本质不完善性以及从它而得出的某种伦常冲突的本质悲剧的主张不应被混同于另一个思想，一个在直至康德的伦理学历史中——无论是哲学伦理学、还是神学伦理学——起着重要作用的思想，也是一个我们必须明确拒斥的思想。这个思想在这两个本质共属的命题中得到表达：有限人格已经作为有限的而是必然恶的（不仅是"不完善的"，而且还是极端的、即从根子上恶的），并且根本不存在一种与依照一个规范观念而对人格的意愿行为所做的衡量根本不同的衡量，即全然不存在根据人格的伦常完善性程度而对人格所做的衡量。（奇特的是，）这同一个将恶视为已经与有效性相联结的错误思想却可以从关于善和恶之本质的两个完全不同的和对立的谬误中产生出来（而在历史上也是如此）：一方面是从还原的企图中③（例如斯宾诺莎、莱布尼茨、沃尔夫便有这样的企图，康德合理地反对这种企图），即把善和恶的观念回溯到单纯的"完善性程度"上，或者说，回溯到完善性—不完善性的对立上。在这种情况下，有限人格的本质不完善性当然必定就与有限人格本身的一个极端恶的癖好相一致。但是，同一个命题也会产生出来，如果人们随康德一起做一个相反的还原企图，即完全否认伦常质性的完善性和不完善性维度的原初性，或把伦常完善性的观念回溯到愿欲之善良的完善性上，再把这种善良本身回溯到出于义务的义务愿欲

---

① 须要注意，一个意愿行为的意义和价值只有根据愿欲者的人格把握才会充分地被给予（参见前面所说）。附带地说，以为法律仅仅与人格的行动相关，伦理学却与人格的志向相关的看法是完全偏误的。伦理学也不只是与志向（或者说，作为志向表达的行动）有关，而且也与行动本身有关（参见这部著述的第一部分、第三篇）。而法律也不仅仅关系到行动，而是也关系到与在它们之中得到表达的志向。这里的区别在于，法律（自在地）首先只是与社群人格的社群志向和社群行动有关——不是与相对的和绝对的私密人格的私密志向有关，并且仅仅与在那些"被视为相同的"（而不是相同的）法律主体之间在各个使法律秩序得以实现的"法规"方面仍然存有的相对的志向价值的差异性和行动价值的差异性。

② 相似的"悲剧性"意愿冲突也存在于总体人格之间、国家之间、教会与国家、〔民族〕国家与国家之间的本质关系之中。它们——如果性关系超出有限人格区域——也会存在于在女人与男人之间。

③ 与这个还原企图完全相似的是在认识论中的这样一种企图：真与假还原为认识的相即性和不相即性的程度（或种类）（斯宾诺莎）；同样谬误的、如今流传甚广的还原企图是把认识的相即性区别还原为评断的真与判断的假，与这个企图相符合的是伦理学中对完善性程度的否认。

上。从这里必然会产生出关于义务的所谓有效性的错误学说（对完善性维度之否认的相关项）以及这样一种欺罔：有限人格的本质不完善性的存在就已经与一个在先被给予的彻底的"恶"的癖好是等义的了。① 但实际上，完善性和不完善性（完全独立于善和恶）就在于伦常质性（程度不完善性）和样式（种类不完善性）的贫乏与充盈，这些质性与样式是指一个人格在其伦常存在和体验的活动空间中，以及次生地在伦常认识、理解与尊重中，并且仅因为此也在其可能的（善的或恶的）意愿行为与行动行为中所包容的那些质性与样式。可以说，即使魔鬼也有它的完善性种类；只是它恰恰是完善的恶的。② 这门在此遭拒绝的学说或者已经将一种本质悲剧移置于有限人格与自身和与神的关系一般的本性中，并且因此而把有限人格想象为仅仅处在义务与秉好间的永恒斗争之中的、但同时又必然是有罪孽的，或者在斯宾诺莎式的还原的意义上干脆否认悲剧现象③，然而悲剧所具有的

---

① 从历史上看，康德的学说当然是对旧耶稣教的（路德的以及在某些方面加尔文的）原状说和原罪说的一种继续发展，根据后者（类似于在几个诺斯替教派信徒那里），罪孽已经在一个有限身体及其本能的存有中有其居所，而不是在有限精神人格性及其愿欲与本能萌动的关系中才有其居所。尽管如此，康德的学说也是从他的前提中得出的一个严格逻辑的结果，尤其是这样的一个前提：人格的个体化不处在精神人格本身之中，而是处在身体和心灵生活的经验内涵之中，即只是对一个自律的先验理性的单纯含混。人们当然可以探问，在康德的这些前提下为何根本就不可能有（不只是现实的没有）一个恶。伦常法则自在地并且对纯粹理性生物而言是一个"纯粹理性的自然法则""纯粹理性生物本身"的法则；即是说，作为"理性生物"，人不可能是恶的。本能（康德只了解感性本能萌动的"混乱"，参见这部著述的第二部分）自在地是伦常中性的，因而在它们的总和中也就不言而喻地不能为恶提供论证。倘若伦常生活只是从这两个因子中产生出来的，那么就完全不可理喻，它们在有限伦常生活一般中的共同作用为何应当包含一个恶！康德的道德哲学大都是通过一个循环说明来掩藏这个事实组成，这个循环说明就是："纯粹理性的自然法则"在与本能冲动的冲突中成为"义务"（和规范），并且本能冲动只是在与纯粹理性之合法则性的冲突中才成为"恶的"。对于康德本人来说，恶的和极端恶的根本不是那些个别的本能萌动——它们才赋予伦常法则的形式以可能的材料——但却是这样一个事实，即存在着某种类似"本能"的东西。〔参见《纯粹理性界限内的宗教批判》[Kritik der Religion innerhalb der Grenzen reiner Vernunft]。（疑为《单纯理性界限内的宗教》[Die Religion innerhalb der Grenzen der bloßen Vernunft]之误。英译本同德文原本。——中译注）因此，如果康德的许多追随者以为可以将这个学说（由于它出于某个原因而对他们"不合适"）当作康德的单纯怪念头来抛弃，或者以为在极端情况下只能"历史地"予以接受（即作为旧耶稣教的独断论的残余），那么我们就不得不将它标识为最为幼稚的做法。

② 但它始终——在意向中——是一个"高等的先生"、一个地狱的"王公"，并且在这里完全有别于"低贱者""粗俗者""坏人"。

③ 与这门学说处在本质联结之中的泛神论（这里不去确定，实际的哲学家们在这里是否在策略上也始终前后一致）否认悲剧的本质并且不得不将如此所称的东西回溯到单纯的道德性的缺乏上，或回溯到"进步"的缺乏上。

独一无二之处却必定会因此而消失，因为现在要么是所有伦常的存在都具有悲剧特征，要么是任何一个伦常存在都不具有悲剧特征。与这些学说相对立，我们的命题意味着：悲剧现象的特有意义和起源就在于善的价值人格范本之间的合乎本质的种类不完善性（不是程度不完善性）。因此，在悲剧冲突中发生碰撞的不是义务与禀好，也不是义务与义务，而是同样有正当理由的义务圈（Pflichtskreis）之间——在这些义务圈中，每一个"圈"都通过那些陷入相关冲突之中的人格本身的价值存在和价值种类而含有其客观的活动空间。①

如果悲剧通过以上所说而被认识为有限人格世界的一个伦常本质范畴（因而不是一个单纯的历史范畴），那么它就不只是"对"神而言"（für）②，而且也不在神"面前"（vor）不具有任何可能的谓项意义。它始终是价值相对的和此在相对的，并且不具有任何超越的含义。神的观念也被设想为悲剧冲突（不只是道德冲突）的一个可能审断者，并且只有——例如在希腊人那里——当神祇本身还在有限人格的多中被想象时，命运也才能被设想为一个"凌驾于诸神与人之上"的权力，故而悲剧便获得了一个此在绝对的和价值绝对的并因此而是超越的特征。③

随着这门把榜样作用性和反像作用性当作伦常生成和改变之最原初形式的普遍学说的提出，以及随着对纯粹价值人格类型之级序的单纯观念的阐释，这些对伦理学来说基础性的研究便告结束。

不难看出，对这些研究还需要做一个双重的补充。

1. 由于神的观念原初地规定着所有榜样和反像以及制约着它们构形的价值人格类型，所以这些研究的自然进程首先要求有一门关

---

① 对此参阅在拙文《论悲剧现象》中的证明，即在此成为（客观）有罪的不是选择行为，而是选择区域。参见笔者《文章与论文集》第二卷。
② 因而，随哈特曼一起把神本身当作一个"悲剧英雄"的做法不言而喻是悖谬的。
③ 因此，如埃施洛斯和索福克勒斯在艺术形式中为我们所演示的悲剧（Tragisches）现象也表明了一种深度、不可调和性和绝对性，与它们相比，所谓"悲剧"（Tragödie）的所有其他历史形式都显得不是本真的"悲剧"，而只是悲惨表演（Trauerspiel），即对此现象的（仍然以某种方式还建基于主体之中的并且根据主体而是此在相对的）演示。据说今天有些历史学家严肃地相信：在希腊只有一个悲剧现象，因为索福克勒斯、埃施洛斯和欧里庇得斯当时生活在雅典并且发明了这种"悲剧体裁（Form der Tragödie）"。笔者之所以说明这一点，只是为了博得将来的时代对我们这个过于"历史的"时代的古代悲剧观的一笑而已。（舍勒在这里使用了三个"悲剧"概念："Tragik""Tragödie""Trauerspiel"。第一个"悲剧"是指舍勒所说的"有限人格世界的一个伦常本质范畴"，第二个"悲剧"主要是指希腊悲剧意义上的悲剧，第三个"悲剧"是通常所说的"喜剧""悲剧""悲喜剧"等意义上的悲剧。中译在此无法找到与之对应的汉语概念。——中译注）

于神的本质学说连同对神的本质性在其中被给予的那些行为种类的探讨(宗教理论)。但必定有一个问题与此相衔接：对"神祇"这样一个本质的实在设定在"对某物的信仰"(faith)的实证宗教的基本行为中是否以及如何是可能的或必然的。由于特别是对原初的和后继的圣人的价值人格类型连同其丰富的子类型（"神人""先知""预言家""救赎师""神的使者""负有使命者""救星""神医"等）的探讨要以这个研究为前提，因此，在几年前就已经写完了的对价值人格类型本身之学说的阐述就不能够在这个联系中被告知——如果我们不想同时也把上帝学说(Gotteslehre)①和宗教哲学一起纳入这项研究中来的话。但我之所以宁可将我的这些涉及从伦理学向上帝学说过渡的探究另行发表，也是因为我觉得这样的做法更为正确，即不在这些不依赖所有对宗教和宗教伦理的哲学研究的并且独立有效的伦理学基础学说上负载那些其他的研究。因此，这项研究最近会在另一卷中发表。②

2. 这部著述所要求的是具体阐述关于所有价值人格类型、它们的级序和它们的子类型的学说。我在这部著述的开端曾想一同发表这个研究，而且我在关于伦理学的讲座中通常也一同纳入了这个研究，我之所以将它收回还不仅仅是出于上述原因，而是因为，当一个对价值人格类型在社会化和历史的基本形式以内所起的本质作用的探讨直接与之相衔接时，这个研究才会获得它的完整意义和总体收益。但这个探讨也要求对在这部著述中只是被概略论述的社群社团的基本形式学说进行极为具体的拓展。唯有在这种拓展的基础上，关于价值人格类型连同其社会—历史功能的学说才能扩展成为一门人的"使命"(Berufe)的本质学和伦理学，在这样的一门学说中，人的使命所具有的持恒的东西和历史可变更的东西被区分开来，而且这些使命在一个实证时代和一个实证社群性的总体结构中的改变以及它们各次的拓展的某些方向和法则可以得到揭示。

这第二个补充应当在一项比前一个提到的研究迟后许多才会发表的关于"价值人格类型与人类使命的社会学"的研究中得到展示。

---

① 这里把"Gotteslehre"译作"上帝学说"只是为了将它与"神学"(Theologie)这个同义概念区别开来。——中译注
② 标题为《论神祇的本质以及对它的经验形式》。

爱的秩序[①]

"爱的秩序"的规范性含义和描述性含义

我处在一个无可估量的感性客体与精神客体的世界中，它们将我的心与我的激情置于永无止息的运动之中。我知道，以感知与思考的方式为我所认识的对象，以及我所欲、所选、所做、所为、所成就的一切，都依赖于我心的运动之作用。对我而言，由此可以得出：我的生命与活动的所有正当性或谬误性和倒错性都取决于：我的爱与恨、我的喜与憎、我对这个世界的事物的多重兴趣的种种萌动是否具有一个客观正当的秩序，我是否可能将这个"爱的秩序(ordo amoris)"铭刻在我的情感上。

无论我是根据其最内在的本质来研究一个个体、一个历史时代、一个家庭、一个民族、一个国家，还是任何其他的社会历史单位，我都只会在认识了它的层次分明的实际价值评估和价值偏好的系统之后才能最深入地认识和理解它。我将

[①] 本文选自《舍勒全集》第 10 卷，第 347—376 页，波恩 1986 年版。——中译注

这个系统称作这个主体的习俗(Ethos)。① 这个习俗的最基本核心是爱与恨的秩序，是这种统治着和主宰着的激情的建构形式，而且这种建构形式首先处在一个业已成为榜样的阶层中。这个主体的世界观和所作所为始终受到这个系统的控制。

因此，一个爱的秩序的概念具有双重的含义：一个规范性的含义和一个仅仅事实性的和描述性的含义。它的含义并非在此意义上是规范，就好像这个秩序本身是各个规范的总和一样。如果这样，它就只可能是通过一个人或神的意愿而被设定的，但却不会是以明见的方式被认识的。恰恰有这样一种根据其内部的、应属于它们的价值来进行的对事物的所有可能的可爱性②之等级秩序(Rangordnung)的认识。它是所有伦理学的中心问题。但尽可能像上帝爱事物一般地爱事物，并且在自己的爱的行为中明见地一同体验到在价值世界的这同一个点中神与人的行为的全然齐心协力，这将会是人之所能的至高点。因而唯有在客观正当的爱的秩序作为已被认识的秩序而与人的意愿相关联，并且从一个意愿出发而被颁布给他时，这个秩序才会成为规范。③ 但在描述性方面，爱的秩序的概念也具有根本价值。④ 因为它在这里是手段，即在道德方面事关重大的人的行动、表达现象、意愿、伦常、习俗、精神作品的起初混乱的事实后面找到目标有效的人格核心的最基本目标的最简单结构——仿佛是这个主体的道德生存和生活所依照的伦常基本公式。因此，我们在一个人身上或一个群组那里所能认识到的道德上至关重要的一切——无论有多么间接，都必定可以还原为他的爱恨行为与爱恨能力之建构的特殊类型：还原为那个控制着它们的、在所有冲动中表达出来的爱的秩序。

---

① 关于"习俗"可以参见《伦理学中的形式主义与质料的价值伦理学》[以下简称为《形式主义》](第四版，伯尔尼，1954年)，第五篇、第6章；关于"习俗与榜样"参见该书第六篇、B、第4章、第6点a，此外还可以参见本书[即《舍勒全集》第十卷：《伦理学与认识论》]前面的论文《榜样与领袖》，第二篇。——编者注

② 然而客观的爱的秩序的观念并无有赖于上帝此在的命题。[关于伦理学的基础学说相对于所有宗教和宗教习俗的哲学研究的独立有效性可以参见《形式主义》的结尾部分(第595页)。]

③ 关于"价值"与"规范"参见《形式主义》第四篇、第2章。——编者注

④ 这里的"可爱性"的德文是"Liebenswürdigkeiten"。它的基本含义与价值有关，意思更多是指"值得爱"。——中译注

一、周围世界、命运、"个体使命"与爱的秩序

谁拥有一个人的爱的秩序，他就拥有了这个人。他拥有对作为道德主体的他而言的东西，这也是晶体公式对晶体而言所拥有的东西。他会如此深远地看透一个人，就像一个人所能做到的那样。在所有经验杂多性和复杂性背后，他会亲眼看到他的情感的简单运行的基本路线；与认识和意愿相比，他的情感更配得上作为精神生物的人之核心的称号。他在一个精神的范式中拥有原泉源（Urquell），它隐秘地提供了来自这个人的一切；它还提供了对那些持续地打算围绕在它周围的东西的原初规定（Urbestimmendes），即在空间中它的道德的周围世界，在时间中它的命运；即是说，成为可能之物的总和，这个可能的东西发生在他这里并且只能发生在他这里。因为，没有他的爱的秩序的共同作用，魅力价值（Reizwert）在其种类和程度方面就已经不会根据某些独立于人的、冲击着人的自然效应来铭刻下自己的印记。

在最简单的、尚未成为事物或尚未具有善业（Güter）形式的价值和价值质性的各个特殊等级秩序中，即在那些展示着他的爱的秩序的客观方面的价值和价值质性的级序中，人就像是在一间他四处带着跑的屋子里迈步前行；无论跑得多快，他也无法摆脱这个屋子。他透过这个屋子的窗户来觉知世界和觉知自己——除了这些窗户向他在世界和自己的状况、大小、颜色方面所展示的东西之外，他无法觉知比此更多的和与此不同的东西。因为，即使每个人持续不断地在空间中漫游，他的周围世界结构——在其总体内容上最终是根据其价值—结构而被划分的——是不会变动和变化的。它只会随着特定的个别事物而重新充实自己——然而是以这样一种方式，即连这个充实也是按照由环境价值结构所预先规定的构成法则来进行的。① 善业事物（Güterdinge）（即人在其生活中所依循的那些善业事物）、实际事物、意愿阻抗和行动阻抗（即人的意愿形成于其上的那些意愿阻抗和行动阻抗）——它们也已经为他的爱的秩序的特殊选择机制所贯穿，而且仿佛是经过筛选的。并非是同一些事物和人，而是以某种方式是这同一类，而且是这同一些"种类"，它们无论如何是价值的种类，在时时处处根据某些恒定的厚此薄彼的偏好（或偏

---

① 关于"周围世界结构"="周围世界价值结构"可以参见《形式主义》第三篇。——编者注

恶)的规则使他产生好感或反感，无论他走到哪里。不仅是他关注、留意的东西和他不关注、不留意的东西在规定着这种(作为来自事物的——而非所谓的主动注意力一样来自自我的——吸引与排斥而被觉察到的且本身重又按照潜在有效的、作为接触的准备而被体验到的兴趣与爱的态度而被规整和划界的)偏好和偏恶，而且它已经规定着可能的关注活动与留意活动本身的材料。真实事物通常会随着一声仿佛全然原始的、先行于感知统一的价值信号之号角而来我们的周围世界的门前报到："这里有事了！"——一个发自事物而非发自我们体验中的信号——并且在进一步的进程中从世界远方出发而作为成员进入我们的周围世界之中。恰恰是当我们例如不再跟随事物的吸引时，当我们由于在这个吸引的有效阶段已经做出有意地抵御而不再达到对这个吸引之出发点的某种感知时，或者当一个更强的吸引已经将这个较弱的吸引扼杀在萌芽状态时，这个报到的"现象"就会清晰地表露出来。

　　但人的爱的秩序及其特殊形态就隐藏在这种吸引和排斥之中。而就像周围世界的结构不会随各个实际的周围世界的变化而变化一样，人的命运的结构也不会因为他在未来所亲历的、所意欲的、所行动的和所创造的新东西而改变，或因为他所遭遇的新东西而改变：命运与周围世界是建基于人的爱的秩序的同一类要素之上的，而且仅仅因为时间和空间的向度才有所不同。它们的有规律的构成方式——对它们的研究属于一种对"人"这个道德生物的深入研究的最重要问题——随时随地都遵循着爱的秩序。

　　稍后①将会确定，关于恰恰是爱的秩序之混乱的学说会为理解人的命运提供何种成就。这里要说的只是，我们唯一有权能够称作"命运"的东西是什么。肯定不是所有那些在我们周围和在我们之中发生的、我们能够自由地通过我们所意欲的或所端出的那些东西；肯定也不是所有那些纯粹从外部而来到我们面前的东西。因为即使在这些东西中，我们也会觉得有许多东西是过于偶然的，以至于我们不想将它们算作我们的命运。关于命运，我们所要求的是：虽然它是以非意欲的和大都无法预料的方式出现在我们面前，但它所展示的不是一个遵循因果强制而发生的事件与行动的系列，而是一个贯穿的意义的统一，它向我们表明自己是人的性格与在他周围的和在他之中的发生事件的一个个体的本质共属性。因而就是这样的东

---

① 在这篇论文中多次提到后期的、在手稿中未发现的部分；参见"关于手稿的说明"。——编者注

西：在纵观一个完整的生命或一个更大系列的岁月与发生时，虽然我们也许会觉得这些发生事件的每个个别案例都完全是偶然的，但它们的联系——即使这个整体的每个部分在到来之前都曾是不可预测的——所反映出来的东西，正好就是我们也必须视作这个相关个人之核心的东西——这恰恰构成了命运的特别之处。这是一个完全独立于意欲、意图、愿望，但也完全独立于客观实在的发生事件以及这两方面的联结与相互作用的世界与人的和谐（Zusammenstimmung von Welt und Mensch），它在生命进程的这种单义性（Einsinnigkeit）中将自己透露给我们。因为，命运在内容上如此确定地包含着对人而言"发生"的东西、因而也是处在意志与意图彼岸的东西，它在内容上也只能如此确定地仅仅"发生"在这同一个道德主体身上。所以它是这样的东西，即它处在某种性格学上可确定描述的关于世界的体验之可能性的活动空间中，这些活动空间也会在外部发生事件不变的情况下因人的不同和民族的不同而变幻不定。而只有那些在真实发生事件上充实着这些活动空间的东西，才可以被称作一个人的"命运"。而恰恰在这个更为确切的词义上，一个人的实际的爱的秩序的构成方式——而且他的构成方式要依照完全特定的规则，即对他童稚时期的原始的爱的价值客体的逐步功能化①的规则——主宰着他的命运之内涵的进程。

我们在明晰的、规范性的和单纯描述性的意义上需要理解的爱的秩序做出现有的暂时澄清之后，也应当说明，如何理解正当的爱的秩序的一种既成的无序，存在着哪些无序的种类，或如帕斯卡尔的生动说法"心的无序"（désordre du coeur），以及应当如何理解从一个曾经有序的整体状态走向一个无序的整体状态的过程，即是说，如何理解心的秩序之紊乱的概念。最终还要提出这个问题：这种紊乱的动力是如何形成的，以及以何种方式可以导致对有待描述的紊乱的基本形式和种类的解决，即如何能够（根据可能性）来完成在一个主体中的正当的爱的秩序的重建。当然，这里的最后一个问题还属于在其特性方面还不甚明了地被认识的和较为确定地被阐述的教育学领域与人的福祉的治疗术领域，对这个问题的回答首先取决于在明晰的和普遍有效的爱的秩序中以及同时在个体福祉规定之中产生的相关主体的福祉理想，其次取决于已经被认识的紊乱的心理动力。

---

① 关于"功能化"可以参见本书前面第220页。——编者注

但我们在这里并不想将概念澄清的问题分离于实事研究,而在开始进行实事研究之前,我们只需要说明:在与环境和命运的关系中的"个体使命"在这里究竟意味着什么。

对于我们来说,一个正当的和真实的爱的秩序的观念是一个严格客观的和独立于人的万物之有序可爱性(Liebenswürdigkeiten)王国的观念——这是某种我们只能认识,不能"设立(setzen)"、创造、制作的东西,与此相同,对一个精神的个体主体或集体主体的"个体的使命"也是一个虽然因为其特殊价值内涵而对这个主体的指向——而且仅仅是对它的指向,但尽管如此也仍然是某种客观的东西:不是可以设立的东西,而仅仅是可以认识的东西。这种"使命"表达了在世界的福祉计划中恰恰归属于这个主体的职位,但也随之表达了他的特殊任务,他的古老词源学词义上的"职业/召唤(Beruf)"。主体有可能对它产生错觉,有可能(自由地)错失它——而且有可能认识它和实现它。如果我们试图以某种方式对一个主体做出道德完善的评判和估量,那么我们在精神目光中除了普遍标准之外还必须一并掌握那个始终属于它而非我们或其他主体的个体使命之观念。我已经在其他地方①曾尝试指出,我们如何能够和凭什么能够对他的各种生活表现进行直观,从而把握到这个个体观念,以及如何能够和凭什么能够以仿佛超越其经验实现(这种始终只是残缺的)的方式提取出一个总体形象,从而把握到他的志向的最核心意向。

由于伦常宇宙的本质就在于,恰恰是在最可想象的完善性案例中展示自己,而且是在普遍有效的客观的善的范围内,即使是在一种永远无法完结的个体的、一次性的价值构成、人格构成与善业构成的丰富性中,但它同时是在一系列历史上每次都是一次性的存在瞬间、行动瞬间、价值瞬间中展示自己,每个瞬间都拥有其"当日的要求""当时的要求"。所以,不是这种非同形性(Ungleichförmigkeit),而恰恰相反是同形性(Gleichförmigkeit),即对于所有种类的人、民族、国家、联盟而言的完整标准的同形性,才是一种伦常的非存在应然者(Nichtseinsollendes)。也只有在人之一般(Menschen überhaupt)(而且尤其是理性精神生物)的普遍有效的使命范围内,所有个体的使命才能找到位置。个体的使命也并不因为它只能被它为之而在的人所认识并仅仅被他所实现而是"主观的"。也很有可能是这种情况,即

---

① 参见《形式主义》,主要是第六篇、B;关于后面对"团结"的阐述可以参见该书的第六篇、B、第4章、第4点。

另一个人比我自己更确切地认识到我的个体使命；也有可能在实现这个使命的过程中有另一个人为我提供了完成这个使命的有力帮助。以一种共同(miteinander)生活、共同行动、共同相信、共同构成的形式在此存在和互为(füreinander)存在，并且彼此珍重——这本身就是每个有限的精神生物之普遍有效使命的一个部分，因而也是在个体使命的本质天性(即每个人都已经在他自己的特例中认识到，每个人都有这样的使命)那里的情况，即也为每个人明见和实现他的个体使命而共同承担责任。个体使命的观念因而并不会排斥，而是在自身中就包含着来自各个道德主体的罪责与功绩方面的相互间的责任性之团结一致。

现在已经无须再说明：一个人的所有现实生活既可能随意地大幅度偏离普遍有效的规范，也可能随意地大幅度偏离他的个体使命。在这里对我们来说重要的是，他的个体使命与他的周围环境结构和他的命运有可能一部分处在一致的状态中，一部分处在争执的状态，而且是在所有程度上——尽管周围世界结构和命运本身是已经完全不同于那些仅仅实际从外部触及他的东西和有效的东西。因此，他的命运首先不会是人的个体使命。只有这种设想、而非对一个命运本身之事实组成的承认，才配得上叫作宿命论。只有当人们将命运物化了(verdinglicht)，就像希腊人将他们的赫玛墨涅①物化了一样，或者，只有将它同时与使命一起归结为一个前世界的神本身的选择，就像奥古斯丁和加尔文的神恩选择一样，这种情况才会有效。但周围世界结构和命运(在上述特定意义上)现在仍然是一个自然的和原则上可领会的已生成的东西——因而不只是每次都偶然的现实的和有效的东西。命运是不能被自由选择的，就像有些误识其本质的、完全误识在我们之中的自由与不自由的各个层次的非决定论者所以为的那样。选择领域——或选择行为可以在其间进行选择的东西——是受命运规定的，但命运并不受选择规定。② 但命运仍然还会从自身出发而不断地成长起来，连同那些提供着内涵的并将曾在时间上先行的内涵重新功能化的人的生活、民族的生活本身；它绝大部分是在个别人的生活中构成自身的，无论如何是在种类的生活

---

① 赫玛墨涅(Heimarmene，εἱμαρμένη)是希腊神话中的普遍命运女神，最初的神法涅斯之女。——中译注
② 关于"选择领域"和"命运"可以参见本书中的论文"现象学与自由的形而上学"。——编者注

中。这同样还对环境结构有效。

人格命运与环境结构一样不是被自由选择的,那么人就可以以完全不同的方式无人格地(personfrei)对待它。他可以如此受它的魅力诱惑,以至于他都不会将它认作命运(就像水族馆中的鱼);但他也可以在认识它的同时凌驾于它之上。此外他可以献身于它或对它做出抗拒。甚至他原则上——后面还会表明——既可以抛弃他的周围世界结构(不只是各个偶然的内涵),也可以抛弃他在所有完满程度上的命运,要么就只有做出改变。当然,与处在他的环境结构和他的命运的界限内并且无法脱离其活动空间的自由选择不同,他能够仅仅通过行为和举止进行改变,它们本质上有别于那些他用来进行所谓"自由选择"的行为与举止——而更为重要的是:他永远不能独自进行改变,而是只能在这里的构造上必然的、处在他的命运和他的环境结构之外的生物的共同帮助下进行改变。但作为整体的人类和单个的人、集体,就他们的命运总体上就在于同样需要抵抗人的普遍有效使命这一点而言,只能通过上帝才能进行改变了。

命运与环境结构一样,是从有目标成效的判断活动、选择活动、偏好活动的行为中生长出来的——后面还会进一步表明这一点,但不是从主动的、自由意识到的这类行为中生长出来的,而是从人的心理活动主体的自动的、但在他人的共同帮助下还可以偏离的进程中生长出来的。相反,个体使命是一个人格性形式中的无时间的价值本质性。它不是通过人的精神而被构成或被设立的,而只是被认识,或在生活与行动的自身经验中仅仅连续地在其全部的丰富内容中仿佛是被揭露出来,与此相同,它也只是为了我们之中的精神人格性而存在。

个体使命因而是明见的事情(Sache der Einsicht),而命运只是某种有待觉察的东西(etwas zu Konstatierendes):一个自身价值盲目的事实状态(Tatbestand)。

命运本身又是爱的一个特定变种:它应当先行于对个体使命的认识,它是根本有别于所有所谓本己之爱(Eigenliebe)的真正的自身之爱(Selbstliebe)或对本己福祉的爱。在本己之爱中我们看到一切,也看到我们自己,只是在意向中通过"自己的"眼睛并同时将所有被给予者、因而也包括我们自己与我们的感性感受状态相联系,以至于我们并不会有所分别地、清晰地将这种联系意识为联系。因而在滞留其中时,我们也可以使我们自己的最高精神能力、才华、力量,甚至将我们使命的最高主体本身变为我们身体的以及它的状态的奴隶。我们"没有舒展我们的才华"——我们在荒废它。我们在本己之爱中觉知一切，因此也包括我们自己，但这个觉知是被一张色彩斑斓的错觉幻想的布所覆盖的，其中还编入和织入了沉闷、虚荣、野心、傲慢。而在真正的自身之爱中的情况则完全不同。在这里，我们的精神目光和它的意向光束是瞄向一个超越世界的精神中心的。我们"就像是"通过上帝的眼睛来看我们自己——而这首先意味着：完全是对象性的，其次意味着：完全是作为整个宇宙的成员。也许我们还爱我们，但始终只是作为在一只洞察一切的眼睛前的我们，而且不多不少仅仅是就我们能够在这只眼睛面前存在而言。除此之外，我们恨我们身上的一切——我们的精神越是深入我们的这个神的形象之中，而且它越是在我们面前壮丽地成长起来，它另一方面越是偏离开我们在神的恒定之外在我们身上和我们心中所发现的形象，这种恨就会越发强烈。那个具有自身构形和雕刻功能的自身纠正、自身教育、懊悔、禁欲之锤，会击中我们身上凸显出那个构形之上的所有部分，正是这个构形为我们提供了这个在上帝之前和之中的形象。

当然，只有借助苏格拉底意义上的自身认识的行为，个体使命才会显露给我们，它的各个特殊质料、特别内涵的被给予方式各有不同①。没有关于它的肯定的、确定的形象，遑论一个可表述的法则。只是在我们于某时某地偏离它时，在我们于某时某地在跟随歌德意义上的"错误倾向"②的过程中所一再重复获得的感触中，而且仿佛是在对那些事后将它们联结为一个整体、一个人格形态的诸感触点的分界线上，我们的使命的形象才凸显出来。但恰恰是这个事实状态（它对于这个形象的表达和陈述来说是个缺陷）构成了这个形象对我们的杰出而肯定的驱动力。甚至不言而喻，那些始终当下的和隐秘地作用于我们的东西，那些从来不加强迫地一直带领和引导我们的东西，是不能被感知为意识的特殊内容的——它始终只是在我们心中消逝和产生的"过程"；在我们心中言说和指挥的永恒真理，不是一个大声的和命令着的真理，而是一个完全静谧的和警告着的真理，但我们的行为越是违逆它，它发出的声音就越大。因此，如

---

① 这里的"各有不同"的德文原文在1933年的第一版和1986年的全集版中都是"ein eigen Ding"，也可译作"一件特有的（或自己的）事情"。——中译注
② 关于"错误倾向"可以参见 J.P. 艾克曼《与歌德的谈话》（Gespräche mit Goethe），"1828年4月12日的谈话"。——编者注

果所谓否定神学的方法①正确地被理解，即如此地被理解：否定并不规定、更不在含义上穷尽被寻找的对象的什么（Was），而只应当通过逐渐地减少来使这个对象完全地和在其全部丰富性中显露出来，那么我们的个体使命的自身认识就好像是在否定神学的方法中工作。而它在技术上恰恰出于这个原因而不太会是一种肯定的构形，反而是一种——不论通过何种中介——对"错误倾向"（或对那些被感触到的使命形象与我们的经验上可观察的自身［Selbst］的相合点所抗议的一切，或者说，被感触到的争执点所抗议的一切）的驱赶、抑制、"救治"，这会促成在最大程度上实际地达到使命。关于这种技术，我们后面还会再讨论。

命运与环境如何不同于个体使命，这也通过下面这个事实表现出来：在它们之间的一种悲剧性的争执关系以及一个主体对此的清晰意识都是可能的。因为并非在一个人、一个民族等偶然现实是有违使命的时候，而是当使命与命运本身彼此处在斗争和争执状态的时候，当更为遥远的生命可能性的自身生成的活动空间仿佛是拒绝了被认识的使命的时候，那些争执才会在卓越的词义上是悲剧性的②。当我们看到有些人甚至有些民族被迫用他们的命运来反对他们的使命时，当我们看到有人不仅不"适合"他们的偶然的、临时的环境内涵，而且已经不"适合"那个环境结构——这会在原则上迫使他们去选择更新的、结构相似的环境，这时就有悲剧性的关系存在。这种不和谐能够在多大程度上得到解决，对此我们会在后面讨论，在那里我们感兴趣的是在我们身上的特殊的命运使命的③力量的消融。

但我们现在还是转向对正当的爱的秩序之形式的更缜密研究，还有对人的精神对爱的秩序的占有方式，或者说，对人类精神所发现的自身与爱的秩序的关联方式的更缜密研究。因为唯当我们对此形成了特殊而清楚的观念时，才有可能——这是这篇论文的主要论题——根据某些基本类型来整顿爱的秩序的混乱并说明这些混乱的来源。④

---

① 关于"否定神学"可以参见"宗教问题"，同上书。——编者注
② 关于悲剧现象可以参见《论价值的颠覆》。——编者注
③ 这里的"命运使命的"的德文原文是"schicksalbestimmend"，有双关含义，也可以译作"决定命运的"。——中译注
④ 参见手稿说明。——编者注

二、爱的秩序的形式

我们在其他地方①曾深入探讨过形式意义上的爱的本质。我们在那里撇开了心理学的和器官组织方面的特殊性和附带现象不论，无论它们是在表彰还是在贬低其以人为载体的爱。这时仍然留给我们的便是本质规定：爱是这样一种倾向或随情况不同而是这样一种行为（Actus）：它试图将每个事物都引导到它所特有的价值完善性的方向中，而且引导到没有形成障碍的地方。因而我们将爱的本质定义为在世界之中和世界之上进行的建立和建设的行动。"谁在静谧中环顾周遭，谁就学到爱在如何建构"（歌德）。人的爱只是这个普全的、在万物之中和在万物之上起作用的力量的一个特殊变种，甚至可以说是它的部分功能。在这里，爱对我们来说始终以动态的方式而使诸事物在原形象方向上的生成、成长、涌现，这个原形象是在上帝之中由这些事物设定的。因而爱所创造的诸事物的这个内部价值生长的每个时期（Phase）都始终也是一个阶段（Station）——一个尽管如此遥远、却仍有联系的通往上帝的世界道路的阶段。每个爱都是一个尚未完善的、常常入睡的（einschlafend）或贪爱的（vergaffend）、仿佛在其道路上歇息的对上帝之爱。如果这人爱的是一个事物、一个价值，例如认识的价值，如果他爱的是在这个和那个构成物中的自然，如果他爱的是作为朋友或作为其他某种东西的人——这始终都意味着，他在其人格中心作为身体的统一而从自身中走了出来，他通过其行动和在其行动中是一同活动的，他赞同这个在异己对象中朝向特有完善性的倾向，参与它、促进它，祝福它。

因此，对我们来说，爱始终也同时是原行为（Urakt），通过这个原行为，一个存在者——在仍然是这个有限的存在者的情况下——会出离自己，以便作为意向存在者（ens intentionale）如此地分有和参与另一个存在者，以至于两者还不会以某种方式成为彼此实在的部分。② 因此，我们所说的"认识"——这个存在关系，它始终预设了这个原行为：一种对自己和它的状态、它自己的"意识内容"的出离，一种对它们的超越，以便尽可能与世界建立起一种体验联系。而我们真正称作"实在的"东西，首先预设了某个主体的一个实在化意愿

---

① 参见作者的《同情》（在第一版和扩展版中）的 B 部分。——编者注
② 参见《论人中的永恒》中的"哲学的本质"。——编者注

的行为，但这个意愿行为却预设了一个先于它出现的、赋予它以方向和内涵的爱（Lieben）。因此，爱始终是认识和意愿的唤醒者——甚至就是精神和理性本身的母亲。① 但这个参与万物的唯一（Eine），若无它的意愿因而也就没有任何实在的东西能够是实在的，而且万物通过它而以某种方式（在精神上）相互分有并相互团结在一起，这个唯一创造了万物，而万物则在适合于它们和分派给它们的限度内一同奋力升向它：这个唯一是全爱者，因而也是全知者和全愿者，是神，即作为一个宇宙和整体的世界的人格中心。万物的目标和本质观念是永恒地在它之中被先爱（vorgeliebt）和先思的（vorgedacht）。

因而爱的秩序是作为一个上帝秩序的世界秩序的核心。人也处在这个世界秩序中。他作为最称职的和最自由的上帝侍者而处于其中，只有作为这样的侍者，他才也可以叫作创世主。这里所思考的只是从属于他的、他所特有的爱的秩序的那个部分。

在人是思维的存在者（ens cogitans）或一个意愿的存在者（ens volens）之前，他就是一个爱的存在者（ens amans）。他的爱的丰富性、阶次性、差异和力量界定了他的可能精神、他与宇宙的可能联系之跨度的丰富性、功能类别和力量。在所有现存的可爱性中——它们的本质性先天地界定了他所能达到的实际善业，只有一部分是本质上可以为他所达到的。这个部分是由人一般地能够、并因此也在任何事物上能够把握到的价值质性和价值模态所规定的。不是他所能认识的事物及其特性在规定着和界定着他的价值世界，而是他的价值本质世界在界定着和规定着那个对他来说可认识的存在，并将它像一个岛屿一样从存在的海洋中提升出来。他的情感牵挂于何处，那里对他而言就始终是所谓事物的"本质"之"核心"所在。而那些远离这个对象的东西，在他看来就始终是"虚幻的"和"衍生的"。他的实际习俗（Ethos），即他的价值偏好与价值偏恶之法则也规定着他的世界观的结构与内涵、他的世界认识、他的世界思维，还有他的为事物的献身意愿以及对事物的主宰意愿。这种情况既对诸个体有效，也对各个种族、国家、文化圈有效，既对诸民族和家庭有效，也对各个党派、阶级、等级、阶层有效。在对所有人都有效的价值秩序以内，单个的人性形式已经被分派了特定的价值质性圈，而且唯有它们的和谐、它们在共同世界文化建设中的相互组合才能够展

---

① 参见《形式主义》（概念索引）和"爱与认识"文。——编者注

示出人类情感的整个程度与范围。①

即使可爱性从神的全爱出发来看是由这种爱的行为所铸造和创造的，人的爱却并不是由它铸造和创造的。它只需承认它的对象性要求，并且屈服于自身的、但自身"为"人而存在的、根据人的特殊本质来排列的可爱性的等级层次。因此，才会有一种带有对与错的特征的爱，因为人的实际禀好和爱的行为有可能与可爱性的等级秩序相一致或相争执——我们也可以说：能够与爱（上帝在创造世界之前就已经带着这种爱在爱世界的观念或世界的内涵，并且每时每刻都在继续保持它）合一或分离，并且在对立中感受它和知道它。如果人在实际的爱中或在他的爱的行为的建构秩序中，在偏好与偏恶中颠覆这个自在存在的秩序，那么他自己同时也就在意向上颠覆了神的世界秩序。因此，只要他颠覆了它们，他随之也就必然会颠覆他的作为可能认识对象的世界以及他的作为意志领域、行动领域和作用领域的世界。

这里不是讨论可爱性的王国之等级层次的场所。这里只需要就这个王国的形式和内涵做一些说明。

从原子（Uratom）和砂粒到上帝，这个王国是一个王国。这个"统一"并不意味着封闭。我们意识到，在被给予我们的它的诸多有限部分中，任何一个部分都无法穷尽它的丰富与广袤。哪怕我们只有一次经验到，在一个可爱性旁是如何出现了另一个可爱性，在同一个对象上或在另一个对象上，或在一个至此为止在某个价值区域中被我们看作"最高的"可爱性上出现一个更高的可爱性，那么我们就会见识到一个在此王国中的进步过程或深入过程的本质，我们从这个本质上看到，这个王国不可能有一个确定的边界。仅因为此，这一点也是不言而喻的，即任何一个通过在一个与其相应的对象上的充实而完成的对某种爱之萌动的满足，其本质都在于，它不可能是一劳永逸的满足。某些按自身法则制造其对象的思维运算（例如从 n 到 n+1 的推理）的本质就在于，不可能设定对它们的运用的界限，与此相同，在可爱性中充实自身的爱的行为的本质也在于，它可以从价值行进到价值，从高度行进到不断增加的高度。"我们的心过于辽阔了"——帕斯卡尔如是说。即使我们的实际的爱的能力还是如此有限，即使我们也知道这一点——我们确切地知道并同时感到，这

---

① 关于习俗、价值视角主义与在价值王国之实现中的团结可以参见《形式主义》第五篇、第6章。——编者注

个界限既不处在那些可爱的有限客体中,也不处在爱的行为本身的本质中,而是只能处在我们的器官组织中,以及它的对于爱的行为的产生和释放而言的各个条件中。因为这种释放是束缚在我们身体的本欲生活(Triebleben)以及它因一个刺激性的客体而产生的需求之上的。但并不束缚在此之上的是我们在其中作为爱的价值本身而把握到的东西,并不束缚在此之上的还有这个王国的形式和结构,而这个爱的价值正是作为这个王国的成员在向我们展示自己。

爱在爱的活动中始终会爱得和看得更远,超过它所掌握和占有的东西。即使它所释放的本欲冲动会疲惫,它本身却不会疲惫。这种"心的升华"(sursum corda)是它的本质,它可以在价值区域的不同高度采纳根本不同的形式。在其舒适客体上的日趋迅速减退的享受之满足会在相同的,甚至本身不断减退的欲望冲动过程中将单纯的好色之徒不断加速地连续从一个客体推到另一个客体那里。因为这种水喝得越多越会令人觉得干渴。反之,精神客体——无论它们是实际的事情,还是被爱的个人——的爱好者的满足,即那种就其本性而言日益增长和日益深入地得到充实的满足,会在原本指向它们的本欲冲动保持不变或减弱的情况下仿佛始终在制作新的允诺;它使爱的运动的目光始终越过被给予之物而向外去观望。这个运动——在人格爱的最高情况中——恰恰借此而原则上会将人格在其特有的同一性方向和完善性方向上做无限的展开。

但这两种情况,即单纯的享受满足和最高的人格爱,都是同一个本质无限的过程在这里和那里的显现,这两种情况都拒绝了最终有效性的特征,即便是出于相反的理由——在那里是因为堕落的满足,在这里是因为升华的满足。当被爱者意识到,爱者从爱那里拿来、却又从爱那里取走的爱的理想形象不能得到满足或仅仅部分得到满足,这时的指责是最令人痛苦的,并且作为对人格的核心的激励是最为有效的,这会激励他在一个已有的完善性的方向前进。在心灵的核心中会立即形成一个有力的冲击,它会一直生长到这个形象之中:"让我显现,直至我生成。"作为这个过程的本质无限性的表达,在那里是诸客体的加快变换,在这里则是加快深化到这一个客体的增长的丰富性中。如果这种无限性在那里可以被感受为一种不断增多的不安宁、无休止、匆忙以及在这些状态上的折磨,即感受为一种追求模式:总有新的推动变为总是新的、晕眩般的环顾转向的源泉,那么在这里,在对象中从价值到价值的幸福推进则伴随着一种增长的安宁、充实,而且它是在那种积极的追求(Streben)形式中进行的，因为一个被预感到的价值的新的吸引所带来的结果是一个已被给予的价值的持续留存。总有新的希望与预感在伴随着它。因而被我们体验为能力的爱，具有一个负价值的无限性和一个正价值的无限性，因此建立在爱的行为基础上的追求也有一个负价值的无限性和一个正价值的无限性。至于追求，叔本华的疲于奔命的、滋生苦痛的"意志"与莱布尼茨、歌德—浮士德和费希特那里的幸福的、朝向上帝的"永恒追求"，它们之间存在着天壤之别。

因而一种本质无限的爱的行为——即使受到其载体的器官组织类型的破坏、束缚和分化——为了得到满足而要求一个无限的善。因而上帝观念的对象（从善和无限存在形式的这两个谓项的这个形式的方面出发）已经因为所有爱的这个本质特征的缘故而成为一个爱的秩序的基础。"直至在你之中，我们心才得到安宁。"①上帝且唯有上帝才能够是可爱性王国的阶梯形的和金字塔形的建构的顶尖——同时是这个整体的起源和目的。

因而每当人作为单个人或作为社团相信已经在一个有限的善上获得了他的爱的渴望的绝对最终的充实和满足时，它所涉及的都是一种妄想、一种他的精神伦常发展的停滞、一种受一个本欲冲动束缚的状态，或者更确切地说，一种将释放爱并限制爱的客体的本欲冲动的功能颠倒为一种束缚的和阻碍的功能的做法。我们想用"贪爱"（Vergaffung）这个古老的措辞来称呼这种对爱的秩序的摧毁与迷乱（Verwirrung）的普遍形式，它在某种意义上是许多更为特殊的迷乱形式的来源——这个词既标示出人在某个有限的善业中的陶醉与沉迷，使他超出了他的引领性的人格中心之外，同样也最为生动地标示出这种行为举止的妄想。而只要人发现，那个始终必然的并在每个人那里都现存的（因而并不必然地也以判断的或其他某种反思的方式被意识到的）他的实际价值意识的绝对位置都被一个有限的善业或善业种类的价值所占据，我们就会将此称作绝对贪爱，并且将这样一种通过妄想而被绝对化的善业称作一种（形式的）偶像（Götzen）。（我们后面会探讨偶像化的进程，以及偶像破碎的拯救进程和贪爱释放的进程。）与此相反，只要人按照他自己的爱的行为的实际结构以及他的方式方法来偏爱或偏恶一些价值甚于其他价值，反对爱的价值的客观等级秩序，我们就会将此称作相对贪爱。②

---

① 该句的拉丁文原文为"Inquietum cor nostrum donec requiescat in te"，出自奥古斯丁《忏悔录》(cf. Augustine, *Confessions*, Book I. Part 1)。——中译注
② 参见本书中《绝对领域与上帝观念的实在设定》。——编者注

然而贪爱和（随后）对爱的秩序的迷乱并不意味着能够为一个主体（由于其规定着本质的爱的能力）达及的价值王国的各个部分和各个省份的单纯实际的局限性，更不意味着那些实际的善业事物——它们是对他所能够达及的价值领域的范例说明——的单纯的（任意大小的）局限性。因为，任何一个在进行价值感知活动的生物的等级制度中从蠕虫到上帝的不断递减的价值世界和爱的世界之单纯局限性当然是对有限生物而言，而且只有对于上帝本身才是不存在的。而且这些可爱性的王国在精神中、仅仅在一种无限丰富的、种类各异的精神个体中，以及在贯穿不同的和自身价值有别的个别个体和社团个体、家庭、民族、国家、文化圈之中的人的精神的范围内的可展示性——与此同时还有作为可爱性载体的诸事物与诸事件的可认识性和可起效性——都一并属于实事价值王国的本质。同样，这种在一个独一无二的习俗历史本身中的展示的时间进程形式也属于这个本质。随之而自行成立的还有：只有在那些根据爱的秩序来规整的价值区域的同时的（共同体的）和连续的（历史的）彼此互爱行为的形式而完成的它的补充，才能够实现"人类"这个个体的独一无二的总体使命。将爱的行为从底层构造方面局限于对主体而言本质可能地可达及之物的一个部分，这种局限的做法本身就展示了一种迷乱，而它的最终原因在于一种贪爱。就此而论也就有一种人心的负罪的爱的空乏（Liebesleere），而且既是一种独个的负罪的爱的空乏，也是一种遗传负罪的和社团负罪的爱的空乏，既是一种悲剧的和命运的爱的空乏，也是一种在通常词义上"自由地"负罪的爱的空乏。爱的行为本身的本质无限性并不会被爱的王国的结构上的局限性所中止。因为恰恰在或多或少被意识到的对一个无限的、但"空泛的"可爱性——仿佛是在各个对于主体而言被给予的可爱性背后，但又是作为可达及的而被给予的可爱性——领域的觉知中才可以体验到这种本质无限性。相反，只有在对这个空泛的领域、这种在希望、预感、信仰之前的"前景"、这种形而上学的爱的视角的体验缺失时，贪爱才会存在。而反过来，恰恰是一种初始的贪爱释放才会在不断增强的对此空乏的意识中宣示自身。

我们所说的这个王国的统一因而是在坚持另一个计划。它客观地处在它的在或高或低的可爱性的双重方向上进行的阶段构建之规律性的统一之中；它就在于它的——根据本质价值——严格按照规律来规整的阶段构建，这种构建稳定地维持在这个无限过程的每个阶段中。而且它在人的人格性方面充满了寓于爱的行为和爱的能力之中的对各种价值与值得（Würdigkeiten）的明晰的偏好与偏恶的规律性，爱的行为穿透这些价值和值得而指向那些它们在其中显现给我们情感的事物。

因为，我们称作"情感"或以形象的方式称作人"心"的东西，并不是各种盲目的感受状态的一团混沌，这些感受状态只是根据某些因果法则才与其他所谓心理状态相联结和相脱离。它本身是所有可能的可爱性的宇宙的一个层次分明的对像（Gegenbild）——就此而论，它是一个价值世界的微观宇宙。"心有其理"（Le coeur a ses raisons）。

曾经产生过诸多完整的学派，这些学派赋予哲学以这样一个任务，即"将理智的要求与心和情感的要求结合成一个统一的世界观"，或者这样的学派，它们幻想将宗教完全建基于"心愿""假设""依赖感"或类似的状态之上。这些具有最为细微的形式却也仍属虚妄的想象方式曾遭到所有勇敢的思想家、所有真正的和全然的唯理论者的坚定拒绝。"让心与情感见鬼去吧，"——他们说——"只要事关现实与真理！"但这是帕斯卡尔那句话的意义吗？不是。它的意义恰恰相反。

心在其本己领域中拥有一个严格的逻辑学的类似品，尽管如此，这个类似品并非是它从理智的逻辑学那里借贷而来的。各种法则——就像古人的未成文法（nomos agraphos）学说所教导的那样——是写在心中的，它们符合那个将世界建构为价值世界的计划。尽管爱与恨的行为有可能是盲目的和明晰的——这与我们有可能盲目地和明晰地做出判断的情况别无二致。①

在理智对同一件事做了陈述之后，"心"不会也还有它的理由：这些"理由"不是理由，即是说，不是客观的规定，不是真正的"必然性"，而只是自称为（soi-disant）理由，即动机、愿望！但帕斯卡尔这句话的重点在于"其（ses）"和"理（raisons）"。心有它的理由："它的"，不为理智所知的，且永远无法为理智所知的；而它有"理由"，即关于事实的实事的和明晰的明见性，对于这些事实，所有理智都是盲目的，如此"盲目"，就像盲人对于颜色，聋人对于声音一样。

在帕斯卡尔那句话中表达出一个具有最深刻含义的明察——一个当前只是缓慢地重又从诸多误解的残垣废墟中挣脱出来的明察：有一个心的秩序（ordre du coeur），一个心的逻辑（logique du coeur），一个心的数理（mathématique du coeur），它是如此严格、如此客观、

---

① 参见《形式主义》中对先天主义的论证，第二篇、A。——编者注

如此绝对和坚韧,就像演绎逻辑的命题与推论。"心"这个形象表达所标示的并不是——如使用它的市侩这一方面和浪漫派另一方面所以为的那样——被迷乱的状态与不清楚的激情的所在地,或像是某种从(或不从)因果法则上将人抛来掷去的强大力量的所在地。这不是默默地束缚在自我之上的状态的事实性,而是一批有明确指向的行为、功能的总和,它们自身含有一个严格的、不依赖于心理学的人类器官组织的独立的规律性,这个规律性在进行缜密的、精确的、仔细的工作,而且在它的作用下,一个严格的客观的事实领域会在我们眼前出现,在所有那些只是可能的事实领域中,它是现有的最客观的、最基本的事实领域;即使智人(homo sapiens)在宇宙中遭到扬弃,这个事实领域也仍然会留存下来,就像$2 \times 2 = 4$的命题真理一样——甚至比这个命题的有效性更不依赖于人!

如果不仅是这个或那个人,而且整个时代都已不再能够看到这一点,如果他们将全部情感生活都看作沉默的、主观的人的事实性,不具有论证客观必然性的含义,不具有意义与方向,那么这并不是一个天性设置的结果,而是人与时代的过失:普遍草率地对待感受的事物、爱与恨的事物,缺乏认真地对待事物与生活的所有深度,以及与此相对地以可笑的过于认真的和滑稽匆忙的方式对待那些可以通过我们的才智从技术上来掌握的事物。你们是否曾望天而叹:哈,在那里闪烁的东西难道不仅仅是我们的感觉状态而已,完全就像腹痛和疲倦一样;你们是否认为,在这些对于你们而言的事实中会有那种像天文学家的理智构想出来的伟大秩序?谁会在寻找它?谁对你们说,在你们只看到迷乱状态的混沌的地方不也有一个起先是隐蔽的、但可以被发现的事实之秩序:"心的秩序"(l'ordre du coeur)?这个世界是如此广袤、如此宏大、如此丰富、如此和谐、如此耀眼的清晰,就像数理天文学的世界一样——只能为少数几个人的才华所达及;而且它所具有的裨益仅比天体世界略小而已!

人们之所以不在感受生活以及爱与恨的领域内寻找明见性与合规律性——它们不同于在客观印象上的某些状态感受的因果联系,而且不承认这些感受具有在对象把握方面的任何联系,最一般的原因就在于不认真(Gewissenlosigkeit)和不仔细(Ungenauigkeit),原则上人们喜欢用这种态度来处理所有那些无法通过一个理智的决定来解决的问题。这里的所有区分都被认作"含糊的"或仅仅"主观"有效的。所有涉及审美事物中的"品位"的东西,所有以某种方式与价值判断有关的东西,所有涉及"本能""良心"、理智上未被论证的明见性的东西：这个是对的、好的、美的，那个是错的、坏的、丑的，所有这些都被认作"主观的"，都是天生缺乏较为严格联系的。向这些精神力量的回溯被看作是"不科学的"，因而也被现代科学的盲目崇拜者们视作"客观性"的缺乏。在艺术和审美领域内普遍流行的看法——尽管还有一些意见相左的审美学家——仍然是：究竟什么才是美的和丑的，究竟什么在艺术上是有价值的和无价值的，这是每个人的"品位的事情"。法学家和国民经济学家试图避免"价值判断"，因为据说它们就其本性而言是不科学的。在道德之内流行的是"良知自由"的原则——关于这个原则，不仅每个积极的、对其价值有把握的时代都一无所知，而且它——正如奥古斯特·孔德已经合理地说过的那样——在根本上所表现的无非是一种出让，即将道德判断出让给纯然的随意：一个纯粹消极的、批判的和消解的原则，在其中所有客观伦常的价值都一下子遭到否认。① 倘若有人在某个科学学科中呼吁意见自由，人们将会说什么呢？在数学、物理学、天文学中，乃至在生物学和历史学中，有良知自由的类似品吗？它所展示的——就像通常所理解的那样——难道不就是一种对任何类型的严格有效的伦常评判的放弃吗？

现代人以为，在那里根本没有固定的东西、确定的东西、有约束力的东西，而他并没有努力认真地在那里寻找这样的东西。中世纪的人还知道一种心的文化是一种独立的和完全不依赖理智文化的事情。在近现代则连最原始的前提也已不复存在。人们不再将情感生活之总体把握为一种有意义符号语言，对象联系在其中展露自身，它们在与我们的变幻不定的关系中管理着我们生活的意义与含义；相反，人们将情感生活之总体把握为完全盲目的发生事件，它们在我们身边流逝，一如随意的自然进程，人们必须尽可能在技术上掌控它们，从而可以趋利避害，但人们无须去听取它们，这样人们就会去考虑它们"认为"什么，它们想对我们说什么，它们对我们做什么劝告或劝阻，它们瞄向什么，它们指向什么！有一种听取是对一个风景、一个艺术作品之美的感受所告诉我们的东西的听取，或者是对站在我们面前的这个人的个性的感受所告诉我们的东西的听取；我指的是一种沿着这个感受的边听取边行走，以及一种对它仿佛要在某处终结的情况的平静接受，一种对我们面前的东西的洗耳恭听，一种对我们如此经验到的东西是否清晰、单义、确定的敏锐检验；

---

① 关于"良知自由"的原则参见《形式主义》第五篇、第7章。——编者注

一种批判的文化,即对这里处在单纯的纯粹感受活动之路线中的东西是"真正的"还是"不真正的"批判,以及对唯有愿望才会在指向某些目的的意志或反思或判断上所添加的东西的批判。所有这些对于现代人来说都完全是从根本上丢失了。对于他在这里本来还能够听到的东西,他从一开始就不信任和不认真。

这样一种态度所带来的一个结果就是情感生活的整个王国都被出让给心理学做研究。但心理学的对象在于那些处在内感知方向上的东西,它也始终具有一个指向自我的方向。我们在情感上处在唯一能够借此而发现的东西,乃是固定的、静止的自我状态。所有那些是感受活动的行为和功能的东西,都永远不会处在这个考察方向上。① 我举一些例子来表明我所指的是什么:如果一个站在优美风光前或站在一幅画前的人去观看他的自我,看他如何被那个对象所触动、所感动,去观看他面对这幅画时的感受;或者,如果一个正在爱着的人不是在爱中把握他的对象和完全献身于这个朝向被爱的对象的运动,而是去观看所有那些通过被爱的客体而在他心中引发的感觉状态与感受、渴望等;或者,如果一个祈祷者从对上帝的那个朝向状态(它贯穿在个别的思想、感受、手的运动、作为统一意向的下跪等,并使这些喃喃自语、这些感受、这些思想成为一个统一)转向这些感受本身——那么他的行为都是以相同的方式在进行,我们将这种方式称作"内感知"。这样一种内感知仿佛一直在回答一个问题:如果我感知一个美的对象,如果我爱,我祈祷等,那么在意识中会发生些什么?倘使一个如此被发现的东西仍然还具有与外部对象的一种联系的话,那么这个联系始终是通过两种不同的领会(Auffassen)行为,即对自我的状态和进程的领会以及对相关外部对象的状态和进程的领会,通过一个判断的甚或推理的思维行为而被制作出来的,这个思维行为建基于两个感知行为之上:一个是内感知的行为,在其中例如有在美的图像方面的快乐被给予我,还有一个是外感知的行为。而且它始终是某种类型的因果联系——例如这幅美的图像或这个无论是实在的还是臆想的被爱对象对我的心灵状态所起的作用。

哲学家们现在对此已心知肚明,即精神需要得到的考察与刚才所说的考察是不同的。但如传统的唯理论所愿——它远比我们所知

---

① 关于"行为""人格"和心理学的对象可以参见《形式主义》第六篇、A、第 3 章 b(也可参见第四版的概念索引)。——编者注

更深地隐藏在我们的血液中,这种考察仅仅被用于思维。逻辑学所研究的是在对象一般的相互替代中、包括在它们之间的关系中能够成立的法则;而把捉这些对象及其关系的思维行为则需要得到另外一种研究,这种研究并不将它们理解为内感知的对象,而是在它们的活的进行中对待它们,以至于我们所看的就是它们所指向的、所意指的东西。但我们在这里必须撇开它们与思维个体性的具体联系不论,并仅仅朝向它们的本质性的差异性,只要一种在通过它们而把握到的实事与实事联系中的差异性为这种差异性让出位子。逻辑学的任务在于观念的对象联系、命题、推理的命题关系、演绎理论的结构,或者说,在于那些可以把握到这些逻辑的实事联系的行为。

但现在有一种十分特殊的随意,即仅仅针对思维进行这种考察,并将精神的所有剩余部分都托付给心理学。在这里有一个人为的预设:所有与对象的直接联系都仅仅属于思维行为,而与对象的任何其他联系,即通过直观及其诸模式,通过追求、感受、爱—恨的联系,都是通过一种思维行为的中介工作才得以成立的,这个思维行为将一个在内感知中被给予的内容(在情感领域中的感受状态)与对象联系起来。但实际上我们是带着我们的精神的全部丰富性生活在事物之中,生活在世界之中,而且在万物中、包括在非—逻辑的行为种类中所获得的经验与对在行为进行时与我们这里发生的事情的经验是毫不相干的。有些经验只有在与世界和我们本性的抵抗进行的伦常搏斗中才开启自身,有些经验是在信仰、祈祷、恭敬、爱这些宗教行为的进行中展开的,有些经验是在艺术创作与审美享受的意识中被我们获得的,我们从这些经验那里得到直接的内容和内容联系,它们对于一种纯粹思维的态度来说是根本不存在的——即使我们还可以将这些对我们来说已经消退的东西再次变成思维的对象,而且它们同样不会出现在我们之中,即是说,不会出现在内感知的方向上。如果一门哲学误认并先天地否认那种也为所有非逻辑的行为所提出的对超越性的要求,或者,如果它将此要求仅仅让渡给除了思维行为以外那些为我们在理论和科学领域中带来思维材料的直观认识行为,那么这门哲学就宣判自己对于实事联系的整个王国都是盲目的,而这些王国的入口恰恰在本质上不与精神的理智行为相联结——这门哲学就像一个具有健康眼睛的人,他闭着眼睛并只想用耳朵或鼻子来接受颜色!

心的秩序当然不含有一种对我们能够爱和恨的所有实际善业与恶习的排序。毋宁说,在价值世界和善业世界以及与它们相关的爱的行为以内存在着一个基本区别：偏好之级次所具有的偶然的、因而可变的与本质的或恒定的合规律性的区别。只是在那些从它们的偶然的、现实的载体那里脱离出来的价值质性及其模态范围方面还存在着本质的和恒定的级序法则和偏好法则，与此相反，在实际善业中为它们所采纳的这些质性的组合，它们在还是不在一个人或一个社团的实际善业中，它们对于相关人群的可感性，它们在现存事物的现实此在上的分布方式，它们成为还是不成为意志规范和意志目标，这些都有可能随主体、时代、社团的变换而发生随意的变化。这个变化的方式不再是明晰的；它唯独可以在归纳的基础上以始终只是大略的和假设的方式得到描述和因果说明。因而这里也是我们的世界的奇迹：通过本质认识和对这些实际的、现实的世界的本质结构认识，我们不仅能够认识这个现实世界的状况（Verfassung），而且也可以认识每个可能世界的本质状况，因而也包括在闭锁的并因此而超越我们的现实的生活中我们的有限器官组织的本质状况。因而我们也能够在情感及其善业的领域中仿佛是穿过偶然现实的情感运动和我们的偶然现实的、为我们熟悉的善业王国而看到一个永恒的建构法则和建构座架，它们一并包含了所有可能的情感和所有可能的善业世界；即使在我们世界的善业世界中，它们也只是在这里或那里反映自身和展示自身，而并不是在归纳抽象和归纳的意义上，或在出自自身有效的或归纳得出的普遍命题的单纯演绎的意义上以某种方式从这个世界中被获取的。因此，在"人"这个心理物理的生命统一体上我们发现了一个精神的观念，它自身并不含有人的器官组织的局限性；而在实际的善业事物上我们发现了价值等级关系，它们的有效性不依赖这些善业事物的特殊性，不依赖构成它们的材料，不依赖它们生成和消亡所遵循的因果法则。

　　在本质之物与偶然之物、恒定之物与可变之物、在我们实际可能经验之后和之上有效的东西与局限在这个经验范围上的东西之间的这个重要区别，与在个别之物与普遍之物、例如在单称的与全称的事实判断与关系判断（在所谓自然规律的案例中）之间的全然不同的对立毫无关系。例如所有自然规律也都从属于"偶然真理"的领域并且仅仅具有或然的确定性。一个明见的本质认识完全可以根据对象的存在区域和价值区域来探讨一个唯一的、个体的此在或价值存在。因此，对于在其普遍有效的组成中以及在其中对于每个个别的或社团的个体而言的组成中的可爱性的阶梯，我们也可以做这样的思考，即每个对象，撇开它的偶然性不论并根据它的本质来考察，都在这个阶梯上具有一个完全特定的和独一无二的位置——与这个位置相符的是一个有完全特定细微层次变化的朝向它的情感运动。如果我们"切中"这个位置,那么我们的爱就是正确的和有序的;如果这些位置相互混淆了,如果在激情和欲望的影响下这个分层次的级序被颠覆了,那么我们的爱就是不正确的和无序的。

这种"正确性"遵从各种不同的标准。我在这里只列出几个。如果我们的情感爱一个对象,而此对象隶属于以某种方式和在某种程度上价值相对的对象,而且它是如此爱这个对象,就像人们只应爱的绝对价值对象一样,即是说,如果人将他的精神人格核心与这个对象做如此的价值认同(wertidentifiziert),以至于他根本上处在与它的信仰关系和祈祷关系中,因而将它错误地神化,或者更确切地说,将它偶像化,那么我们的情感就处在一种形而上学的迷乱中。接下来,在价值相对性(它已经被感受为和被判断为这样的相对性)的每个阶段上都仍然会有一个较高价值的对象被放在一个较低价值的对象之后。虽然一个对象可以以正确的爱的方式被爱,但却以如此方式,以至于它的爱的价值的丰富性不会或不完全会在精神的眼睛面前以从零到最高丰富性的排列方式展现出来。这时爱与对象就是不相即的——而这些相即性的阶段可以从盲目的爱一直上升到完全相即的或明见洞察的爱。①

但始终有效的是,与爱相对立的恨的行为或情感的价值否定并因此也是此在否定仅仅是某个总之不正确的或被迷乱的爱的结果:无论恨的动因或要求恨的非价值状况多么丰富和繁杂,还是会有一个合规律性贯穿所有的恨的始终。这个合规律性就在于,每个恨的行为都是由一个爱的行为来奠基的,没有爱的行为,恨的行为就没有意义。我们也可以说:爱与恨共同具有在作为价值载体一般的对象上的一个强烈感兴趣的因素,与冷漠区相对②,每个感兴趣——只要没有特别的、处在某种感兴趣的错误分阶段中的相反理由——原本都是积极的感兴趣和爱。

的确,爱优先于恨这个命题以及对这两个情感基本行为的相同原本性的否认以往曾常常受到错误的诠释,并且更常常受到错误的论证。例如它并不意味着:我们所恨的每个事物必定此前都曾被爱

---

① 参见本书中关于绝对领域中的偶像化和上帝观念的实在设定;关于相即性、丰富性、相对性阶段可以参见后一篇论文"现象学与认识论"中的理论领域的类似状况,第四篇、第2章。——编者注
② 冷漠区只是一个理想的切片,它永远不会被我们的变幻不定的情感行为所完全达到。

过，因而恨始终是被倒转的爱。尽管我们常常会尤其是对人的爱中观察到这种情况，然而同样常常也会有另一种观察与这种观察相对立，即一个事物在它首次被给予时便引起了恨，一个人在他出现时便立即遭到了恨。但也许存在着这样的法则：如果相关的恨的行为应当是可能的，那么特殊种类的正价值状态（对此状态，这个人展示了一个与它相应的非价值状态的载体，即一个反价值的载体）就必定已经构成了一个爱的行为的内涵。就此而论，博须埃在其论述爱的著名篇章中所陈述的命题是有效的："人们对某个实事所感到的恨只会来自他对另一个实事的爱；我之所以恨疾病是因为我爱健康。"①因而恨始终建立在对人们在精神中意向地（因而还不是以期待行为的形式）承载的一个价值状态的形成或不形成的失望之上。（在这里，一个非价值的状态的此在与一个正价值状态的缺失或缺乏同样可以是这个恨的动因。因而这个命题并不意味着，非价值状态并不像[正]价值状态那样是积极的状态，而只是它们的缺乏。这是一种形而上学乐观主义的完全随意的主张——类似于同样随意的形而上学悲观主义主张：所有价值状态都仅仅建基于非价值状态的此在的消失之上。）唯当每个对一个（积极的）恶习的认知必定也会引起恨时（但情况绝非如此），才会产生一个矛盾。因为，只有在它作为较低等级的恶习例如展示了对较高等级的善业或一个伦常善业之成立的释放条件时，而且这种展示不只是偶然的，而且是本质的展示时，它才能够被确定，甚至有可能被爱。

  因而恨与爱是两种对立的情感行为方式——以至于不可能对同一个东西在同一个价值方面于同一个行为中又爱又恨，但它们并不是同样原本的行为方式。我们的心的原本使命是爱，而不是恨：恨只是对一种总之是错误的爱的反应。常常会有这样一种谚语式的说法，而这种说法是错误的：不能恨也就不能爱。正确的说法毋宁是：不能爱也就不能恨。因此，这个合规律性也在怨恨之爱（Ressentimentliebe）（它就在于，所有如此"被爱"的东西都只是作为另一个已经被恨的东西而被爱过）的起源上涉及一种假爱的生成，而非一种真爱的生成。在这里，怨恨的人原本也爱过那些他在怨恨状态中所恨的事物——只是这种因为不占有它们或他无法获取它们而形成的恨会以从属的方式发散到这些事物上。②

---

① 参见雅克-贝尼涅·博须埃：《论关于上帝和关于自己的意识》（Traité de la Connaissance de Dieu et de Soi-même），第一章。
② 参见《道德建构中的怨恨》一文，同上书。——编者注

同样不应当从中得出：恨在恨者之罪责的意义上必然是个人的罪责。A 由于爱的秩序的迷乱的缘故而生恨，但这种迷乱并不必定是由 A 所设定和所引发的。它也可能是通过 B、C、D 等或通过 A 隶属的社团所设定和引发的。由于爱在同等条件下（ceteris paribus）本质必然地规定着对爱（Gegenliebe）、同爱（Mitliebe），恨本质必然地规定着对恨（Gegenhaß）、同恨（Mithaß），故而恨能够因为爱的秩序的迷乱而以整个人类共同体一个原则上随意的位置为其出发点，而这个迷乱会由于任意长的因果类型的中间环节而仿佛是远离 A 的。并非而每个恨都会因为一种"迷乱"也受到那个施恨的人的规定。我们的命题仅仅意味着：如果世界上有恨存在，那么必定也会有爱的秩序的迷乱在世界上存在。

因此，恨时时处处都是我们的心和情感针对爱的秩序的损害而发动的起义——无论这里所涉及的是一个个体心的一次轻微的恨的萌动，还是在暴力革命中作为群众现象笼罩在大地上、针对统治阶层的恨。如果人没有看到一个非价值的载体根据一般估测而占据了一个位置或要求一个位置，这个位置按照客观的秩序（这个秩序是根据事物的可爱性的秩序而被分派给事物的）而属于价值的载体，或者，如果没有一个较低等级的善业占据了一个较高等级的善业的位置（以及反之），这个人就不可能恨。

我们在其他地方[①]曾考虑过爱和恨的行为与追求和意愿领域的行为的关系，并且确定了它们相对于后一类行为的优先地位。在爱和恨这两种行为中的同一的"对某物感兴趣"（Interessenehmen an）——它也最终引导和支配那些还是价值盲目的注意力行为——向我们表明自己是各种认识行为之形成的基本条件，无论这是形象领域的认识行为，还是思维领域的认识行为，而且只要感兴趣本身原本更是一个爱的行为而非恨的行为，我们就同样可以谈论爱相对于认识的一种优先地位。欲求行为和厌恶行为以及真正的意愿行为在这里表明自身是由认识行为（表象行为和判断行为）来奠基的，而认识行为那方面则又是由感兴趣的行为并因此是由爱或恨的行为来奠基的，而且这种奠基还不依赖于所有那些区分它们、决定它们所具有的价值方向的认识。在这两种情况中都不应当质疑认识行为和欲求行为以及属于它们的各种特殊合规律性的本己本性，更不应当将它们理解为是由爱的行为和恨的行为组合而成的，或从它们之中以

[①] 参见前面第 356 页。——编者注

某种方式派生出来的。由此而得到标示的应当只是从人格性整体以及人格性能力而来的行为之起源中的一个奠基秩序。

但现在，除了这些精神—心灵的行为基本类型之外还有一系列非价值意向的状态性（zuständlich）感受以及组合性的感触（Affekte）与激情（Leidenschaften）。关于它们与爱和恨的关系，这里还要做一些说明。

状态性的（价值盲目的）感受①——这些进程中的最简单进程——在其产生和消失中既依赖爱与恨的行为，大都也依赖追求和意欲的行为，但并不同样直接和正面地依赖表象及其对象。它们始终表明，在爱与恨的行为中被意指的价值质性与非价值质性以及通过追求活动及其同类对这些价值的（仅仅内心灵的或实在的）实现之间每次会存在什么样的关系。例如，我们根本不会在一个欲求和厌恶的满足上或在其满足的形成过程中感到高兴，而仅仅会在这个满足上或"在"这个满足过程中感到高兴，因为"对某物的追求"是对一个被爱者的追求，或者，厌恶是对我们所恨的东西的厌恶。对一个被恨之物的追求的单纯满足也可以与最强的不快和悲哀相联结，就像一个追求的始终不满足也可以带来快乐一样，只要被追求的东西是一个被恨的东西。状态性的感受因而是我们的爱与恨的世界与我们的欲求和意愿行为的进程与结果的冲突或和谐的标记。

因此，爱与恨永远——无论尝试多少次——无法被回溯到在被表象和被思考的客体面前的状态性的感受进程上。毋宁说，这些进程本身完完全全是由在方向、目标和价值上确定的爱与恨以及在它们之中被给予的客体世界所决定的。由于一个被爱的事物实存或当下存在，或根据它的本性而通过我们的意欲和行动而为我们所拥有。或者说，一个被恨之物中止存在或远离我们或通过我们的意欲和行动而被消灭——对此和为此我们感到高兴。而这既对有秩序的爱有效，也对无秩序的和被迷乱的爱有效。状态性感受最初只是我们在我们对事物的爱与恨中所获得的世界经验的回音。它们是取决于我们的意欲生活和行动生活的成功与不成功而可变化的现象，而这种生活又是我们根据我们朝向世界的爱与恨的倾向而在世界旁进行的——我们的身体和我们的可内感知的心灵内世界在此当然也可以一并被算作世界。在这里首先是在一个爱或恨的倾向上的各种实际欲求的和谐与争执，它构成状态性感受的最直接源泉。感受虽然

---

① 关于"状态性的感受"与作为情感行为种类的意向性的感受的区别可以参见《形式主义》第五篇、第2章。——编者注

不"存在"，但仍然建基于各个变幻不定的追求行为的相互关系上（因而不是像赫巴特完全错误地所说的那种各个表象的关系），而且始终是就被爱者和被恨者的目的论方面而言。因此，这里所说的总之不是爱与恨行为对状态性感受的一种"朝向"，也不是这些行为种类对欲求行为和意愿行为的一种"朝向"。爱与恨要比这两者更原本——即使爱与恨的行为要比状态性感受更直接地支配欲求的生活，状态性感受已经是我们的追求经验（Strebenserfahrung）的有依赖的变项。

因而状态性的感受生活并不是依赖被表象的、被感知的、被思考的客体内容的。根据同样的（在最宽泛的词义上）被表象的内容是A所追求的还是所厌恶的不同情况，根据这种追求或厌恶与他的爱与恨的倾向是和谐的还是不和谐的不同情况，这些内容会像它们的关系一样唤起根本不同的感受状态（Gefühlszustände）——在这里当然有可能是这种情况：例如一种（人的）相同类型的愉悦（Wohlgefallen），如对黄金分割之分配的愉悦，也可以回溯到对此客体的一种相同类型的爱之上。无客体的或在任意程度上客体不确定的和客体模糊的状态感受（Zustandsgefühlen）的无疑此在，常常地自我询问：一个被给予的感受状态所涉及的是什么东西和什么事件，最后还有已经被纳洛夫斯基（Nahlowsky）强调过的、新近对于"感受感觉（Gefühlsempfindungen）"（尤其是对于疼痛）重又被证实的事实，即那些完全孤立于感觉基础和感知基础的、常常在照例是一同被给予的感觉出现之前就已经被给予的、常常在其消失之后仍然固持的感觉现象的事实——所有这些也都在表明：感受之事实在很大程度上不依赖各个表象的存在与交织。

有这样一种情况存在：有些感受状态会被体验为直接是由客体激发的，因为在这些客体之前并无任何追求或违抗进行，而感受状态有可能表明对这些追求或违抗（Widerstreben）的满足或不满足——但这种情况仅仅是对著名的感受之意愿理论的一个有力指责。对于我们来说它不是指责，因为即使在这种情况中也存在着爱和恨以及在它们之中始终被给予的兴趣，即普遍价值把握的注意力一般。但兴趣也会始终一并规定着客体的表象事实，与此相反，通过这个客体引发的快乐和不快乐感受则依赖这个兴趣的质性，依赖它的爱和恨的本性。因此，在这些情况中，感受状态虽然不依赖追求（Streben）和违抗（Widerstreben），却非常依赖爱和恨的萌动，而且是根据这个定理：为我们所爱者会提供快乐，为我们所恨者会提供不快乐，而且随我们的爱和恨的先行变化，状态性感受的质性也会一并变化。所以，例如对疼痛的爱甚至会扬弃在对疼痛的感受感觉上的所有超感觉，扬弃所有超出疼痛的钻、切、灼、刺之外的东西，因而也扬弃它的真正的"疼痛"，并且将它转化为舒适的性质。

状态性感受对于爱和恨的关系是一种被制约的关系，因而状态感受要么是被感知、被表象和被思考的对象与人的各个现存的爱和恨的倾向之关系的符号，要么是在爱和恨中被给予的表象对象或感知对象上的价值的内部和外部实现中，以这种或那种方式获得的种种成功与不成功的符号；只有从状态感受对于爱和恨所具有的这种被制约的关系出发，才能完全理解在同样的环境条件下在不同的个体、民族、种族那里这些状态的非同寻常的多样性。在一个体验主体上的兴趣分段和爱和恨的倾向的实际建构恰恰从一开始就稳定地划分了对他来说可能的状态感受的活动空间。随它们的变换，这些活动空间也发生变换。

不仅是状态性感受，还有感触（Affekte）和激情（Leidenschaft, passiones），都是由爱和恨支配的，爱和恨本身并不属于这两个属种。我在这里将"感触"理解为不同类型组合而成的、在类型的表达现象中展现出来的强烈状态性感受的急速进程，这些感受本质上来源于感官和生命，并且伴随着强烈的、向表达过渡的欲望冲突和器官感觉。同时它们具有在引发它们的对象方面的独特的价值盲目性，并且不具有与对象的独特的意向关系。与此相反，"激情"是完全不同的东西。它们首先是持续的束缚，即将非随意的——且处在选择性意欲的领域中的——一个人的追求与违抗持续地束缚在某些功能、行动和行为领域上，这些领域通过一种特殊的价值质性的范畴而得到凸显，人主要是穿过这个范畴来观看世界。感触是急速的和本质上被动的；激情则是持续的能力并按其本性是主动的和好斗的。触发本质上是盲目的，是状态；激情尽管是片面和孤立的，但仍是价值可见的，是一种在此有价值分别的方向上的强烈的、持续的欲望生活的运动。没有伟大事物是不带有伟大激情的——所有伟大事物都肯定不带有感触。感触主要是一个在身体自我领域的进程，相反，激情的出发点则在于更深层的"心灵"的生命中心。

对于这篇论文的目标来说，感触是远远落在后面的，相反，激情则对这些目标具有最为重要的意义。因而在这里仅仅对后者做了一些说明。

"拿走了爱，也就没有了激情；加入了爱，它就会使所有激情都产生出来。"——博须埃如是说。①

三、爱的种类及其充实要求

为了标示在现实存在和人的行为中的爱的秩序的迷乱并理解它们的起因和解决方式，我们还必须更仔细地检验人的情感与客观的爱的秩序的各种特殊关联方式。

这里首先需要避免长期搅乱这个问题的三个基本的和主要的错误。第一个错误在于人们（在最宽泛的意义上）可以称作柏拉图的爱的观点：关于爱的对象的天生观念。第二个错误是经验论的观点，在它看来，所有爱和恨的倾向的特殊建构、包括"正常"人的相同建构，都是通过对其周围世界的经验，尤其是对周围世界的快乐与不快乐在他身上的作用的经验才产生的。第三个错误是近来十分彰显的学说，即所有种类的爱和恨无非都是一个唯一的、原初独自主宰着人的爱的力量的种种变形而已。这个爱的力量是什么，这对于这门爱的一元论（Liebesmonismus）来说起初是无关紧要的，因为这种一元论在这里恰恰本身就是错误的。无论人们是否以一种一元论的爱的形而上学（Liebesmetaphysik）的方式将这种爱的力量视作上帝的爱，并且只是将这种爱的某些类型的本能限制看作对有限对象的爱的种类②，或者无论人们是否反过来将这一种爱称为穿过各种各样的拥塞和阻碍而"升华"和焕发至更高的和精神的爱的形式的力比多（Libido），人们在这里都始终否认原本不同的爱的本质种类。即使这些爱的种类在人及其发展中才依次较为清晰地彼此区分开来，但也只是在某些时期才成为现实的（根据某些诱发），但它们永远不会从彼此之中产生出来。

对这些观点中的第一个观点，即关于爱的对象的天生观念的学说，今天几乎不需要再做反驳。需要的是一种对它自身承载的真理因素的保护和拯救。我们不具有任何对我们爱和恨的事物的以某种方式天生的、有意识的或无意识的观念：例如既没有天生的上帝的观念，也没有一个其载体会引起我们特殊的爱的人之样式的观念，此外也没有一个会引发我们的好感与反感、害怕与希望、信任与不信任的实事的天生观念。即便是在动物与人那里被称作"本能的"生

---

① 手稿在此中断。——编者注
② 斯宾诺莎的无宇宙论（Akosmismus）与这种观点十分接近；尤其参见他在其著作《知行改进论》（De intellectu emendatione）引论中的阐释。

命好感和反感的种类，例如人对黑暗、对某些气味、对恶心的东西的反感、种族好感与反感，鸡对鹰的害怕等——尽管它们无疑都是天生的，都肯定不是奠基于这些事物的观念之中的。所有对被爱者和被恨者的客体表象都来源于对象经验，而且还开始于对象经验，这些对象是借助感官或传诉和传统或其他可证明的途径而被我们获得的。因此，如果我们具有对我们所爱和所恨的东西的普遍观念，那么这些观念是通过比较和反思才事后形成的，例如，关于我们特别爱过的自然事物和事件的观念，或特别引起我们好感或反感的性别类型。

因此，在对这门天生的爱的观念的学说的无数种理解中，人们给出哪种理解：是将爱的观念视作在心灵的一种前实存（Präexistenz）中曾经被获取的，还是让它们通过一种上帝的心灵嫁妆而原本地被给予，还是——纯粹自然主义地——假设：在诱发刺激的作用下构成它们的物质条件是以遗传的方式转移到器官组织上去的；这些也都无关紧要了。

第一种理解过于神秘，以至于不需要对它进行反驳。此外，它恰恰在一个关键点上犯下了经验论的错误，这也就是开始提到的关于人与爱的秩序之关联的诸学说中的第二种学说，它也想将原本的和自发的爱与恨的倾向归结为对以前的经验印象的再造。

第二种理解即使从宗教上看也是令人反感的，因为人们不可能允许将这些为人心所牵挂的、往往价值低下且常常愚蠢荒唐的事物按其观念回溯到所有智慧与仁慈之所在的上帝那里。

可以要求得到检验的更多是第三种对此天生的爱的观念的学说的自然主义理解。对它提出反对意见的并不是那种对某些爱和恨的倾向一般的遗传性的强调，此种遗传性是毋庸置疑的。关于动物与人的本能的整个事实质料、彼此间无疑的遗传性好感和反感，都在为它提供证明。在性选择上对某些类型的偏爱常常贯穿几代人或家族和部族的较长链条中。即使在具体情况中很难区分哪些属于传统，哪些属于遗传，无论如何都存在这样的事实，它们若无遗传的假设就是无法理解的。有一个与祖先信仰、祖先崇拜密切相关的古代日本的观点认为：年轻人的受爱制约的性选择甚至仅仅是通过爱者的祖先的好感和反感、通过欲求和厌恶、愿望和叹息来决定的。当祖先曾爱过、希望过、渴求过的内部和外部特性的一些个别特征：一个步态、一个微笑、一道目光、一个性格特征在一个个体上汇集时，在他那里就会迸发出对异性个体的爱，而且其程度与这些特征数量的增长程度以及那种渴求的强烈和明确的程度相一致。对于日本的思维方式而言，在这种学说中真正个体性的缺位以及因此还有一种个体的爱的缺位是十分典型的，而这种缺位以及用一批个别特征将一个人以马赛克方式拼凑起来的做法又与更高的基督教的和浪漫的心灵之爱的缺乏相关联，即使如此，在其中错误的也仅仅是这些条件的专一性的看法。

爱欲（Eros）的某些选择的活动空间（Wahlspielräume）是天生遗传的，这一点是正确的。心理分析学家如此着力强调的所谓在其后来的性选择中女孩对父亲结构的复制和男孩对母亲结构的复制并不必然回溯到相关者的爱欲早期的童年经验上。我倒觉得这更会支持这样的观点，即在母亲方面或父亲方面偏爱类型在同性的孩子身上的遗传性传递是以这种复制为结果的。尤其是当这个偏爱的类型贯穿几代人身上而且在不同的童年经验情况下一再重返时，看起来就要求做这种复制的解释。男孩选择或中意与母亲相似的女子，因为曾引导过父亲的同样的爱欲的爱的倾向也在同等条件下引导着他们。倘若我们在这种遗传性事实方面具有比至此为止更多更好的观察经验，那么我们或许可以证明我们在突出案例中现在只能预感到的东西：爱欲命运的完全特定的范式与男女个体的相互配置，会以遗传传递的爱欲冲动的进行节奏的形式穿越世世代代而重新返回——它们仿佛只是在个体身上寻找实现它们的无足轻重的材料。悲剧——或者它的结构和内部组合——恰恰在这里常常会在那些无法演出它而只能用其生命之血来吟唱它的人面前[1]。

---

[1] 手稿在此中断。——编者注

伦理学的价值评价及其维度的历史相对性[①]

形式伦理学及其形式先天的一个主要支撑就在于,唯有在它们的前提中,伦常价值评估的历史可变性与民族和种族的差异性才显得可以理解——而从这种可变性中又并不必然会得出一个怀疑主义的结论。而与此相反,任何一门质料伦理学也就越发显得必然会导入一种伦理学的怀疑主义之中,因为所有质料的价值评估都已经被证明为是历史相对的。如果善与恶并不处在价值评估和愿欲的特别内涵之中,而是仅仅处在愿欲的合法则性中,那么每一个这样的内涵也都必定是善的和恶的;而且历史也恰恰证明了这一点,于是这个事实就正好与我们从上面所说的那个前提出发所能期待的东西相符合。

如果撇开前面所指明的在这些前提和结论中的谬误[②]不论,那么还有一些不同的虚假前提在

[①] 本文选自《舍勒全集》第2卷,第300—321页,伯尔尼与慕尼黑1980年版。——中译注
[②] 即是说,1. 混淆了价值变化与承载着这些价值的、被评估的善业统一与相对统一的变化。2. 错误地从规范的变化推导出价值的变化。3. 错误地从缺乏的普遍有效性推导出缺乏的客体性和明晰性。4. 误识了这样一个事实:在对"愿欲"和"行为"——而不是存在、规范与义务——而不是德行——的唯一伦常价值评估中,恰恰隐藏着一个真正的质料的—可变的因素。

为上面这些〔形式伦理学的〕设想提供基础，这些设想只能通过一种对价值评估相对性的各个维度的实证明察才能得到完整和实证的澄清——这是一份教育剧本，它同时具有这样重要的意义：为我们历史地理解所有人类伦常的价值评估直接提供一个先天的概念系统，通过这个系统，那个起先看起来像是一个带有翻倒颜色罐的调色板一般的价值评估及其内涵的王国，便可以获得一个有意义的秩序的特征。当然，那些生来就把价值看作因果进行的感受状态和感觉状态之反射(Reflex)的人，也丝毫不会在过去的王国中去寻找这种有意义的秩序，而是——如果他不是一个仅仅满足于对变化的确定的纯怀疑论者——至多试图去发现在那些价值评估的发展进程中的一个方向。倘若我们把星空仅仅当作感觉的复合，那么我们也就永远无法将天空和它的历史区别于对它的认识史，甚至永远不可能从事天文学。但是在我看来，就好像这个首先在堆集着单纯事实山丘(Tatsachenberge)的极为年轻的"历史时代"，根本还无权单独从历史出发来对这个关键问题进行判断，而在试图依据一个丰富的现象学的概念构架来对价值评估相对性的可能维度、对在历史评估及其系统（"品味"与"格调"、"良知"与"道德"等）中可能包含的意义与和谐的程度进行判断之前，这样一种判断就更是不可能。也许那个"带有翻倒颜色罐的调色板"会随时间——从适当的距离并且带着适当的理解——而逐渐获得一幅壮观的图画的意义联系（或者是这样一幅画的残篇的意义联系），在这幅画上可以看到，无论人类是如何千差万别，它仍然是以爱、感受和行动的方式像占有一个王国一样占有着客观的、不依赖它和它的各个形态的价值和这些价值客观级序，并且将它们拉入到它的生存中来，就像对天空的认识历史所表明的那样①。

对于历史伦常事实的研究来说，首先必然要划分对外部的和内部的事物因果联系之智识明察的各个阶段，这种划分以最纯粹地摆脱了价值评估一般的方式，尤其是摆脱了伦常价值评估的方式进行——所有那些属于行动之技能(Technik)的东西也是如此。例如，如果在一个亚洲的岛民那里，吸烟被视为这样的坏事，以至于唯有谋杀国王才能与之相比，并且会受到死刑的惩罚，那么这个事实并不一定就包含着对我们的价值评估的偏离。例如，倘若吸烟在那里被视为一种致命的毒品，那么这种情况就没有偏离我们的价值评估。对生命的民众福利的评估在我们这里是同样的一回事。伦理学的相

---

① 这只是一个形象的说法，因为否则就只能对善业进行比较，而不能对价值与星星进行比较了。

对主义通常用来引证自身的一大批差异性都可以通过对制约着它们的迷信或某种智识的谬误与欺罔而得到消解。① 与此相同，所有在伦常上重要的制度与行动方式方面历史地变化着的东西，都必须在这个方向上得到检验：它的基础究竟是伦常价值评估或其他价值评估的变化，或仅仅是在善业世界中的变化。对经济善业的一种——相比较而言——实际低估的原因可能在于对这个价值种类的感受没有充分形成，可能在于自然的特别富足，可能在于在感受上受制于作为更高的而被给予的价值（例如受制于宗教价值，"自愿贫穷"便是这种情况）。唯有在最后一个情况中才存在着对这种低估而言的一个伦常上的重要根据。一个向（实际的）一夫一妻制的过渡的原因可能在于女性人口数量与男性人口数量相比要少，可能在于增长的贫困，甚至可能在于看起来如此偏远的事物，如采用牛奶喂养儿童的做法。② 这样的话，一夫一妻制就肯定不具有伦常的意义，而伦常的多配偶制并不会因此而被克服。而后，无论如何必须将那些半是和全是人为的价值评估表达形式的变更最明确地区别于伦常感受本身的变更，例如将礼仪的变更区别于羞耻感的变更③。还有其他一些可以看作伦常的变更在分析中表明自身只是一些会导致群组之间的兴趣凝聚的增长或减少的变更，例如历史上和平时期的延长，或忍受能力的增强，它们既与对他人情感状态的追复感受的增强没有任何关系，也与怜悯（Mitleiden）的增强没有任何关系，而只是随文明一起增长的软弱的结果；还有其他的变更则只是审美感受的变更。

只有将这些被比较的民族或其他群组还原到智识教育、行动技能、它们的价值评估之表达的教育阶段、它们的伦常以外的价值评估、它们的兴趣凝聚的程度和方式、它们的忍受能力等④的相同状况上去，在它们与伦常价值的关系方面才能够进行比较。伦常价值评估的变更与发展原则上永远不会是所有这些另类的变更的明确结果，尤其不会是智识教育阶段的明确结果。最高的和最细微变异的智识文化可能是与伦常感受的最大原始性联结在一起的，反之亦然：

---

① 例如参见 C. 施通普夫：《论伦理学的怀疑主义》。另外，这一点是无论如何应当确定的。例如像布克勒（参见"英国的文明史"）所提出的那种原则是一个完全误导性的原则：所有历史变化都是通过智识进步引发的，而在伦常中则一切如故。与他相符的恰恰是达尔文的主张：同情感是社群本能和智识发展的结果。对此参见笔者《论现象学与同情感理论以及论爱与恨》(1913年) 的著作，第33页。

② 因为通过这种方法，妇女的哺乳期被缩短了，而在哺乳期中，妇女是不可接触的。

③ 在已经引用过的笔者论著《论羞耻感》中，读者可以找到这一类混淆的更多例子。

④ 这里给出的各个因素只是指一些例子而并不带有对完整性的要求。

构成文明之驱动轮的、增强到最大的兴趣之啮合，以及通过它而得到保证的生命安全性、财产安全性和交通安全性，可以是与伦常教育的极为低下状态联结在一起的。①

只在所有那些我们于伦常的价值领域历史中所遭遇到的外壳和化装后面，才是质料之所在，在它身上显现出伦常一般的相对性维度问题。

但在这个质料的范围内首先包含着五个主要的层次，所有对伦常事物的历史考察都需要对这五个主要层次进行最明确的划分。

1. 对价值本身之感受（即"认识"）的变更，以及对价值的偏好与爱和恨的结构的变更。可以把这种变更总称为"伦理"（Ethos）的变更②。

2. 在对这些功能和行为中被给予的价值与价值等级关系的判断和评判规则领域中发生的变更。这些是（在最宽泛意义上的）"伦理学"（Ethik）的变更。

3. 制度统一类型、善业统一类型和行动统一类型的变更，即是说，制度之总和、善业之总和与行动之总和的变更，它们在伦常价值状况的基础上具有它们各自的统一；例如"婚姻""一夫一妻制""谋杀""偷窃""说谎"等。这些类型必须明确地与那些（实证地）根据伦常与成文法而有效的各个定义区分开来，这些定义是指对例如还应当作为"婚姻"、还作为"一夫一妻制"、还作为"谋杀"和"偷窃"而有效的东西的定义。但这些变幻不定的定义是以那些作为对这些定义之可定义性的基础的类型为根据的。这些类型展示着实事状况的统一性，但这些统一作为它们相同的或不同的统一只是在特定的价值状况的基础上才可以得到区分。所以谋杀永远不等于杀死一个人（或有意图和有考虑地杀死一个人），说谎永远不等于有意识地说一个假话，如此等等。毋宁说它的本质在于，如果一个这种类型的行动应当成为说谎、成为谋杀，那么一个固有的、在任何情况下都应当查明的伦常的负价值状况必定是已经被给予了。这种变更应当被标识为各个道德的变更，与它们相符的又是一个道德—科学的变更。

4. 与所有这些变更完全不同的是那些实践道德性的变更，它们

---

① 参见笔者，《论羞耻感》（1913年），第99页。
② 与伦理相应的在智识领域中是"世界观"（＝对世界直观的结构）本身（每个人和每个民族都具有这种世界观，无论他们是否反思地"知道"这一点），在宗教领域中是活的信仰本身与它的内容的结构，它们有别于对在信仰中被给予的内涵的独断论的和神学的（亦即规范的、定义的和判断的）理解，并且是这种内涵的基础。

涉及人的实际行为举止的价值，而且是在各种规范的基础上，这些规范属于为它们所承认的、与它们的偏好结构相符的价值等级关系。这种实践的行为举止完全是相对于各个"伦理"的，并且永远不能以另一个时代的伦理或另一个民族的伦理来衡量。只有在占有了一个时代的伦理之后，我们才能以某种方式对一个属于此时代的人的行动和行为举止进行评判，此外，对它的道德类型统一的前知识（Vorkenntnis）在这里还是必要的①。但我们完全可以自己来评判历史存在和行动（根据对时代伦理的追复感受的理解），并且在此同时并不需要去坚持那些在相关时代的伦理学中记录下来的定理，甚至不去坚持同时代人的实际评判以及在它们之中被视作权威的判决。②一个行动也可以根据一个时代的伦理而是相对"坏的"并且尽管如此又是绝对"好的"，只要行动者在他的伦理中超越出了他那个时代的伦理。甚至在道德性与伦理的关系本质中——而不是在同时代人的偶然的非道德性中或在他们的有缺陷的伦理中——就包含着：一个伦常天才，即在他那个时代的伦理中是占有优势的、亦即在对一个更高价值的初次把握中向存在的价值的王国做了新的突进的伦常天才，按照他那个时代的现存伦理会被——并且是"合法地"和没有欺罔与谬误地——评判为和判决为伦常上价值较少的（minderwertig）。因此，并不是出于要坦然面对历史学家的伦常指责的原因，在伦常历史上的伟大过渡本身才充满了那些必然要陷入这种对伦常发展本身来说是本质内在的悲剧中的形象③。

5. 与道德性的变更相区别的最后还有那些发生在伦常与习俗领域中的变更，即那些行为形式与表达形式，它们的效用和运用仅仅植根在（真正的）传统之中，在这种传统的本性中就包含着：只有对它的偏离才会预设一个愿欲行为。伦常和习俗自身还可以是善的和恶的，并且在其起源方面几乎始终回归到伦常上直接关系重大的行为和行动上。它们可以"超越出"在伦常上肯定的和否定的有价值之物。但只要一个有悖伦常的行动是在没有根据的情况下、即在没有

---

① 不是伦常评判一般——正如黑格尔所认为的那样，而是那种根据本己时代的伦理和道德进行的直接道德评判，才使得像施劳瑟那样的对历史的展示变得如此令人无法忍受。
② 例如，对苏格拉底的杀害始终是一个误判死刑（Justizmord），尽管判决和惩罚是通过希腊公众"合法地"做出和执行的。
③ 参阅在笔者"论悲剧性现象"（1914年）的著述中对"不负罪的（unverschuldet，或'无辜的'——译者）罪责"的注释说明。在上面的事实中包含着"悲剧性的"负罪（Verschuldung）一般的永恒源泉。

明察到其伦常的低价性的情况下发生的，那么它在实践上也是非道德的，因为在对那些进入到传统之中的各个行动的选择中，伦理已经在一同活动了，它也提供对实践的道德性而言的尺度。但带着这种明察，这个有悖伦常的行动便是伦常的了。

第1点、伦理(Ethos)的变更

存在着伦理本身的变更，这些变更与一个被给予的伦理对文明与文化的变幻不定的善业世界的适应（但却一同决定着它们的构形）没有关系，或者与一个被给予的伦理对整个自然现实（包括各个民族的资质）的适应没有关系——这一点似乎恰恰既被相对主义的、质料的善业伦理学和目的伦理学所忽略，也被形式伦理学所忽略。伦理学的相对主义不仅将伦常的价值评估，而且也将价值本身及其等级秩序都看作是处在发展之中的，这种伦理学相对主义的起源正是在于：它拒绝把在当前的实际价值评估上抽象出来的伦常价值纳入历史的过去的伦常主体中去，并且把一个伦理本身的变更实际上之所是的东西，当作是愿欲和行动对那些与当前价值评估或它们被误认的统一（例如普遍的福利、文化发展、生命最大值等）相符合的东西的单纯增长着的适应。在各个直接的价值意识以及主宰着它的偏好法则的内涵中也存在着变更并存在过变更，并且因此而存在着并存在过一个伦常理想本身的变化（不仅仅是对这种价值意识在变幻不定的群组、行动、制度上的运用的变化），相对主义恰恰始终没有看到这种伦常价值评估的"相对性"。对它来说，所有变化都在于，例如在不同的时代，一个社会的不同群组（时而是战士与农夫、时而是研究者和工人）或不同的人类特性（例如时而勇气、果敢、活力，时而辛勤、节俭、勤奋，或不同的行动种类）在效力于例如对普遍福利的价值的实现，并且据此而找到一种偏好评估（Vorzugsschätzung）。但是，对于相对主义者来说毫无疑问的是：这种价值（或由相对主义伦理学家推至极端的另一个价值）曾始终是并且处处是最高的价值，并且可以借助各自的生活现实、资质、技能水平和智识明察而从它之中推导出各个价值评估，并且从概念上说明它们，而且在极致的情况下，以往的人们曾缺少对他们的价值评估之意义的清晰理论意识（亦即真正的伦理学）。

但是，对历史上出现的伦常价值评估的杂多系统的所有未来研究都必须彻底地摆脱这些成见。它将能够借助由关于价值评估相性的诸维度的学说所直接提供的、与历史材料相接近的概念，把握到既处在道德性之后、也处在民族世界（首先是大的种族单位）的伦理学之后的伦理本身的大的类型形式，即价值的体验结构及其内在于它的偏好规则。① 这里将会深入地分析，伦理是如何也制约着对世界的直观—方式（Anschauungs-weisen）、制约着"世界—观"（Welt-anschauung）②，即先于所有判断领域的认识着的世界生活—亲历（Welter-leben），尤其制约着这些对象的被体验到的此在相对性的各个阶段构成。例如，在这里要研究的不是变幻不定的关于爱和正义的观念，而是那些伦常执态本身及其被体验到的等级秩序；不是人们在行动等之上将什么当作高贵的或有用的或用于福利的等，而是人们根据什么规则已经彼此在偏好或偏恶这些价值本身。③ 谁会看不到这样一个较为深入的分析：活跃在古印度等级秩序和宗教中的伦理就已经作为伦理（不是作为伦理学和对这个民族的变幻不定的历史现实的适应）彻底地有别于希腊民族的伦理或基督教世界的伦理？谁会看不见：例如恩尼乌斯④之前的罗马人认为暴力比偷窃更无耻，或者，按照旧德意志的伦常的和法律的价值评估，抢劫要比偷窃稍好些，这样一些事实指明了在生命价值（勇气、男性气概）和有用价值的某些种类之间的根本不同的偏好法则？即是说，并不是指明了按同一偏好法则发生的对不同行动的价值评估的变换！在一个伦理对变幻不定的历史生活现实的单纯适应中当然也存在着一种

---

① 首先是各大语系构成各个价值统一的方式、价值世界所接受的贯穿在语言的语词含义中的各个外表、价值世界所获得的贯穿在句法中的分段，这些在经过严格的探究之后可为我们提供最为丰富的启示。

② 我们并不是在当下大都使用的意义上来使用"世界观"这个词：通过一门科学的某个最终概念，即通过产生出所有那些今天被称作一元论、唯能论、泛灵论等的东西，来仓促地结束本质上无限的科学过程。在这个意义上，E. 胡塞尔合理地拒绝所有的所谓"世界观哲学"。（参见胡塞尔：《哲学作为严格的科学》）我是在洪堡和狄尔泰的意义上使用这个词（如果我理解正确的话），即它标识出一个实际主宰着或是整个文化圈，或是一个人格的选择与划分的方式，在这种方式中，世界观已经在自身中实际接受了物理事物、心理事物、观念事物的纯内涵（Washeiten）（无论它是否以及在何种程度上反思地知道这一点）。然而在这个意义上，"科学"的每一个历史阶段也始终已经受到世界观和伦常（Ethos）的决定，并且是在科学的目标和方法中受到限定，并且从科学的方面永远不能够改变世界观。对此可以参阅笔者在"死亡与永生的观念"报告中的阐述（该报告在本书后面还被多次提及。这篇报告也就是以后收在《舍勒遗稿选集》第一卷"伦理学与认识论"中的"死亡与永生"文章。——中译注），以及笔者的文章《现象学与认识论》。

③ 具体的例子可以参见笔者《论道德价值判断中的怨恨》（同上书）的文章。

④ 恩尼乌斯（Q. Ennius，公元前239—前169年），罗马诗人，被称为"拉丁诗歌之父"，将六音步诗行引入罗马诗歌创作中。——中译注

变换，这种历史的生活现实例如在变换不定的实际定义中表达出：什么应当被视为暴力，什么应当被视为偷窃，什么应当被视为抢劫。但它们同样有别于伦理的变更，就像那些在一个伦理以内可以任意多的伦理学理论是有别于伦理的变更一样。伦理本身也已经生活在这种历史的生活现实本身的建构之中，并且因此而不是对这个现实的适应，因为伦理已经是这个现实的基础并且也曾引导过它的非随意的建构形式。我们在历史的艺术科学中终于开始，将那种受一个特定审美世界体验结构引导的、向直观世界之深入的各个类型的基本形式，区分于那些建基于变幻不定的能然之上、建基于艺术技能的水平和现存质料之上的差异，以及那些每每被统治者的伦理与世界观所规定的、通过艺术来颂扬的对象的差异，并且也将这些类型的形式再次区分于有意识地"被使用的"审美的和技能的法则，与此相同，我们也必须学会，将那些伦常的伦理变化（它可以说是一个第一秩序的变化）区分于那些适应的差异。

尽管如此，在这种伦常价值评估的最极端的"相对性"中也不含有任何可以提供给伦常价值及其级序本身的相对主义之假设的根据①。这只是因为，对价值宇宙的完整而相即的（adäquat）体验、因此还有对世界伦常意义的展示，本质上是与不同的并且按固有法则自身展开的伦理形式的一种合作联结在一起的。恰恰是得到适当理解的绝对伦理学才以一种近乎诫令的方式在要求这种差异性，要求那种时代单位和民族单位的情感价值—视角主义，以及那种伦理本身的教育阶段的原则上的未完结性。正是因为伦常价值评估以及它们的各个系统具有更多的形式并且在质性方面更为丰富，远甚于我们从单纯的各民族的自然资质和自然现实的杂多性那里所能期待的，因而单凭这个理由就几乎可以设定一个客观的价值王国，对这些价值的体验只能逐渐地并根据对价值的选择的特定结构来进入这个王国。而反过来说，恰恰可以在这里看到伦理学相对主义的根源所在：它把价值本身当作是对那些正好在它文化圈中流行的对特定善业和行动的（倘若不是对关于它们的单纯理论的）价值评估而言的单纯符号，并且整个历史现在便将自身随意地构造为行动对如此实际绝对地被设定的它的时代价值的单纯增长着的适应，并且因此而将自身随意地构造为朝向这些价值的"进步"。所以，价值相对

---

① 如果我可以使用一种类比的话，那么我想说：就像对各种几何学连同其各个公理系统的发现（它明显地有别于在每一个这样的系统中对新的定理的发现）不会使几何学本身变得比它天生之所是更为相对一样。

主义处处都建基于一种绝对化的做法之上,即对各个固有种类和相关研究者的文化圈的价值评估的绝对化;这意味着,它建基于伦常价值视域的狭隘与盲目之上,其本身在伦常上重又受这样一种状况制约,即缺少对伦常价值王国、对它的广延与充盈的敬畏与恭顺;而且它还建基于一种傲慢之上,即将自己时代的伦常价值评估不加批评思考地当作"不言而喻"的唯一价值评估,并且因此而错误地把自己时代的价值强加给所有的时代,或把从自身出发对这些价值的体验"同感到"(einfühlt)过去的人中去——而不是通过对其他时代和其他民族的伦理类型的理解来直接地拓展它在对客观价值王国的经验中的有限性,并消除它在自己时代的价值体验方面所具有的障眼罩。

然而形式的绝对伦理学所犯的仅仅是另一种形式的谬误。由于它不了解处在伦理学和实践道德性之间的一种伦理[1],它也就不了解在伦理本身中的变换,并且满足于仅仅提出一个对(潜隐地)被设定为始终同类的和持恒的伦理而言的"新的公式",就好像人在所有地方并且在所有时代都是同样地"知道,什么是善和恶"。由于它如此误识了伦理本身作为价值及其级序的体验形式已经具有的本质历史性,它便必然会做出这样的设定:一门完整的、既详细阐明伦常价值、也详细阐明理解着这些价值的精神的伦理学在任何时代都必定是可能的,这门伦理学而后便自然会在一个所谓的绝对道德原则中、即在一个定律中达到顶峰。但它必须把在伦常——历史世界中的所有其他变更都转嫁出去,或者是转嫁给实践道德性的世界(这样,那些在对陌生文化状况的赞誉和责难中的非历史的道德主义的强求性,就像德国启蒙运动的那种方式曾经所是的那样,便也获得了一种哲学的证义),或者是转嫁给一个无法再理解的人类本能属性的变更,这种本能属性为那些"公式"准备常新的和变换的、但在伦常上中性的"材料"。但这门学说完全与伦理学的相对主义一样,始终没有看到伦理本身的内在历史、这个在所有历史中最中心的历史。

但伦理本身中的变换是在哪些特别的维度中进行的呢?伦理的更新与成长的最彻底形式是在爱的运动中并借助于爱的运动而完成的对"更高的"(相对于被给予的)价值的发现和开启,并且首先是在我们已经列出的那些最高的价值样式之界限以内,而后继续在其他的价值样式中。因而价值王国是在伦常——宗教的天才身上开启的。

---

[1] 参见这部著述的第一部分、第二篇、〔边码〕第 86 页及以后。

随着这样的变更,在旧价值和新价值之间的偏好规则便会自动发生变化;尽管在旧价值与它们两方面的客观性之间的偏好规则必定很少被涉及,但这个较旧的价值王国在其总体上却被相对化了①。偏好旧的价值甚于新的价值,这在现在便是伦常的盲目和欺罔,而把旧价值当作最高价值,按照它们来生活,这在实践中便是"恶的";旧的伦理的德行现在必定成为"闪亮的恶习"。但需要注意:在旧价值之间的偏好规则并不因此而被触及。例如,回报甚至自身报复,始终要比那种偏好本己利益或(在回报方面)公众利益甚于回报和报复的做法"更好"——即使是当这种回报和报复在价值上被从属于原谅(Verzeihung)时,即作为最高价值并因此而在经历侮辱和得罪时唯独是伦常上"善的"行为举止。因为伦理是"在成长着",所以旧的价值的偏好法则不会被摧毁。这个总体只是被相对化了。

与这些变更不同的是对一个在已经被给予的价值样式的质性之间的更高存在状态的体验,或对那些根据其本质联系而以它们的载体来表明自己更高或更低的价值的体验②。如我们已经看到,即使在偏好中也在构建着在价值之间的更高和更低的综合关系。在这种变换的维度中,首先是各个价值领域得到更为鲜明的区分,例如能干被区分于德行,高贵与坏的价值被区分于善和恶的价值,人格价值和志向价值被区分于行动价值和成效价值。

还有在区别的丰富性中的各种变更,具体的价值质性(否定的和肯定的)便完全可以在这些区别中被感受到,并且在语言上也被区分开来。这种价值感受本身的可变异性程度以及建基于价值感受之上的同意与不同意的,还有评判的层次性程度,都使人认识到某种东西,我们可以将这种东西合适地称为伦常教育的阶段。

但撇开这些伦理成长的变更不论,即撇开那些在其中开启了客观价值的王国及其实事秩序的变更不论,在历史上也存在着所有那些价值欺罔和偏好欺罔的形式,以及通过它们而得到论证的伪造和颠覆的形式,即对那些以往已经适合客观价值级序的伦理评判形式和标准的伪造和颠覆,这样的形式,笔者在他关于怨恨的研究中已发现了一个。唯有对这种情感的欺罔形式进行系统的研究,我们才学会在伦理的历史中看到这类形式,并且学会在这里将价值的欺罔

---

① 对于如此地新开启一个总的价值领域并使较旧的伦理相对化,我所知道的最出色的明证就是耶稣在山上对门徒的教训,它也在形式上作为这样一种新开启和对较旧的"法则"价值的相对化的明证而处处得到宣布:"但我告诉你们"。
② 参见这部著述的第一部分、第二篇B、第2—4章。

区分于关于它们的载体的单纯虚假观念，以及区分于实践的非道德性。在流行的或现行的"伦理学"意义上的一个总体时代的价值判断原则完全有可能就建基于这种欺罔之上，并且也可能受到这种欺罔的话语和判断的遗留影响，而这个时代的伦理却并未曾陷入欺罔。因此，除了这些欺罔的系谱学以外，还值得研究的是它们的最大程度的传播形式。而在这里处处都应当完全区分开对价值本身的执态和对正好现存的历史现实、实际的价值载体和善业世界的执态。我们可以生命价值与有用性价值的关系为例。唯独从生命价值中才产生的规范原则上无疑会要求一种贵族统治的社会建构①，亦即这样一种社会建构，在它之中，贵族血统带着附着在它上面的性格学遗传价值也享有政治特权。相反，从有用价值中产生出来的规则自身具有对各个群组的生物学价值差异进行平衡的要求。就其自身来看，这些规则至少是涌向政治民主的，即使它们在民主的范围内为最深层的"阶级对立"的产生——例如在原发地被建立起来的群组的占有差异性方面——留下了最大的活动空间。但从这两个本质关系中——我们在这里无法对它们做更深的论证——现在根本不能得出：生命贵族的伦理也必定会导致对一个特定历史—实证的和实际统治的少数人的证义（rechtfertigen）；或者，功利主义—民主的伦理必定会导致对当前实际的大众统治的证义，必定会导致多数人原则和选举原则。一个统治着的少数人的伦理（甚至一个积极的、有名无实的"贵族"②伦理）自身完全有可能载有一个按其本质是功利主义—民主伦理的特征，而被统治阶层的伦理却载有一个生命—贵族伦理的本质特征。一个统治着的实际少数人的现行价值按其本质完全可以是"大多数人"的价值③。

第 2 点、伦理学的变更

我们所理解的一个时代的"伦理学"（在最宽泛的意义上），乃是

---

① 如果斯宾塞恰恰出于他的生命最大值原则出发而成为现代民主的赞颂者，那么这个做法的最终原因在于：他试图将生命价值回溯到有用价值上去。

② 例如可以注意这样一个事实：在法国革命中被摧毁了统治和特权的法国贵族的绝大部分（参见 W. 桑巴特在《奢侈与资本主义》中的证明）都根本不是贵族，而是由贵族化了的小商贩组成，即是说，这些贵族就是那些剥夺了贵族的权利的群组的后裔。

③ 例如 L. 施密特的《古希腊人的伦理学》便试图展示在这第一个意义上的希腊人的伦理学。

从判断上和语言上对那些在情感意向本身之中的价值和价值等级关系以及奠基它们之上的评判原则和规范化原则的表述,这些价值、价值等级关系和这些原则,原则上是通过一种逻辑还原的操作而被发现的,并且是作为这样一种普遍定律而被发现,即从这些定律中可以逻辑地推导出具体评判行为和规范化行为的内容。

但在这个伦理学的总体领域之内始终必须鲜明地区分:被伦常主体本身"运用和使用"的伦理学(并且在它之中重又区分明确"被承认的"与只是默默"被承认的"伦理学,这两者之间可能有很大区别,并且前者始终要比后者更为僵化和更为严格)与那些通过一种方法的、逻辑的操作(它把那种"实用伦理学"重又当作材料)才获得的伦理学公理的群组;也就是说,一方面是在自然语言中表达出来的自然—实践世界观的伦理学(例如所有时代的谚语智慧,同样还有所有流传的箴言,都属于这种伦理学),另一方面是或多或少科学的、哲学的、神学的伦理学,它常常对那种实用伦理学进行"证义"(rechtfertigen)并从最高原则出发进行"论证"(begründen),同时这些"原则"完全不必被实用伦理学的主体所知道。第一个意义上的伦理学通常是所有伦理的持恒伴随现象,而后一种意义上的伦理学则是一种相对罕见的现象。它的起源始终是与一个现有伦理的分解过程联结在一起的①。不言而喻,这种"科学的"伦理学不仅不会具有任何超出伦理本身的直观明见性的价值(甚至不会具有对这个伦理进行批判的可能性),而且也不会具有任何一种这样的认识价值,即任何一种超出对包含在实用伦理学中的事实性东西所做的(根据形式逻辑学及其法则)尽可能经济的表述之原则的认识价值。它只是表述着对伦常价值的流行的和习传的意见,并且不能对这些意见进行任何批判,因为这些意见是它的事实基础。如果它的一个原则在其逻辑结论中与现行的和实用的伦理学发生矛盾。那么,"虚假的"并且亟待改造的并不是这门伦理学,而是这个原则,直到从它之中推导出事实来。因而也毫不奇怪,这门"科学的"伦理学从各种最为不同的"原则"中推导出来的始终大致是同样数量的具体道德评判规则和规范:正是那些恰恰处在有效性中的评判规则和规范;这个事实表明,推理的内容作为现行的伦理学已经在所谓"论证"之前便确立了。唯当一门

---

① 对此,H. 施泰因塔尔在他的伦理学中已经切地指明,在希腊人和罗马人那里,对伦理事物的科学反思的增长幅度是与他们的伦理的分解幅度等同的。对基督教伦理与基督教伦理学的关系,也可以做类似的说明。

伦理学不仅从诸原则中推导出这种实用的、流行的、"现行的"伦理学，而且在对实用的评判规则进行这种纯粹逻辑的规整和系统化之后对这些规则在伦理内涵上进行衡量，并且首先在伦理的"被意指"的本质明见性基础上对它们进行一种批判和意指；而且，唯当它还对这些"被意指的"时代的伦理明见性本身在伦常价值和价值关系的纯自身被给予性上进行一种批判，这门伦理学才配得上叫作真正意义上的哲学的伦理学。

在这个和那个意义上的伦理学形式在这里可能远远地偏离开伦理的内涵，而且人们永远不可从伦理学推导出伦理本身①。但必须将这些可能的伦理学的"失误"（在实用的"评判"伦理学中）与"谬误"（在科学的伦理学中）最鲜明地区分于包含在一个时代和群组本身的伦理中的情感"欺罔"②，这些欺罔导致了一种虚假的伦理和与之相符的"假象价值"的流行，在这种虚假伦理中，绝对的价值级序显现为"被颠覆了"。相对于这些内在于伦理的欺罔及其相关项"假象价值"，所有伦理学的谬误都是无伤大雅的事情，而最高的伦理学"真理"只是伦理学与伦理的相合（Deckung）（有别于争执），它永远不能保证在伦理本身之中不出现这些欺罔。

第3点、各种类型的变更

由于伦理学的相对主义并不把价值状况的类型统一与从属的、通过它们而得到统一的状况区分于事物、行动、人的各个总和，它们根据定义（per definitionem）每每被看作是这些价值状况的载体，因此，或许在它看来，论证它的命题是很容易的。只要看一看偷窃、通奸、谋杀这些行动类型便可。显而易见，在不同的现行财产制度中，同一些实际行动必定会显现为偷窃，以及显现为非偷窃，而是合法的占有；在不同的婚姻制度中（随一夫一妻制或多配偶制及其众多下属形式的不

---

① 当然同样也不能推导出实践的道德性。
② "失误"（Verirrung）"谬误"（Irrtum）与"欺罔"（Täuschungen），也包括舍勒在其他地方使用的"迷误"（Irrungen），在德文中都属于近义词，但舍勒在术语使用上通常区分四个概念。关于"错误"与"欺罔"之间的基本差异可以参阅舍勒此前发表的论文《自身认识的偶像》第一节"有别于谬误的欺罔之本质"。德文原文载于：马克斯·舍勒：《论价值的颠覆》,《舍勒全集》第三卷，伯尔尼/慕尼黑，1972年，第222页及以后。关于"失误"与"错误"的区别可以参阅本书的边码第88页上的注释：舍勒在这里也谈及"失误"，"它不同于理论的'谬误'，也不是它的一个变种"。关于"迷误"与"欺罔"的区别可以参阅本书的边码第228页。——中译注

同），同一些行动必定会显现是通奸或显现为好的和合法的。但这种情况并不排除以下的可能：偷窃和通奸——如果仅仅吸取出它们的本质，正是这种本质才为所有可能定义提供其统一的本质——在真正的伦理面前也显现为恶的(完全不去顾及违法性)。在谋杀方面——对它的价值评估对于人格价值与人的生命价值的关系问题来说也极为重要，W.冯特判断说："直觉主义只能通过对事实的强行扭曲才能适应这种良知的可变性。对此的一个充分证明就是这样一个经验：曾有过许许多多的民族和许许多多的时代，对它们来说，出于一些在我们看来是无耻的动机而进行的谋杀不是犯罪，而是一种光荣的业绩。"①

我们承认，我们一开始只是带着极度的惊异读完了这句话，甚至将它——尽管它肯定不是这个意思——感觉为一种对历史人类的严重名誉损害，而我们与历史人类之间是由一条伦常凝聚的纽带联结着的。但为了知道冯特的这个判断是否正确以及在这里和那里是否有完全不同的行动被感受为和评判为谋杀，就必须探问：构成了这个价值状况的同一类型的谋杀之本质究竟何在。我们同时也可以将这个(在这里只是大致地和不完善地所实施的)考察看作找寻这些类型之方法的例子。

在开始这个考察之前，我们先要说明一点。也许威廉·冯特是以某种像当前帝国刑法法典中对谋杀的定义作为他的命题的基础，以此得出他的那个令人惊异的判断。然而我们又觉得这是不太可能的，因为他这种情况下必定会把所有在1870年全副武装向边境进军并且有打算杀人的德国人②，同样还会把刽子手的功能，都视为谋杀的事实组成。因为，即使我们这个时代某些群组的一种病态的、非真正的和迷误的感受激情(Gefühlspathos)将这场战争称为"大规模谋杀"，我们却可以肯定，W. 冯特根本不会让这种说法影响他的哲学判断。必定是一个根据较老的日耳曼的伦常和法律的观点也有效的对谋杀的定义——即使它的单纯定义本性未被顾及——才促使冯特说：在这个相对较短的时间里，谋杀在德国还是一个被允许的行动。在这个时期被视作谋杀的大致只有我们今天称作暗杀的事情，而相反每个公开的进攻(并预期那些被攻击的带武器的男人会自卫)以及由此导致的杀人(有打算地)则不被视作谋杀。因而我们不能用我们当前关于这种行为类型的概念去面对历史，以此来检验冯特的命题。这个"相对主义"恰恰只是那种当前伦理学绝对主义的一个结

---

① 参见W. 冯特：《伦理学》，第四版，第三卷、第59页。
② 舍勒在这里所指的是1870年的德法战争。——中译注

果，甚至是我们所说的那种当前成文法的结果。

从为神祇并服务于神祇的人祭时代开始，直到属于基督教宗教核心的深层的、精神化的牺牲观念，并且直到那种在今天仍然被视为"善的"、为了精神价值（为了认识、信仰——无论是在有生命危险的工作中，还是作为殉道者、自由和祖国的荣誉）而做出的对自己生命的奉献，人的生命的价值在任何伦理面前都不曾是作为"最高价值"被给予的。它不是"最高善业"，这一点是与人类的共同伦理相符合的。当然，这种事实组成对于所有生物学的伦理学来说都是不可理喻的。① 对它来说，所有价值，只要它们是比生命本身又是价值最高的生命形式的生命"更高的"价值，即比人的生命"价值"更高的价值，就必定都是臆想，或者——如弗里德里希·尼采所说——对它们的设定是一种没落生命的征兆，甚至是在这种生命中吃亏者们的"怨恨价值"，或者是对价值的虚假喜好，这种喜好——由于它们的生命相对性被误识——虚假地显现为绝对价值。但是，清晰明见的是：人类生命的价值恰恰不是最高的价值，可以偏好其他价值的存在（隶属于精神的和神圣的价值领域样式，以及在它们之中的本己价值与陌生价值、个体价值与集体价值、人格价值与实事价值）甚于人的价值的存在；仅仅在这个清晰的明见性上，这个〔生物学伦理学的〕原则就已经遭到损毁②。我们无法看到，从这些基础出发，谋杀是以何种方式不仅有别于对一个人的杀害，而且也在价值本质上、而不只是在价值程度上有别于对任何一个生物的杀害。③

仅从这些理由出发，就不能将每一个杀害一个人的行动视作"谋

---

① 但对于冯特的伦理学来说却并不是不可理喻的。冯特把"促进精神文化善业"看作是伦常价值评估的最高原则。

② 这样一个借口是无法成立的，即这里所涉及的仅仅是个体生命为集体生命所做的牺牲，或生命力较弱的生命为较强的生命所做的牺牲，或粗俗的生命为高贵的生命所做的牺牲等。这个借口首先不能解释这些准备牺牲者所抱有的意向；它也不能解释例如整个民族准备为它的自由和荣誉而死的情况；而它正好违背了所有时代的伦理，这种伦理恰恰首先要求更强的和更高贵的生命做出这种牺牲，而且也是为更弱的和更低贱的生命所做的牺牲。

③ 印度的伦理特别是佛教的伦理把"对一切生物"的慈悲（Güte）当作准则，并以推论的方式才把对人的生命慈悲当作准则。这种伦理虽然把这个区别相对化了，但这只是因为，爱和慈悲一般只是被理解为"心的解脱（Erlösung）"（参见佛陀的说法传道），并且与把生命价值视为正价值，甚至是最高的正价值的生物学伦理学相反，这种印度的和佛教的伦理把生命价值视为负价值。在佛教的爱的观念中具有伦常价值意义的不是"向着一个正价值"，而是"离开自己"。关于那些论证与生命自然的伦常关系的感受与价值，以及关于它们不能从我们的伦常—人类的关系中推导出来的问题可以参见笔者的《论现象学与同情感理论以及论爱与恨》（1913 年），第 55 页及其脚注。

杀",并且不能将命令这种行动的公共设施视作使谋杀合法化的设施。当然,这种类型的基础在于这样一个实事状况:"一个人通过一个行动而被杀害"。没有这个实事状况也就没有谋杀。在这个事实中就已经包含着:"人"这个统一如果不是根据观念和语词、就是根据感受性的理解一般而被给予,并且例如清晰地突出于与动物、如与相关群组的牲口和家畜的交互感应(sympathetisch)关系。凡是在应当谈及"谋杀"的地方,这种"人的存在(Menschsein)"就必须被看到。一个群组、一个不具有这个观念或不理解在实际的人之中、在到来的陌生人身上的人的存在的部族,也就在这些人面前不能承担谋杀的罪责,正如一个人若把某人当作一个动物或一棵树而向他射击就不能承担谋杀的罪责一样。如果有人因病理学的缘故而缺乏这种理解,那么这里也永远不会产生一个谋杀。因此,要决定一个"谋杀"是否可以视为被允准的,第一个条件就在于,先行检验(Vorprüfung)对人的存在的那种可理解性是否延展到不同的实际人群上,并且先行检验那个观念一般的被给予性程度。如果这种可理解性仅仅达及部族同人等,那么杀害部族同人便是"谋杀",而杀害外人则不是"谋杀"。但即使杀害一个人也不是谋杀,而只是谋杀的前提。如果人们所谈的是谋杀,那么在意向中必须有一个生物即"人"的人格价值一般被给予,并且必须有一个可能的行动意在消灭他。我们举几个例子。

  冯特考虑的或许是对神祇的人祭风俗,即作为一种被视为绝对神圣的存在。这种风俗是对"谋杀"的合法化吗?肯定不是!这种风俗建基于最不同形式的迷信之上,例如,通过这种献祭,人们便或者是表明既是对神祇又是对被献祭者的一种爱心效劳,或者是实现了神祇的要求。在第一种情况中,被挑选出来当作献祭品的通常恰恰是最漂亮和最高贵的少男少女以及最可爱的人。但这个意向根本不是那种对人格存在的否定以及那种本质上属于谋杀的"毁灭吧";毋宁说,在这个爱心和好意的意向中所包含的是对人格存在之肯定的伴随意向(Mitintention)。否则又怎么会有真正的祭品呢?在某些条件下(对到达的陌生人或战俘)对一个法的要求(Rechtsforderung)的实现或"对神祇的宽慰"同样缺少那种本质上属于谋杀的毁灭的行动意向。但是,将一个存在和生命奉献给某些有用性需求和适意性需求,这是按照所有时代的伦理都受唾弃和被禁止的。上述这种风俗当然也可能会为了某个利己主义的目的而被滥用,例如为了自己和自己的家庭而获取神祇①、教士、有权力的人的欢心,或者为了

---

① 参见赫伯特·斯宾塞对有关事实的完全谬误的解释:《综合哲学的体系》,第十卷、第一篇:"伦理学的归纳"。

确保自己的财富和女人等。这时,在这种风俗的主宰下,这种行动也会被视作卑鄙的谋杀,这种志向也会被视作恶的和不虔诚的。在这个风俗中得到实现的——尽管是在迷信的前提下——还有这样一个偏好法则,即生命价值从属于神圣之物和包含着那种法的秩序(Rechtsordnung)价值的精神价值。对此,在这里不仅处处缺少恨及其本质相关项、存在否定的意向,而且在行动中也缺少消除存在的意向。杀害常常只是向另一个更高的存在领域和价值领域的"移置",向"天上的场所"的"移置",将一个本身还是身体的礼物移交给神祇;但是,它永远不会被看作是对人格本身存在的消除——献祭品的观念和本质就已经排除了这种可能,献祭品包含着对一个有肯定—价值之存在的献去(Hingabe)①。一种毁灭着被献祭者的献祭是一个语词矛盾(contradictio in adjecto)。

　　类似的情况也适用于死刑。如果它是在毁灭存在的意向中进行,即是说,只要人的生命被等同于他的存在,而人格的维续不是直观地(和无"证明"地)被视为已被给予的,那么死刑当然就是(道德)谋杀。② 因为惩戒就是施弊而夺善(Zufügung eines Übels und Beraubung eines Gutes)。一个毁灭被惩戒者的惩戒并不是惩戒。它只有在这样一个前提下才是"惩戒",即被惩戒者的生命对作为人格的他来说是一个善业,这个人格的实存不会通过对这个善业的剥夺而被消除。对一个人的毁灭——例如为了社会的福利——是(伦理的)谋杀③。唯当这样一个意向存在,即不取消人格,而是随法的秩序的实现也给人格以它的权利④,这时,谋杀特征才不存在⑤。

　　为什么在战争中和在决斗中的杀害就不是谋杀呢?在战争中的

---

① "Hingabe"一般被译作"献身"或"奉献"等。舍勒在这里用加了重点号的前缀来强调它的原意:"献去"。——中译注
② 关于人格维续的不同被给予方式可以参见已被引用过的笔者的报告"死亡与永生的观念"。
③ 对此参见俾斯麦在其著名的普鲁士各邦议会(Landtag)讲话中针对这个伦理学上本质的问题点所做的阐述。
④ 所以,杀害异教徒不仅是为了总体的灵魂拯救的保护,而且也带有净化他的灵魂的意向。
⑤ 我不希望受到这样一个误解的指责,即在我的这些前提下,对人格维续的信仰排除了谋杀。问题并不在于,一个人"信仰"(包括"活的"信仰)什么,而是在于,他在行动中意指什么。因此,问题也不在于,这个意向是如何产生的,例如如何从掠夺、复仇等意图中产生,而是在于,在行动意向本身中隐含着什么。而它的内容在这种信仰中也可能是对人格的毁灭。如果人格没有在根据伦常教育的阶段它能够被给予的地方成为被给予性,那么这里发生的就不再是谋杀,而是杀死(Totschlag)。

杀害(也包括在进攻战中)的情况中,首先缺少在被称作"敌人"的东西中的人格的被给予性。唯有作为集体事物"敌人"的成员,单个人才作为一个生命权力的复合体而被给予;恨、复仇渴望等对象可以是陌生的国家,但不是一个从属于它的人格。当然,战争状态也可以被滥用于例如杀害一个人格性的敌人、滥用于通过杀害某些人格来掠夺和发财。这时当然就是一种无耻的谋杀。但只要在战争中有人格被给予,对人格的否定和毁灭的意向就很少会被给予,毋宁说,骑士原则不仅要求人格去面对它所引起的危险的同一种类和同一程度,而且也要求敌人的人格在其价值此在和实存中带着好意而被肯定,而且它的打击和回击越是能干和出色,对它的肯定所带有的好意就越多。我们发现,决斗的进行就已经始终束缚在对敌人的肯定性价值评估的某种程度上①。

我们说,谋杀是以一个作为人格和作为可能人格价值载体的人的被给予性为前提的。作为它的基础的价值状况本质上束缚在对人格的毁灭的行动意向上。由此出发也就可以理解(甚至是严格的结论),凡是被杀死的人没有作为"人格"而被给予或被看作"人格",这种杀死就不包含谋杀。例如以前印度曾施行的寡妇活焚风俗便是这种情况,这个风俗的可能性只能由此得到理解,即女人同时被剥夺了人格性("灵魂",类似于在穆罕默德信徒那里的情况)。妻子在这里"被视为"某种附属于男人的人格性的东西。在古罗马时期,一方面一家之父(pater familias)可以杀死他的孩子,另一方面自由的罗马市民可以杀死他的奴隶,这里现存的仍然是同一个理由:杀死孩子,"就像他可以切下他自己的一部分肢体一样",杀死奴隶,"就像〔毁坏〕一件物事一样"(蒙森)。在这两种情况中都缺少在被杀死者之中的人格性的被给予性(以及对人格性的法律认可)。孩子只是一家之父的一部分肢体,他在杀死孩子时也不想放弃作为人格的自己,而只是"伤害自己"。孩子的意愿行为也被看作父亲的人格意愿的部分行为。但奴隶则是作为物事而被给予的;他的人格和他的意愿是"在主人之中"的(亚里士多德)。所有为了维持一定人口数量或为了以特定方式维护男性或女性个体而施行的风俗(杀死新生儿、弃婴等),都伴随着被杀死者的人格性之被给予性的缺失,无论是以这种方式,即新生儿被视作尚不具有人格性,而只是作为被赋予灵魂的

---

① 关于战争与决斗的伦常论证——这是一个完全独立的论题,在这里未做决断,同样也没有对死刑的伦常论证做出决断。这里所涉及的仅仅是对谋杀这个观念的澄清。

身体(有感受的身体)而被给予，而这些行动被感觉为是有利于维护国家权力而做的家庭的义务性自身伤害以及对国家意愿的顺从；还是以这种方式，即人格的价值统一(以及它的自主意愿)根本未曾在人的个体中被给予，而是在像家庭、部落、氏族、国家这样的单位中被给予。在这两种情况中都缺少谋杀的价值实事状况。堕胎也仍然是杀死一个人(作为生物)，它在任何地方都还没有被看作谋杀(这是任何"生物学的"伦理学都无法说明的事实)。它之所以过去和现在都不被视为谋杀，乃是因为胎儿不是作为人格性而被给予的。在古罗马时期，胎儿——众所周知——甚至不是作为独立的生命统一而被给予，因而堕胎——作为朝向母亲的"肚腹"("viscera")①的行动——一向是不受惩罚的。堕胎在这里根本不是"杀死"。它在帝制时代开始作为这样一种量刑单位而被承认，并因为这个缘故而受到惩罚，但——至今仍然——有别于谋杀。

以上所说只是用作例子。但它表明，一个特定的行动意向与一个明确限定的价值实事状况的联系，即是说，"行动〔过程〕"(Handeln)与"行动〔结果〕"(Handlung)的一个确定类型(Typus)就在于，它先于所有的和任何一个真正的伦理而被视为恶的，并且在任何地方都不被视为"允准的"，更不被视为"可赞的"。但相对于这种统一的类型，那些变幻不定的、肯定的有效性统一和对"在哪些条件下(根据伦常教育的水平等)可以认定一个谋杀"的定义，也就是说，这个本质—类型的一个实在情况，便仅仅具有实用标准的意义，即这方面的实用标准：什么应当被视为谋杀，什么应当被视为这样一个类型的行动统一之实现。伦理学不能坚持这种变幻不定的标准(例如我们刑法法典的定义，或者甚至只是对什么"应当被视为"谋杀的"流行意见")。伦理学必须说明：什么是谋杀，它的本质何在。如果对这个艰难任务的解决是以合理的方式进行的，那么在这些恶和善的行动单位之类型方面，对"相对主义"的虚假证明材料也就会日趋减少，直至消失。只有那些坚持这种类型的变幻不定之外衣并且在外壳面前看不见内核的人，或者，只有那些以为正是这些定义才使这种本质性若不是甚而被创造、也是使它们可被理解的人，只有他们，

---

① 拉丁语中的"viscera"含有"胎儿"和"肚子、内脏"两方面的含义。舍勒在这里指出这两种含义在古罗马时代的内在联系：胎儿被看作只是母亲身体的一个部分而不具有独立的人格。——中译注

才会以这种过于廉价的方式得出相对主义的命题。①

这个例子或许可以表明，形式伦理学的这个假设是多么没有根据，即"谋杀是恶的"这个命题——与所有质料的伦常价值判断一样——具有一个仅仅是实际的和相对的含义，因为它至少——人们这样认为——是以人类的组织为前提的。形式伦理学必须前后一贯地设定：只要谋杀者认为"他的行动的最大值对一个普遍有效的立法原则"是适宜的，他就也可以是好的。如果这个意向的任何确定内涵都不是恶的，那么每一个内涵也就都可以是善的。而且，倘若一个人将他的自恨（Selbsthaß）和恨人（Menschenhaß）提升为普遍原则，甚至通过一种认为人格的不存在比人格的存在更好的"形而上学"来为它建基，那么他为什么就不会带着这样的意识来进行这种恨，即每个人也都应当做同样的事情？可以指出一些与这种可能性相当接近的谋杀人的事例。人们不会真的认为，在这种情况下的谋杀是一个伦常的善举吧？这样一个推论也是不正确的：由于谋杀包含着一种杀死，而杀死是在一个活的组织上进行的，所以这个命题就对"理性生物"丧失了它的意义。由于"身体"（Leib）完全不是一个在地球的有机组织上的经验抽象，相反，它本身是一个不依赖这些组织之此在的本质性并且是这个此在的形式，因此，如果"谋杀"的本质核心果真包含着对一个身体的毁灭，那么这本身就会是不正确的了。这

---

① 如果人们清楚地看到了谋杀的本质，那么人们也就会认识到，自身谋杀（Selbstmord）有别于殉道和自尽，它是一种真正的谋杀。（"Selbstmord"在德文中含有"Mord"的词干，因而被舍勒用来区分一般意义上的"自杀"[Selbsttötung]或"自尽"[Selbstentleibung]。——中译注）因为在杀死行为（Töten）中对人格和人格价值之毁灭的行动意向构成了它的本质。这既对本己人格有效，也对陌生人格有效；因为陌生价值并不高于本己价值。真正的自身谋杀发生在当且仅当意向指向人格的非实存时，而且是因为善业的损失，这些善业的价值是从属于人格价值的，无论它们是精神善业、生命善业、有用的和适意的事物（财产、社群自由、生活享受等）。相反，殉道则发生在当生命和所有相对于它的善业被奉献给更高的善业时，即被奉献给精神人格及其自身价值的保存，例如被奉献给信仰价值和（作为"绝对"被给予的）认识价值的保存。自身谋杀者恰恰承认"生命"的本质最高的价值（他不知道在它之上的任何其他价值）并且在他的行动中（误以为）毁灭他的存在本身，即将它"作为"被他承认为最高价值的生命价值之坏的实在形态来毁灭。与此相反，殉道者则将他的生命，即作为肯定的善业而被给予他的生命，奉献给一个善业，即一个本质上作为比生命一般更高的而被给予他的善业。由于他肯定他的生命，他也就否定了"这个"生命一般是"最高的"价值。而在这里，我觉得，只要真正的"自爱"、即对本己人格之拯救的关心在牵着他的手，那么，他究竟是"让人"杀死自己，还是自己杀死自己，这就构不成一个本质区别；因而有别于自身谋杀者的自恨。在殉道的情况中仅仅包含着"自尽"，它在伦常上完全不同于自身谋杀。

样的话，凡是存在着身体的、人格的生物的地方，这个命题就都会"有效"了。但是，构成价值实事状况之伦理学核心的，实际上是一个人格对另一个人格的人格价值之毁灭的意愿意向。在与这个核心的关系中，"杀死"本身只是这个意向在身体的、人格的生物以内所具有的一种实现形式。而正因此，这个命题在每一个可能的人格王国以内都是绝对有效的；甚至从神的伦常本质中可以得出，神——尽管他的无限权力使得对一个人格的毁灭得以可能——不可能愿欲这种毁灭。

我们在这里不去研究道德性、伦常和习俗的各个特别相对性维度，也不去处理对法的秩序的类似研究。然而我们要强调：如果法的教育应当得到正确地施行，那么即使是法的历史也不能缺少一部作为基础的、关于这个教育的相对性维度的教科书。①

---

① 在这个领域中，A. 莱纳赫在他的著述《市民法的先天基础》（载《哲学与现象学研究年刊》，第一辑，第二册）中以杰出的方式试图划分绝对之物与相对之物的界限。

编后记

摆在读者面前的这部《舍勒价值哲学经典读本》，是应冯平教授之约为"现代西方哲学价值读本"系列丛书所做的舍勒价值哲学文本选编。

本书的编目是请张伟教授完成的。目前他正在主持国家社科基金重大项目"《马克斯·舍勒全集》翻译与研究"，组织编辑出版十五卷《舍勒全集》的中译，对舍勒的文字与思想十分熟悉和了解。本书的翻译编辑出版，也可以视作他的重大项目的一个阶段性成果。

这部文选中的大部分译文是笔者本人完成的，一些是出自已经翻译过《舍勒全集》第二卷《伦理学中的形式主义与质料的价值伦理学》，一些是出自将要翻译的《舍勒全集》第十卷《论伦理学和认识论》。另有三篇文章是由《舍勒全集》翻译项目的参与者晏文玲和谢裕伟提供的。

笔者在此对上面提到的所有人的参与和支持表示衷心的感谢！

"舍勒价值哲学"是舍勒总体思想的一个重要组成部分，他所处的时代背景带有强烈的价值哲学烙印。当时几乎所有现象学家都探讨过价值问题，并且在此意义上属于"价值现象学家"。舍勒是其中具有代表性的人物。从一个特定的视角来看,他的哲学的一个重要部分可以被理解为"意识的价值批判""价值感受的现象学"与"质料的价值伦理学"等。他也因此而为价值哲学开辟了不止一条新的进路。

  W. 亨克曼在其极负盛名的舍勒研究专著中曾从三个基本视角出发来考察舍勒思想中的价值哲学要素:1. 价值的本质与价值的认识;2. 价值的客观等级秩序;3. 价值的相对性与绝对性要求。[①] 本书的选编在结构上包含了这三个方面的内容。

  本文选的编辑能够在 2018 年完成,也算作是对舍勒逝世 90 周年的一个纪念!

倪梁康

2018 年 6 月 3 日

[①] Vgl. Wolfhart Henckmann, *Max Scheler*, Verlag C. H. Beck, München 1998, S. 100f..

图书在版编目(CIP)数据

舍勒卷/倪梁康，张任之主编. —北京：北京师范大学出版社，2024.5
（现代西方价值哲学经典）
ISBN 978-7-303-28667-6

Ⅰ.①舍… Ⅱ.①倪…②张… Ⅲ.①价值(哲学) Ⅳ.①B018

中国版本图书馆 CIP 数据核字(2023)第 069549 号

营 销 中 心 电 话　010-58805385
北 京 师 范 大 学 出 版 社
主题出版与重大项目策划部

出版发行：北京师范大学出版社　www.bnupg.com
　　　　　北京市西城区新街口外大街 12-3 号
　　　　　邮政编码：100088
印　　刷：北京盛通印刷股份有限公司
经　　销：全国新华书店
开　　本：710 mm×980 mm　1/16
印　　张：21.75
字　　数：365 千字
版　　次：2024 年 5 月第 1 版
印　　次：2024 年 5 月第 1 次印刷
定　　价：128.00 元

策划编辑：祁传华　　　　责任编辑：林山水
美术编辑：王齐云　　　　装帧设计：王齐云
责任校对：陈　民　　　　责任印制：马　洁　赵　龙

版权所有　侵权必究
反盗版、侵权举报电话：010-58800697
北京读者服务部电话：010-58808104
外埠邮购电话：010-58808083
本书如有印装质量问题，请与印制管理部联系调换。
印制管理部电话：010-58800608